In gleicher Ausstattung – Ganzleder oder
flexibel gebunden – gibt es im Buchhandel

Harenberg City Guide

Amsterdam   Prag
Athen   Rom
Barcelona   San Francisco
Berlin   Tokio
Brüssel   Venedig
Florenz   Wien
London
München   Weitere Ausgaben
New York   in Vorbereitung
Paris

Klaus Müller (Text)
Dolf Toussaint (Bild)

Harenberg City Guide Amsterdam

Harenberg Verlag

30 Highlights in Amsterdam

Zum Programm eines Amsterdam-Besuchs sollten diese 30 Sehenswürdigkeiten gehören (im A-Z-Teil mit ★ gekennzeichnet).

Anne Frank Huis	102
Artis Plantage	106
Begijnhof	112
Blauwbrug	118
Bloemenmarkt Singel	120
Concertgebouw	138
Dam & Nationaal Monument	152
Gouden Bocht	176
Historisch Museum	202
Joods Historisch Museum	222
Jordaan	226
Koninklijk Paleis	234
Koopmansbeurs	238
Leidseplein	244
Madame Tussaud	252
Magere Brug	254
Museum Van Loon	270
Nieuwe Kerk	274
Ons lieve heer op zolder	282
Oude Kerk	288
Rembrandthuis	308
Rijksmuseum	318
Stedelijk Museum	354
Stopera	366
Theater Carré	374
Van Gogh Museum	394
Vlooienmarkt	406
Vondelpark	410
Waag	416
Westerkerk	428

Inhalt

30 Highlights	4
Benutzerhinweise	6
Zur Einstimmung	14
Geographie und Klima	18
Bevölkerung	20
Geschichte	22
Politik	38
Wirtschaft	40
Verkehr	42
Umwelt	43
Bezirke	44
10 Rundgänge	64
Sehenswürdigkeiten von A bis Z	88
Ausflüge	454
Adressen *Museen und Galerien 546, Theater und Oper 551, Konzerte 555, Discotheken 558, Kinos 560, Hotels 562, Restaurants 569, Cafés 576, Bars und Nachtclubs 581, Probierstuben 582, Shopping 583*	546
Praktische Hinweise	592
Flughafen und Fluggesellschaften	622
Personenregister	625
Sachregister	630

Benutzerhinweise (1)

Ihr zuverlässiger Begleiter
Mit dem „Harenberg City Guide Amsterdam" ist eine neue Generation der Städteführer entstanden. Die Serie „City Guide" wurde für Menschen entwickelt, die hohe Ansprüche stellen und denen Reisen mehr bedeutet als nur unterwegs zu sein.
Texte, Fotos und Graphiken bilden auf jeder Doppelseite eine Einheit. Zur genauen Information über alle Ziele kommt der optische Eindruck hinzu: Was auf der linken Seite zu lesen ist, wird rechts auch abgebildet. Sämtliche Daten sind auf dem neuesten Stand und wurden vor Druckbeginn nochmals überprüft.
Das handliche Format haben wir gewählt, damit Sie Ihren Städteführer stets bei sich tragen können. Der strapazierfähige Einband aus flexiblem Kunststoff oder – in der Luxusausgabe – rotem Ganzleder macht den Band unverwüstlich, auch wenn Sie ihn immer wieder zur Hand nehmen.

Erste Orientierung
Schon beim ersten Durchblättern erhalten Sie einen Eindruck über die vielfältigen Informationen, die dieser außergewöhnliche Reisebegleiter bereithält. Neben dem Inhaltsverzeichnis und einem Überblick über die „30 Highlights" (S. 4) stimmen Einführungskapitel über Geographie und Bevölkerung, Geschichte, Politik, Wirtschaft, Verkehr und Umwelt auf Amsterdam ein. Die Kurzbeschreibung einzelner Amsterdamer Bezirke endet mit einer Zusammenstellung der wichtigsten touristischen Ziele im jeweiligen Stadtteil.

Rundgänge
Auf den Seiten 64–87, die sich durch eine gelbe Markierung am oberen Seitenrand abheben, machen wir Ihnen zehn Vorschläge, wie

Sie Amsterdam zu Fuß erleben können. Zu jedem Rundgang gehört ein Stadtplan-Ausschnitt, in den alle Stationen eingezeichnet sind. Seitenangaben verweisen auf den Teil „Sehenswürdigkeiten von A bis Z", in dem Sie ausführliche Informationen zu den Anlaufpunkten der Rundgänge erhalten.

Sehenswürdigkeiten von A bis Z
Den Hauptteil des „Harenberg City Guide Amsterdam" haben wir oben links auf jeder Doppelseite mit einer blauen Marke gekennzeichnet. Steht in diesem blauen Feld ein Stern, so handelt es sich um ein „Highlight", eine Attraktion, die Sie nicht auslassen sollten. In alphabetischer Reihenfolge finden Sie 127 Sehenswürdigkeiten – links eine ausführliche Beschreibung, rechts ein Foto oder mehrere Bilder oder einen Lageplan. Reicht eine Doppelseite nicht aus, so werden die Texte auf den folgenden Seiten fortgeführt; die Numerierung in Klammern hinter dem Stichwort im oberen Seitenteil weist auf die Fortsetzung hin.
Baudaten, Anschrift, schnellste Verkehrsverbindungen sowie gegebenenfalls Öffnungszeiten und Eintrittspreise beschließen die Textseite. Durch Querverweise im Text werden Bezüge zu anderen Sehenswürdigkeiten hergestellt. Der Buchstabe **R** mit Seitenzahl verweist auf einen Rundgang, in den die beschriebene Sehenswürdigkeit eingebunden ist (Seiten 64–87).

Ausflüge
In diesem Abschnitt, der sich durch eine rote Marke auf jeder Doppelseite hervorhebt, werden reizvolle Ziele in der Umgebung Amsterdams beschrieben. Der Ausflugteil ist alphabetisch geordnet. Die besten Verkehrsverbindungen (mit Fahrzeiten) sind angegeben. ▶

Benutzerhinweise (2)

Adressen
Mit dem Adressenteil des „Harenberg City Guide Amsterdam" sind Sie auf jede Situation vorbereitet. Hotelsuche und Restaurantwahl werden durch Preisangaben und Kurzcharakteristik von Angebot und Leistungen erleichtert. In alphabetischer Ordnung finden Sie außerdem Museen, Theater und andere Kulturangebote sowie Tips für den Einkaufsbummel.

Praktische Hinweise
Die praktischen Hinweise machen Ihren „City Guide" zum Ratgeber für alle (Not-)Fälle – von A wie Anreise bis Z wie Zeit.

Straßenbahn und U-Bahn
Das wichtigste öffentliche Verkehrsmittel in Amsterdam ist die Straßenbahn, das U-Bahn-Netz ist nur in zwei Linien ausgebaut. Zur besseren Orientierung findet sich auf den hinteren Umschlagseiten ein Übersichtsplan, der den Verlauf sämtlicher Straßenbahn-Linien sowie der U-Bahn darstellt.

Register
Ob Bauwerk, Museum oder Denkmal – im Sachregister sind alle Stichwörter alphabetisch aneinandergereiht. Das Personenregister verweist nicht nur auf die Texte, in denen Leben und Leistungen von Persönlichkeiten aus der Amsterdamer Vergangenheit und Gegenwart beschrieben werden, sondern liefert auch deren Lebensdaten.

Legende Stadtplan

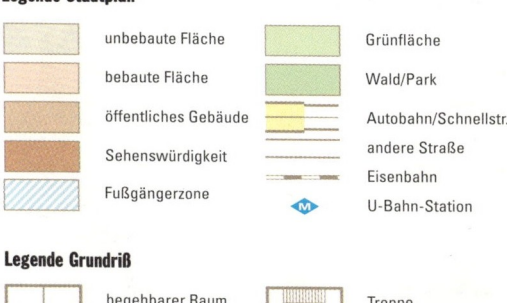

unbebaute Fläche	Grünfläche
bebaute Fläche	Wald/Park
öffentliches Gebäude	Autobahn/Schnellstr.
Sehenswürdigkeit	andere Straße
Fußgängerzone	Eisenbahn
	U-Bahn-Station

Legende Grundriß

begehbarer Raum	Treppe
nicht begehbarer Raum	Innenhof
← Eingang	Grünfläche

Legende Ausflugskarte

Wald/Grünfläche	bebautes Gebiet
Wasserfläche	Edam Ausflugsziel
Flugplatz	Sehenswürdigkeit

Verkehrswege (in verschiedenen Maßstäben):

A4 Autobahn	Nebenstraßen
Hauptverkehrs-straßen	Eisenbahn
	Personenfähre

10　*Typische Giebelhäuser an einer Gracht im Zentrum.*

Einer der beliebtesten Plätze: Der Leidseplein.

Zur Einstimmung (1)

Gegensätze prägen die niederländische Hauptstadt und machen ihren besonderen Reiz aus: Amsterdam ist Dorf und Weltstadt zugleich. Aufgrund seiner geringen Größe – sowohl hinsichtlich der Einwohnerzahl als auch hinsichtlich der geographischen Ausdehnung – wirkt die Stadt auf den Besucher überschaubar und vertraut. Um so überraschender ist es zu entdecken, welch vielfältige Seiten die Metropole zu bieten hat.

Amsterdam bietet auf engstem Raum mehr Sehenswürdigkeiten als viele andere Großstädte. Dennoch kann man der Weltstadt keine bestimmte Attraktion als Wahrzeichen zuordnen. Der Westertoren ruft keine spontane Assoziation hervor wie der Eiffelturm, die Magere Brug ist kein so eindeutiges Synonym für Amsterdam wie die Rialto-Brücke für Venedig. Amsterdam wirkt auf ganz andere Art und Weise einzigartig. Es ist die besondere Atmosphäre aus individueller Lebensart und Laissez-faire, die den stärksten Eindruck beim Besucher hinterläßt und für den Bewohner ein wichtiges Charakteristikum seiner Stadt bedeutet.

Offenheit und Toleranz gegenüber allem Andersartigen sind in Amsterdam keine Leerformeln, sondern selbstverständlich und das nicht erst seit den 60er Jahren, in denen die Flower-Power-Generation die Stadt zu ihrem Eldorado erkor. Die liberale Haltung praktizierten die Amsterdamer Stadtväter schon vor Jahrhunderten, als politisch und religiös Verfolgte hier eine Bleibe fanden. Die Nachkommen asiatischer Seeleute, Einwanderer aus den ehemaligen Kolonien Surinam und Niederländisch-Indien, Gastarbeiter aus Marokko und der Türkei – sie alle sind heute mit Leib und Seele Amsterdamer. Das Bedürfnis nach individueller Lebensführung

Bevölkerung

Als Amsterdamer ist man nicht geboren, Amsterdamer wird man. Seit dem 17. Jh. war die Stadt das Ziel von Flüchtlingen und Einwanderern aus aller Welt. Hugenotten aus Frankreich, Juden aus Portugal, Deutschland und Polen sowie Armenier und Levantiner kamen hierher.

Dem bunten Völkergemisch verdankt die Metropole ihren weltoffenen Charakter.

148 Nationalitäten belebten zu Beginn der 90er Jahre das multikulturelle Bild der Stadt, in der Englisch zweite Sprache ist. Neben den Zuwanderern aus Indonesien, Surinam und von den Niederländischen Antillen stellen Gastarbeiter aus der Türkei, Marokko, Großbritannien und Deutschland die größten Ausländergruppen.

„Leben und leben lassen" lautet die Devise des Amsterdamers. Die große gegenseitige Toleranz trägt wesentlich dazu bei, daß sich die ethnischen Minderheiten in die Metropole integrieren konnten.

Der Traum, die erste Millionenstadt der Niederlande zu werden, ist seit 1960 endgültig vorbei: 869 602 Einwohner zählte die Hauptstadt damals, seitdem sanken die Einwohnerzahlen kontinuierlich. Die Gemeinde förderte den Umzug in Garten- und Trabantenstädte an der Peripherie sowie in die Städte Almere und Lelystadt, die im neuen Poldergebiet Flevoland entstanden. 1990 wohnten rd. 700 000 Menschen in Amsterdam.

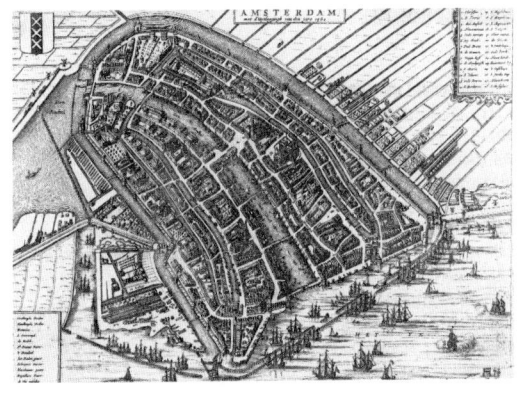

Entwicklung zur größten Stadt der Niederlande Im Mittelalter erlebte Amsterdam einen wirtschaftlichen Aufschwung als Zollstation für das aus Hamburg importierte Bier. Es entwickelte sich ein reger Handel, der durch die Mitgliedschaft in der Hanse (1368) noch verstärkt wurde.

Nach verheerenden Bränden in den Jahren 1421 und 1452, bei denen die Stadt fast völlig zerstört wurde, erließ die Gemeinde aus Sicherheitsgründen strenge Bauvorschriften und verbot Holz und Ried als Baumaterial.

Die Einwohnerzahl stieg von 4800 Einwohnern bis zur Mitte des 16. Jh. auf rd. 12 000. Damit war Amsterdam größte Stadt der nördlichen Niederlande.

Die Ausdehnung Amsterdams am Ende des 15. Jh.: Singel, Kloveniersburgwal und Geldersekade bildeten die Stadtgrenzen, die durch eine Stadtmauer gesichert waren.

Geschichte (2)

Freiheitskampf der Niederlande Mitte des 14. Jh. waren die Niederlande an Burgund gefallen, das ab 1477 zum Habsburger Reich gehörte. Unter der Herrschaft von Philipp II. stritten die 17 niederländischen Provinzen ab 1556 gegen den absolutistischen Machtanspruch des spanischen Königs. Der politische Gegensatz wurde durch den religiösen noch verschärft: Die nördlichen Provinzen waren calvinistisch, die südlichen Niederlande katholisch. 1566 stürmten die Calvinisten katholische Gotteshäuser (Bildersturm). Truppen des spanischen Herzogs Alba besetzten Amsterdam und verfolgten die Anhänger der Reformation brutal.

Unter Führung Willems I. von Nassau-Oranien bildete sich starker Widerstand gegen die Spanier. 1578 schloß sich Amsterdam dem niederländischen Freiheitskampf an.

Die katholischen Südprovinzen fielen im Vertrag von Arras (1579) an Spanien. Die Union der nördlichen „Sieben Provinzen" (Geldern, Holland, Zeeland, Utrecht, Friesland, Overijssel, Groningen) sagte sich dagegen von Spanien los und übertrug die erbliche Statthalterschaft an Willem I. von Oranien. Erst im Westfälischen Frieden (1648) wurde die Unabhängigkeit der sieben Provinzen als Republik der Niederlande anerkannt, während die südlichen Provinzen (das heutige Belgien) bei Spanien blieben. ▶

1535: Eine Gruppe von Wiedertäufern läuft nackt über den Dam, um für ihren Glauben zu demonstrieren. Alle Beteiligten werden verhaftet und hingerichtet.

Ende des 16. Jh.: Massenhinrichtung aufständischer Calvinisten durch die Spanier.

HAERLEM.

25

Geschichte (3)

Amsterdam wird wichtigste Handelsmetropole der Welt Infolge der Freiheitskriege und der Sperrung der Scheldemündung hatte Antwerpen am Ende des 16. Jh. seine Position als bedeutendster Handelsplatz an Amsterdam verloren: Zahlreiche südniederländische Kaufleute übersiedelten nach Amsterdam, gefolgt von portugiesischen Juden. Die Einwanderer verfügten nicht nur über weitreichende Handelsbeziehungen von Rußland bis zum östlichen Mittelmeer, sondern brachten auch zahlreiche neue Gewerbe in die Stadt.

Hollands Entdeckung von Indien Nach der Reformation (1578) kam es zu einer schnellen Blüte der Amsterdamer Wirtschaft. Die Vereinigten Niederlande durchbrachen das spanische Monopol im Überseehandel: Ein Jahrhundert nach den Entdeckungsreisen von Christoph Kolumbus (Amerika, 1492) und Vasco da Gama (Indien, 1498) suchten auch die Niederländer einen Seeweg nach Indien (1595). Die zweite Ost-Indien-Expedition unter Leitung von Kapitän Jacob van Neck war erfolgreich und eröffnete gewinnbringende Handelsbeziehungen mit den neuen Kolonien in Niederländisch Indien.

Mit der Vereinigten Ostindischen Compagnie (VOC) entstand 1602 eine der bedeutendsten Handelsorganisationen des 17. Jh. Ihre Flotte wurde zu einer der größten der Welt ausgebaut. Die niederländischen Kolonialisten begannen, die

Der Markt von Batavia auf einem Kupferstich aus dem 17. Jh. 1619 hatten die Holländer die Stadt auf der Insel Java gegründet.

spanischen und portugiesischen Kolonialherren aus Asien zu verdrängen.

1611 erhielt Amsterdam die erste Aktienbörse der Welt und entwickelte sich zum Hauptumschlagplatz für Waren aus dem asiatischen Raum.

Die Kaufmannsfamilien stellten einen wichtigen Machtfaktor in der Stadt dar. Aus ihren Reihen kamen die vier Bürgermeister, die bereits seit 1400 jährlich gewählt wurden. An dieser oligarchischen Regierungsform änderte sich bis zur Besetzung der Niederlande durch französische Truppen (1795) nur wenig. ▶

Geschichte (4)

Das „goldene" 17. Jahrhundert Der Kolonialbesitz machte Amsterdam zum „Warenhaus der Welt". Nach Java wurden auch die anderen indonesischen Inseln zu holländischen Kolonien.
In Amerika entwickelte sich die Insel Curaçao, der venezolanischen Küste vorgelagert, zum Zentrum des Sklavenhandels, einem der gewinnbringendsten Geschäfte der Amsterdamer Kaufleute. 1648 wurde das südafrikanische Kapland eingenommen, wo die Nachfahren der ehemaligen Kolonialherren, die Buren, bis heute Niederländisch sprechen. Seit 1667 verwaltete Amsterdam gemeinsam mit der Westindischen Compagnie und einer Kaufmannsfamilie Surinam an der Nordküste Südamerikas.
Mit der ökonomischen Blüte entwickelte sich auch ein reiches kulturelles Leben. Zahlreiche Künstler und Intellektuelle siedelten sich in der Stadt an, die einen liberalen Geist verbreitete: Hier konnten Bücher gedruckt werden, die im übrigen Europa verboten waren.
Zwischen 1600 und 1650 vervierfachte sich die Bevölkerungszahl Amsterdams von 50 000 Einwohnern auf rd. 200 000 Einwohner. Die mittelalterliche Stadtanlage konnte den Bevölkerungszuwachs bereits zu Anfang des 17. Jh. kaum noch verkraften. Der Rat entschloß sich, die Stadt durch die Anlage des Grachtengürtels über ihre bisherigen Grenzen hinaus zu erweitern.

Einzug Napoleons I. auf den Dam am 9. 11. 1811.

Entlang der Grachten entstanden die Paläste der Kaufmannsfamilien mit eindrucksvollen Giebeln.
Amsterdam unter französischer Besetzung Im 18. Jh. verblaßten Reichtum und Macht der Niederlande immer mehr: Der Verlust eines großen Teils seiner Flotte im Krieg gegen Großbritannien (1780–84) leitete den Niedergang des Landes ein. 1795 marschierten französische Revolutionstruppen in Amsterdam ein und besetzten die Stadt. 1806 erklärte Napoleon I. die Republik zum Königreich der Niederlande, Amsterdam wurde Hauptstadt und Regierungssitz seines Bruders Louis Bonaparte. Unter seiner Herrschaft organisierte er Stadtverwaltung, Justiz und Finanzwesen neu. ▶

Geschichte (5)

Verfall der Stadt Nach der Vertreibung der französischen Besatzer (1813) wurde in den Niederlanden eine konstitutionelle Monarchie unter der Herrschaft des Hauses Oranien-Nassau errichtet. Amsterdam blieb Hauptstadt, Regierungssitz wurde Den Haag.

Durch die zunehmende Versandung der Zuiderzee verlor der Hafen seine dominierende Stellung an Rotterdam. Erst ab 1870 konnte die Stadt wieder wirtschaftlich zu anderen europäischen Hauptstädten aufschließen: Die Fertigstellung des Nordseekanals (1876) sowie der Bau der Central Station (1889) sorgten für eine entscheidende Verbesserung des Handels- und Verkehrsnetzes.

Ab Mitte des 19. Jh. begann die Sanierung der dicht bevölkerten Stadtviertel Vlooyenburg und Jordaan. Zahlreiche Grachten, die auch als Abwässerkanäle dienten, wurden aus hygienischen Gründen zugeschüttet.

Sozialer Wohnungsbau mit Vorbildfunktion Zur Jahrhundertwende war die Einwohnerzahl von 200 000 um das Jahr 1800 auf eine halbe Million angestiegen, und die Wohnungsfrage wurde zum vordringlichen Problem.

Nach dem Gewinn der Kommunalwahlen (1919) realisierten die Sozialdemokraten ihre zentrale politische Forderung nach Schaffung von günstigem Wohnraum: Amsterdam wurde zum europäischen Vorbild für den sozialen Wohnungsbau. Die

35

Geschichte (8)

Kraker und Krawalle In den 70er und 80er Jahren bestimmte die Hausbesetzerbewegung die politische Diskussion. Der Erhalt billigen Wohnraums und historischer Gebäude im Stadtzentrum war das Ergebnis energischer Bürgerproteste. Der Metro-Bau führte 1975 zu schweren Krawallen im Nieuwmarkt-Viertel; die Pläne zum weiteren Ausbau wurden aufgegeben. Die Innenstadt entwickelte sich immer mehr zum reinen Wohnviertel; Banken, Handel und Technologiebetriebe siedelten sich vor allem in Amsterdam-Zuidoost und Sloterdijk an.

Neue Zugverbindungen zwischen Flughafen und Centraal Station verbesserten die Infrastruktur. Der Auto-Enthusiasmus der 60er Jahre machte bald der Erkenntnis Platz, daß die enge innerstädtische Struktur dem zunehmenden Verkehrsstrom nicht gewachsen war. Seit 1978 werden der öffentliche Nahverkehr sowie der Ausbau von Fahrradwegen stärker gefördert.

Die liberale Drogenpolitik der Stadt, die den Verkauf „weicher" Drogen tolerierte, sorgte im Ausland für ein negatives Image der Stadt als „Drogenmetropole". Mittlerweile werden die Erfolge des sog. Amsterdamer Modells (weniger Drogentote, abnehmende Drogenkriminalität) jedoch auch von den Gegnern anerkannt.

Multikulturelle Metropole Seit den 60er Jahren stieg der Ausländer-Anteil unter den Bewohnern

1991: Mehrere hundert Menschen demonstrieren mit einem Protestmarsch durch die Amsterdamer Innenstadt gegen den zunehmenden Fremdenhaß.

der Hauptstadt kontinuierlich an: Ein Viertel der Bevölkerung stammt nicht aus den Niederlanden. Obwohl faschistische Parteien in den letzten Jahren auch hier Stimmengewinne verzeichnen konnten, bleibt Amsterdam doch eine der liberalsten Städte in Europa. Das politische Profil der Metropole ist durch ein starkes Engagement gegen Rassismus und Ausgrenzung von Randgruppen gekennzeichnet. Für mehr Rechte der homosexuellen Bewohner, die mit 15% die größte „gay community" in Europa bilden, setzt sich eine starke Lobby ein. Die Entwicklung der 90er Jahre dürfte von einer Gemeindepolitik bestimmt werden, in der die weitgehende Autonomie der 18 neuen Stadtteile Berücksichtigung findet.

Politik

In der Kommunalpolitik scheinen die 90er Jahre das Ende der sozialdemokratischen Dominanz einzuleiten. Seit 1919 hatten die Sozialdemokraten die Mehrheit gestellt, 1990 kam die Partei nur noch auf 26,1% der Stimmen. Kleine linke Parteien profitierten von diesem Ergebnis.

Die Leitlinie der Amsterdamer Gemeindepolitik wird dadurch kaum verändern: Stadterneuerung und sozialer Wohnungsbau bleiben zentrale politische Aufgaben, die liberale Drogenpolitik wird – mit Einschränkungen – weiter verfolgt: Als Erfolg konnte man in den letzten Jahren weniger Drogentote und eine Stagnation der Zahl der Abhängigen verzeichnen. Die Antidiskriminierungspolitik ist in der Vielvölker-Stadt mit einem Ausländer-Anteil von 25% ein Gebot der politischen Vernunft. Mit Bürgermeister Ed van Thijn lenkte bis Anfang 1994 ein Mann die Stadtpolitik, der sich besonders für die Interessen der ethnischen Minderheiten sowie der großen Homosexuellengemeinschaft einsetzte.

1991 wurde die Dezentralisierung der Verwaltung abgeschlossen: 18 neugegliederte Stadtteile mit eigenen Bürgermeistern und weitgehend autonomen Entscheidungsbefugnissen bedeuten eine Veränderung der bisherigen Gemeindepolitik. Mit Hilfe der „neuen Dörflichkeit" versuchen die Kommunalpolitiker, dem oft vorgebrachten Wunsch nach mehr Bürgernähe zu entsprechen.

Als Reaktion auf die Wohnungsnot haben viele zumeist junge Leute seit den 70er Jahren zur Selbsthilfe gegriffen und freistehenden Wohnraum (instand-)besetzt.

Wirtschaft

Mit den Plänen zur Bebauung des Ij-Ufers bereitet Amsterdam den architektonischen Schritt ins 21. Jh. vor. Nach dem Vorbild von London, Boston und Toronto soll die alte Hafenfront wieder stärker an das Stadtzentrum angeschlossen werden. Als europäische Hauptstadt mit den niedrigsten Mietpreisen spekuliert die Gemeinde auf die Ansiedlung großer Firmen. Der Ausbau der bereits bestehenden guten Verkehrsverbindungen (Flughafen Schiphol, Hafen, Eisenbahnnetz) soll die Attraktivität dieses neuen Wirtschaftsviertels weiter steigern.

Die meisten Schiffe, deren Fracht im Amsterdamer Hafen gelöscht wird, kommen aus der GUS, aus Großbritannien und Deutschland.

Größter Arbeitgeber der Stadt ist der nahegelegene Flughafen Schiphol. 1991 wurde hier der höchste Flugleitturm Europas fertiggestellt, an einer fünften Landebahn wird gebaut.

Der Hafen der Hauptstadt, fünftgrößter Seehafen Europas, profitiert vor allem vom starken Schiffsverkehr auf dem Amsterdam-Rhein-Kanal. Nach einem wirtschaftlichen Einbruch Anfang der 80er Jahre werden inzwischen wieder höhere Umschlagzahlen verzeichnet: 1989 betrug der Warenumschlag 28,7 Mio t.

In der Innenstadt sind durch den Umzug vieler Banken und Großbetriebe in die Außenbezirke zahlreiche Arbeitsplätze verloren gegangen. Mit 23% liegt die Arbeitslosigkeit in der Hauptstadt weit über dem niederländischen Durchschnitt, der 8,7% beträgt.

Verkehr

Knapp 100 Jahre nachdem das erste Auto durch die Straßen Amsterdams fuhr, hat sich der Fetisch der mobilen Gesellschaft zum Verkehrs- und Umweltproblem Nr. 1 entwickelt. Der berühmte Grachtenhalbkreis der Stadt wird seit langem zur Parkfläche degradiert, ein Spaziergang unmittelbar entlang der Grachtenufer ist fast unmöglich. Mit einer drastischen Erhöhung der Bußgelder für Parksünder (1991) versucht die Gemeinde, den Autoverkehr einzudämmen. Das Verkehrschaos im Zentrum ist inzwischen zu einem Politikum geworden: Per Volksabstimmung und Senatsbeschluß wurde 1992 die Entscheidung gefällt, die Innenstadt zukünftig in eine autofreie Zone umzufunktionieren.

16 Straßenbahnlinien und 41 Buslinien bilden ein dichtes Nahverkehrsnetz. Der weitere Ausbau der U-Bahn, die nur zwei Linien hat, wurde Ende der 70er Jahre eingestellt, nachdem es zu massiven Bürgerprotesten gekommen war. Zur Zeit werden Überlegungen angestellt, den Ausbau in den nächsten Jahren doch fortzusetzen.

Das Hauptverkehrsmittel bleibt nach wie vor das Fahrrad. Ein Amsterdamer ohne „fiets" ist eine Seltenheit. Rotgepflasterte Fahrradwege durchziehen die Stadt: Die radfahrerfreundliche Infrastruktur wurde in den 80er Jahren auch auf die Wohnviertel jenseits des Zentrums ausgedehnt.

Umwelt

Nur etwas mehr als ein Zehntel des Stadtgebietes ist als Grünfläche ausgewiesen. Somit ist Amsterdam kaum als „grüne" Stadt zu bezeichnen, auch wenn an vielen Grachten inzwischen Bäume angepflanzt wurden. Lange Zeit wandelten die Stadtplaner innerhalb der engen Stadtgrenzen jede freie Parzelle in Nutzfläche um.

Die Anlage von Stadtparks erfolgte nicht nur mit Blick auf die Freizeitinteressen der Großstädter, sondern auch zur natürlichen Luftfilterung. Wie in allen europäischen Großstädten hat die Schadstoffbelastung der Luft auch in der niederländischen Hauptstadt erhebliche Ausmaße angenommen (Kohlenmonoxid: 9650–13 540 mg/m^3, Stickstoffdioxid: 174–285 mg/m^3, Schwefeldioxid: 85–199 mg/m^3) und den Baumbestand geschädigt. Der zunehmende Individualverkehr und die Abgase des Flughafens Schiphol leisten den größten Beitrag zum Anstieg des schädlichen Ozongehalts.

Jahrhundertelang war das Wasser, das als ungeklärte Kloake durch die Grachten floß, ein großes hygienisches Problem. Noch im 19. Jh. wurden mit Rücksicht auf die Volksgesundheit zahlreiche Grachten zugeschüttet. Erst 1987 konnte das letzte Amsterdamer Grachtenhaus an die Kanalisation angeschlossen werden.

CITY GUIDE PLAN

Bezirke in Amsterdam

- Noord
- Zeeburg
- Westelijk Havengebied
- Westerpark
- Centrum/Binnenstad
- Oost
- Bos en Lommer
- De Baarsjes
- Oud-West
- De Pijp
- Geuzenveld/Slotermeer
- Rivierenbuurt
- Zuid
- Buitenveldert
- Osdorp
- Slotervaart/Overtoomse Veld

© Harenberg

Seite	
57	Bos en Lommer
63	Buitenveldert
46	Centrum/Binnenstad
58	De Baarsjes
52	De Pijp
61	Geuzenveld/Slotermeer
60	Noord
49	Oost
62	Osdorp
50	Oud-West
53	Rivierenbuurt
62	Slotervaart/Overtoomse Veld
59	Watergraafsmeer
48	Westelijk Havengebied
54	Westerpark
56	Zeeburg
51	Zuid
55	Zuid-Oost

Watergrafsmeer

Zuid-Oost

Bezirke (1)

Centrum/Binnenstad

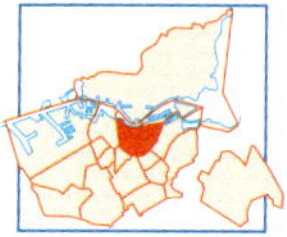

Wohl in keiner europäischen Hauptstadt liegen die historischen Sehenswürdigkeiten so nah beieinander wie in Amsterdam. Die Grenzen des heutigen Innenstadtbezirks entsprechen in etwa der Ausdehnung der Stadt zu Beginn des 17. Jh. Die Anlage des Grachtengürtels und des angrenzenden Jordaan-Viertels hatten das Stadtgebiet, das bis dahin durch die Stadtmauern entlang der Wassergräben Singel, Kloveniersburgwal und Geldersekade begrenzt worden war, vervierfacht. Fast 200 000 Menschen lebten 1685 hier; heute sind es noch 75 000.

Die Anlage neuer Wohnbezirke, sog. Gartenstädte, im Süden und Westen der Stadt führte ab den 50er Jahren zu einer Verbesserung der Wohnzustände im Zentrum. Die Wohnungsnot ist jedoch bis heute akut geblieben: Zahlreiche Hauptstadtbewohner haben als Alternative Hausboote auf den Grachten bezogen. Die Kraakbeweging (Hausbesetzerbewegung) ist eine politischen Kraft geworden, die sich gegen die Vernichtung von billigem Wohnraum zur Wehr setzt.

Ein großer Teil des Zentrums steht unter Denkmalschutz. Großbetriebe und Banken haben die Innenstadt schon länger verlassen und sich im Süd-Ost-Viertel niedergelassen.

Fast 2 Mio Touristen pro Jahr sorgten zu Beginn der 90er Jahre dafür, daß Niederländisch zumindest im Zentrum der Stadt immer mehr zu einer Minderheitensprache wird: Briten, Amerikaner, Italiener und Deutsche stellen die größten Besuchergruppen. ▶

Sehenswürdigkeiten *American Hotel (S. 90); Amstel Hotel (S. 94); Anne-Frank-Haus (S. 102); Artis Plantage (S. 106); Bartolottihuis (S. 108); Beginenhof (S. 112); Blauwbrug (S. 118); Bloemenmarkt Singel (S. 120); Zeughaus (S. 126); Casino (S. 128); Centraal Station (S. 134); Coningh van Denemarken (S. 142); Cromhouthäuser (S. 144); Damrak (S. 150); Deutzhuis (S. 154); Dokwerker (S. 160); Entrepotdok (S. 164); Felix Meritis (S. 166); Geschäftsgalerie Utrecht (S. 436); Gouden Bocht (S. 176); Haarlemmerpoort (S. 196); Historisches Museum (S. 202); Homomonument (S. 208); Hortus Botanicus (S. 212); Haus mit den Köpfen (S. 214); Haus an den drei Grachten (S. 216); Jüdisch-Historisches Museum (S. 222); Kalverstraat (S. 228); Königlicher Palast (S. 234); Koopmannsbeurs (S. 238); Lagerhäuser Westindische Compagnie (S. 426); Madame Tussaud (S. 252); Magere Brug (S. 254); Melkweg (S. 256); Montelbaanstoren (S. 260); Monument Hollandse Schouwburg (S. 262); Mozes- en Aaronkerk (S. 264); Multatuli Monument (S. 266); Munttoren (S. 268); Museum van Loon (S. 270); Nationaal Monument (S. 252); Nieuwe Kerk (S. 274) Noorderkerk (S. 278); Normaal Amsterdams Peil (S. 280); Museum Amstelkring (S. 282); Oostindisch Huis (S. 286); Oude Kerk (S. 288); Oudemanhuis (S. 292); Paleis an de laan (S. 294); Paradiso (S. 296); Pentagon (S. 300); Pintohaus (S. 302); Portugiesisch-Israelitische Synagoge (S. 306); Rembrandthuis (S. 308); Scheepvarthuis (S. 334); Scheepvartmuseum (S. 338); Schreierstoren (S. 344); Six Collection (S. 346); Stadtheater (S. 244); Stopera (S. 366); Theater Carré (S. 374); Trippenhuis (S. 378); Tuschinsky (S. 386); Vergoldeter Delphin (S. 402); VOG-Schiff „Amsterdam" (S. 408); Waag (S. 416); Westerkerk (S. 428); Westindisch Huis (S. 432); Witte Huis (S. 438); Zuiderkerk (S. 448); Zwanenburgwal (S. 452).*

Bezirke (2)

Westelijk Havengebied

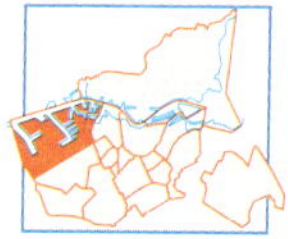

Nach der Versandung der Zuidersee im 19. Jh. verlagerten sich die Aktivitäten vom östlichen Hafengebiet vor den Toren der Stadt nach Westen. Riesige neue Hafenbecken und Docks entstanden im Westelijk Havengebied (westliches Hafengebiet). Der Bau des Nordseekanals (1876) sowie des Amsterdam-Rhein-Kanals (1952) werteten den Amsterdamer Hafen verkehrstechnisch wieder auf.

Am westlich der Centraal Station gelegenen Houthaven beginnt die neu konzipierte Ij-Achse: Durch weitreichende Restaurierungen und den Neubau von Wohn- und Bürohäusern soll das Ij-Ufer attraktiver gemacht und stärker an die Innenstadt angegliedert werden.

Der Bau der Sloterdijk-Station leitete die Ansiedlung von Technologiebetrieben im westlichen Hafengebiet ein. Der sog. Teleport war Anfang der 90er Jahre eines der am schnellsten expandierenden Industrieviertel der Stadt.

Zu den größten Anliegern gehören der Medienkonzern Elsevier, die niederländische Post PTT und das Computerzentrum Societé Internationale de Télécommunication Aéronautique (SITA).

Sehenswürdigkeiten *Hafen (S. 198); Ij-Ufer (S. 220); Sloterdijk Station (S. 348)*

Oost

Die alten Viertel Weesperzijde, Oosterparkbuurt, Dapperbuurt und Transvaalbuurt bilden den Bezirk Oost, einen der ärmeren Stadtteile Amsterdams. Die 34 000 Einwohner verfügen über ein durchschnittliches Jahreseinkommen von nicht mehr als 18 000 hfl. Der Ausländeranteil liegt mit 36% weit über dem Durchschnitt (25%), die größte Ausländergruppe stellen die Marokkaner, Türken und Surinamer.

Das Viertel entstand nach den Stadterweiterungsplänen von 1866 und 1876. Wie alle Arbeiterviertel des 19. Jh. zeichnet sich Oost durch eine übersichtliche Struktur aus. In den 70er und 80er Jahren des 20. Jh. wurden ganze Straßenzüge restauriert. Wie das Beispiel des Iepenplein zeigt, gelang es, den Charakter des Viertels trotz umfangreicher Modernisierungen zu erhalten.

Einer der lebendigsten Märkte der Stadt wird täglich von 9 bis 17 Uhr in der Dapperstraat abgehalten. Ähnlich wie sein berühmter „großer Bruder", der Albert Cuyp Markt im angrenzenden Bezirk De Pijp, hält auch der Dappermarkt ein breites Angebot bereit: Neben Lebensmitteln sind praktische Dinge für den täglichen Gebrauch sowie Kleidung erhältlich. ▶

Sehenswürdigkeit *Tropenmuseum (S. 380)*

Bezirke (3)

Oud-West

Die schlechte Bausubstanz des Arbeiterviertels Oud-West (Alt-West), das im 19. Jh. nach Plänen des Architekten van Nifterik entstand, zwang die Gemeinde in den letzten Jahren zu umfangreichen Sanierungsmaßnahmen.

Nachdem die zu Oud-West gehörigen Viertel Van Lennepbuurt, Helmersbuurt, Overtoomse Sluis, Vondelbuurt und da Costabuurt bereits in den 70er Jahren saniert worden waren, veränderte sich die Kinkerbuurt erst ab 1990.

Die Neubauten, die auf dem Terrain des ehemaligen Wilhelmina Gasthuis (Krankenhaus) östlich der Jacob van Lennepkade entstanden, gehören zu den interessantesten Projekten des sozialen Wohnungsbaus der 80er Jahre.

Ein Jahrzehnt später wurde an der Grenze zum Süd-Bezirk der Byzantium-Komplex errichtet. Das Gebäude, das neben einer großzügigen Ladenpassage luxuriöse Eigentumswohnungen sowie Büroetagen beherbergt, ist allein wegen seiner extravaganten postmodernen Architektur sehenswert. Im Stadtteil Oud-West leben heute etwa 34 000 Einwohner.

Sehenswürdigkeit *Byzantium (S. 128)*

Zuid

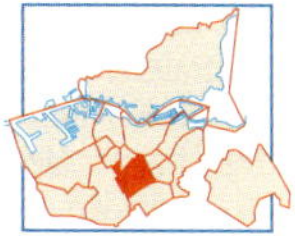

Ende des 19. Jh. leitete der Bau des Rijksmuseums (1885) und des Stedelijk Museums (1895) die Expansion der Stadt nach Süden ein. Mit der Eröffnung des Van Gogh Museums wurde das „Museumsviertel" 1973 um eine weitere Attraktion bereichert.

Amsterdam-Zuid entstand zu Beginn des 20. Jh. nach einem Plan von Hendrik Petrus Berlage und ist eines der architektonisch schönsten Viertel der Stadt. Die dekorativen Gebäude der Amsterdamse School prägten die Viertel Hoofddorppleinbuurt, Schinkelbuurt, Willemspark, Stadionbuurt, Apollobuurt und Duivelseiland. Einzigartig in Europa ist die architektonische Gesamtkonzeption des Süd-Bezirks, in dem heute mehr als 55 000 Einwohner leben.

Ein Bummel entlang dem Noorder Amstel Kanal, durch die Hacquartstraat oder über den Olympiaplein und den Jacob Olbrecht Plein führt an einigen auffallenden, plastisch gestalteten Fassaden vorüber. ▶

Sehenswürdigkeiten *Concertgebouw (S. 138); Filmmuseum (S. 168); P. C. Hooftstraat (S. 298); Rijksmuseum (S. 318); Stedelijk Museum (S. 354); Van Gogh Museum (S. 394); Vondelpark (S. 410)*

Bezirke (4)

De Pijp

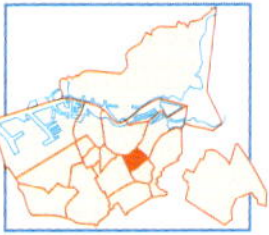

Bei den ersten Kommunalwahlen nach der Dezentralisierung der Verwaltung 1990 eroberten die niederländischen Grünen – „Groen Links" – mit knapper Mehrheit die traditionelle Hochburg der Sozialdemokratie: Das Arbeiterviertel De Pijp (Die Pfeife; 36 000 Einwohner) erhielt einen der ersten grünen Bürgermeister der Stadt.

Zu den architektonischen Höhepunkten des Viertels gehören Gebäude im Stil der Amsterdamse School. Auffallende Beispiele sind die Wohngebäude in der Smaragdstraat (Architekt J. C. van Epen, 1922–24), das Badehaus am Smaragdplein (Architekt A. J. Westermann, 1920/21) sowie das Haus der Theosophischen Vereinigung in der Tolstraat (Architekten: J. A. Brinkman und L. C. van der Vlugt, 1926–1931). Ebenfalls in der Tolstraat befindet sich die Diamantenschleiferei Asscher: Das Haus Nr. 127–129 wurde 1907 von G. V. Arkel entworfen.

Im Herzen des Bezirks liegt der kleine Sarphatipark. Der jüdische Arzt und Unternehmer Samuel Sarphati (1813–66) initiierte im 19. Jh. den Bau des Amstel Hotels sowie des großen Paleis voor Volksvlijt (Palast für den Volksfleiß), das 1929 durch einen Brand zerstört wurde.

Sehenswürdigkeiten *Albert Cuyp Markt (S. 88); Dageraad Woningbouw (S. 146); Heineken-Brauerei (S. 200)*

Rivierenbuurt

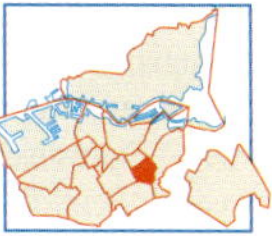

Im Berlage-Plan aus dem Jahr 1915 wurde die Rivierenbuurt mit ihren Vierteln Scheldebuurt, Ijsselbuurt und Rijnbuurt als großzügige Wohngegend mit ungewöhnlich breiten Alleen (z. B. Churchillaan, Rooseveltlaan und Vrijheidslaan) konzipiert. Inspirieren ließ sich der Architekt bei dem Entwurf durch den Plan des Grachtengürtels aus dem 17. Jh.

Am Victoriaplein ragte der erste Amsterdamer Wolkenkratzer in den Himmel: Der schlicht als „de Wolkenkrabber" titulierte Bau wurde 1929/30 nach einem Entwurf von J. F. Staal erbaut. Architekt Michel de Klerk realisierte 1921/22 an der Vrijheidslaan 10 ein langgestrecktes Gebäude im Stil der Amsterdamer Schule, zu deren Gründervätern er zählte.

In dem modernen Synagogenbau an der Lekstraat, 1934/37 nach einem Entwurf von Abraham Elzas gebaut, ist heute das Verzetsmuseum (Widerstandsmuseum) untergebracht.

Das wirtschaftliche Zentrum des Stadtteils (29 000 Einwohner) bilden die RAI-Messehallen. Nachdem 1961 die erste Ausstellungshalle auf dem Europaplein eröffnet wurde, vergrößerten in der Folgezeit zahlreiche Anschlußbauten die Ausstellungsfläche. ▶

Sehenswürdigkeit *Verzetsmuseum (S. 404)*

Bezirke (5)

Westerpark

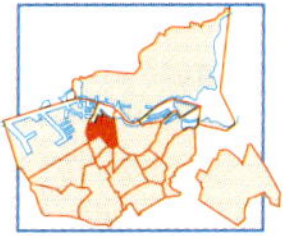

Mit 31 000 Einwohnern ist Westerpark ein überschaubarer Bezirk, zu dem die alten Stadtviertel Houthavens, Spaarndammerbuurt, Zeeheldenbuurt, Staatsliedenbuurt, Centrale Markt und Frederik Hendrikbuurt zählen.

In den 70er und 80er Jahren war der schlechte bauliche Zustand vieler Häuser des Viertels ein Dauerthema der Kommunalpolitik. Die Staatsliedenbuurt galt zu dieser Zeit als „unregierbar": Auseinandersetzungen mit Mitgliedern der Kraakbeweging (Hausbesetzerbewegung), die die Vergabe leerstehender Wohnungen eigenmächtig regelte, waren an der Tagesordnung. Nach dem Tod eines Krakers in einer Polizeizelle eskalierten 1985 die Spannungen in brutalen Straßenschlachten. Als die Stadt sich schließlich zur Sanierung des Stadtteils entschloß, hatte die Hausbesetzerbewegung ihr Ziel erreicht.

Mitten in der Spaarndammerbuurt befindet sich mit dem Wohnkomplex des Spaarndammerplantsoen eines der schönsten Projekte der Amsterdamer Schule.

Ende der 80er Jahre wurde der kleine Park, der dem Stadtteil seinen Namen gab, neu angelegt. Die lange Zeit verwahrloste Grünanlage ist seitdem zu einem viel genutzten Stadtpark geworden.

Sehenswürdigkeit *Spaarndammerplantsoen (S. 350)*

Zuid-Oost

Im Südosten der Hauptstadt wurde in den 60er Jahren für 120 000 Einwohner die Siedlung Bijlmermeer konzipiert. Die futuristische Wohnstadt für das Jahr 2000 entpuppte sich jedoch bald als gewaltige Fehlplanung. Vergleiche mit dem ähnlich umstrittenen Märkischen Viertel in Berlin blieben nicht aus; jahrelang wurde der Abriß des Viertels in Erwägung gezogen.

Die Diskussion über Bijlmermeer führte zu einem Umdenken bei der Stadterneuerung: Der traditionell sehr übersichtliche Charakter Amsterdamer Wohnviertel wurde wieder stärker berücksichtigt. In unmittelbarer Nähe von Bijlmermeer siedelten sich in den 80er Jahren zahlreiche Banken und Dienstleistungsunternehmen an. Den auffallendsten Komplex bilden dabei die modernen Gebäude der NMB (Nederlandse Middenstands Bank).

Der neue Bezirk umfaßt die alten Buurten (Nachbarschaften) Amstel/Bullewijk, Bijlmer, Nellestein, Holendrecht/Reigersbos, Gein und Driemond. Mit einer Einwohnerzahl von 88 000 lebt hier ein Zehntel der Stadtbevölkerung. Der Ausländeranteil ist in Zuid-Oost sehr hoch (42%); die größte Gruppe bilden die Surinamer. ▶

Sehenswürdigkeit *Taibah Moskee (S. 372)*

Bezirke (6)

Zeeburg

25 000 Menschen leben im Bezirk Zeeburg (Seeburg), der die alten Hafenviertel und die Indische Buurt umfaßt. Wenn in den kommenden Jahrzehnten die ehrgeizigen Ij-Ufer-Pläne realisiert werden, ist mit einer starken Zunahme der Einwohnerzahl zu rechnen.
Nachdem die großen Reedereien das Gelände des östlichen Hafengebiets Ende der 70er Jahre verlassen hatten, verloren die langgezogenen Dockbauten ihre Funktion: Nun sollen die künstlichen Inseln zu Wohngebieten umgebaut werden. Dank des Einsatzes der Hausbesetzerbewegung wird ein Teil der ehemaligen Hafengebäude in die Neubaukomplexe integriert.
Anfang der 90er Jahre gehörte Zeeburg noch zu einem der ärmsten Viertel der Stadt. Das kann sich ändern, wenn im Rahmen der Neugestaltung das Ij-Ufer zu einer attraktiven Adresse für Firmen und Privatleute wird.
Im Bereich der ehemaligen Indischen Buurt befinden sich zahlreiche Bauten, die in den 20er Jahren von Architekten der Amsterdamse School entworfen wurden. Sehenswert sind vor allem die Wohngebäude am Insulindeweg/Celebesstraat, die H. Th. Wijdeveld 1920 konzipierte.

Bos en Lommer

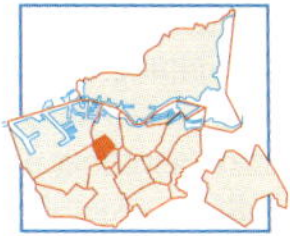

Bos en Lommer (Wald und Laubwerk) war das erste Viertel, das im Rahmen eines Allgemeinen Stadterweiterungsplans von 1934 angelegt wurde. Grundlage des Plans, hauptsächlich von C. van Eesteren entworfen, ist eine strikte Trennung der Wohn-, Arbeits-, und Freizeitbereiche.
Entgegen der ursprünglich geplanten modernen Infrastruktur setzte sich jedoch eine enttäuschend traditionelle Architektur durch (z. B. Bestevaerstraat, J. V. Stolbergstraat, Bos en Lommerweg). Das architektonische Profil des Bezirks wird von Wohnungstypen mit schmalen, langen Grundrissen und engen Straßen geprägt.
Die Opstanding-Kirche am Bos en Lommerplein, 1956 nach Plänen von M. F. Duintjer erbaut, erhielt dagegen ihren Spitznamen „Kolenkit" (Kohlenschütte) wegen ihrer eigenwilligen Formgebung. Ebenso wie die 1952 erbaute St. Josefkerk in der de Roodestraat charakterisiert sie den Wandel des modernen Kirchenbaus nach dem 2. Weltkrieg.
31 500 Einwohner leben im Bezirk Bos en Lommer, der die alten Viertel Sloterdijk, Landlust, Erasmuspark und de Kolenkit zusammenfaßt. Damit gehört der Bezirk im Nordwesten des Zentrums zu den kleineren Stadtteilen. ▶

Bezirke (7)

De Baarsjes
Nach der Dezentralisierung der Amsterdamer Verwaltung und der Neueinteilung des Stadtgebietes in 18 weitgehend autonome Bezirke hatten viele Bewohner des Bezirks De Baarsjes Probleme mit der neuen Gemeinde-Identität: Der Stadtteil-Bürgermeister sah sich veranlaßt, an allen öffentlichen Gebäuden des Viertels den Zusatz „De Baarsjes" anbringen zu lassen.
Die Öffentlichkeit reagierte teilweise belustigt, die Medien spotteten über den Versuch, die Bewohner zum Lokalpatriotismus zu erziehen. Durch den Zusatz wurden allerdings auch die neuen Grenzen des Bezirks deutlich, der die früheren Stadtteile De Krommert, Van Galenbuurt, Hoofdweg en Omstreken sowie die Westindische Buurt einschließt.
Wie auch der benachbarte Stadtteil Bos en Lommer hat der 38 000 Einwohner zählende Bezirk mit 32% einen hohen Ausländeranteil. Niederländisch ist nur bei einem Drittel der Grundschulkinder die Muttersprache.
Im Westen wird der Stadtteil vom Rembrandtpark begrenzt: Neben dem Vondelpark, der im benachbarten Südviertel liegt, ist er eine der größten zusammenhängenden Grünflächen, die in erreichbarer Nähe zum Stadtzentrum liegen.

Watergrafsmeer

Anfang der 20er Jahre wurden im Südosten der Stadt in den Vierteln Frankendael, Middenmeer, Betondorp und De Omval die ersten Wohngebiete im Stil des neuen Industriellen Bauens errichtet. Vorgefertigte, aus Beton gegossene Bauteile ermöglichten ein schnelleres und daher preisgünstigeres Bauen.

Zwischen 1923 und 1928 entstand als Ergebnis eines Architekturwettbewerbs das sog. Betondorf. Die Häuser der Siedlung stellen ein frühes Zeugnis der Neuen Sachlichkeit dar und waren die Prototypen der Reihenhausarchitektur.

Die niederländische De-Stijl-Bewegung erhielt durch das Projekt wichtige Anregungen für spätere Konzeptionen: Umgesetzt wurden die Ideen u. a. bei der Stuttgarter Weißenhofsiedlung, 1926/27 nach Plänen von Ludwig Mies van der Rohe, Le Corbusier und Walter Gropius erbaut.

Das Landhaus am Middenweg 72, das aus dem ersten Viertel des 18. Jh. stammt, erinnert noch an den ehemals ländlichen Charakter von Watergrafsmeer. Es bildet einen auffallenden Kontrast zu der modernen Architektur des Bezirks.

22 000 Menschen leben in Watergrafsmeer, unter ihnen 10% Ausländer. ▶

Sehenswürdigkeit *Betondorp (S. 114)*

Bezirke (8)

Noord

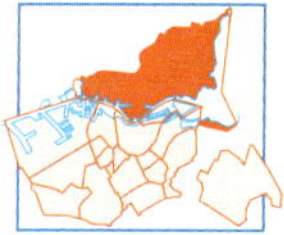

Amsterdam-Noord, das sich nördlich der Ij ausdehnt, ist mit einer kostenlosen Fähre zu erreichen, die hinter der Centraal Station ablegt. In den Überlegungen zur Neugestaltung des Ij-Ufers spielt die Frage nach einer besseren Anbindung des abseits liegenden Stadtteils an das Zentrum eine zentrale Rolle. Pläne zum Bau einer Brücke konkurrieren dabei mit Bestrebungen, den abgeschlossenen Charakter des Viertels zu erhalten.

Das interessanteste architektonische Projekt im Bezirk Noord war in den 80er Jahren die Bebauung des Ijpleins gegenüber der Centraal Station (Architekt Rem Koolhaas).

Wer dem Verlauf des Nieuwendammerdijk über den Bezirk Noord hinaus folgt, gelangt in eine holländische Dorfidylle, die Bilderbuchcharakter besitzt: Quer durch das Poldergebiet führt eine der schönsten Fahrradrouten von Amsterdam bis ans Ijsselmeer.

In Noord, einem Zusammenschluß der Viertel Volewijk, Ijplein/Vogelbuurt, Tuindorpen Nieuwendam, Buiksloot en Oostzaan, Nieuwendammerdijk/Buiksloterdijk, Ostzaanerwerf, Kadoelen, Nieuwendam-Noord, Buikslotermeer, Buiksloterham, Banne Buiksloot, Nieuwendammerham und Waterland, wohnen 80 000 Menschen.

Geuzenveld/Slotermeer

Geuzenveld und Slotermeer wurden in den 50er Jahren als erste sog. Gartenstädte (Tuinsteden) im Westen der Stadt angelegt. Bereits im Stadterweiterungsplan von 1934 waren die großflächigen Wohngebiete in grüner Umgebung vorgesehen; sie konnten jedoch erst nach Ende des 2. Weltkrieges realisiert werden. Die großzügige Raumplanung des Gebietes hob sich positiv von der traditionell beengten Infrastruktur des Stadtzentrums ab, die durch die Raumnot vorgegeben war.

In Geuzenveld und Slotermeer wurden Flächen, auf denen sonst ganze Stadtteile entstanden, als Sportgelände angelegt. Im Sportpark De Eendracht finden sich ebenso separate Trainingsflächen und Hallen für die einzelnen Vereine wie im Sportpark Ookmeer. Für Wassersportler entstand ein Kanuzentrum. Trainingsmöglichkeiten bietet der nahegelegene Sloterplas.

Südlich des Eintracht-Parks liegen auf dem Gebiet des Osdorper Boven- und Binnenpolders die Schrebergarten- und Laubenkolonien (Volkstuinen) Osdorp, Bijenpark, Eendracht und Tigeno.

In Geuzenveld/Slotermeer leben 34 000 Menschen; 22% sind Ausländer, die größte Gruppe bilden Marokkaner und Türken. ▶

Bezirke (9)

Osdorp

Neben Geuzenfeld/Slotermeer gehört Osdorp (35 000 Einwohner) zu den Gartenstädten, die in den 50er Jahren realisiert wurden. Der Vorstadtcharakter des Bezirks wird durch moderne Wohnblocks und großzügige Grünanlagen bestimmt.
Im Süden stößt Osdorp an den Middelveldschen Akkerpolder und den Stadtteil Sloten. Beide Gebiete sind erst teilweise erschlossen.
In den nächsten Jahren sind hier weitere Ansiedlungen geplant. Nach deren Fertigstellung ist auch die letzte freie Fläche zugebaut, die das südwestliche Amsterdam noch vom Nachbarort Badhoevedorp trennt.

Slotervaart/Overtoomse Veld

Die Gartenstadt Slotervaart grenzt ebenso wie die Nachbarbezirke Slotermeer und Osdorp an die Sloterplas, einen der größten innerstädtischen Seen. Das künstlich angelegte Gewässer wird vor allem von Hobbysportlern genutzt. Das abgeteilte Sloterparkbad bietet weitere Freizeitangebote: Schwimmen und Sonnenbaden vor einer grünen Kulisse am Rande der Hauptstadt. Im Osten und Westen wird der See von den riesigen Grünflächen des Sloterparks umschlossen. Mit dem Rembrandtpark weist Slotervaart/Overtoomse Veld eine weitere große Parkanlage auf. Der ausgedehnte Bezirk hat 27 000 Einwohner.

Buitenveldert 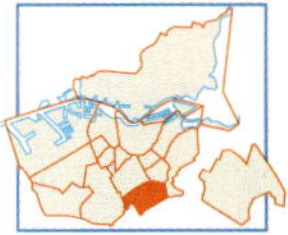
Die Kalvjeslaan kennzeichnete seit Jahrhunderten die südliche Grenze zwischen Amsterdam und Amstelveen. Inzwischen hat sich der Bezirk Buitenveldert jedoch so weit ausgedehnt, daß die Stadtgrenzen zum benachbarten Amstelveen und dem kleinen Amsteldorf Ouderkerk aan de Amstel immer mehr verwischen.
Im Osten von Buitenveldert liegt der Amstelpark. An seiner Längsseite verläuft der Amsteldijk. Folgt man dem Verlauf dieses Deichs entlang der Amstel, kommt man im Süden der Hauptstadt in die romantische Wiesen- und Wasserlandschaft, die seit Jahrhunderten ein beliebtes Motiv der niederländischen Malerei ist. Zu den größten Gebäudekomplexen des Bezirks Buitenveldert gehören die Freie Universität von Amsterdam (1973 erbaut) sowie das Akademische Krankenhaus.
Etwa 20 000 Menschen leben in dem südlichen Stadtbezirk, darunter 13% Ausländer. Mit einem durchschnittlichen Jahreseinkommen von 255 000 hfl gehören die Bewohner von Buitenveldert zum besser verdienenden Teil der Amsterdamer Bevölkerung.

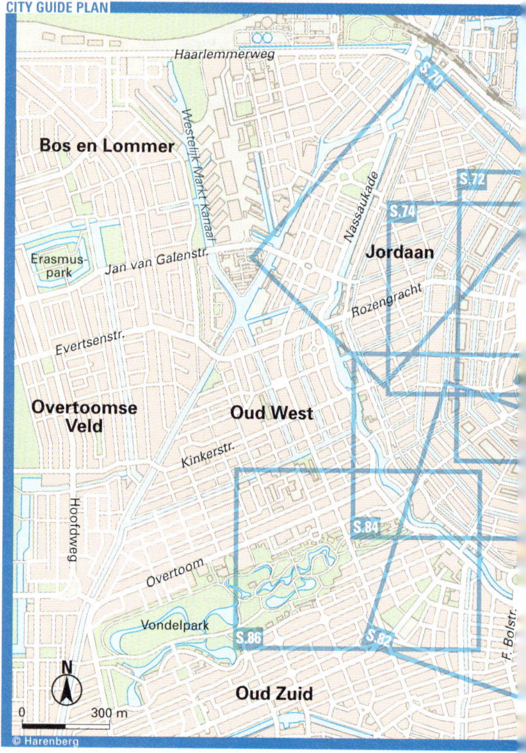

CITY GUIDE PLAN

64

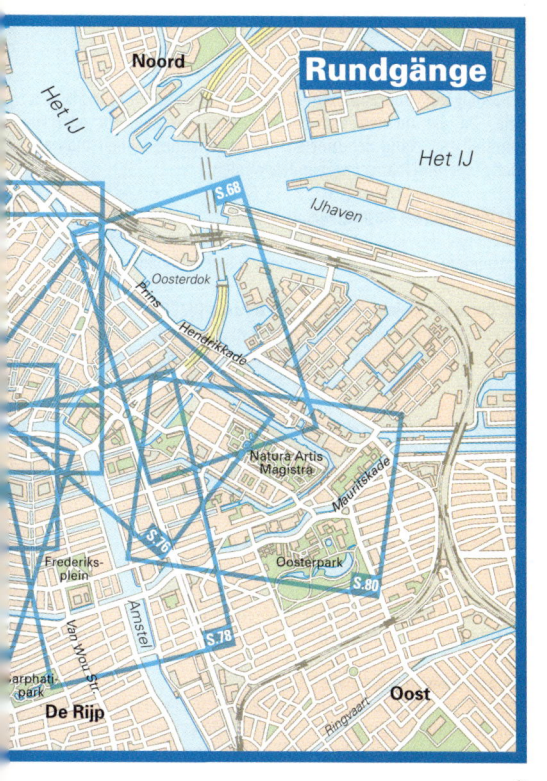

Rundgänge

Rundgänge – Übersicht

Die Rundgänge konzentrieren sich auf die wichtigsten touristischen Ziele. Da die meisten Sehenswürdigkeiten im Zentrum oder in unmittelbarer Nähe der Innenstadt liegen, können auch mehrere Rundgänge miteinander verbunden werden.

R 1: Die maritime Vergangenheit (S. 68)
Höhepunkt des Rundgangs ist die Besichtigung des VOC-Schiffes „Amsterdam" im Schiffahrtsmuseum. Dauer: 2 Stunden.

R 2: Durch die kleinen Grachten des Jordaan (S. 70)
Für einen Bummel quer durch das Jordaan-Viertel sollte man sich genügend Zeit nehmen und die Atmosphäre des reizvollen alten Viertels auf sich wirken lassen. Dauer: Beliebig.

R 3: Die Häuser der Herengracht (S. 72)
Zahlreiche Glanzstücke der Amsterdamer Architektur stehen in der vornehmen Herengracht. Der Weg von der Centraal Station bis zum Museum Willet Holthuysen dauert rd. 2 Stunden.

R 4: Von der Oude Kerk zum Anne Frank Huis (S. 74)
Der Rundgang führt zu zahlreichen historischen Gebäuden im Stadtzentrum, u. a. Museum Amstelkring und Königlicher Palast. Den Abschluß bildet ein Besuch im Anne-Frank-Haus. Je nach Besichtigungsdauer kann der Besuch auf 5–6 Stunden ausgedehnt werden.

R 5: Das ehemalige Judenviertel (S. 76)
Einblicke in die jüdische Stadtgeschichte. Dauer: Etwa 1 Stunde, ohne Besichtigungsprogramm (Rembrandthaus) und Einkaufsbummel auf dem Vlooienmarkt.

R 6: Entlang der Amstel (S. 78)
Kurzer Spaziergang über die verkehrsarme Uferpromenade, vorbei an mehreren sehenswerten Brücken. Dauer: 1 Stunde.

R 7: Durch die grüne Allee (S. 80)
Besonders für Kinder attraktiv: Ein Zoo-Besuch und ein Abstecher ins Tropenmuseum, wo eine spezielle Abteilung, das „TM Junior", für die jungen Gäste eingerichtet ist. Dauer: Zoo mindestens 3 Stunden, Tropenmuseum 1–2 Stunden.

R 8: Museumsspaziergang (S. 82)
Auf dem Weg zwischen Rembrandtplein und Concertgebouw liegen mehrere kleine Museen. Keinesfalls ausgelassen werden sollte die umfangreiche Sammlung des Rijksmuseums. Je nach Anzahl der besichtigten Museen und Aufenthaltsdauer sind für den Rundgang 3 Stunden bis zu einem Tag zu veranschlagen.

R 9: Vom Spui zum Leidseplein (S. 84)
Während das Historische Museum und der angrenzende Begijnhof in zurückliegende Jahrhunderte entführen, ist das Casino an der Stadhouderskade ein postmoderner Bau der 90er Jahre. Dauer: Inklusive Museum etwa 3 Stunden.

R 10: Kultur zwischen 19. und 21. Jahrhundert (S. 86)
Für Kunstliebhaber der Höhepunkt eines Amsterdam-Aufenthalts: Besuch im Rijksmuseum Vincent van Gogh und im Stedelijk Museum. Je nach Ausdauer bis zu einem ganzen Tag.
Empfehlenswert ist eine Ruhepause im Vondelpark, den man von den Museen aus in wenigen Minuten Fußweg erreicht.

Rundgänge

R 1: Die maritime Vergangenheit

Der berühmte „Fliegende Holländer", der dazu verdammt ist, auf ewig mit seinem Geisterschiff die Meere zu durchkreuzen, ist seit Jahrhunderten eine Symbolfigur für die Hafenstadt Amsterdam. Der Zugang zum offenen Meer hat nicht nur das Bild der Stadt geprägt, sondern deren Wirtschaft maßgeblich mitbestimmt. Schiffahrt und Handel ermöglichten den glanzvollen Aufstieg Amsterdams zu einer der bedeutendsten Städte des 17. Jh.

Durch den Zusammenschluß rivalisierender Gesellschaften entstand die einflußreiche Vereinigte Ostindische Compagnie (VOC). Vom Montelbaanstoren aus brachen die VOC-Schiffe zu ihren langen Fahrten in die niederländischen Kolonien auf. Ein Spaziergang entlang der alten Hafenfront führt an zahlreichen Relikten der glanzvollen Seefahrer-Vergangenheit vorbei.

1 Zeedijk: S. 444
2 Schreierstoren, Prins Hendrikkade 94–96: S. 344
3 Scheepvarthuis, Prins Hendrikkade 108–114: S. 334
4 Montelbaanstoren, Oude Schans 2: S. 260
5 Warenhuizen Westindische Compagnie, s' Gravenhekje 1: S. 426
6 Entrepotdok: S. 164
7 Museum t' Kromhout, Hoogte Kadijk 147: S. 340
8 Oosterkerk, Wittenburgergracht 25: Die Oosterkerk entstand 1669 als letzte große protestantische Kirche (Architekt Daniel Stalpaert). Nach der Schließung (1962) wurde sie zu einem Kulturzentrum umgebaut.
9 Schiffahrtsmuseum, Kattenburgerplein 1: S. 336
10 VOC-Schiff „Amsterdam", Kattenburgerplein 1: S. 408

CITY GUIDE PLAN

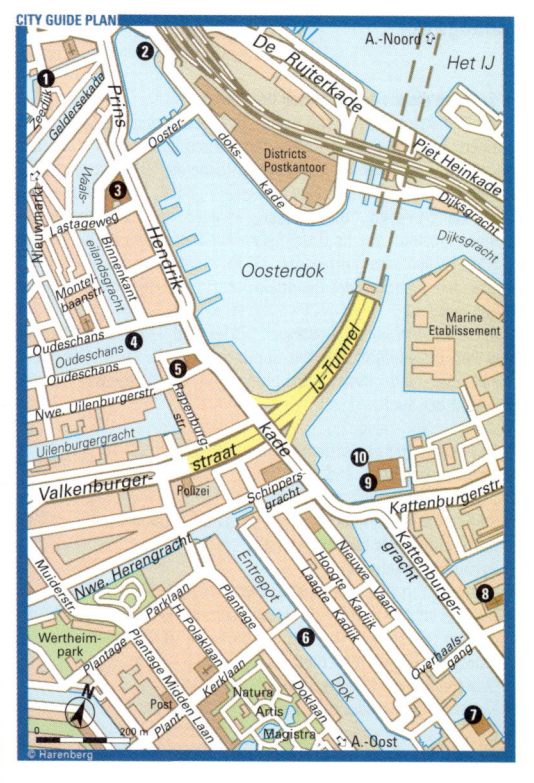

Rundgänge

R 2: Durch die kleinen Grachten des Jordaan

Viele Bewohner des Jordaan geben als Geburtsort nicht Amsterdam, sondern Jordaan an und stellen damit ihren ausgeprägten Lokalpatriotismus unter Beweis. Das übersichtliche Viertel, das unmittelbar an den herrschaftlichen Grachtengürtel grenzt, war anfangs eine Arme-Leute-Gegend: Handwerker, Arbeiter und Bedienstete der reichen Amsterdamer Kaufmannsfamilien ließen sich im 17. Jh. hier nieder. In den 60er Jahren des 20. Jh. entdeckten vor allem junge Leute den Charme des Stadtteils, der inzwischen ein beliebtes Wohngebiet ist.

Zahlreiche Buchläden, Boutiquen, Cafés und Trödelläden machen den Reiz des Jordaan aus. Ein Bummel durch die kleinen Grachten bietet eine willkommene Erholung von der Betriebsamkeit im Zentrum der Stadt.

1 Haarlemmerpoort, Harlemmerplein 50: S. 196
2 Brouwersgracht: S. 182
3 Noorderkerk, Noordermarkt: S. 278
4 Stoffenmarkt, Noordermarkt/Westerstraat: Montags von 9 bis 13 h findet ein großer Stoffmarkt statt.
5 Egelantiersgracht: S. 182
6 Sint Andrieshofje, Egelantiersgracht 105–141: S. 206
7 Bloemgracht: Während die Herengracht die Renommiergracht des reichen Grachtengürtels ist, gehört die Bloemgracht zu den schönsten kleinen Grachten im Jordaan.
8 Drie Hendriken, Bloemgracht 87–91: S. 162
9 Venetiahofje, Elandsstraat 104–142: S. 206

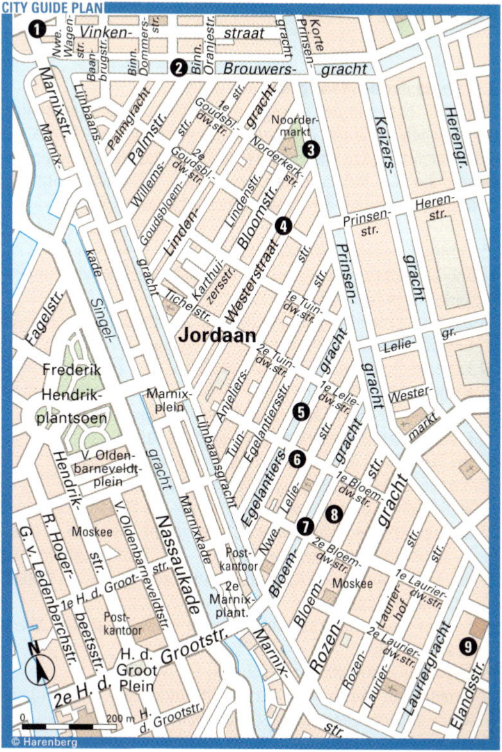

CITY GUIDE PLAN

Rundgänge

R 3: Die Häuser der Herengracht

Etwa 400 Häuser in der Herengracht stehen unter Denkmalschutz. Die zwischen 1612 und 1658 angelegte Gracht gilt als schönste des Grachtengürtels. Am Wasser sind prachtvolle Stadtpaläste zu finden, die oft die aus Steuergründen beschränkte Hausbreite von 6 m überschreiten und an der Rückseite herrliche Gärten haben.

1. Centraal Station, Stationsplein: S. 134
2. Sonesta Kuppel, Kattegat 2: In der ehemaligen Ronde Lutherse Kerk finden heute Konzerte statt.
3. Das schmalste Haus, Singel 7: Eine der Attraktionen bei jeder Grachtenrundfahrt.
4. Kattenboot, gegenüber Singel 7: S. 230
5. Herengracht 43–45: Die beiden ältesten Häuser der Herengracht stammen aus dem 16. Jh. und dienten als Lagerhäuser.
6. Coningh van Denemarken, Herengracht 120: S. 142
7. Het Witte Huis, Herengracht 168: S. 438
8. Bartolotti Huis, Herengracht 170–172: S. 108
9. Winkelgalerij Utrecht, Raadhuisstraat 23–53: S. 436
10. Cromhouthuizen/Bibelmuseum, Herengracht 364–370: S. 144
11. Finanzministerium, Herengracht 380–382: Das Ministerium ist in einer luxuriösen Privatresidenz aus dem 19. Jh. (Architekt: A. Salm) untergebracht.
12. Gouden Bocht, Herengracht zwischen Leidsestraat und Vijzelstraat: S. 176
13. Deutzhuis, Herengracht 502: S. 154
14. Herengracht 554: Das aus dem 17. Jh. stammende Grachtenhaus wurde 1716 um das Dachgeschoß erhöht.
15. Museum Willet Holthuysen, Herengracht 605: S. 272

CITY GUIDE PLAN

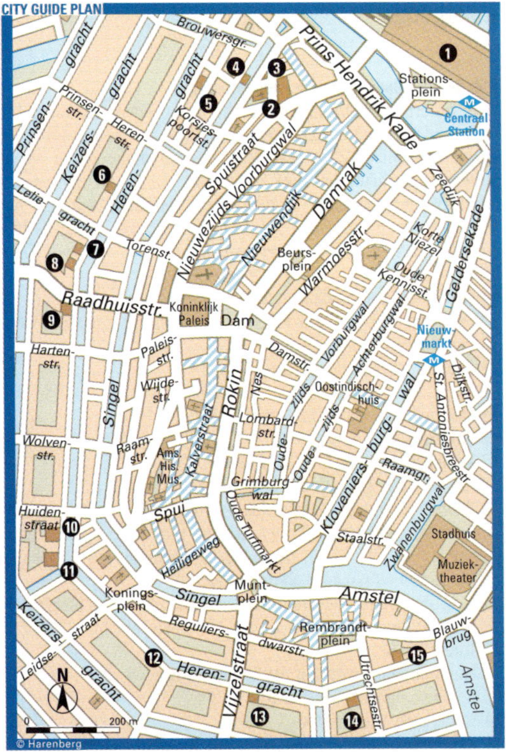

73

Rundgänge

R 4: Von der Oude Kerk zum Anne Frank Huis

Viele historische Gebäude erfüllen heute eine neue Funktion: Die Oude und die Nieuwe Kerk werden als Kulturzentren genutzt, die ehemalige Schlupfkirche Ons lieve heer op zolder ist zu einem Museum umgebaut. Im Anne-Frank-Haus wird nicht nur an das Schicksal der jüdischen Familie Frank erinnert, sondern mit aktuellen Dokumentationen auf die Gefahren eines neuen Rechtsradikalismus und Rassismus hingewiesen.

1 Oude Kerk, Oudekerkplein: S. 288
2 Ons lieve heer op zolder (Museum Amstelkring), Oudezijds Voorburgwal 40: S. 282
3 Koopmansbeurs, Beursplein: S. 238
4 Nationaal Monument, Dam: S. 152
5 Madame Tussaud, Dam: S. 252
6 Kalverstraat: S. 228
7 Königlicher Palast, Dam: S. 234
8 Nieuwe Kerk, Dam: S. 274
9 Hoofdpostkantoor, Nieuwezijds Voorburgwal 182: Das frühere Hauptpostgebäude, 1895–99 errichtet (Architekt: C. H. Peters), wurde 1991/92 zu einem großen Einkaufszentrum umgebaut. Die gotische Fassade blieb unverändert.
10 P. C. Hoofthuis, Spuistraat: In dem Gebäude ist die literarische Fakultät der Amsterdamer Universität untergebracht.
11 Torensluis-Brug
12 Multatuli-Monument auf der Torensluis-Brug: S. 266
13 Homomonument, Westermarkt: S. 208
14 Westerkerk, Westermarkt: S. 426
15 Anne-Frank-Haus, Prinsengracht 263: S. 102

CITY GUIDE PLAN

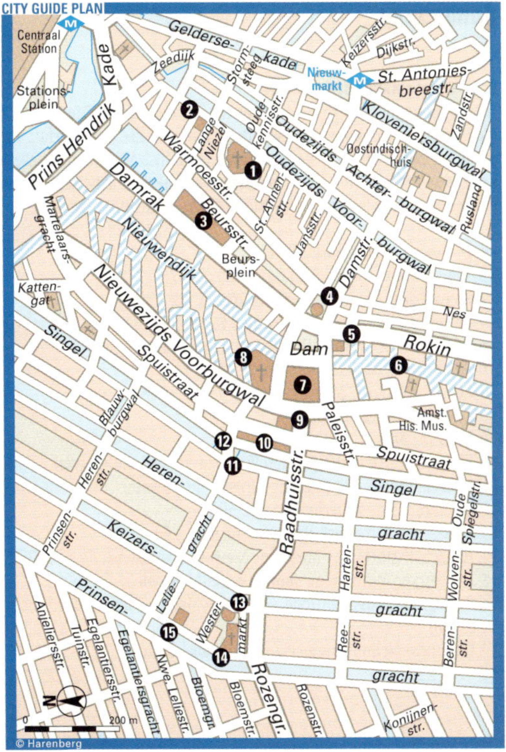

Rundgänge

R 5: Das ehemalige Judenviertel

Im früheren Judenviertel, der Joodenbuurt, erinnern heute noch ein Museum, die Synagoge und zwei Denkmäler an die Judenverfolgung während der deutschen Besetzung Amsterdams. Nach dem 2. Weltkrieg war der Stadtteil lange verlassen; er hat sich inzwischen aber wieder zu einem belebten innerstädtischen Zentrum entwickelt.

 1 De Waag, Nieuwmarkt: S. 416
 2 Trippenhuis, Kloveniersburgwal 29: S. 378
 3 Klein Trippenhuis, Kloveniersburgwal 26: S. 232
 4 Pintohuis, St. Antoniesbreestraat 69: S. 302
 5 Pentagon, St. Antoniesbreestraat/Zandstraat: S. 300
 6 Zuiderkerk, Zuiderkerksplein: S. 448
 7 Rembrandthaus, Jodenbreestraat 4–6: S. 308
 8 Zwanenburgwal: S. 452
 9 Stopera, Amstel 1: S. 366
10 Monument für den jüdischen Widerstand, Zwanenburgwal: S. 369
11 Monument für das jüdische Kinderheim, Amstel
12 Vlooienmarkt, Waterlooplein: S. 406
13 Mozes- en Aaronkerk, Waterlooplein: S. 264
14 Jüdisch-Historisches Museum, Nieuwe Amstelstraat 1–3: S. 222
15 Dokwerker Monument, Jonas Daniël Meijerplein: S. 160
16 Portugiesisch-Israelitische Synagoge, Jonas Daniël Meijerplein: S. 306
17 Hollandse Schouwburg, Plantage Middenlaan 24: S. 262

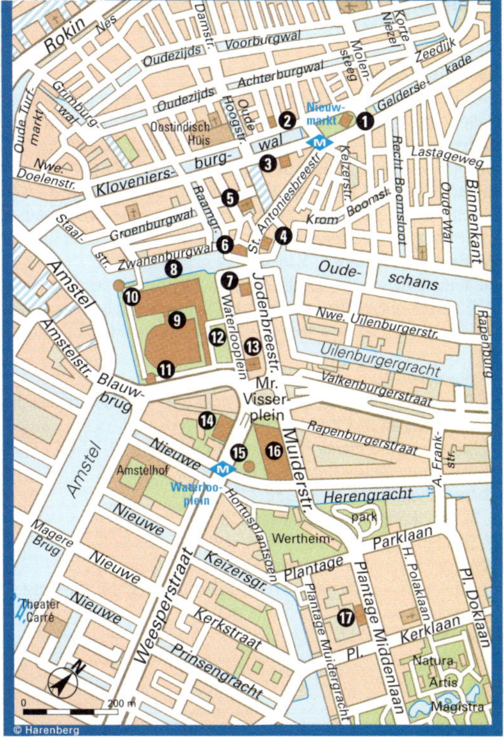

CITY GUIDE PLAN

Rundgänge

R 6: Entlang der Amstel

Ihrer Lage an der Amstel verdankt die Stadt nicht nur den Namen, sondern auch den Aufstieg zur Handelsmetropole. Der Fluß, der mittlerweile durch die Amstel-Schleusen gezähmt ist, versorgt die künstlich angelegten Grachten der Hauptstadt mit Wasser.
Die verkehrsarme Uferpromenade, die unterhalb der Torontobrücke begrünt ist, eignet sich hervorragend für einen geruhsamen Spaziergang entlang des Flusses. Architektonisch interessant sind die drei Brücken: Blauwbrug, Magere Brug und Amstelbrug.
Die Magere Brug, eine der letzten Holz-Zugbrücken der Stadt, war 1929 bereits abgerissen worden. Nach dem energischen Einspruch vieler Bürger wurde sie jedoch an gleicher Stelle wiederaufgebaut.

1 Munttoren, Muntplein: S. 268
2 Kleine Komedie, Amstel 56: Auftrittsort für niederländische Kabarettisten und Kleinkünstler.
3 Normaal Amsterdams Peil, Amstel 1: S. 280
4 Blauwbrug, Amstelstraat: S. 118
5 Amstelhof, Amstel 51: S. 156
6 Magere Brug, Nieuwe Kerkstraat: S. 254
7 Theater Carré, Amstel 115–125: S. 374
8 Amstel Hotel, Prof. Tulpplein 1: S. 94
9 Café Ijsbreker, Wesperzijde 23: Café mit Blick auf die Amstel. Freitags finden Lunch-Konzerte statt.
10 Amstelbrug: S. 122

CITY GUIDE PLAN

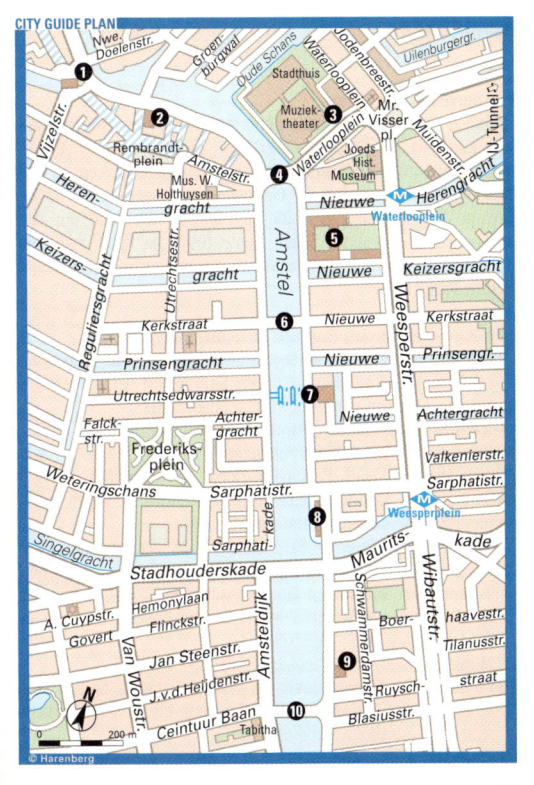

Map Labels

- Nwe. Doelenstr.
- Vijzelstr.
- Groenburgwal
- Oude Schans
- Jodenbreestr.
- Waterlooplein
- Uilenburgergr.
- Stadthuis
- Muziektheater
- Mr. Visser pl.
- Muiderstr.
- J-Tunnel
- Rembrandtplein
- Amstelstr.
- Herengracht
- Mus. W. Holthuysen
- Joods Hist. Museum
- Herengracht
- Waterlooplein
- Nieuwe
- Keizersgracht
- Nieuwe
- Keizersgracht
- Utrechtsestr.
- Reguliersgracht
- Kerkstraat
- Nieuwe Kerkstraat
- Prinsengracht
- Nieuwe Prinsengr.
- Amstel
- Utrechtsedwarsstr.
- Achtergracht
- Nieuwe Achtergracht
- Falckstr.
- Frederiksplein
- Valkenierstr.
- Weteringschans
- Sarphatistr.
- Sarphatistr.
- Weesperplein
- Singelgracht
- Sarphatikade
- Stadhouderskade
- Mauritskade
- Wibautstr.
- A. Cuypstr.
- Hemonylaan
- Govert Flinckstr.
- Van Woustr.
- Jan Steenstr.
- Amsteldijk
- Schwammerdamstr.
- Boerhaavestr.
- Tilanusstr.
- J.v.d.Heijdenstr.
- Ceintuur Baan
- Tabitha
- Ruyschstraat
- Blasiusstr.

N 200 m

© Harenberg

79

Rundgänge

R 7: Durch die grüne Allee

Anläßlich seiner Silberhochzeit wünschte sich 1991 das niederländische Königspaar, daß jeder Niederländer in seiner näheren Umgebung etwas Grünes pflanzen möge. Die Gemeinde Amsterdam will diesem Wunsch besonders im Plantagenviertel entsprechen. Großflächige Neuanpflanzungen sind für den Bereich rund um den städtischen Zoo geplant. Schon heute führt die Route zwischen Hortus Botanicus und Tropenmuseum an zahlreichen Gärten und kleinen Parks vorbei.

1 Botanischer Garten, Plantage Middenlaan 2: S. 212
2 Filmtheater Desmet, Plantage Middenlaan 4a: Das phantasiereich im Art-déco-Stil ausgestattete Kino gehört seit dem 19. Jh. zum Unterhaltungsangebot im Plantagenviertel.
3 Wertheimpark, Plantage Parklaan: Kleiner Stadtpark.
4 Paleis aan de Laan, Henri Polaklaan 9: S. 294
5 Artis Plantage (Zoo), Plantage Kerklaan 38–40: S. 106
6 Muiderpoort, Alexanderplein: Im Gebäude des ehemaligen Stadttors ist heute das Finanzamt untergebracht.
7 Oranje-Nassau-Kaserne, Sarphatistraat: In der Kaserne, 1812 von Abraham van den Hart entworfen, waren die königlichen Truppen von Willem von Oranien stationiert. Für den Bau der Kaserne wurde die Windmühle „De Gooyer" abgebrochen und an der Funenkade neu aufgebaut.
8 Mühle „De Gooyer", Funenkade 5: S. 258
9 Dappermarkt, Dapperstraat: Der Straßenmarkt ist täglich zwischen 9 und 17 h geöffnet. Von Kleidung bis zu Lebensmitteln wird hier fast alles angeboten.
10 Tropenmuseum, Linnaeusstraat 2: S. 380

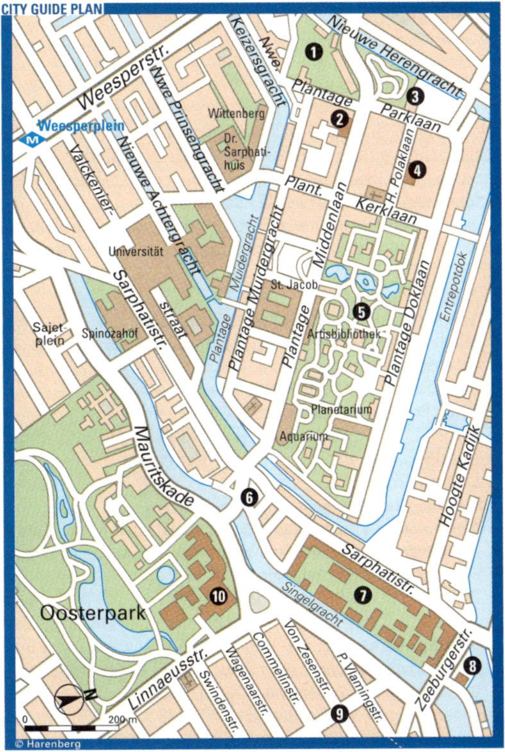

CITY GUIDE PLAN

Weesperstr.
Nieuwe Herengracht
Keizersgracht
Nwe Prinsengracht
Plantage
Wittenberg
Dr. Sarphatihuis
Weesperplein
Nwe Achtergracht
Valckenier
Plantage Parklaan
Plant. Kerklaan
Universität
Plantage Middenlaan
Plantage Muidergracht
Plantage Doklaan
Sarphatistr.
Sajet plein
Spinozahof
St. Jacob
Plantage
Artisbibliothek
Entrepotdok
Planetarium
Aquarium
Hooge Kadijk
Mauritskade
Sarphatistr.
Singelgracht
Oosterpark
Linnaeusstr.
Wagenaarstr.
Commelinstr.
Von Zesenstr.
Swindenstr.
P. Vlamingstr.
Zeeburgerstr.

0   200 m

© Harenberg

81

Rundgänge

R 8: Museumsspaziergang

Rembrandt wäre wohl sehr erstaunt gewesen über die große Anzahl von Besuchern, die täglich im Rijksmuseum an seinem Gemälde „Die Nachtwache" vorüberziehen. Neben Rembrandts Werken zählen Bilder von Hals, Mantegna, Rubens, Tintoretto und Vermeer zu den berühmtesten Exponaten des Rijksmuseums.

Über sehenswerte Sammlungen verfügen jedoch auch die kleineren Museen, die im alten Grachtengürtel nahe beieinanderliegen.

1 Rembrandtplein: S. 316
2 Thorbeckeplein: In der Mitte des Platzes steht eine Statue von Johan Thorbecke, der im 19. Jh. die Verfassung der Niederlande entwarf.
3 Six Collection, Amstel 218: S. 346
4 Zeven Bruggen, Reguliersgracht: S. 122
5 Fodor Museum, Keizersgracht 609: Das Fodor Museum schräg gegenüber dem Museum van Loon zeigt zeitgenössische niederländische Kunst.
6 Museum van Loon, Keizersgracht 672: S. 270
7 Nieuwe Spiegelstraat: Zahlreiche Antiquitätenläden und Kunsthandlungen prägen die Atmosphäre der Nieuwe Spiegelstraat, einer vornehmen Einkaufsadresse.
8 Rijksmuseum, Stadhouderskade 42: S. 318
9 Monument für die Frauen von Ravensbrück, Museumplein: Das Denkmal erinnert an die Frauen, die im Konzentrationslager Ravensbrück umkamen. 1975 wurde es nach einem Entwurf von G. Eckhardt, J. v. Santen und F. Nix errichtet.
10 Concertgebouw, Van Baerlestraat 98: S. 138

CITY GUIDE PLAN

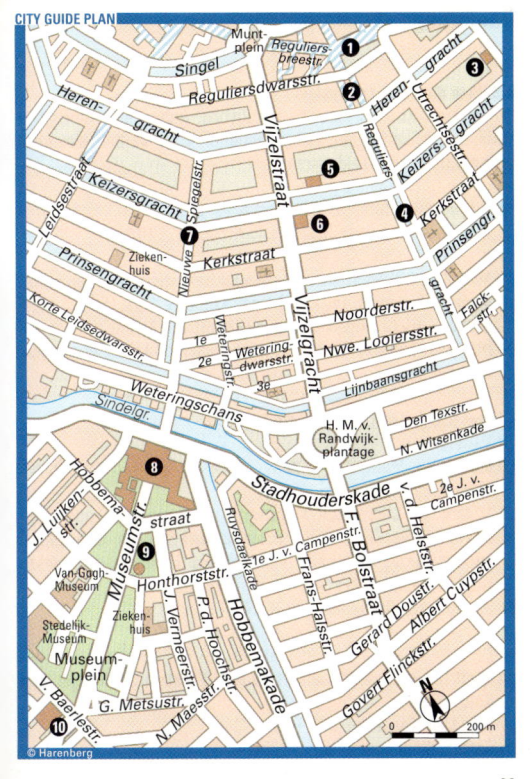

© Harenberg

83

Rundgänge

R 9: Vom Spui zum Leidseplein

In starkem Kontrast zur beschaulichen Ruhe im Historischen Museum und im angrenzenden Begijnhof steht die Betriebsamkeit am Spui und in der Leidsestraat.

1 Historisches Museum, Kalverstraat 92: S. 202
2 Begijnhof, Gedempte Begijnensloot/Spui: S. 110
3 't Lieverdje, Spui: S. 248
4 Maagdenhuis, Spui: Ehemaliges Mädchenwaisenhaus am Spui.
5 Singelkerk (Singel 446) und Oude Luthersé Kerk (Singel 411): Die neugotische Singelkerk wurde 1881 erbaut (Architekt: A. Tepe). Die Oude Luthersé Kerk, 1633 von Pieter de Keyser entworfen, wird heute als Konzertsaal und Aula der Universität genutzt.
6 Bus- en Tuighuis, Singel 423: S. 126
7 Port Rasphuis, Heiligeweg 19: S. 304
8 Kalverstraat: S. 228
9 Munttoren, Muntplein: S. 268
10 Blumenmarkt, Singel: S. 120
11 Metz & Co., Leidsestraat/Keizersgracht 455: Das Kaufhausgebäude im Stil des Klassizismus wurde nachträglich um eine Kuppel ergänzt, die der niederländische Architekt Gerrit Rietveld entwarf. Verglastes Café in der 5. Etage des Hauses.
12 Stadttheater, Leidseplein 26: S. 244
13 American Hotel, Leidseplein/Leidsekade: S. 90
14 De Balie, Kleine Gartmanplantsoen 10: Auf der Bühne im hinteren Teil des Cafés finden regelmäßig Theateraufführungen und Konzerte statt.
15 Paradiso, Weteringschans 6–8: S. 296
16 Casino, Stadhouderskade: S. 128

CITY GUIDE PLAN

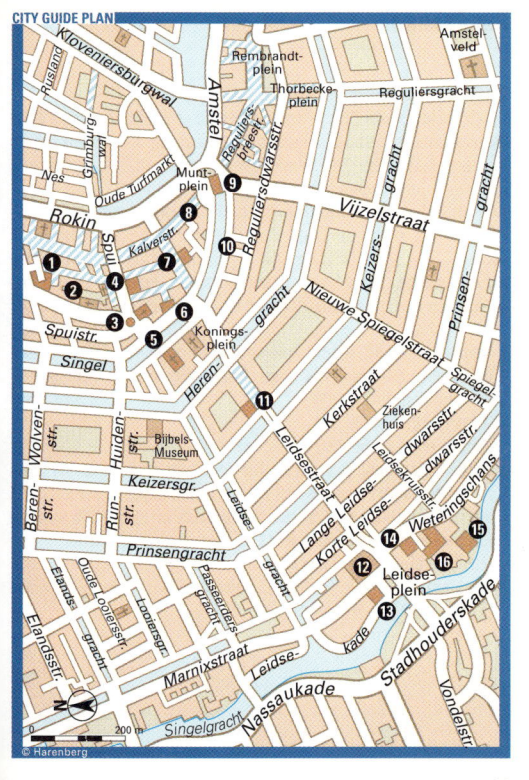

85

Rundgänge

R 10: Kultur zwischen 19. und 21. Jahrhundert

Durch spektakuläre Diebstähle und Anschläge auf Bilder gerieten das Stedelijk Museum und das Van Gogh Museum in den letzten Jahren in die Schlagzeilen. Die Gemäldesammlungen in beiden Häusern gehören zu den bedeutendsten ihrer Art in Europa.

Vom informativen Kulturtrip durch die Museen kann man sich entweder bei einem Einkaufsbummel in den luxuriösen Geschäften der P. C. Hooftstraat erholen oder bei einem Spaziergang durch den nahegelegenen Vondelpark. Der ehemalige Privatbesitz ist frei zugänglich und an sonnigen Tagen ein beliebter Treffpunkt.

1 Stedelijk Museum, Paulus Potterstraat 13: S. 354
2 Rijksmuseum Vincent van Gogh, Paulus Potterstraat 7: S. 394
3 P. C. Hooftstraat: S. 298
4 Vondelpark: S. 410
5 Filmmuseum, Vondelpark 3: S. 168
6 Vondelkerk, Vondelstraat 120: Die 1872–80 erbaute Kirche zählt zu den Meisterwerken des Architekten Petrus Cuypers, der auch das Rijksmuseum und die Centraal Station entwarf. Seit 1986 wird die Kirche als Bürogebäude genutzt.
7 Musikpavillon, Vondelpark: S. 410
8 Denkmal des niederländischen Dichters Joost van den Vondel (1587–1679) im Vondelpark.

CITY GUIDE PLAN

Albert Cuyp Markt

Der Albert Cuyp Markt verspricht „eine Reise um die Welt" auf 650 m. Nirgendwo ist das koloniale Erbe der Niederlande spürbarer als hier, wo Amsterdamer aus 148 Nationalitäten einkaufen und verkaufen. 350 Marktstände offerieren neben Käse und Lakritzen auch Spezialitäten aus aller Herren Länder: Tropische Früchte wie Mango und Guanabana aus Surinam, asiatische Süßigkeiten, gesalzene Schweinsohren aus Spanien und die vollständige Gewürzpalette der indonesischen und chinesischen Küche.

Menschen und Waren aus aller Welt prägen das Bild des größten Amsterdamer Marktes.

Das überreiche Angebot der Fischstände hat den Markt auch als Fischmarkt berühmt gemacht: Tintenfische, frischer Lachs, Schnecken und exotische Meerestiere erwarten den Gourmet.

Fischliebhaber kommen auf dem Albert Cuyp Markt besonders auf ihre Kosten.

An Wochentagen überschwemmen bis zu 25 000 Besucher den Straßenzug, am Wochenende sogar doppelt so viele. Trotz der vielen Touristen ist der Albert Cuyp ein Markt für die einheimische Bevölkerung geblieben. Die kleinen Spezialitätenrestaurants in den Seitenstraßen sind eine weitere Attraktion: Vietnamesische und chinesische Fast-Food-Restaurants wechseln ab mit kleinen surinamischen und indonesischen Eethuisjes (Eßhäusern), die exotische Gerichte anbieten.

Geschäftszeiten *Tägl. außer So, 9–17 h, Stände werden jedoch erst nach 9 h auf und gegen 16.30 h abgebaut* **Adresse** *Albert Cuypstraat; S 16, 24, 25 (Albert Cuypstraat)*

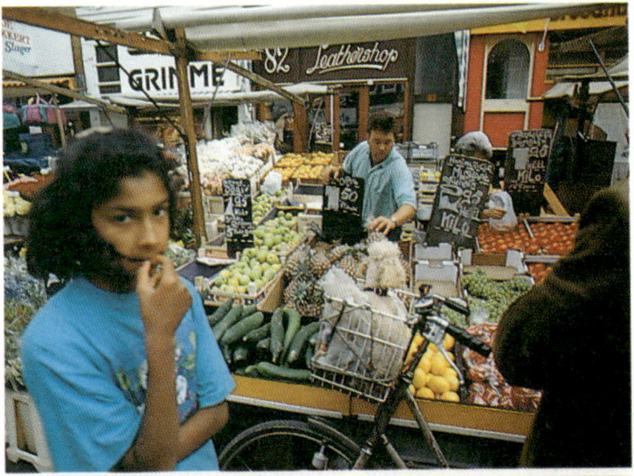
82
Leathershop

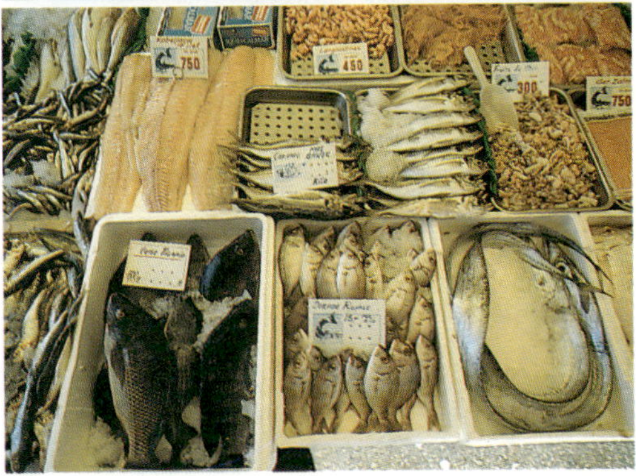
750
450
300
750

American Hotel

Als das American Hotel 1882 feierlich eingeweiht wurde, ahnte niemand, daß die Direktion sich bereits 18 Jahre später zum vollständigen Abriß des Hauses entschließen würde. Der an amerikanischen Vorbildern orientierte Bau mit seiner ungewöhnlichen durchlaufenden Veranda entsprach nicht mehr den schnell gewachsenen Ansprüchen der internationalen Gäste.

Arabische Ornamente zieren die Jugendstilfassade des Hotels.

Als erstes Grand-Hotel der Stadt hatte sich 1867 das Amstel Hotel (S. 94) etabliert. Brack's Doelen Hotel, Krasnapolsky, Victoria Hotel und andere bemühten sich, durch großzügige Aus- und Anbauten konkurrenzfähig zu bleiben. Die 1883 in Amsterdam stattfindende Weltausstellung sorgte für einen Boom im Hotelgewerbe.

Der Neubau des American Hotel zwischen 1900 und 1902 vollzog auch architektonisch den Schritt ins neue Jahrhundert. Die Architekten W. Kromhout und H. G. Jansen wichen von der bis dahin obligatorischen Symmetrie bei Hotelbauten ab: Ein imposanter Eckturm beherrscht die reich verzierte Jugendstilfassade. Das dem Hotel angegliederte Café Américain hat den Art-déco-Charme der 20er Jahre bis heute bewahrt.

Daten *1880–82 erstes American Hotel durch C. A. A. Steinigeweg und Ed Cuypers; 1900–02 Neubau durch W. Kromhout und H. G. Jansen; 1927–29 Anbau Leidsekade durch C. G. Rutgers* **Adresse** *Leidsekade/Leidseplein; S 1, 2, 5, 6, 7, 10 (Leidseplein)*

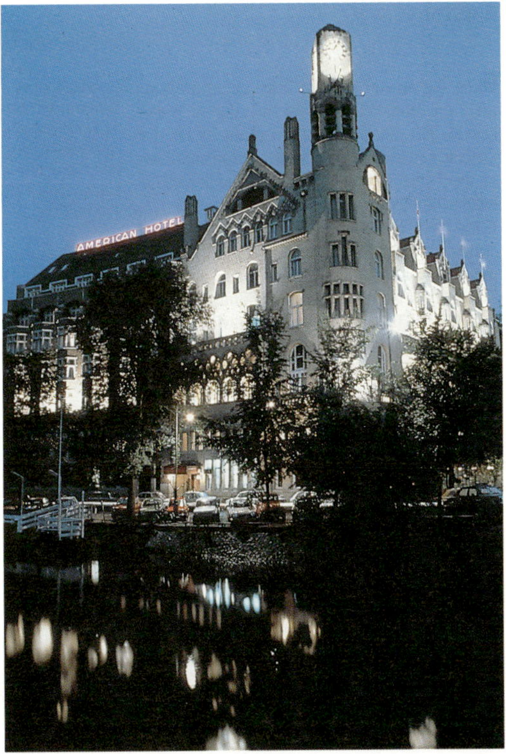
AMERICAN HOTEL

Amstel

Ohne die Amstel gäbe es kein „Amestelledamme", wie Floris V., Graf von Holland, 1275 den kleinen Ort an der Amstel nannte. Nach der Errichtung eines Damms an der Amstelmündung in die Förde hatten sich fünf Jahre zuvor die ersten Händler angesiedelt.

Floris gewährte den Kaufleuten Zollfreiheit und ermöglichte der Siedlung den Aufstieg zu einem wichtigen Umschlagplatz für Waren aus ganz Europa. Als die Stadt 1323 zur Zollstation für importiertes Bier erklärt wurde, entwickelte sich ein intensiver Warenaustausch mit den konkurrierenden Hansestädten.

Der Fluß bestimmte nicht nur die Handelsgeschichte, sondern auch das architektonische Gesicht der Stadt. Von Süden her strömt die Amstel bis zum Munttoren (S. 268) und fließt dann in den historischen Grachtengürtel. Drei Schleusen an der Stadhouderskade/Mauritskade schützen die Stadt gegen Hochwasser. Das im Montelbaanstoren untergebrachte Stadtwasseramt reguliert mit Hilfe der Schleusen die tägliche Durchspülung der Grachten und die Einhaltung des normalen Wasserstandes, des Normaal Amsterdams Peil (S. 280).

Empfehlenswert ist ein Ausflug mit dem Fahrrad über den Amsteldijk. Romantiker fühlen sich in die Welt der niederländischen Landschaftsmaler versetzt, die hier ihre Motive fanden.

Der Flußlauf im Zentrum der Stadt. Im Hintergrund eines der beliebtesten Fotomotive Amsterdams – die Magere Brug.

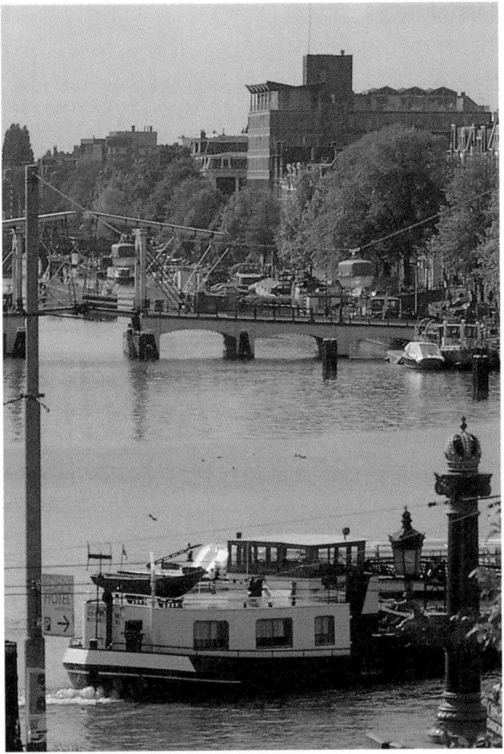
HOTEL

Amstel Hotel

Mit dem Amstel Hotel wurde 1867 Amsterdams erstes "Grand Hotel" eröffnet, das sich an den führenden Schweizer und Pariser Luxushotels messen konnte. Zugleich symbolisierte es den wiedererwachten Anspruch der Stadt, eine europäische Metropole zu sein.

Das Amstel Hotel (im Hintergrund links) wurde zwischen 1930 und 1992 renoviert.

Durch den Anschluß des niederländischen Eisenbahnnetzes an Belgien und Deutschland hatten Reisekutsche und „trekschuit" (ein von Pferden oder Menschen gezogenes Boot) Mitte des 19. Jh. Konkurrenz als wichtigstes Transportmittel bekommen. Das Bürgertum entdeckte den Zug als zuverlässige, bequeme Alternative zum beschwerlichen Reisen mit langsamen Vehikeln und verlangte auch am Reiseziel selbst mehr Komfort. Bescheidene Herbergen und Gasthöfe, oft in notdürftig umgebauten Privathäusern, entsprachen nicht mehr dem Anspruch der Bahnreisenden.

Das mit verschwenderischem Luxus ausgestattete Amstel Hotel ließ nicht nur gutbürgerliche Kunden zum König werden, sondern zog auch die Monarchen selbst an: Die schwedische Königin kam 1880 zur Genesung, der persische Schah verweilte 1889 monatelang in einer Suite. Bis heute feiert das niederländische Königspaar seine Jubiläen im Amstel Hotel.

Daten *1866–67 Bau nach einem Entwurf von Cornelius Outshoorn*
Adresse *Prof. Tulpplein 1; S 6, 7, 10 (Sarphatistraat)* **R 6** → *S. 78*

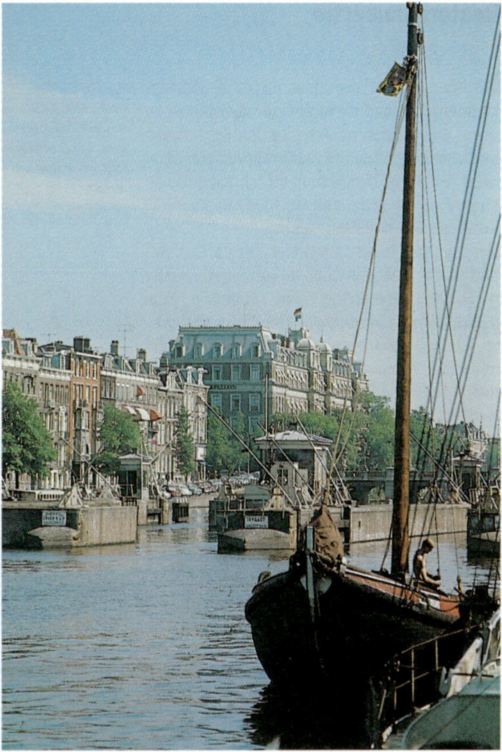

Amsterdammertje

Das Wahrzeichen der Stadt, liebevoll „Amsterdammertje" genannt, ist überall im Zentrum zu sehen. Die kleinen gußeisernen Pfähle, mit den drei Andreaskreuzen des Stadtwappens versehen, sollen den Fußgängern ihren oft schmalen Bewegungsraum sichern und verhindern, daß die Trottoirs zu Parkplätzen werden.

Mit Hilfe der Parkblockaden soll der Autoverkehr im Zentrum eingeschränkt werden.

Hier und dort haben Anwohner den Amsterdammertjes mit einem Anstrich in Königsorange oder in Hausbesetzermelange eine originelle Note gegeben. Auch als improvisierter Tisch, dekorativer Blumenständer, kurzfristiger Sitzplatz oder erotisches Fotomotiv erfreuen sich die Pfähle großer Beliebtheit.

So ist es nicht überraschend, daß sich Amsterdams Wahrzeichen zu einem begehrten Souvenir entwickelt hat. Die Stadtverwaltung steht solchen Diebstählen eher hilflos gegenüber, versucht sie jedoch in den letzten Jahren energischer zu verhindern. Manchen Amsterdamer treibt der vermeintliche Anspruch auf einen Parkplatz vor der Haustür zu nächtlichen „Ausgrabungen".

Die sichtbarste Maßnahme der Verkehrsplaner, die Stadt fußgängerfreundlich zu gestalten, verfehlt inzwischen allerdings ihre Wirkung: Ein Übermaß an gelben Stoppschwellen, Blockaden und Amsterdammertjes macht weniger den Autos als den Fußgängern das Leben schwer.

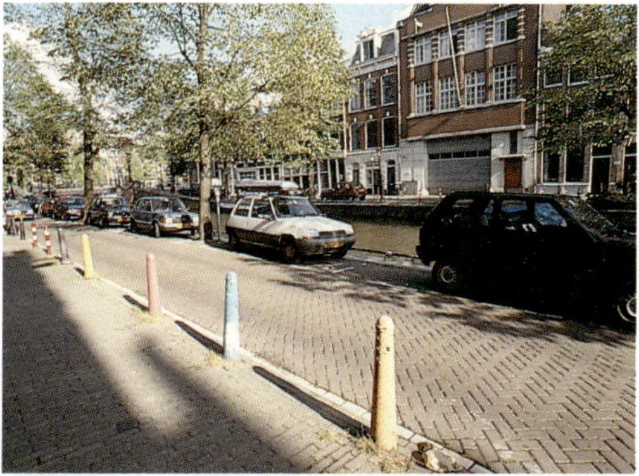

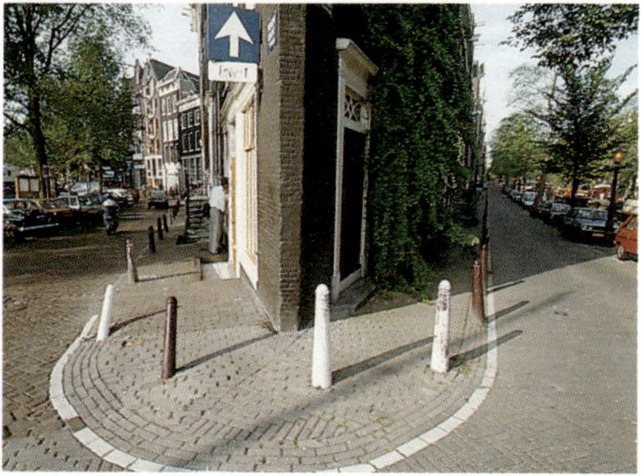

Amsterdam-Zuid
Amsterdam-Süd

Amsterdam-Zuid ist eines der architektonisch interessantesten Viertel der Stadt. Es entstand ab 1915 nach Plänen von Hendrik Petrus Berlage, der als Vater der modernen niederländischen Architektur gilt: Mit dem Bau der Koopmansbeurs (S. 238) hatte er im Jahr 1903 den Schritt ins 20. Jh. vollzogen.

Charakteristische Wohnhäuser in Amsterdam-Zuid.

Nachdem der Baugrund um die Lairessestraat und den Willemsparkweg freigegeben worden war, erhielt Berlage von der Gemeinde den Planungsauftrag. Damit bot sich ihm die einmalige Möglichkeit, ein ganzes Viertel nach eigenen Vorstellungen zu entwerfen. Das Ergebnis stellte einen Höhepunkt der Städteplanung dar. Die architektonische Geschlossenheit des Viertels, das zu drei Vierteln aus Arbeiterwohnungen besteht, ist in Europa einzigartig.

Die beteiligten Architekten der sog. Amsterdamer Schule konnten ihren erfindungsreichen Stil bei der Gestaltung der Fassaden weitgehend verwirklichen: Charakteristisch sind bunte Backsteine, plastische Formen sowie auffallende Dekorationen. Die schönsten Häuser finden sich entlang dem Noorder Amstel Kanaal, in der Hacquardstraat, am Olympiaplein und rund um den Jacob Obrechtplein.

Daten *Ab 1915 erbaut, Entwurf von Hendrik Petrus Berlage, Ausführung durch Architekten der Amsterdamse School*

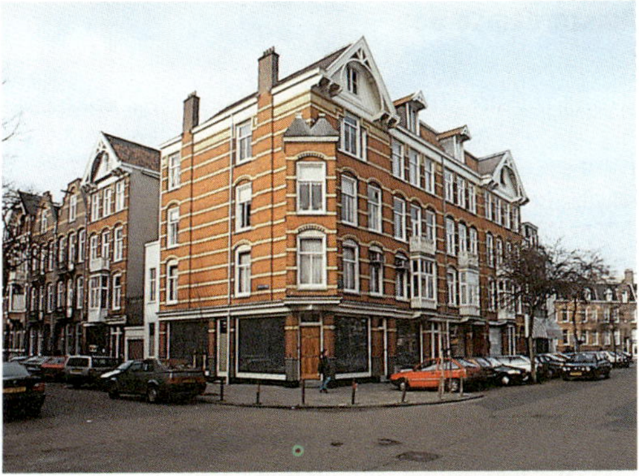

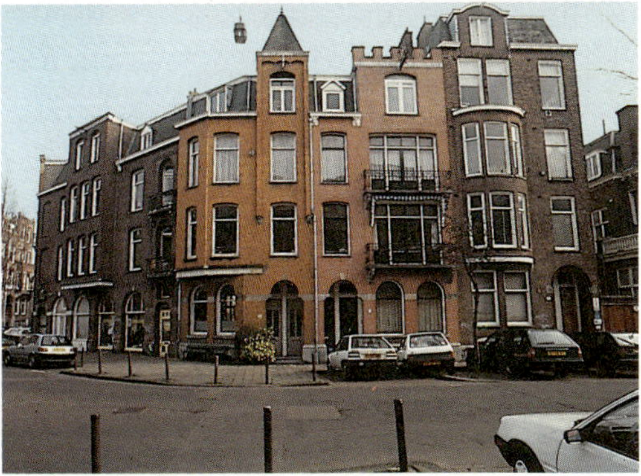

Amsterdamse Bos

Amsterdams Stadtwald ist das Paradebeispiel für eine sinnvolle Arbeitsbeschaffungsmaßnahme. Der Waldpark entstand 1934, als die Weltwirtschaftskrise wie überall auch in den Niederlanden zu Massenarbeitslosigkeit geführt hatte. Die Anlage des Amsterdamse Bos wurde zum größten städtischen Arbeitsbeschaffungsprojekt, das 5000 Arbeitslosen für mehrere Jahre eine feste Anstellung garantierte.

Den Freizeitsportlern steht mit dem 900 ha großen Stadtwald ein grünes Areal zur Verfügung, das größer als der Pariser Bois de Boulogne ist.

Als Ort, an dem man tief durchatmen und die Hektik der Stadt hinter sich lassen kann, ist der Park, der im Südwesten der Stadt künstlich angelegt wurde, bei den Amsterdamern beliebt. Viele belassen es nicht beim beschaulichen Sonntagsspaziergang: Hunderte von Joggern, Reitern, Seglern und Anglern kommen täglich in den Freizeitpark. Mit der Bosbaan steht eine gut ausgebaute Ruderrennstrecke zur Verfügung, die mit 2200 m Länge und etwas über 90 m Breite ausgezeichnete Trainingsmöglichkeiten bietet.

Unterschiedlichste Baumarten, u. a. aus China, Japan, dem Himalaya-Gebiet und Kanada, wurden im Stadtwald angepflanzt.

Im Sommer verkehrt regelmäßig eine nostalgische Trambahn zwischen dem Bahnhof Harlemmerstraat und dem Amsterdamse Bos.

Öffnungszeiten *Amsterdamse Bosmuseum (Dokumentation der Entstehungsgeschichte des Stadtwald):* Tägl. 10–17 h **Adresse** *Nieuwe Kalvjeslaan, Amstelveen; Bus 170, 171, 172 (Van Nijenrodeweg)*

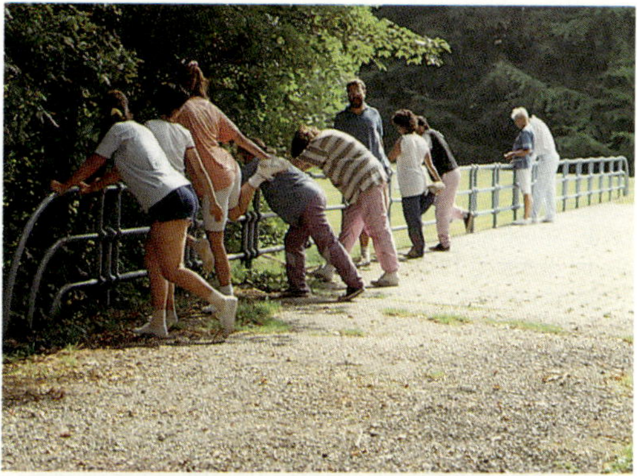

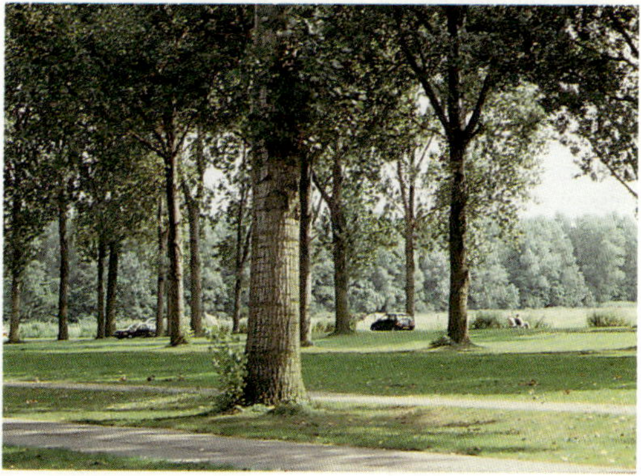

★ Anne Frank Huis (1)
Anne-Frank-Haus

Der jüdische Kaufmann Otto Frank floh mit seiner Familie von Frankfurt/M. nach Amsterdam. Seit dem Einmarsch der Deutschen in die Niederlande (1940) teilten die Franks das Schicksal der 80 000 Juden in der Stadt.
Als im Sommer 1942 die Deportation in die Konzentrationslager beginnen, entschließt sich die Familie unterzutauchen. Das Hinterhaus des Frankschen Gewürzwarenkontors an der Prinsengracht 263 wird für zwei Jahre zu ihrem Versteck, in dem Freunde sie unter Lebensgefahr versorgen. Durch einen anonymen Anruf bei der Gestapo wird das Versteck verraten. Die acht Untergetauchten werden in verschiedene KZs deportiert. Die jüngste unter ihnen ist die 15jährige Anne Frank. Zurück bleibt ihr Tagebuch; sie selbst stirbt im März 1945 im Vernichtungslager Bergen-Belsen.
Das Haus an der Prinsengracht wurde 1957 als Museum eingerichtet, um im Namen von Anne Frank an das Schicksal der jüdischen Bevölkerung zu erinnern. Der Unterschlupf im Hinterhaus blieb in ursprünglicher Form erhalten. ▶

Angeregt durch die Lektüre von Anne Franks Tagebuch besuchen jedes Jahr Tausende Menschen aus aller Welt das Haus an der Prinsengracht.

Familie Frank um 1940 (von rechts nach links): Margot, Edith (Annes Mutter), Anne, Otto (Annes Vater), Annes Großmutter väterlicherseits sowie zwei Bekannte.

Daten *Anfang des 17. Jh. erbaut; das Hinterhaus war 1942–44 Versteck von Familie Frank, Familie van Daan und Dr. Dussel; seit 1957 Museum* **Öffnungszeiten** *Tägl. 9–17 h, So ab 10 h; Juni–Aug: Tägl. 9–19 h, So ab 10 h* **Eintritt** *7 hfl, Kinder bis 10 Jahre frei* **Adresse** *Prinsengracht 263; S 13, 14, 17 (Westermarkt)* **R 4** → *S. 74*

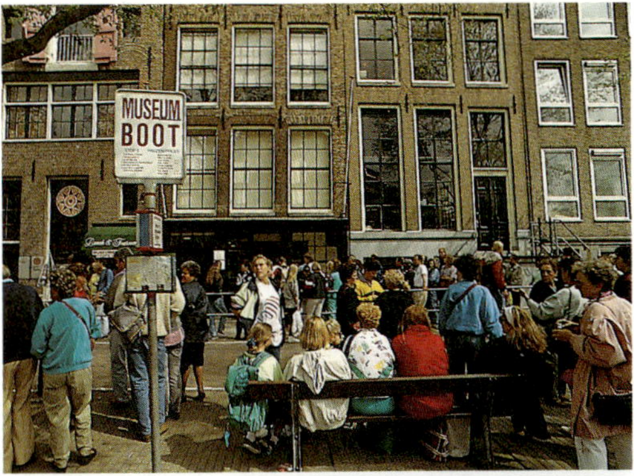
MUSEUM
BOOT

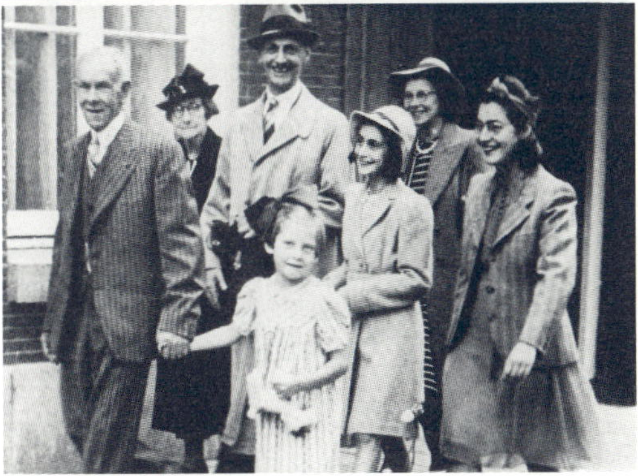

★ Anne Frank Huis (2)
Anne-Frank-Haus

Schon kurz nach dem Untertauchen setzt die 13jährige Anne Frank ihre Tagebuchaufzeichnungen fort. Von einem Tag auf den anderen ist ihre Welt auf das Hinterhaus zusammengeschrumpft. Von Juli 1942 bis August 1944 teilen sich fünf Erwachsene und drei Kinder die engen Räume.

In Form von Briefen an eine erdachte Freundin beschreibt Anne Frank das angstvolle Leben in ständiger Gefahr, entdeckt zu werden. Trotz der Spannungen der Versteckten untereinander bewahrt sie sich einen erstaunlichen Optimismus und glaubt fest daran, „daß die Menschen in ihrem tiefsten Inneren gut sind".

Nach dem Krieg entschließt sich Annes Vater, Otto Frank, der als einziger das KZ überlebt hat, zur Veröffentlichung der Aufzeichnungen. Das „Tagebuch der Anne Frank" wird zu einem der wichtigsten Zeugnisse der Judenverfolgung während des deutschen Faschismus. In mehr als 30 Sprachen übersetzt, gehört das Buch inzwischen zur Weltliteratur.

Die Anne-Frank-Stiftung widmet sich neben einer historischen Dokumentation der Judenverfolgung auch der Aufklärung über den neuen Rechtsradikalismus und Rassismus.

Auf dem Platz vor der nahe gelegenen Westerkerk wurde zum Andenken an Anne Frank eine Büste aufgestellt.

Der Blick in die Kammer (rechts), die sich Anne Frank mit dem Zahnarzt Dussel teilen mußte.

Ein drehbares Bücherregal in den Büroräumen des Vorderhauses verdeckte den Treppenaufgang zu dem Versteck.

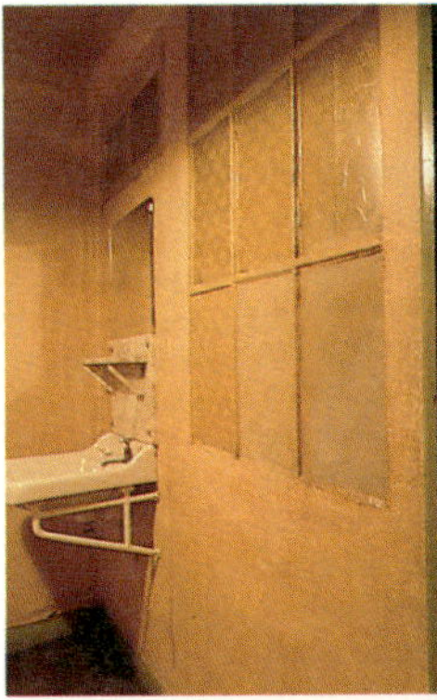

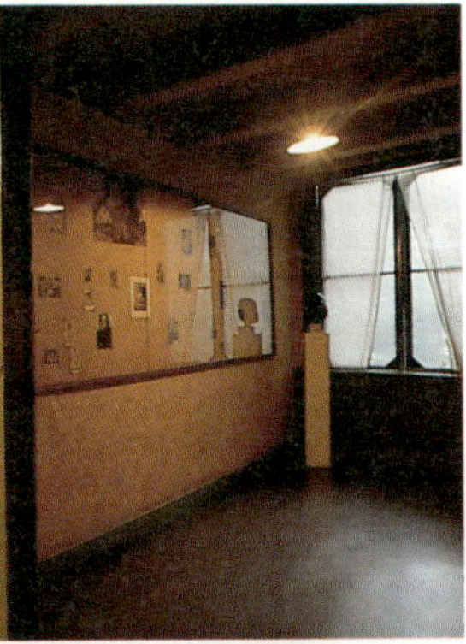

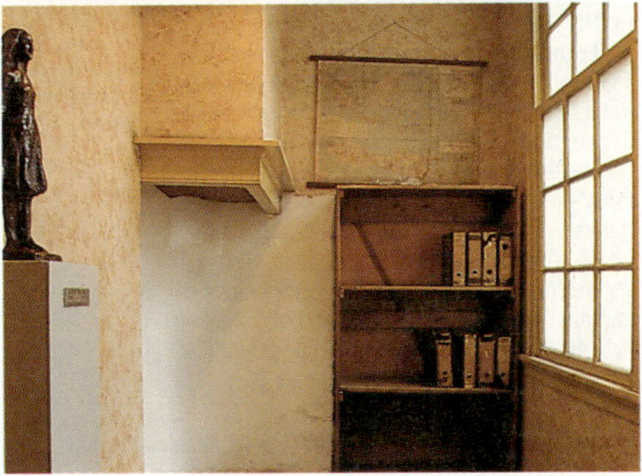

★ Artis Plantage
Zoo

Daß für einen Zoologischen Garten mitten im Großstadtzentrum Platz ist, kommt selten vor. Die zentrale Lage hängt eng mit der Anlage des Grachtengürtels (S. 188) im 17. Jh. zusammen. Die Stadtplaner erwarteten einen explosiven Bevölkerungszuwachs und erweiterten die Grachten über die Amstel hinaus bis hin zum Ij. Doch die Einwohnerzahl stagnierte. Die vorgesehenen neuen Wohngebiete östlich der Amstel wurden nicht genutzt und entwickelten sich zu einer grünen Enklave in der dicht bevölkerten Stadt. Bald erhielt der Stadtteil, in dem sich Bauern und Viehzüchter ansiedelten, den Namen „Plantagenviertel". Die Plantage Middenlaan, die heute den Zoo begrenzt, wurde zur sonntäglichen Promenade. 1838 kaufte der Verein Natura Artis Magistra (Die Natur ist die Lehrmeisterin der Kunst) einige Gartengrundstücke und eröffnete eine zunächst bescheidene Tierschau. Der von den Amsterdamern kurz „Artis" genannte Zoo wurde immer stärker erweitert, der Besuch blieb bis 1937 jedoch Vereinsmitgliedern vorbehalten. Erst als der Verein in finanzielle Schwierigkeiten geriet und die Stadt den Tierpark übernahm, öffneten sich die Tore für jedermann. Heute gehört die Artis Plantage zu den größten Zoos der Welt.

Die meisten Tiere leben in Freigehegen, die ihrem natürlichen Lebensraum so weit wie möglich nachgebildet sind.

Der asiatische Tiger gehört zu den vom Aussterben bedrohten Tierarten.

Öffnungszeiten *Tägl. 9–18 h* **Eintritt** *17,50 hfl* **Adresse** *Plantage Kerklaan 38–40; S 7, 9, 14 (Plantage Kerklaan)* **R 7** → *S. 80*

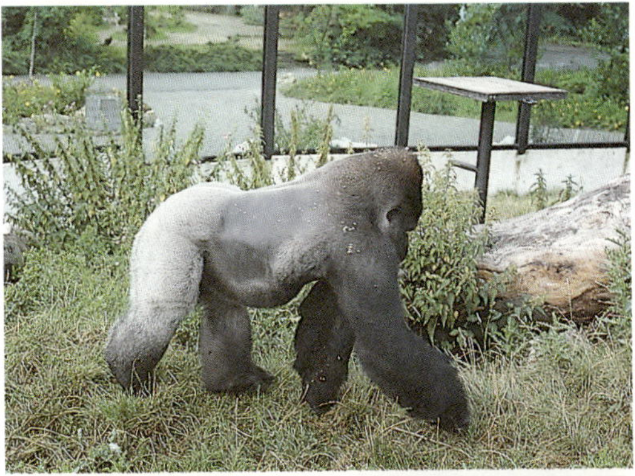

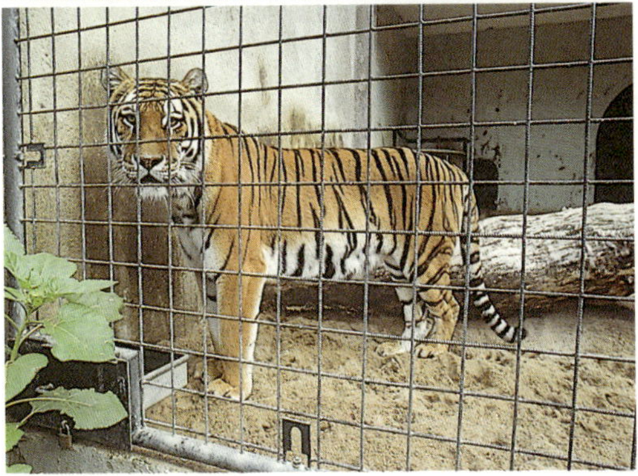

Bartolotti Huis
Bartolotti-Haus

Wie das Trippenhuis (S. 378) trägt auch das Bartolotti-Haus den Namen seines ersten Eigentümers. Eigentlich müßte es „Heuvel Huis" heißen, doch der Bierbrauer mit dem urniederländischen Namen Willem van den Heuvel taufte sich nach dem Tode seines italienischen Onkels in Guglielmo Bartolotti um. Der Verwandte hatte dem Braumeister ein großes Erbe hinterlassen. „Ingenio et assiduo labore" (mit Verstand und Fleiß) lautet die Inschrift an der Vorderfront des Hauses, das der Bauherr mit dem Erbe seines Onkels errichten ließ. Der Architekt Hendrick de Keyser lieferte 1617 den Entwurf für das auffallende Renaissancegebäude. Schmuckvolle Pilaster, Zierbalustraden und Kapitellornamente sind ein Hinweis darauf, daß de Keyser und sein Auftraggeber bei der Planung eher an ein städtisches Palais als an ein Wohnhaus gedacht haben. Ob Hendrick de Keyser oder sein Sohn Pieter den Bau vollendeten, ist nach wie vor umstritten. Das Haus wurde wenige Jahre nach seiner Fertigstellung in zwei Wohnkomplexe aufgeteilt. Heute ist ein Teil des niederländischen Theatermuseums darin untergebracht.

Blick durch die Drie Koningenstraat auf die Renaissancefassade des Bartolotti-Hauses.

Adresse *Herengracht 170–172; S 13, 14, 17 (Westermarkt)* **R 3** → *S. 72*

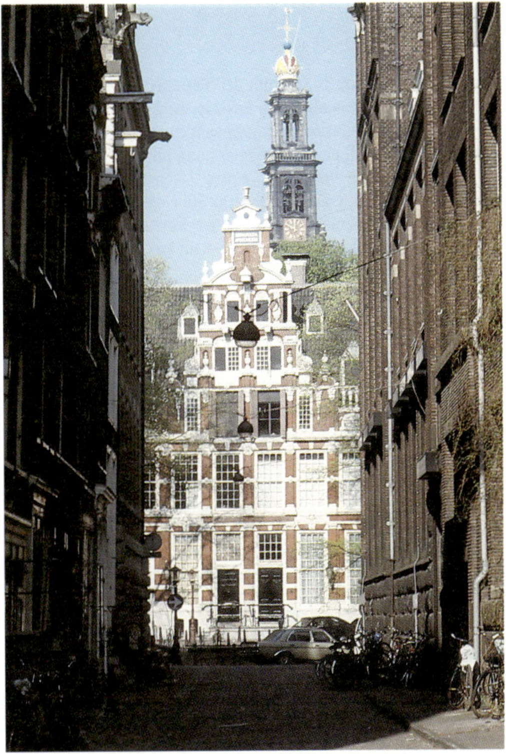

★ Begijnhof (1)
Beginenhof

Mitten im betriebsamen Zentrum der Metropole ist der idyllische Beginenhof eine Enklave, an der die Jahrhunderte spurlos vorübergegangen zu sein scheinen. Durch einen gewölbten Gang führen wenige Schritte vom Spui, einem kleinen belebten Platz, in eine andere Welt: Die Stille des großen begrünten Innenhofes mit einer Kirche im Zentrum mutet fast unwirklich an. Kein Laut aus der lärmenden Stadt dringt hierher.

Um den Innenhof gruppieren sich zahlreiche Wohnhäuser, von denen einige zu den ältesten Amsterdams zählen.

Als Stift für katholische Frauen, die in religiöser Gemeinschaft, aber nicht im Kloster leben wollten, wurde der Beginenhof im 14. Jh. gegründet. Die Beginen widmeten sich der Armenfürsorge und Krankenpflege. Im Begijnhof besaßen die Frauen ihre eigene Wohnung sowie persönliches Eigentum, konnten die Gemeinschaft aber jederzeit verlassen.

Die ehemalige Kirche der Beginen wurde nach der Reformation in „Englische Kirche" umbenannt.

Als sich Amsterdam 1578 zum Protestantismus bekannte, mußten die Beginen ihre Kirche an die Presbytergemeinde abtreten. Der Beginenhof wurde in ein Spital verwandelt, doch die Bewohnerinnen erhielten das Bleiberecht bis zu ihrem Tod zugesichert.

▶

Daten *1346 Stiftung des Beginenordens; 1421 und 1452 Zerstörung durch die Stadtbrände; 1578 Änderung der Besitzverhältnisse nach der Reformation; 1982–87 Restaurierung* **Öffnungszeiten** *Tägl. von Sonnenaufgang bis Sonnenuntergang; Begijnhofkapelle 9–17 h* **Adresse** *Gedempte Begijnensloot, Eingang Spui; S 1, 2, 14, 16, 24, 25 (Spui)*

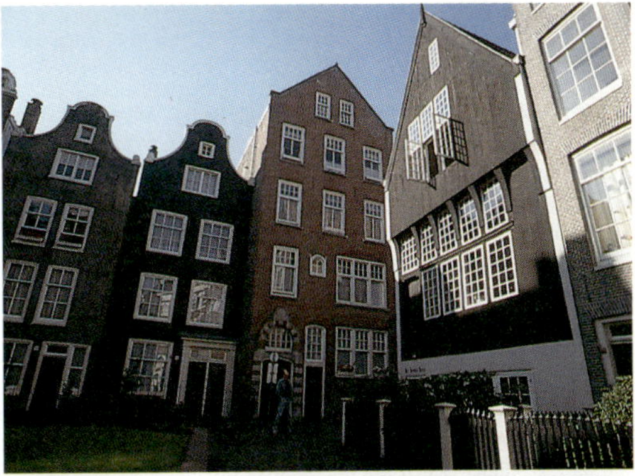

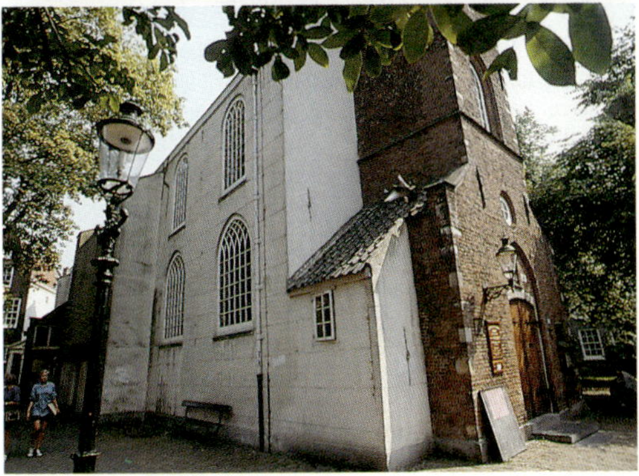

★ Begijnhof (2)
Beginenhof

Nach der Reformation 1578 behielten die Beginen das Recht, in ihrer ehemaligen Kirche begraben zu werden, obwohl diese nun den englischen Presbytern gehörte. Als jedoch die Oberin Cornelia Arents am 14. 10. 1654 starb, wurde sie ihrem letzten Wunsch gemäß in der „Gosse vor der Kirche" begraben. Als Protest gegen die Enteignung der Beginenkapelle, aber auch als selbst auferlegte Buße hatte sie sich für das würdelose Grab entschieden.

Noch heute werden am 2. 5., dem Geburtstag von Cornelia Arents, Blumen auf ihr Grab gelegt. Ein Bronzebildnis neben der Englischen Kirche erinnert an sie und die Beginen.

Im Begijnhof befindet sich das älteste Haus der Stadt, das Houten Huis (Hölzernes Haus, Nr. 34) aus dem Jahr 1470. Holzhäuser prägten das mittelalterliche Gesicht Amsterdams, bis nach den großen Stadtbränden, die auch die Häuser des Begijnhof weitgehend zerstörten, Holzbauten und Reetdächer verboten wurden.

Das Houten Huis überstand alle Brände, 1956/57 wurde es vollständig restauriert. Die meisten der 41 Giebelhäuser im Begijnhof stammen aus dem 17. und 18. Jh., die Häuser Nr. 31 und 32 dienten als Geheimkapelle, wo die Beginen ihren Gottesdienst feierten. Alleinstehende alte Damen genießen heute im Begijnhof bevorzugtes Wohnrecht.

In der Englischen Kirche finden in unregelmäßigen Abständen Konzerte statt.

113

Betondorp
Betondorf

Nachdem die Wohnungsnot in Amsterdam zu Beginn der 20er Jahre auf ein Defizit von mehr als 20 000 Wohneinheiten gestiegen war, schrieb die Gemeinde einen Wettbewerb aus. Im ländlichen Watergraafsmeer sollte eine Siedlung mit Häusern aus vorproduzierten Bauelementen und mit modernen Baumethoden errichtet werden. So entstanden zwischen 1923 und 1928 insgesamt 900 Wohnungen im Stil des neuen „Industriellen Bauens".

Vorläufer der späteren Fertigbauweise waren die Häuser, die in Watergraafsmeer errichtet wurden (oben: Brinkstraat, unten: Landbouwstraat).

Acht Architekten konnten bei diesem Vorläuferprojekt zum späteren Reihenhausbau ihre Entwürfe realisieren. Die funktionalistisch orientierten Architekten der De-Stijl-Gruppe erhielten durch das Projekt Anregungen, die sie später beim Bau der Stuttgarter Weißenhofsiedlung (1927) berücksichtigten.

Alle Entwürfe gingen von Beton als wichtigstem Baumaterial aus, so daß die dörflich anmutende Siedlung bald „Betondorp" hieß. Viele Häuser besaßen einen eigenen Garten, was für Arbeiterwohnungen einen ungeheuren Luxus bedeutete.

Daten *1923–28 erbaut; wichtigste Architekten: J. Gratama, D. Greitner, W. Greven, J. B. van Loghem; 1979 Restaurierung* **Adresse** *Stadtteil Watergraafsmeer; S 9 (Hugo de Vrieslaan)*

115

Bijlmermeer

Die Bijlmermeer-Siedlung im Südosten der Stadt ist das wohl kostspieligste Beispiel einer verfehlten Städtebaupolitik.

In den 60er Jahren entstand in dem früheren Sumpfgebiet eine Wohnstadt für 120 000 Einwohner, die nur per Auto oder Metro die Innenstadt erreichen können. Die wabenartig angelegte Stadt, die in der Einflugschneise des nahen Flughafens Schiphol liegt, wirkt aus der Luft wie eine geometrische Zeichnung. In Augenhöhe entpuppen sich die langgezogenen Hochhäuser als simple Wohnsilos. Die sonst so interessante und humane Amsterdamer Architektur hat sich bei der Anlage der Siedlung von futuristischen Reißbrettvisionen leiten lassen.

Schon während der Bauarbeiten überwog die Kritik. Nach der Fertigstellung wuchsen die Probleme: Verwahrlosung, hohe Kriminalität und soziale Isolation waren die Begleiterscheinungen einer unwirtlichen Architektur. Auch Verbesserungsaktionen — mehr Kunst, mehr Grün — konnten das Problemviertel nicht retten. Vorschläge zum Abriß werden immer wieder diskutiert. Seit Ende der 80er Jahre haben sich in Bijlmermeer bevorzugt Dienstleistungsunternehmen und Banken angesiedelt.

Die imponierenden glasverspiegelten Fassaden großer Wirtschaftsunternehmen prägen heute das Bild von Bijlmermeer.

Daten *1962–73 erbaut, Architekten: K. Geerts, Kromhout & Groet, F. Ottenhol, K. Rijinbourt*

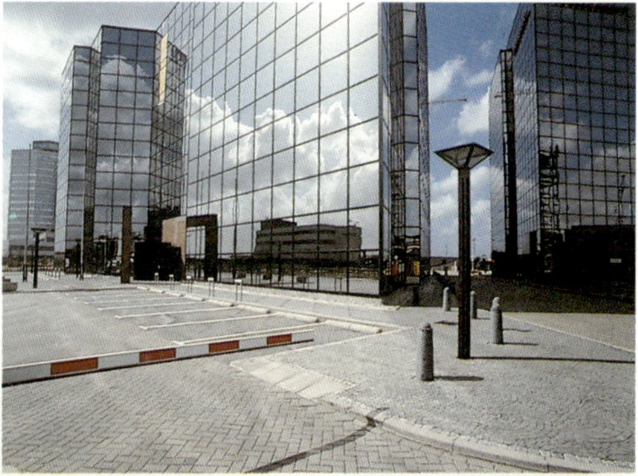

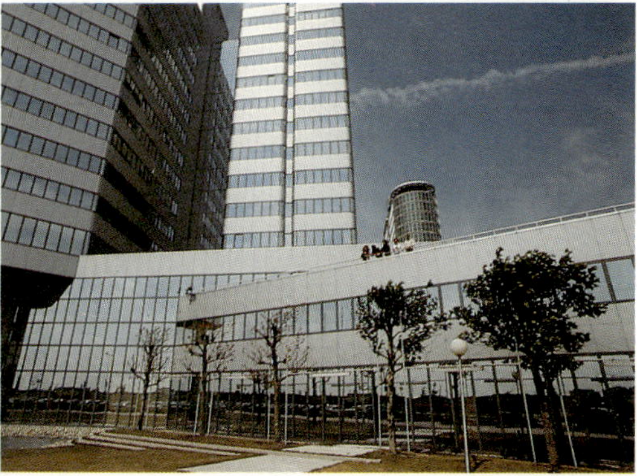

★ Blauwbrug
Blaue Brücke

Die Blauwbrug ist keinesfalls blau, wie der Name verspricht. Vielmehr erbte die massive Steinbrücke den Namen 1884 von ihrer hölzernen Vorgängerin. Der Pont Neuf und die Alexander-III.-Brücke in Paris standen Pate bei dem Entwurf der Brücke, die für Amsterdam ungewöhnlich repräsentativ erscheint. Die Hauptstadt demonstriert bei dem wichtigsten Element ihres Verkehrsnetzes ansonsten architektonische Zurückhaltung: Am beliebtesten sind steinerne Wölbbrücken.

Die wirkungsvolle Blauwbrug verbreitet einen Hauch von französischer Lebensart am Flußlauf der Amstel.

Die Blauwbrug weist dagegen einen formenreichen Ober- und Unterbau auf. Die mittleren Brückenpfeiler haben stattliche, bugförmige Vorköpfe. Eine dickbauchige Balustrade verbindet die quadratischen Sockel miteinander. Dekorative Säulen säumen die Brücke.

Schiffsmotive und die Habsburger Krone von Kaiser Maximilian I., die auch auf dem Turm des Westertoren zu sehen ist, verzieren das obere Ende der Säulen. Jeweils zwei Lampen sorgen abends für eine angenehme Beleuchtung.

Früher war die Blaue Brücke die wichtigste Verbindung zwischen Jodenbuurt (Judenviertel) und dem Zentrum, heute bildet sie das dekorative Entree zur Stopera (S. 366).

Daten *1884 erbaut, Architekten W. Springer und B. de Greef*
Adresse *Amstelstraat; S 9, 14 (Waterlooplein)* **R 6** → *S. 78*

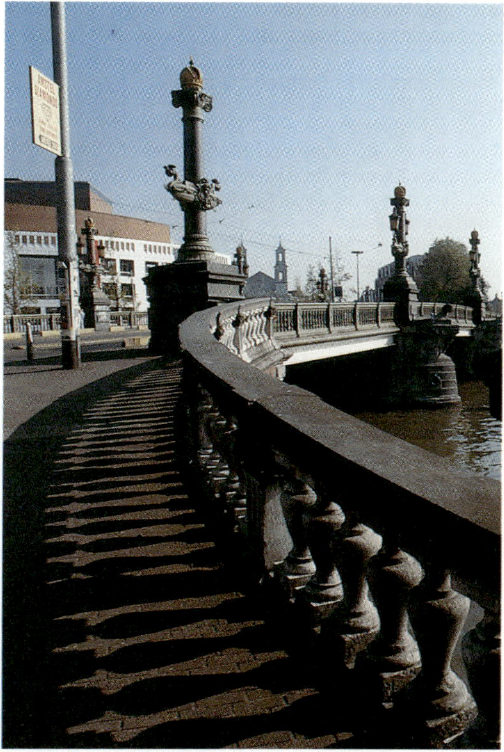

★ Bloemenmarkt Singel
Blumenmarkt an der Singelgracht

Wie der montägliche Flohmarkt vor der Noorderkerk (S. 278) hat auch der Bloemenmarkt am Singel seit Jahrhunderten eine feste Tradition. Schon im 17. Jh. priesen die Händler jeden Montag ihre Waren an, damals noch am Nieuwezijds Voorburgwal in der Nähe des heutigen Historischen Museums (S. 202). Nicht nur Blumen und Kränze, auch Kräuter aller Art und junge Bäume wurden auf Booten zum Blumenmarkt gebracht und feilgeboten.

Schnitt- und Topfblumen von den riesigen Blumenfeldern im Norden Amsterdams werden zu Dumpingpreisen angeboten.

Bis ins 19. Jh. lagen die meisten Märkte der Stadt am Wasser, da die Grachten den schlechten und engen Straßen als Transportwege überlegen waren. An den Anlegeplätzen der Schiffe wurde die Ware zumeist direkt verkauft, gleichgültig, ob es sich um den Apfel- und Obstmarkt, den Korbwarenmarkt oder den Holzmarkt handelte.

Der Bloemenmarkt konnte den Charakter eines schwimmenden Marktes bis heute bewahren. Die Boote, die zwischen dem Munttoren und dem Koningsplein auf der Gracht liegen, sind die Ladenlokale. Dank internationaler Export- und Importverbindungen ist der Bloemenmarkt kein ausschließlicher Sommermarkt: Auch im Winter reicht das Angebot von frischen Schnittblumen bis zu Palmen und Orchideen.

Öffnungszeiten *Tägl. außer So, 9.30–17 h* **Adresse** *Singel, zwischen Koningsplein und Muntplein; S 1, 2, 5 (Koningsplein)* **R 9** → *S. 84*

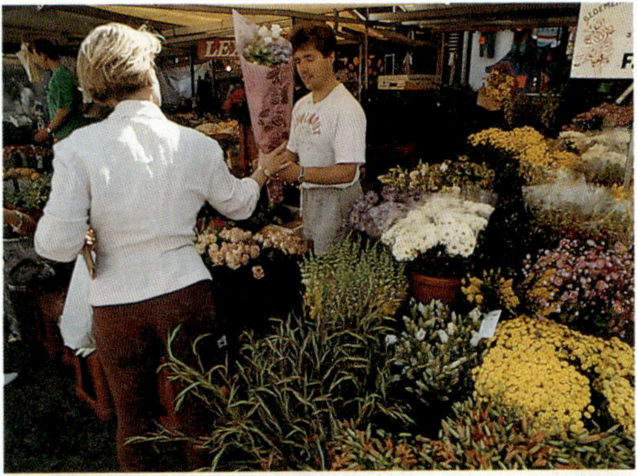

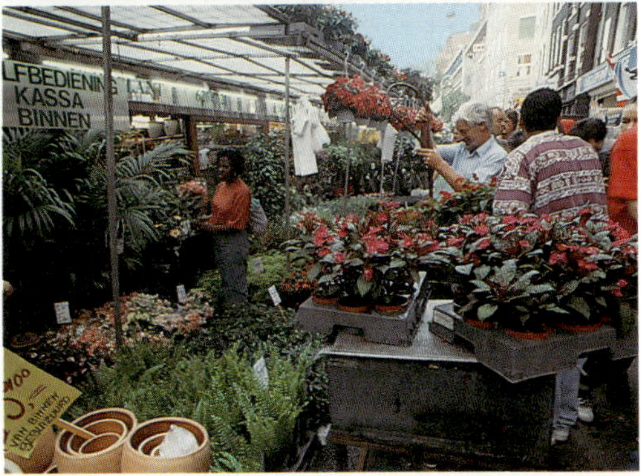
KASSA
BINNEN

Bruggen (1)
Brücken

Das wichtigste Element der Amsterdamer Infrastruktur sind die Brücken: Ohne sie würde die auf Pfählen erbaute Stadt in eine Insellandschaft zerfallen, die von Grachten zerteilt ist. Ein Netz von 1280 Brücken sorgt für einen reibungslosen Verkehrsfluß in der Metropole.

Die Keizersgracht/ Nieuwe Keizersgracht wird von mehreren Wölbbrücken überspannt.

Früher mußten viele Brücken als Zugbrücken konzipiert werden, damit auch größere Schiffe passieren konnten. Nur in den Grachten des Zentrums ließ die Stadtverwaltung den Bau von steinernen Wölbbrücken zu, die Schuten und flachen Booten freie Durchfahrt ermöglichten.

Die Torensluisbrücke (1648) ist eine der ältesten und mit 39 m die breiteste Brücke der niederländischen Hauptstadt. Ursprünglich gehörte sie zum Festungsring der mittelalterlichen Stadtmauer und bildete eines der Stadttore. Ihr unterbauter Brückenkopf diente zeitweilig als Gefängnis. 1989 wurde das Multatuli-Denkmal (S. 266) auf dieser Brücke eingeweiht.

Eine der älteren hölzernen Zugbrücken an der Amstel.

Einen schönen Blick auf die Infrastruktur des alten Amsterdams hat man von der Herengracht aus: Hier liegen die Zeven Bruggen (sieben Brücken) der Reguliersgracht wie eine Kette vor dem Betrachter aufgereiht. ▶

Adresse *Torensluisbrücke, Torensteeg; Zeven Bruggen, Reguliersgracht*

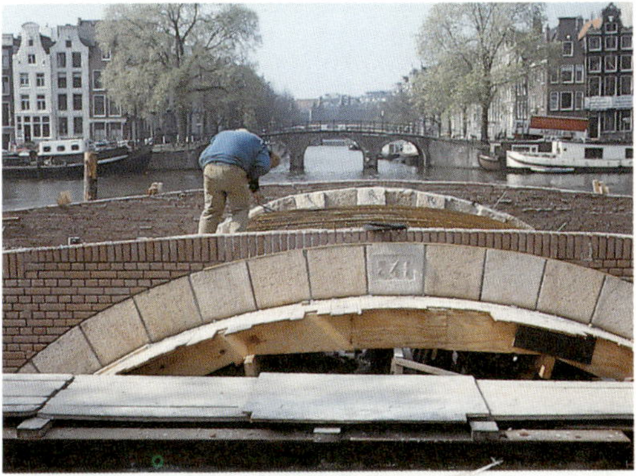

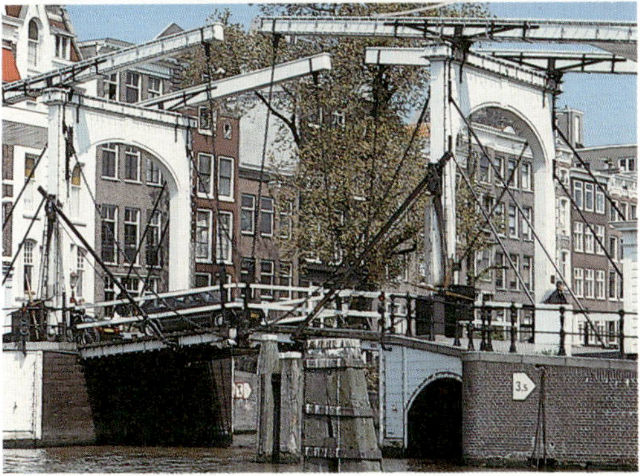

Bruggen (2)
Brücken

Die Idylle der schmalen Wölbbrücken entsprach den Anforderungen im 20. Jh. nicht mehr: Der Autoverkehr nahm ständig zu, zahlreiche neue Brücken mußten gebaut werden.
Die Architekten der Amsterdamse School profitierten von dieser Situation. Wie der Wohnungsbau unterlag auch der Brückenbau der Beurteilung durch eine Schoonheidscommissie (Schönheitskommission), die über die Qualität der Entwürfe entschied. Da viele Architekten der Amsterdamse School dem Gremium angehörten, gibt es Hunderte von Brücken ihres Stils.
Allein Pieter Kramer, einer ihrer bedeutendsten Vertreter, entwarf mehr als 200 Brücken, von denen die am Olympiaplein zu den schönsten zählt. Die Amstelbrücke von Hendrik Petrus Berlage gehört dagegen bereits zum eher schlichten Spätwerk dieses Wegbereiters der modernen niederländischen Architektur: Ihr auffälligstes Element ist der Brückenturm, ein klassischer Bestandteil des mittelalterlichen Brückenbaus.
Am spektakulärsten sind jedoch jene Brücken, deren Telegrafenmasten plötzlich im 75°-Winkel zur Straße schweben, nachdem der Zugmechanismus in Gang gesetzt worden ist.

Um den Ansprüchen des Schiffsverkehrs gerecht zu werden, sind viele Brücken als Zugbrücken konzipiert worden.

Daten *Olympiapleinbrug, gebaut 1928, Architekt P. L. Kramer; Amstelbrug, gebaut 1926–32, Architekt H. P. Berlage*

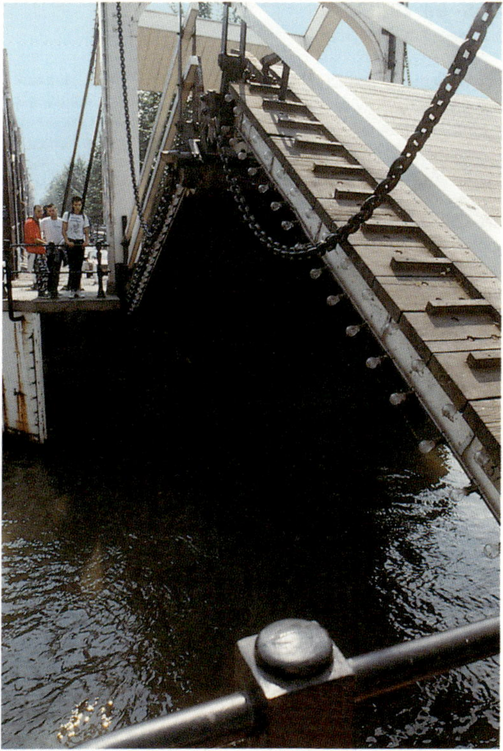

Bus- en Tuighuis
Büchsen- und Zeughaus

Als Waffenlager und Lager für Kriegsgeräte aller Art diente das 1606 von Hendrick de Keyser entworfene Bus- en Tuighuis. Es ist allerdings nur eines von zahlreichen Zeughäusern der Stadt. Im 17. Jh. entwickelte sich Amsterdam zu einem international bedeutenden Waffenproduzenten, der die kriegführenden europäischen Fürstenhäuser, aber auch die eigene Ostindische Handelscompagnie belieferte. Die Familie de Geer und die Brüder Trip nahmen als Waffenhändler zeitweilig eine Monopolstellung auf dem Kontinent ein. Sie kontrollierten sogar die reiche schwedische Erz- und Kupfergewinnung.

Im 17. Jh. wurde das Gebäude als Zeughaus der Bogenschützengilde genutzt.

De Keyser vermied beim Bau des Arsenals jeden militärischen Charakter. Ein ungewöhnlich beschwingter Giebel in der Form eines Trapezes, Ziersteine über den Fenstern, Voluten im Giebelfeld und ein ovales Dachfenster in einem Gesims mit durchlaufendem Zierband verstärken den zivilen und lebhaften Gestus der Fassade.

Seit dem Jahr 1967 gehört das Zeughaus zur Universitätsbibliothek (Singel 421–425). Die größte Bibliothek des Landes kann auf eine Sammlung zurückgreifen, deren Anfänge bis ins 16. Jh. zurückreichen.

Daten *1606 erbaut, Architekt Hendrick de Keyser* **Adresse** *Singel 423; S 4, 9, 14, 16, 24, 25 (Muntplein)* **R 9** → *S. 84*

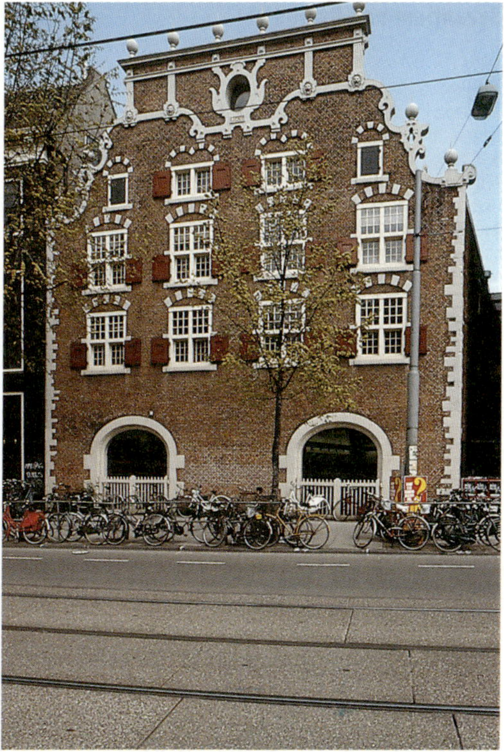

Byzantium und Casino (1)

Die großen Neubauten zwischen Leidseplein und Vondelpark haben die Gemüter in den letzten Jahren mehr als jedes andere Projekt erregt. Schließlich betrafen die baulichen Veränderungen die Neugestaltung des Zentrums.

Drei Gebäudekomplexe entstanden: Das luxuriöse Wohnhaus Byzantium am Eingang des Vondelparks, das gegenüberliegende Casino und – als Aushängeschild sozialdemokratischer Stadtpolitik – eine daran anschließende Zeile von Häusern mit Sozialwohnungen.

Die Reaktionen auf das 1991 vollendete Byzantium waren einhellig negativ. Der Bau mit Eigentumswohnungen, die bis zu einer halben Million Gulden kosten, enttäuschte durch phantasielose Gestaltung der langen Seitenflügel.

An der Frontseite des Gebäudes ragt ein postmoderner Vorbau in Form einer goldenen Dose hervor. Seine architektonische Entsprechung ist der sog. goldene Löffel, der die Geschäftspassage von den Wohn- und Büroräumen der oberen Etagen trennt. ▶

Die „goldene Dose" an der Vorderfront des Byzantiums hat mehr Kritiker als Liebhaber gefunden.

Daten *Byzantium: 1990/91 erbaut, Architekt Rem Koolhaas* **Adresse** *Stadhouderskade; S 1, 2, 5, 6, 7, 10 (Leidseplein)* **R 9** → *S. 84*

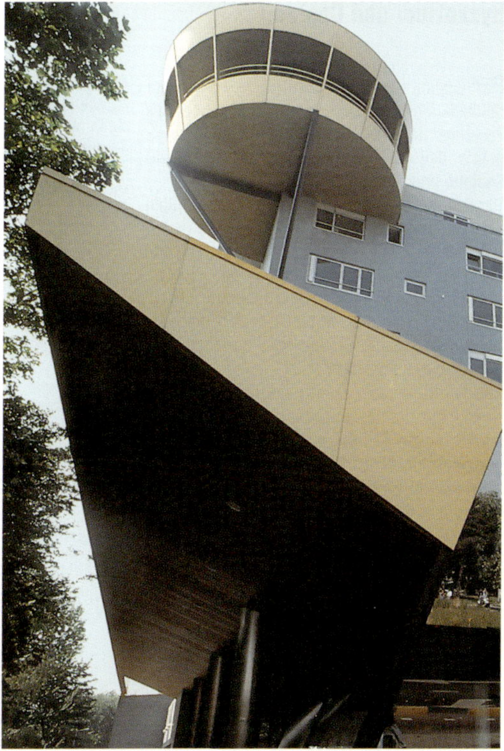

Byzantium und Casino (2)

Das Casino war das umstrittenste Projekt der Neubebauung. Vielen Bürgern erschien es als Persiflage der sozialdemokratischen Kommunalpolitik, daß die Gemeinde im Zentrum der Stadt Roulette und Pokerspiel zuließ.
Der Schriftsteller Harry Mulisch, seit Jahrzehnten der bekannteste Bewohner im Leidseplein-Viertel, kommentierte die Vorgänge: „Daß auf diesem Platz ein Tempel der Spielleidenschaft entsteht, gebaut im Auftrag der Sozialdemokratie, ist ein absolutes Fiasko der Amsterdamer Arbeiterbewegung. Und welches Gesindel dies anziehen wird, werden wir alle noch erleben."
Eher positiv wurde dagegen das architektonische Gesicht des Casinos aufgenommen. Die elegante, geschwungene Fassade aus schwarzem und weißem Marmor integriert auch das ehemalige Lido-Gebäude am Leidseplein. Die 16 m hohe farbige Glaskuppel des Spielsaals ist das Prunkstück im Inneren. Restaurant, Theater und diverse kleinere Spielhallen gruppieren sich um diesen zentralen Saal. Das Gebäude verfügt über eine Terrasse zur Singelgracht, der zentrale Eingang befindet sich am neu entstandenen Innenplatz. ▶

Hohe Fensterflächen sorgen dafür, daß viel Tageslicht in die Ladenpassage des Byzantiums einfällt.

Das Eingangsportal des Casinos ist ein auffälliges Beispiel für die postmoderne Architektur.

Daten *Casino: 1990/91 erbaut, Architekt Hans Ruijssenaars* **Adresse** *Stadhouderskade/Kleine Gartmanplantsoen/Leidsekade*

131

Byzantium und Casino (3)

Dem schlechten Gewissen der Amsterdamer Stadtväter ist der Bau der schicken Sozialwohnungen gegenüber dem Casino zu verdanken. Der Vorwurf, mit dem Casino im Zentrum der Stadt zwar ein steuerlukratives, aber dennoch fragwürdiges Etablissement zu errichten, hatte getroffen: Architekt Kees Spanjers bekam den Auftrag, die Wohnungen im gehobenen Stil von Byzantium und Casino anzupassen.

In den Neubau wurden die Außenmauern und Teile der Innenmauern eines ehemaligen Gefängnisses integriert, das auf dem Grundstück stand. Diese Lösung blieb angesichts der makabren Nutzung des Gefängnisses durch die deutschen Besatzer umstritten. Viele Anwohner plädierten für einen vollständigen Abriß.

Eine offene Passage verbindet den neu gestalteten Platz mit dem Leidseplein, die Fußgängerbrücke über die Singelgracht öffnet ihn zum angrenzenden Vondelpark (S. 410). Damit hat der „Platz der vertanen Möglichkeiten", wie Kritiker das neue Zentrum von Amsterdam spöttisch nennen, zumindest den Spaziergängern neues Terrain für einen Rundgang durch die Stadt erobert.

In architektonischer Harmonie mit dem gegenüberliegenden Casino wurden die luxuriösen Sozialwohnungen errichtet.

Daten *Sozialwohnungen: 1990/91 erbaut, Architekt Kees Spanjers*
Adresse *Stadhouderskade/Kleine Gartmanplantsoen*

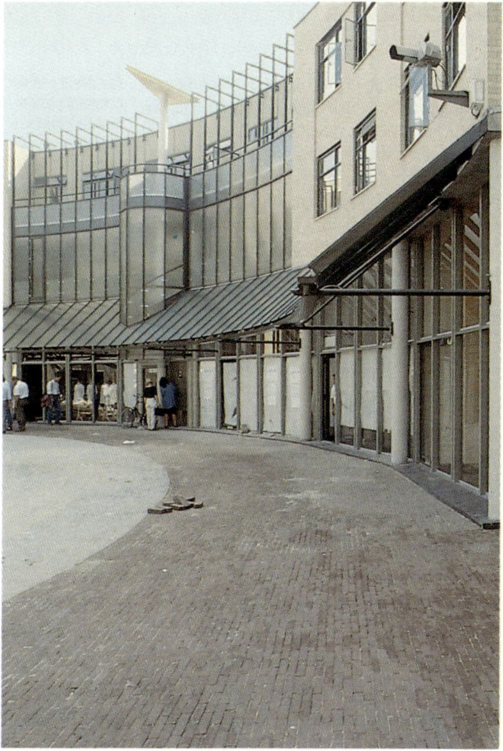

Centraal Station (1)
Hauptbahnhof

Kein Bau veränderte so nachhaltig das Gesicht der Hafenstadt wie der Ende des 19. Jh. auf drei künstlichen Inseln angelegte Hauptbahnhof. Der massive Widerstand vieler Amsterdamer richtete sich vor allem gegen dessen Lage an der einzigen offenen Seite der Stadt, dem Zugang zur Ij.
Der freie Blick vom Dam (S. 152) auf den Hafen hatte zum historischen Bild von Amsterdam gehört wie die Grachten. Der imposante langgezogene Bau schob sich nun wie ein steinerner Vorhang vor das Hafenpanorama.
Der Architekt P. J. H. Cuypers versuchte, die Kritiker mit einem imposanten, klassizistischen Bahnhofsgebäude zu beschwichtigen. Der majestätische Bau ruft eher Assoziationen an ein Schloß als an eine Eingangshalle ins technisierte 20. Jh. hervor. Reiche Detailarbeiten am Hauptportal und an den Seitenpavillons verstärken diesen Eindruck. Die Reliefs zeigen Motive aus der Geschichte der Seefahrt, des Handels und der Industrie. Cuypers war sich durchaus der Bedeutung bewußt, die der Hauptbahnhof für Amsterdam hatte: Der triumphale Tempel des modernen Verkehrs symbolisierte den Abschied vom Wasser als wichtigstem Transportweg. ▶

Der Platz vor der Centraal Station dient Kleinkünstlern aller Art als Bühne zur Selbstdarstellung.

Daten *1882–89 auf einer künstlichen Insel erbaut* **Adresse** *De Ruijterkade* **R 3** → *S. 72*

135

Centraal Station (2)
Hauptbahnhof

Der Siegeszug der Dampflokomotive hatte im Land der Kanäle und Grachten lange auf sich warten lassen. Obwohl die erste Eisenbahnlinie, Amsterdam—Haarlem, bereits 1839 eingeweiht worden war, zogen viele Reisende weiterhin das Schiff als Verkehrsmittel vor. Das Fahren per „trekschuit", einem von Pferden oder Menschen gezogenen Boot, war die wesentlich langsamere, aber vertrautere Art der Fortbewegung. Erst 1882 wurde dieser in Europa einzigartige Bootsdienst eingestellt.

Der Anschluß an das belgische (1855) und deutsche (1856) Eisenbahnnetz sowie die Verstaatlichung der privaten Eisenbahngesellschaften forcierten den Ausbau eines landesweiten Eisenbahnnetzes. Durch die schnelle Zunahme des internationalen Reiseverkehrs sah sich Amsterdam bald zum Bau eines neuen Hauptbahnhofs gezwungen.

Die drei Gleise der ersten Anlage mußten schon bald auf sechs erweitert werden. 1905–08 wurde der westliche Viadukt ausgebaut, zahlreiche neue Gebäude folgten in den nächsten Jahren.

Die wichtigsten Bus- und Straßenbahnlinien fahren direkt vor dem Hauptbahnhof ab.

Die NS (Niederländische Staatsbahn) setzt für die Verbindung der Großstädte Intercitys ein, kleinere Orte sind durch sog. Stoptreins miteinander verbunden.

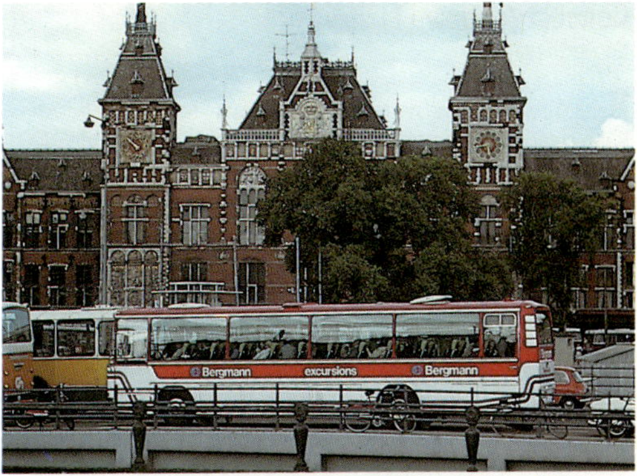
Bergmann
excursions
Bergmann

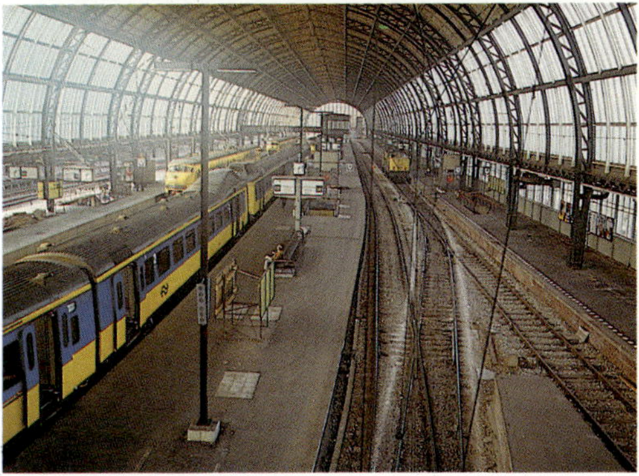

★ Concertgebouw (1)
Konzerthaus

Mehr als 100 Jahre hatte der Kleine Saal des hauptstädtischen Konzerthauses Felix Meritis (S. 166) an der Keizersgracht Nr. 324 als einer der besten Konzertsäle der Welt gegolten. Sein Niedergang hing eng mit dem Bau des Concertgebouw zusammen, der 1886–88 am damaligen Stadtrand entstand.

Büsten von Beethoven, Sweelinck und Bach zieren die Frontseite des Concertgebouw.

1888 spielte das Orchester im Felix Meritis zum letzten Mal. Im gleichen Jahr hatte das Concertgebouw-Orchester, das schon bald internationalen Ruhm erlangen sollte, Premiere. Der Kleine Saal im neuen Musiktempel war eine genaue Kopie seines berühmten Vorgängers in kleinerem Maßstab. Der 100jährige Geburtstag des neoklassizistischen Bauwerkes wurde 1988 mit gemischten Gefühlen gefeiert: Die Pfahlfundierung war dem Gewicht der korinthischen Säulen und des reichverzierten Tympanons nicht mehr gewachsen, das gesamte Gebäude mußte mit einer Betongrundierung stabilisiert werden. Drei Jahre nahmen die technisch schwierigen Arbeiten in Anspruch. Mit dem Anbau eines gläsernen Seitenflügels wurde eine vorbildliche Lösung zur Erweiterung des Concertgebouw gefunden. ▶

Daten *1886–88 erbaut, Architekt A. L. van Gendt; 1988 Anbau von Glasgalerie und Foyer, Architekt P. de Buijn* **Führungen** *Mo-Fr 12.30 h, gratis Lunchkonzerte des Orchesters jeden Mi 12.30 h* **Adresse** *Van Baerlestraat 98; S 3, 5, 12, 16 (Museumplein)* **R 8** → *S. 82*

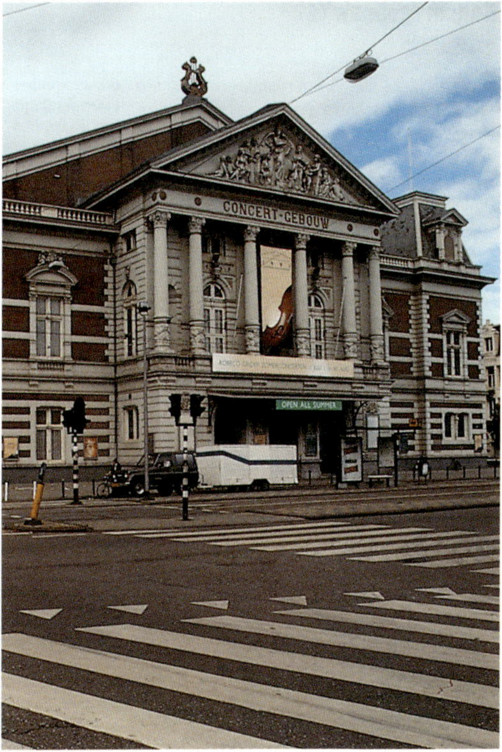
CONCERT-GEBOUW
OPEN ALL SUMMER

★ Concertgebouw (2)
Konzerthaus

Die Geschicke des Konzerthauses wurden 50 Jahre lang von einer Person geleitet: Willem Mengelberg übernahm 1895 als 24jähriger die Führung des Orchesters von Willem Kees. Die fast kultische Verehrung verdankt das Concertgebouw-Orchester vor allem den Interpretationen der Werke von Gustav Mahler und Richard Strauss. Höhepunkte in der Ära Mengelbergs waren die Auftritte so berühmter Gastdirigenten wie Johannes Brahms, Gustav Mahler, Richard Strauss, Igor Strawinsky und Paul Hindemith im Concertgebouw.

Ein Konzert unter der Leitung des Dirigenten Paul van Kempen führte 1951 zu einer der heftigsten Auseinandersetzungen zwischen dem selbstbewußten Orchester und der Direktion des Hauses. Van Kempen, 1913–15 Violinist des Orchesters, hatte seine Karriere 1916 in Deutschland fortgesetzt. 1932 nahm er die deutsche Staatsbürgerschaft an, um Dirigent in Oberhausen zu werden; 1942 wurde er Nachfolger Herbert von Karajans als Generalmusikdirektor in Aachen. Die Karriere im Dritten Reich verziehen ihm die Amsterdamer nie. Bei seinem ersten und zugleich letzten Konzert im Concertgebouw ertönten heftige Zwischenrufe, die Hälfte des Orchesters verweigerte die Mitarbeit. Als Konsequenz aus dem Eklat trennte sich das Orchester von der Leitung des Concertgebouw und mietet seitdem die Konzertsäle für Auftritte wie andere Künstler auch.

Orchesterprobe unter der Leitung von Willem Mengelberg.

141

Coningh van Denemarken
König von Dänemark

Der älteste Teil der Herengracht (zwischen Brouwersgracht und Leidsegracht) wurde 1613 gegraben. Erst nach 1658 erweiterte man die drei Hauptgrachten (Heren-, Keizers- und Prinsengracht) bis zur Amstel. Grachtenhäuser im lebhaften Stil der „holländischen Renaissance" prägen deshalb den älteren Teil der Renommiergrachten, während die Bauten des späteren, strengen Klassizismus den Grachtengürtel zwischen Leidsegracht und Amstel dominieren.

Das Grachtenhaus mit dem Beinamen „Coningh van Denemarken" (König von Dänemark) entstand unmittelbar nachdem der erste Teil des Grachtengürtels (S. 188) fertiggestellt worden war. Es gehört zu den wenigen Gebäuden im Stil der „holländischen Renaissance", die nahezu unverändert erhalten geblieben sind. Nur die heutige Eingangspartie mit Portal und zentraler Treppe geht auf einen Umbau zurück.

Die 1. Etage zeigt die charakteristischen, mit Blendsteinen verzierten Entlastungsbögen über den Fenstern. Der Treppengiebel ist mit Ziersäulen geschmückt, eine Balustrade auf der 2. Etage suggeriert eine größere Fassadenweite.

Die Architektur des Grachtenhauses läßt deutliche Einflüsse des italienischen und französischen Renaissancestils erkennen.

Daten *1615 erbaut; Erdgeschoß, Eingang mit Portal und Treppe um 1800 renoviert* **Adresse** *Herengracht 120; S 13, 14, 17 (Westermarkt)*
R 3 → *S. 72*

143

Cromhouthuizen
Cromhouthäuser

Das Quartett der Cromhouthäuser gehörte zu den bekanntesten Bauten des Architekten Philips Vingboons. Mit der Häuserzeile, die nach dem Auftraggeber Jacob Cromhout benannt wurde, erwarb sich Vingboons das Verdienst, den sog. Halsgiebel für Amsterdam entdeckt zu haben. Wie bereits bei seinem früher entstandenen Weißen Haus (S. 438) baute er die Vorderfront der Häuserzeile aus Sandstein. Ochsenaugen, Voluten und Festons schmücken die vier Giebel. Die Giebeldreiecke über Fenstern und Türen charakterisieren die niederländische Architektur des späten 17. Jh. Auch die nach oben niedriger werdende Etagenhöhe und die Betonung der Beletage in der Fassadengestaltung entsprachen den damaligen architektonischen Konventionen. Von innen zu besichtigen ist nur das Haus Nr. 366, in dem wertvolle Bibelausgaben in einem Bibelmuseum präsentiert werden.

Wegen ihres Größenunterschiedes sind die Giebel der Cromhouthäuser auch als „Vater, Mutter und zwei Kinder" bekannt.

Daten *1662 gebaut, Architekt Philips Vingboons* **Öffnungszeiten** *Bibelmuseum (Haus Nr. 366): Tägl. außer Mo, 10–17 h, So ab 13 h,* **Eintritt** *3 hfl* **Adresse** *Herengracht 364–370; S 1, 2, 5, 6, 7, 10 (Leidseplein)* **R 3** → *S. 72*

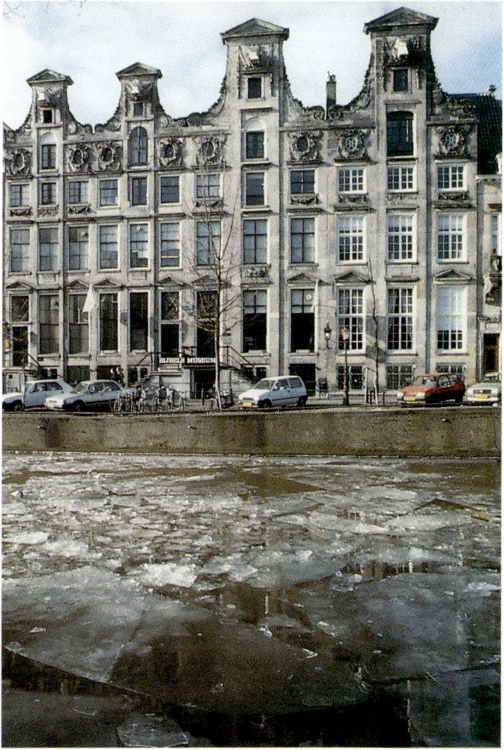
BIJBELS MUSEUM

Dageraad woningbouw (1)
Morgenrot-Siedlung

Die Morgenrot-Siedlung gehört zu den eindrucksvollsten Wohnkomplexen der sog. Amsterdamse-School, die der Architektur der 20er und 30er Jahre ihren Stempel aufgedrückt hat. Die Arbeitersiedlung Dageraad woningbouw wurde im Auftrag der gleichnamigen sozialistischen Wohnungsbaugesellschaft zwischen 1919 und 1922 errichtet und von der Gemeinde Amsterdam subventioniert.

Fassadengestaltung am Henriette Ronnerplein.

Großen Einfluß auf die Bebauung der neuen Stadtteile Spaarndammerbuurt und Amsterdam-Zuid (S. 98) nahm die Schoonheidscommissie (Schönheitskommission): Sie kontrollierte die ästhetische Qualität der Bauanträge und legte dabei besonderen Wert auf die Fassadengestaltung. Da viele Mitglieder der Kommission der Amsterdamer Schule verpflichtet waren, wurden die außergewöhnlichen Entwürfe für die Morgenrot-Siedlung angenommen.

Pieter Kramer und Michel de Klerk, zwei herausragende Architekten der Schule, entwarfen die Siedlung. Der Dageraad-Komplex galt als Renommierobjekt des neuen sozialen Wohnungsbaus. Die Drei- bis Vierzimmerwohnungen sind über ein zentrales Treppenhaus zu erreichen. ▶

Daten *1919–22 gebaut, Architekten: Pieter Kramer, Michel de Klerk*
Adresse *H. Ronnerplein/P. L. Takstraat/Th. Schwartzplein; S 4 (Lutmastraat)*

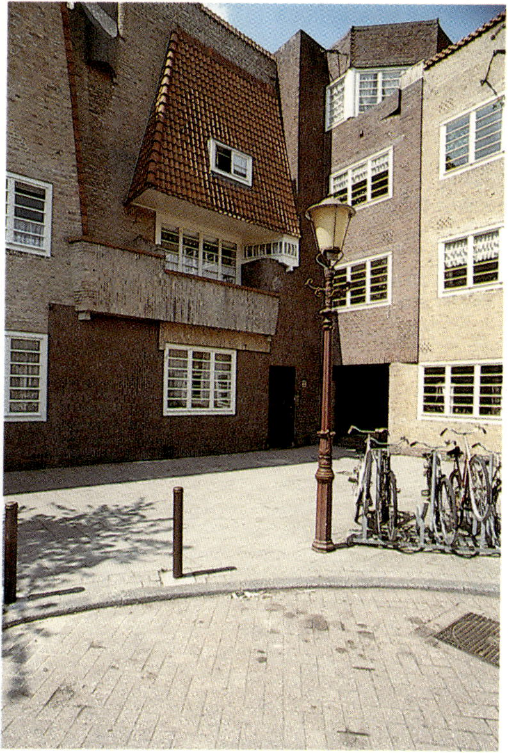

Dageraad woningbouw (2)
Morgenrot-Siedlung

Wie schon bei de Klerks Projekt in der Spaarndammerbuurt, der Eigen-Hard-Siedlung (S. 350), provozierte die phantasievolle Gestaltung der Außenfront Kritik: Plastische Formen und ornamentaler Reichtum erschienen vielen als unnötiges Zierwerk für eine Arbeitersiedlung.

Eckgebäude an der P. L. Takstraat, im Zentrum der Morgenrot-Siedlung gelegen.

Besonders der sozialistische Stadtabgeordnete F. M. Wibaut setzte sich dafür ein, daß Kramer und de Klerk unverändert weiterbauen konnten. Als Dank für seine Verdienste wurde am 9. 5. 1931 am Henriette Ronnerplein eine Plastik, die Wibaut zeigt, aufgestellt.

Die P. L. Takstraat bildet das Zentrum der fortschrittlichen Siedlung. Östlich und westlich der Straße befinden sich der Th. Schwartzplein und der H. Ronnerplein. Die meisten der hier liegenden Bauten entwarf de Klerk.

Die sorgfältige Detailgestaltung läßt sich an allen Häusern des Dageraad ablesen. Die Eingänge werden durch plastische Elemente (z. B. runde Erker) betont. Auch der dekorative Einsatz von Backstein und Dachziegeln drückt die charakteristische Formensprache der Amsterdamer Schule aus.

Daten *Plastik F. M. Wibauts von F. Sieger, H. Ronnerplein 2*

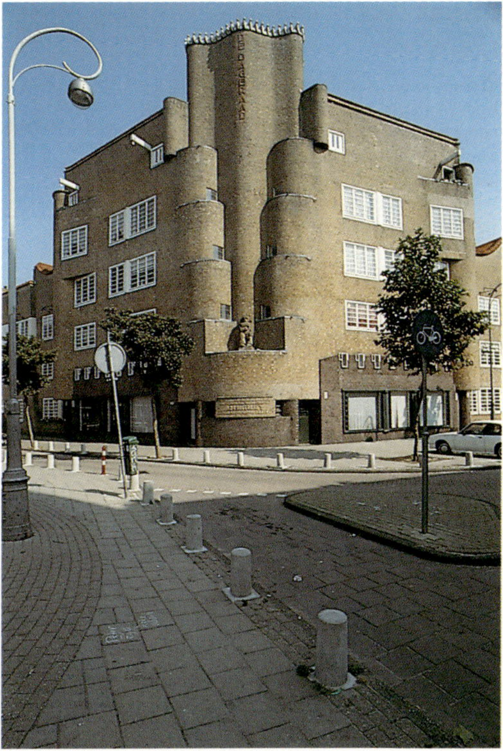

Damrak

Wie ein roter Teppich rollt sich der Damrak vor den Touristen aus, nachdem sein dringend notwendiges Face-Lifting 1993 abgeschlossen worden ist. Amsterdam wollte dem Entree in die Stadt, das den Hauptbahnhof mit dem Dam verbindet, wieder jenen großstädtischen Charme verleihen, der in den 70er Jahren abhanden gekommen war.

Für die Bahnreisenden beginnt auf dem Damrak die erste Begegnung mit Amsterdam.

Spielhallen, Souvenirgeschäfte, billige Restaurants und Sex-Shops ergriffen damals vom Damrak Besitz. Mit seinen grellen Neonreklamen schien er mehr und mehr zum angrenzenden Vergnügungs- und Prostitutionsviertel, den Wällen (S. 422), zu gehören. Auch die am Damrak liegende Koopmansbeurs (S. 238) sowie der renommierte Buchladen des Allert de Lange Verlages, der nach 1933 wichtig für die Verbreitung der deutschen Exilliteratur wurde, konnten den Niedergang des Damrak nicht aufhalten.

Verkehrsberuhigung, Ausweitung des Fußgängerbereichs und Pflege des Terrassen-Wildwuchses geben den Passanten Luft zum Atmen. Ob sich der Damrak dadurch tatsächlich wieder zum weltstädtischen Boulevard mausert, bleibt abzuwarten. Die ästhetische Aufwertung ist jedenfalls gelungen; auch der Rokin und der Nieuwezijds Voorburgwal wurden verschönt.

151

★ Dam und Nationaal Monument
Dam und Nationalmonument

Als einer der wenigen offenen Plätze im Zentrum konkurriert der Dam mit dem Leidseplein (S. 244) um die Ehre, das „Herz der Niederlande" zu sein. Begrenzt wird der Dam vom Nationaal Monument und dem Königlichen Palast (S. 234). Früher wurde auf dem Dam der Wochenmarkt abgehalten, heute treten Feuerschlucker, Amateurmusiker und Theatergruppen vor den Passanten auf. Im Sommer wird der Dam zum „Boulevard of broken dreams": Jugendliche mit selbstgedrehten Joints und Gitarre träumen den vergangenen Zeiten von 1968 nach. Auch die Dealerszene hat rund um das Nationalmonument ihre Treffpunkte.

Der 22 m hohe Obelisk wurde 1956 von Königin Juliana eingeweiht und soll an die Leiden der Amsterdamer unter der deutschen Besatzung erinnern. In den Sockel sind Urnen mit der Erde der zwölf niederländischen Provinzen und der ehemaligen Kolonie Niederländisch-Indien eingelassen. Die konzentrischen Kreise um das Denkmal, die heute frei zugänglich sind, durften bis zum „Aufstand der Provos" Mitte der 60er Jahre nicht betreten werden. Nur am Volkstrauertag, dem 4. 5., wenn auf dem Dam an die Opfer des 2. Weltkriegs und an die Befreiung erinnert wird, ist die Bedeutung des Mahnmals spürbar.

Blick auf den Dam, im Hintergrund die Nieuwe Kerk.

Links hinter dem Nationalmonument ist das luxuriöse Grandhotel Krasnapolsky zu sehen.

R 4 → *S. 74*

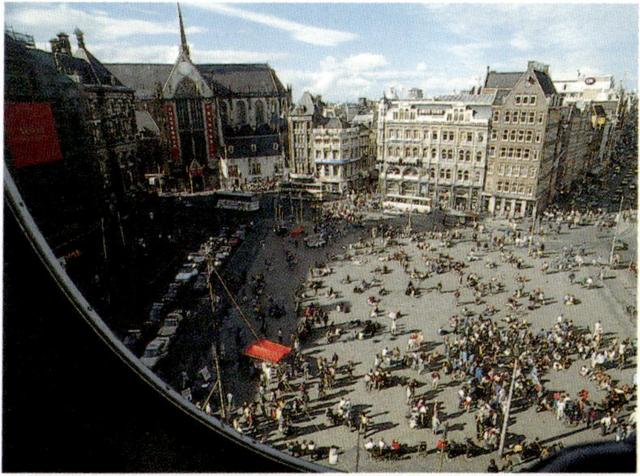

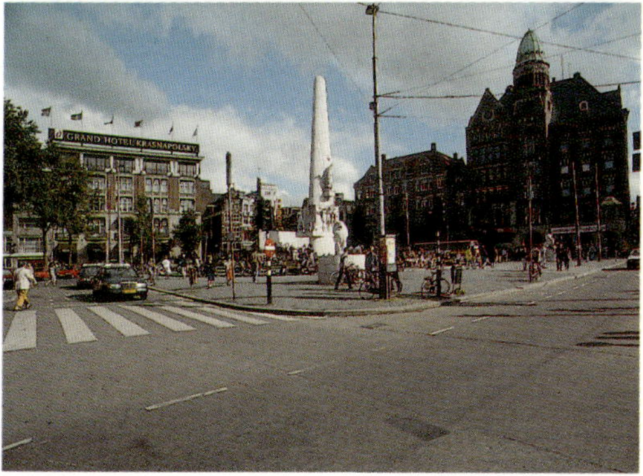
GRAND HOTEL KRASNAPOLSKY

Deutzhuis
Deutzhaus

Bis Anfang 1994 regierte Ed van Thijn die Stadt vom Deutzhuis aus, das nach seinem Erbauer C. Deutz benannt ist. Der sozialdemokratische Bürgermeister hatte die undankbare Aufgabe übernommen, die in den 70er Jahren heruntergewirtschaftete Stadt von ihrem negativen Image zu befreien: Stadterneuerung, sozialer Wohnungsbau und Ansiedlung neuer Industrien stellten die dringlichsten Aufgaben dar. Sie wurden mit Erfolg angegangen – nach Jahren geht es mit Amsterdam wieder aufwärts.

Amsterdam ist traditionell eine „rote" Stadt. Im Gemeinderat stellten die Sozialdemokraten von 1919 bis 1991 ununterbrochen die Mehrheitsfraktion. Seit 1992 geben allerdings linke Splittergruppen den Ton im Stadtparlament an.

Das aus dem 17. Jh. stammende Haus wurde 1792 umgebaut. Damals entstand über dem Eingang ein marmorner Balkon mit Balustraden, der sich auf zwei Säulen stützt. Ansonsten ist das Deutzhuis das ein reicher Bürger der Stadt vermachte, eher schmucklos. Einzig der Anlegesteg für das Bürgermeisterboot hebt das Gebäude von den umliegenden Häusern ab.

Das Deutzhuis ist seit 1926 Amtssitz des Amsterdamer Bürgermeisters.

Daten *Erbaut im 17. Jh.; 1792 Umbau, Architekt Abraham van den Hart*
Adresse *Herengracht 502; S 4 (Rembrandtplein)*

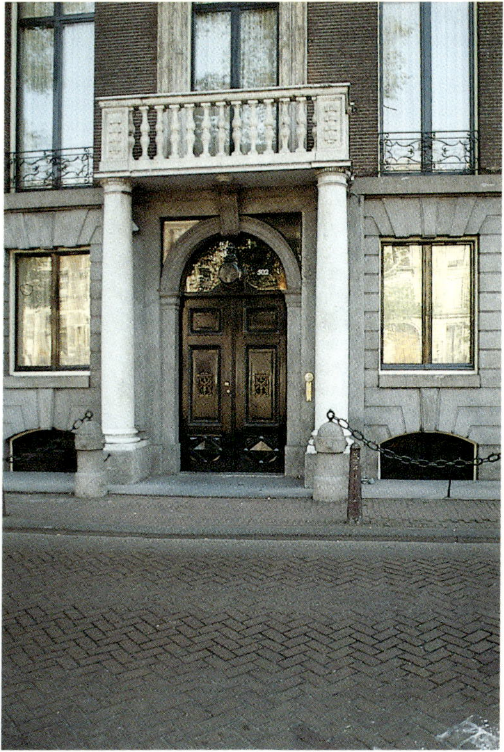
502

Diaconie Oude Mannen- en Vrouwenhuis (1)
Altenheim für Männer und Frauen

Armen- und Altersfürsorge wurde in den Niederlanden früher als in anderen europäischen Ländern als gesellschaftliches Problem erkannt. Amsterdam übernahm beim Aufbau von sozialen Institutionen eine führende Rolle.
Im 16. und 17. Jh. wurden im Zentrum zahlreiche sog. Hofjes (S. 206) geschaffen, gestiftet von wohlhabenden Bankiers und Kaufleuten. Sie boten alten Bediensteten der Stifterfamilien oder verarmten Mitgliedern von Religionsgemeinschaften Unterkunft. Mit steigender Einwohnerzahl erwiesen sich die wohnlichen, kleinen Hofjes bald als unzureichend.
Unmittelbar an der Amstel entstand deshalb der Amstelhof. Dieses Altenheim war zeitweilig der größte innerstädtische Gebäudekomplex. Er diente als Vorbild für die sachliche, oft düstere Architektur der anderen Alten- und Waisenhäuser in der niederländischen Metropole.
Nur die Eingangspartie ist durch ionische Wandpfeiler und ein Frontispiz hervorgehoben. Dies wiederholt sich bei den Seiteneingängen mit dorischen Pfeilern. ▶

Die Vorderfront des Amstelhofes dominiert das Amstelufer zwischen Blauwbrug (S. 118) und Magere Brug (S. 254).

Daten *1681-83 erbaut, Architekt Hans Petersom* **Adresse** *Amstel 51; S 9, 14 (Waterlooplein)*

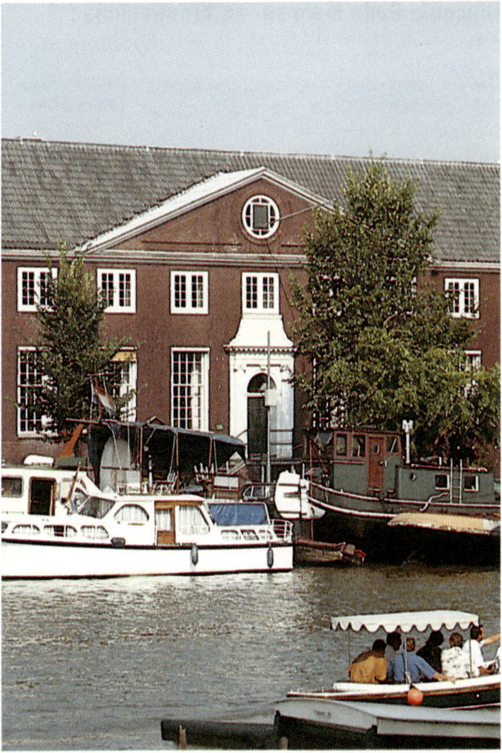

Diaconie Oude Mannen- en Vrouwenhuis (2)
Altenheim für Männer und Frauen

Der Amstelhof wurde 1723 durch den Corvershofje erweitert, gestiftet von Mitgliedern der Amsterdamer Schützengilde.

Auch der Corvershofje entspricht mit seiner mächtigen Fassade kaum noch dem Hofje-Konzept, das dem mittelalterlichen Begijnhof (S. 112) entlehnt war. Statt schmaler, niedriger Häuser, die sich um einen kleinen Innenhof gruppieren, entstand ein monumentaler Bau, der durch einen segmentförmigen Giebel beherrscht wird. Im Giebelsaal sind eine Allegorie der Nächstenliebe und das Wappen des Stifters zu sehen. Zwei ionische Säulen, die die Außentreppe und die stattliche Türrahmung verstärken den repräsentativen Eindruck des Sozialbaus.

Das benachbarte Haus Nr. 20 (Amstelrank), das ebenfalls zum Amstelhof gehört, weist dagegen die typische Nüchternheit und Kargheit Amsterdamer Sozialbauten auf. Ein Vers über dem Eingang – das einzig schmückende Element des Gebäudes – ist der Stifterin Johanna van Mekeren-Bontekoning gewidmet.

Im Corvershofje werden ältere, verarmte Paare aufgenommen.

Die Leitung des Amstelhofs tagt in den Räumen des Corvershofje.

Daten *Corvershofje: 1723 erbaut, gestiftet von J. Corver und S. Trip, Nieuwe Herengracht 6–18; Amstelrank: 1789–90 erbaut, gestiftet von Johanna van Mekeren-Bontekoning, Nieuwe Herengracht 20*

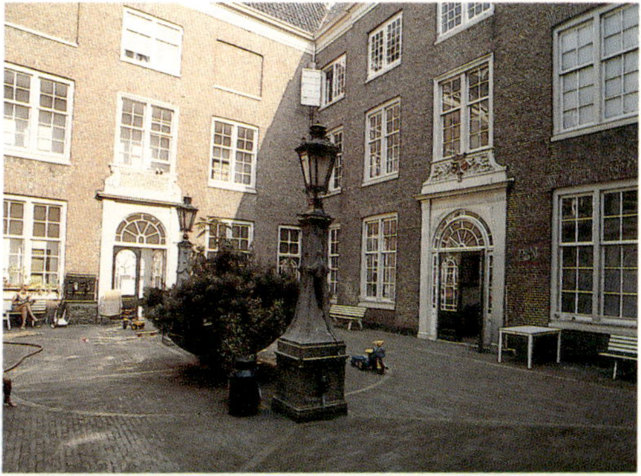

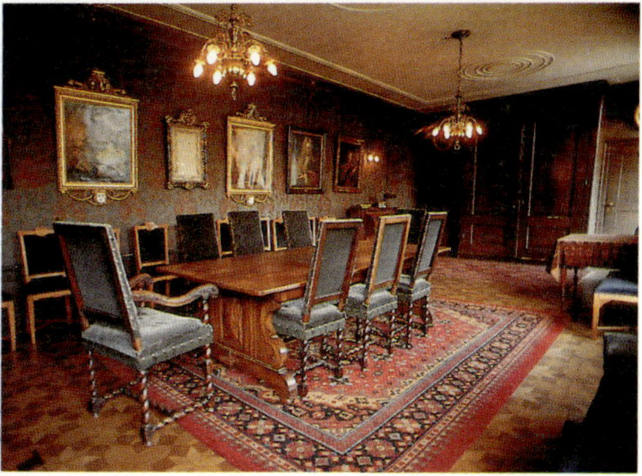

Dokwerker

Monument des Dockarbeiters

Als am frühen Morgen des 25.2.1941 in zahlreichen Betrieben Flugblätter mit einem Streikaufruf verteilt wurden, war kaum einzuschätzen, wie die Amsterdamer auf diese Widerstandsaktion gegen die deutschen Besatzer reagieren würden. Das Ausmaß der faschistischen Bedrohung war sichtbar geworden, als die deutsche Polizei, unterstützt von niederländischen Faschisten, am 22. und 23. 2. das alte Judenviertel absperrte, 427 Juden verhaftete, auf dem J. D. Meijerplein zusammentrieb und deportierte.

Hunderte Amsterdamer Dockarbeiter versammelten sich daraufhin vor der Noorderkerk, um gegen dieses Vorgehen zu protestieren. Die verbotene kommunistische Partei reagierte mit dem Streikaufruf, dem zahlreiche Betriebe, Geschäfte, Schulen und das Straßenbahnpersonal folgten. Innerhalb von zwei Tagen gelang es jedoch, den Widerstand der Streikenden zu brechen.

Nach dem Krieg kamen mehr als 50 000 Menschen zur ersten Gedächtnisfeier des Februarstreiks auf dem Waterlooplein zusammen. Seit 1952 ist das Monument des Dockarbeiters Mittelpunkt der jährlichen Gedenkfeier.

Die Figur des Dokwerker wurde 1952 auf dem Jonas Daniel Meijerplein feierlich enthüllt.

Daten *Plastik von Marie Andriessen* **Adresse** *Jonas Daniel Meijerplein; S 9, 14 (Waterlooplein)* **R 5** → *S. 76*

161

Drie Hendriken
Drei Hendricks

Im Volksmund war die Häuserzeile an der Bloemgracht 89–91 schon bald nach der Fertigstellung als die „Drei Hendricks" bekannt. Die Häuser erhielten ihren Namen in Erinnerung an einen der wichtigsten Stadtarchitekten des 17. Jh., Hendrick de Keyser.

Amsterdam verdankt de Keyser so berühmte Bauten wie die Westerkerk (S. 428), den Montelbaanstoren (S. 260) und den Munttoren (S. 268). Wie kein anderer entfaltete der Architekt bei seinen Grachtenhäusern die Formensprache der holländischen Renaissance: Lebendige Fassaden aus hellroten Ziegeln kontrastieren mit Treppengiebeln aus gebleichtem Sandstein.

Auch die Drie Hendriken zeigen die charakteristischen Entlastungsbögen mit den hellen Blendsteinen, die Erkennungszeichen einer fröhlichen und effektvollen Architektur geworden sind. In die Vorderfront der Giebel sind drei Giebelsteine mit den ursprünglichen Namen der Häuser eingelassen: Der „seeman" (Seemann), der „landman" (Landmann) und der „steeman" (Städter). Solche Sandsteinplatten wurden im 17. Jh. anstelle von Hausnummern benutzt. Außer den Drie Hendriken gibt es noch rd. 600 weitere Häuser mit Giebelsteinen in Amsterdam.

Die Drie Hendriken sind heute im Besitz des Denkmalschutzvereins, der sich um den Erhalt der Grachtenhäuser bemüht.

Daten *1640 erbaut* **Adresse** *Bloemgracht 87–91; S 13, 14, 17 (Westermarkt)* **R 2** → *S. 70*

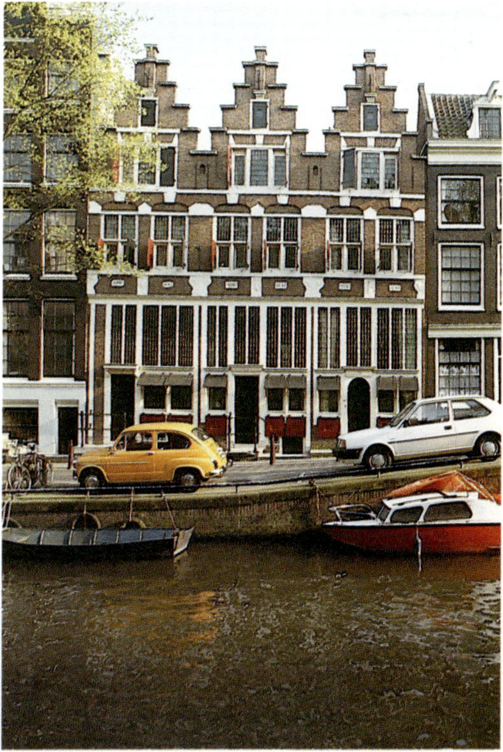

Entrepotdok

Ein Beispiel gelungener Amsterdamer Stadterneuerung ist der Entrepotdok mit seinen ehemaligen Speicherhäusern. Zu Beginn des 19. Jh. entstanden an dem in Hafennähe liegenden Dock 51 Lagerhäuser. Später erweiterte man die geschlossene Häuserzeile erneut um 33 Gebäude sowie um die Verwaltungsbauten auf dem Kadijksplein. Von hier aus wurden die als Zollager dienenden Speicherhäuser beaufsichtigt.

An einigen Stellen hat der Entrepotdok sein altes Gesicht bewahrt.

Als die Hafenaktivitäten durch den Bau des Nordseekanals (1865–76) ins westliche Hafenbecken verlagert worden waren, verlor der Lagerblock seine Funktion. Die Stadtverwaltung erwog zeitweilig den Abriß. Doch der Einspruch von Bürgerinitiativen machte die Rettung des Entrepotdok möglich: Der gesamte Komplex wurde nach Plänen des Architekten Joop van Stigt saniert und zu kleinen Wohneinheiten umgebaut. Die komfortablen, originellen Wohnungen haben alle einen Zugang zum Innenhof.

Trotz Modernisierung blieben die verschiedenen Giebelformen der ehemaligen Lagerhäuser erhalten.

Daten *1827 und 1857 erbaut, Architekten: J. de Geef, C. W. M. Klijn und G. Moele; ab 1980 Umbau zu Wohneinheiten, Architekt Joop van Stigt*
Adresse *Entrepotdok; Bus 22, 28 (Kattenburgerplein)* **R 1** → *S. 68*

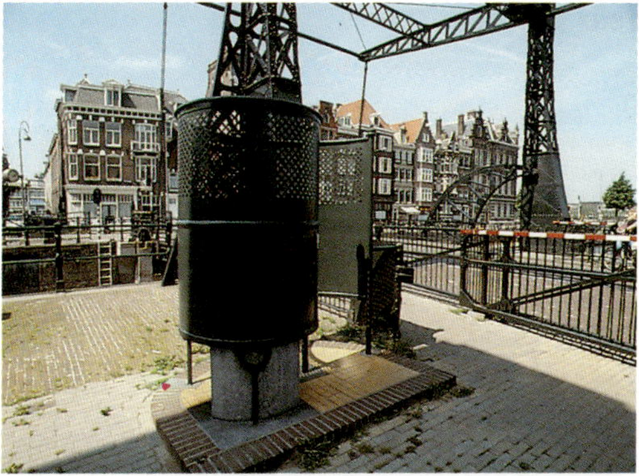

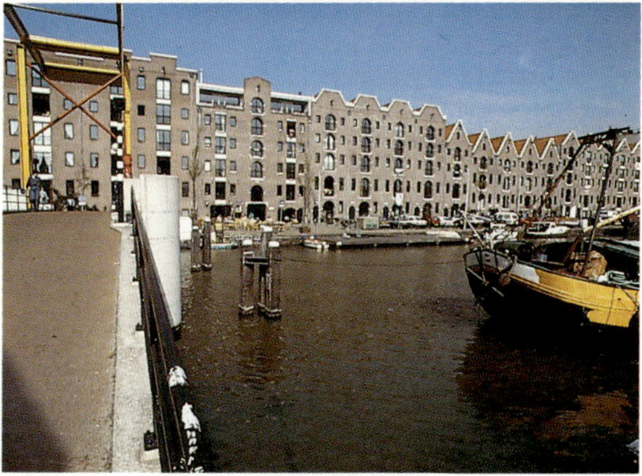

Felix Meritis

Die imposanten Halbsäulen des palastartigen Gebäudes an der Keizersgracht luden tatsächlich einmal in einen Tempel ein – in den der Amsterdamer Kultur. Der Verein „Felix Meritis" bot hier der künstlerischen Elite Raum für ihr Schaffen. Seit Ende des 18. Jh. gehörte Felix Meritis (Glücklich durch Verdienste) zu den wichtigsten kulturellen Institutionen der Stadt. Malerei und Literatur, Naturkunde und kaufmännisches Wissen wurden von einer Stiftung gefördert.

Niederländische Dirigenten wie Johannes Verhulst oder J. B. van Bree gaben im Felix Meritis Konzerte. Erst mit dem Bau des Concertgebouw (S. 138) verlor der ovale Konzertsaal, nach dessen Vorbild der Kleine Saal des Concertgebouw modelliert wurde, seine Bedeutung.

Eine Ahnfrau der niederländischen Frauenemanzipation, die Schriftstellerin Elise van Calcar, redete den Vereinsherren zwar 1862 ins Gewissen, doch blieb der Felix Meritis weiterhin eine Domäne der Männer.

1988 wurde das Gebäude verkauft, die Bewohner wechselten. Heute ist das Haus ein Zentrum für moderne Musik und steht interessierten Theater- und Tanzgruppen für Aufführungen offen.

Fries und Giebel nach antikem Vorbild krönen die Fassade des Felix-Meritis-Gebäudes.

Daten *1777 Vereinsgründung; 1788 Palast nach Entwurf von Jacob Otten Husly erbaut; 1933 nach Brandschäden restauriert* **Adresse** *Keizersgracht 324; S 16, 24, 25 (Keizersgracht)*

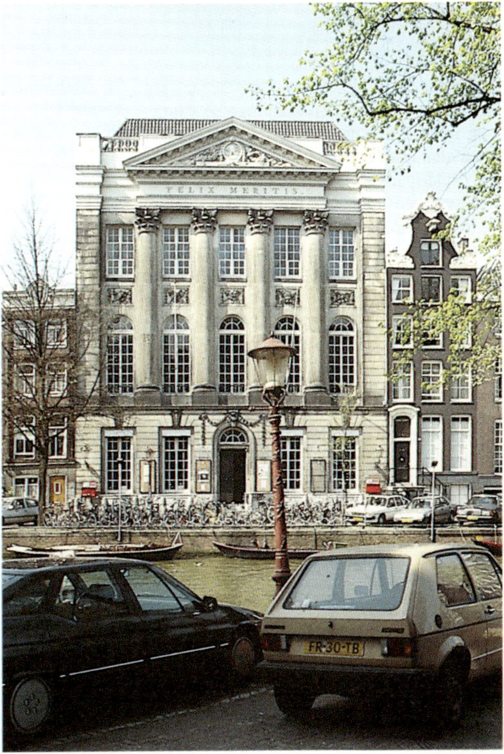
FELIX MERITIS
FR-30-TB

Filmmuseum (1)

Im Herbst 1991 öffnete das Filmmuseum am Vondelpark (S. 410) nach einjähriger Restaurierung seine Tore zum zweiten, eigentlich sogar schon zum dritten Mal. 1975 hatte das Museum den Vondelpark-Pavillon bezogen. Fast unbemerkt von der Öffentlichkeit schlief das Museum die ersten Jahre seines Bestehens einen Dornröschenschlaf. Erst 1988 küßte eine Gruppe von jungen Cineasten – unter ihnen der Regisseur Eric de Kuyper – die schlafende Prinzessin wach. Mit drei Vorstellungen pro Tag erreichte das Museum schnell ein großes Publikum. Diskussionsveranstaltungen, Konzerte und thematische Filmreihen zur Filmgeschichte machten den Pavillon zu einem neuen kulturellen Treffpunkt.
1990 entschied sich die Museumsleitung zur dringend notwendigen Restaurierung des erfolgreichen Filmhauses. Einerseits hatten sich die technischen Vorführmöglichkeiten als unzureichend erwiesen, andererseits waren die Räumlichkeiten zu klein geworden. ▶

Das Filmmuseum im Vondelpark wird vorwiegend von jungem Publikum besucht.

Auch der kleine Vortragssaal (100 Plätze) wurde 1990 renoviert.

Daten *Vondelpark-Pavillon 1881 erbaut, Architekten P. J. & W. Hammer; seit 1975 Filmmuseum; 1990/91 Restaurierung und Umbau* **Öffnungszeiten** *Mo–Fr 10–17 h, Sa und So geschl., Vorstellungen 16, 21 h* **Adresse** *Vondelpark 3; S 1, 6 (Constantijn Huygenstraat)* **R 10** → *S. 86*

169

Filmmuseum (2)

Nach dem Umbau ist das eigentliche Schmuckstück des Museums der große Filmsaal. Das Art-déco-Interieur stammt aus dem „Cinema Parisien", einem der schönsten Amsterdamer Kinos in den 20er Jahren. Das „Parisien" am Nieuwendijk mußte wegen der Erweiterung des benachbarten Victoria-Hotels abgerissen werden. Doch der Leiter des Kinos, Jean Desmet, rettete die Einrichtung und bewahrte sie über Jahrzehnte hinweg auf. Seine Enkelin vermachte den kostbaren Besitz dem Filmmuseum.

Plakat für den deutschen Spielfilm „Der Steckbrief" (1951).

In den Museumsräumen wird die Geschichte des Films chronologisch dargestellt. Höhepunkt der Ausstellung ist eine Sammlung von Filmplakaten aus den 30er und 40er Jahren.

Das Wichtigste am Museum ist jedoch das Filmprogramm: Alle Filme werden in Originalsprache mit niederländischen oder englischen Untertiteln gezeigt. Das Programm reicht von japanischen B-Movies bis zu deutschen Stummfilmen und hat monatliche Schwerpunkte.

Im Erdgeschoß befindet sich das Café Vertigo. Seine Terrasse mit Aussicht auf den Vondelpark gehört im Sommer zu den beliebtesten Treffpunkten der Amsterdamer.

Öffnungszeiten *Filmcafé Vertigo tägl. 11–1 h, Sa bis 2 h*

DUTSE AFFICHES VAN DE ZWIJGENDE FILM

tentoonstelling / filmprogramma

Org.: Goethe - Institut Amsterdam / Nederlands Filmmuseum

Gevels (1)
Giebel

Nur noch die beiden ältesten Häuser Amsterdams besitzen mittelalterliche Holzgiebel, wie sie bis ins 16. Jh. das Stadtbild prägten: Das Houten Huis im Begijnhof (S. 110) und das Haus Nr. 1 auf dem Zeedijk.

Ab 1521 stellte die Stadt den Holzbau unter strenge Kontrolle und zog damit die Konsequenz aus den verheerenden Stadtbränden von 1421 und 1452. Die Außenmauern mußten aus Stein sein, eine verbesserte Pfahlfundierung ermöglichte erstmals auch die schweren Steingiebel.

Im 17. Jh. wurden die Giebel zur Visitenkarte des reichen Amsterdam. Jede Epoche bildete eine neue, charakteristische Giebelform aus. Von den Treppengiebeln, die zwischen 1600 und 1650 am häufigsten gebaut wurden, sind heute noch zahlreiche Beispiele zu finden.

Bei Wohnhäusern des 17. Jh. beginnt das Stufendach nach der 1. Etage – erst im 18. Jh. baute man zweistöckig –, die horizontalen Zierbänder und Stufen sind aus Sandstein. Spitzgiebel wurden fast ausschließlich bei Lagerhäusern verwendet, z. B. in der Prinsengracht. ▶

Grachtenhaus mit Halsgiebel an der Keizersgracht, Ecke Herenstraat.

Daten *Holzgiebel: Houten Huis, Begijnhof 34, und Haus Nr.1, Zeedijk; Volutengiebel: Singel 423; St. Annenstraat 12; Treppengiebel: Herengracht 361; Spitzgiebel: Prinsengracht 771–773*

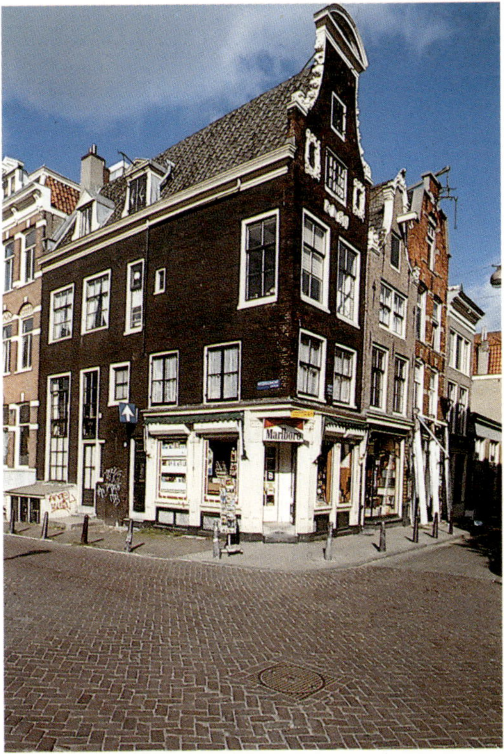
Marlboro

Gevels (2)
Giebel

Halsgiebel lassen auf eine Bauzeit zwischen 1640 und 1770 schließen. Der sog. erhöhte Halsgiebel, bei dem das Rechteck zwischen „Hals" und „Schulter" mit einer dekorativen Stufe ausgefüllt ist, wurde nach 1670 kaum noch gebaut. Blumengirlanden, Voluten und ein aufgesetztes Giebelfeld schmücken die Halsgiebel.

Eckhaus mit Treppengiebel an der Brouwersgracht, Ecke Prinsengracht.

Der Glockengiebel (ca. 1660–1790) entwickelte sich aus dem Halsgiebel: Die 90°-Winkel sowie das Giebelfeld wurden zur Form einer Glocke gerundet. Voluten und Muscheln im Stil Ludwigs XV. und Ludwigs XVI. verzieren die Giebelform.

Im 18. Jh. kommt der schlichtere Leistengiebel in Mode. Mit dem klassizistischen Giebel, auch er ein Leistengiebel, schließt im 19. Jh. die Geschichte der für Amsterdam so charakteristischen Dachfassaden ab. Heutige Giebel sind nüchterner und ohne besondere Verzierungen.

Neue Grachtenhäuser fügen sich an der Nieuwe Herengracht harmonisch zwischen die alten Giebelhäuser.

Viele Grachtenhäuser datieren aus verschiedenen Jahrhunderten. Eine Zuordnung, in welchem Jahrhundert das Haus oder einzelne Teile entstanden, ist oft erst auf den zweiten Blick möglich: Das Fundament mag aus dem 16. oder 17. Jh. stammen, eine erhöhte Etage aus dem 18. Jh. – zu erkennen am dunkleren Backstein –, der klassizistische Giebel aus dem 19. Jh.

Daten *Halsgiebel: Keizersgracht 504; erhöhter Halsgiebel: Prinsengracht 92; Glockengiebel: Singel 97; Leistengiebel: Herengracht 274*

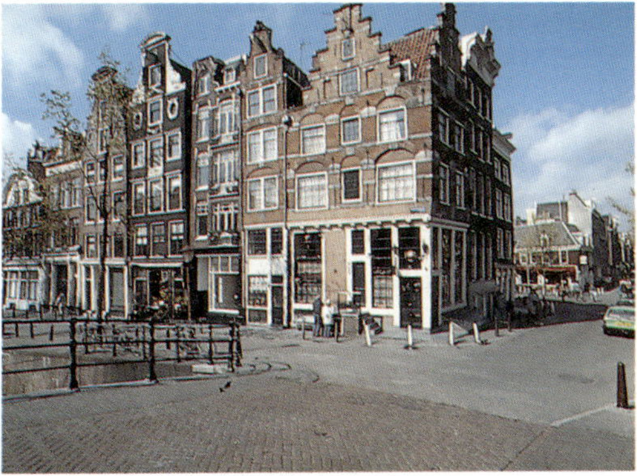

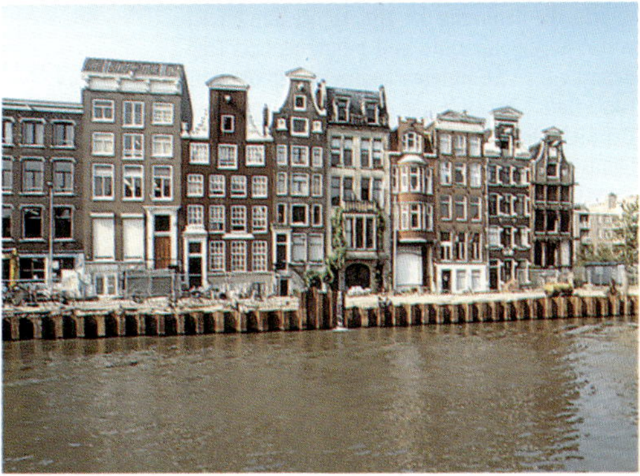

★ Gouden Bocht (1)
Goldener Bogen

Als Prestigezeile der Herengracht bekam der Abschnitt zwischen Leidsegracht und Vijzelstraat den Beinamen „Goldener Bogen". Allein die Grundstückspreise rechtfertigten dieses Etikett: An der damals feinsten Adresse der Stadt ließen sich vor allem reiche Amsterdamer nieder. Die meisten Häuser des Goldenen Bogens verfügen im Gegensatz zur traditionell schmalen Bauweise der Grachtenhäuser über breite Grundstücke.

Viele der Häuser entstanden in den 30er und 40er Jahren des 18. Jh., als der aus Frankreich importierte Louis-XIV-Stil die Architektur der Grachtenhäuser bestimmte. Eine barocke Symmetrie, die Betonung der Mittelachse durch reich verzierte Außenportale und monumentale Treppenaufgänge im Inneren kennzeichnen den Stil. Das Haus Nr. 475 ist eines der schönsten Beispiele dieser Architektur: Die Vorderfront aus Sandstein wird durch eine Doppeltreppe und das Portal mit Pilastern und abschließendem Karniesbogen beherrscht. Zwei weibliche Figuren als Fensterverzierungen der 1. Etage und der geschwungene Balustradengiebel setzen die Betonung der Mittelachse fort. Zwei Zierschornsteine schmücken das Dach. ▶

Das Haus an der Herengracht Nr. 462 wurde 1670 von Adriaan Dortsman entworfen und Mitte des 18. Jh. umgebaut.

Daten *Herengracht Nr. 475: Erbaut 1730, Architekt Hans Jacob Husly*
Adresse *Herengracht; S 4 (Herengracht)* **R 3** → *S. 72*

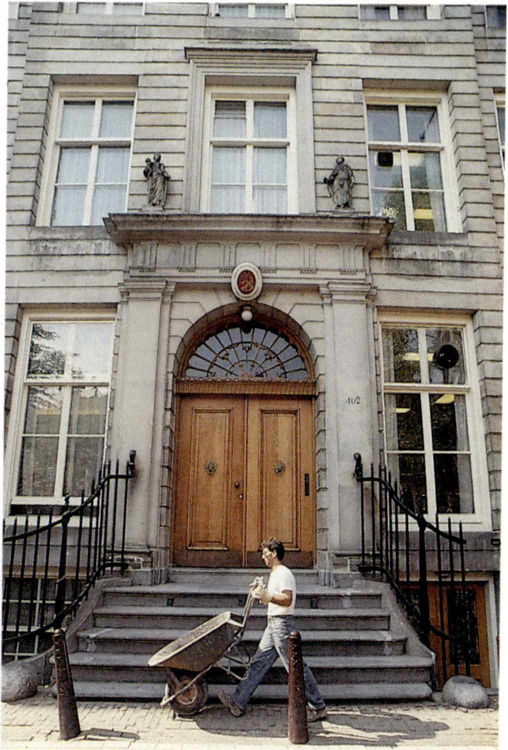

★ Gouden Bocht (2)
Goldener Bogen

Zahlreiche Häuser am Goldenen Bogen stammen aus den 60er und 70er Jahren des 17. Jh.: Strenge und Nüchternheit galten in dieser Zeit als angemessene Formen respektabler Repräsentation. Die einfachen Leistengiebel kontrastieren stark mit den dekorativen Hals- und Glockengiebeln (siehe Gevels, S. 172) benachbarter Häuser.

Die schlichten Bauten dieser Epoche sind ein Grund dafür, warum die Erwartung enttäuscht wird, am Goldenen Bogen besonders üppige, „goldene" Stadtpaläste vorzufinden.

Das Huis van Deutz (Nr. 450) repräsentiert wie andere Häuser, die der Architekt Philips Vingboons an diesem Teil der Herengracht errichtete, den strengeren Stil. Auch das Haus Nr. 446, das 1774 für den prominenten Bürgermeister Andries de Graeff gebaut wurde, und das von Adriaan Dortsman entworfene Gebäude Nr. 462 sind charakteristische Beispiele des neuen Stils. ▶

Das pfeilergeschmückte Sandsteinportal sowie unterschiedlich breite Fenster sind die auffälligsten Merkmale von Haus Nr. 446 an der Herengracht.

Daten *Herengracht 450 (Huis van Deutz): 1663 erbaut, Architekt Philips Vingboons; 1922 um eine Etage aufgestockt, Veränderung des Giebels; Herengracht 446: 1774 erbaut, Leistengiebel mit Ziersäulen, Doppeltreppe um 1800*

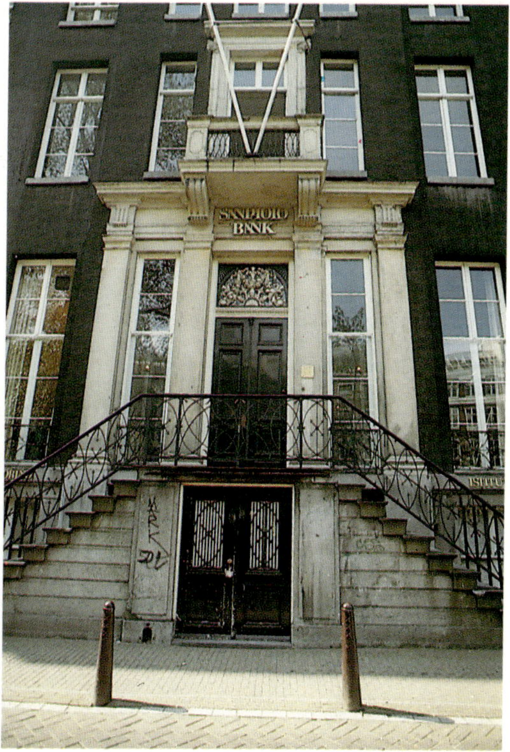

★ Gouden Bocht (3)
Goldener Bogen

Eines der schönsten Doppelhäuser des Goldenen Bogens, das dessen Namen alle Ehre macht, steht kurz vor der Kreuzung zur Vijzelstraat. Das Haus Nr. 476 hat wie fast alle Gebäude der Renommierzeile eine lange Baugeschichte.

Die korinthischen Wandpfeiler und die Festons mit Fruchtmotiven stammen noch aus dem 17. Jh. Um 1740 wurde das Haus umgebaut und erhielt eine Balustraden-Attika. Sie ist mit einem Adler, dem Stab des Merkur, einem Globus, Ziervasen und zwei Reliefs mit Darstellungen von Kaufmannsgegenständen verziert.

Ende des 18. Jh. wurde die Außentreppe während eines Umbaus abgebrochen. Erst 1938, als die Eigentümer die ursprüngliche Form des Hauses wiederherstellten, rekonstruierten sie auch die Doppeltreppe mit dem charakteristischen Treppeneingang. Über solche Außentreppen mit separatem Eingang verfügten die meisten Grachtenhäuser, die vor 1850 gebaut wurden.

Der eleganteste Stadtpalast der Herengracht gehört heute der Vereinigung „Hendrick de Keyser", die sich seit 1918 um die Denkmalpflege der Grachtenhäuser bemüht und zahlreiche Wohnhäuser restauriert hat.

Herengracht Nr. 476: Die Tür unterhalb der Doppeltreppe war früher der Eingang für das Personal.

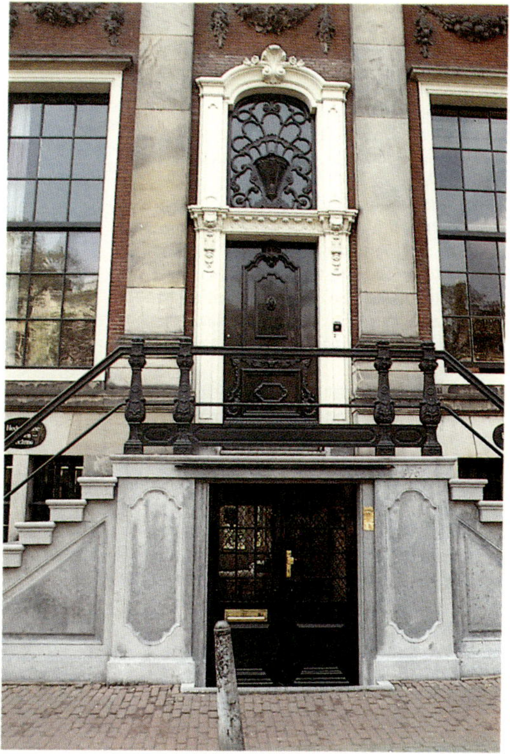

Grachten (1)

Rund 150 Grachten prägen das einzigartige Stadtbild der niederländischen Metropole. Bereits um 1300 entstanden die ersten Wassergräben: Nieuwezijds Voorburgwal, Spui, Grimburgwal und Oudezijds Voorburgwal.

Der Oudezijds Voorburgwal ist eine der ältesten Grachten der Stadt.

Die mittelalterlichen Grachten dienten der Verteidigung der Stadt und waren mit Wachtürmen, Kanonen und künstlichen Wällen befestigt. Amsterdam folgte dem Muster anderer niederländischer Hafenstädte, die an einem natürlichen Flußlauf entstanden und die Grachten sowohl als Verkehrsnetz wie auch als Entwässerungsanlage benutzten.

Ende des 14. Jh. wurden der Nieuwezijds Achterburgwal und der Oudezijds Achterburgwal angelegt. Nachdem der Nieuwezijds Achterburgwal 1867 zugeschüttet worden war, taufte man ihn in „Spui" um.

Die Stadt wuchs nur in östlicher und westlicher Richtung, der Hafen und der Spui schlossen Amsterdam im Norden und Süden ab.

Auch der Singel, die erste konzentrisch um das mittelalterliche Stadtzentrum angelegte Gracht, war ein Festungskanal. Die jenseits des Singel liegenden Gemüsegärten befanden sich bereits außerhalb des Stadtgebietes und waren über die Torensluis-Brücke zu erreichen. ▶

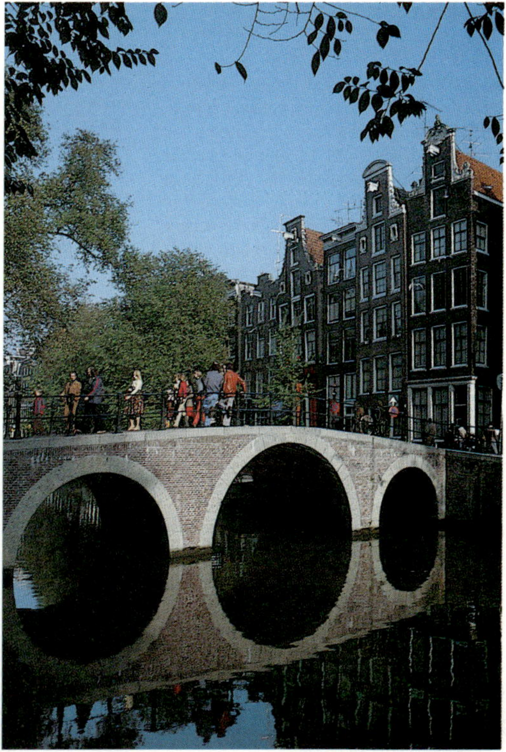

Grachten (2)

In der Mitte des 15. Jh. wurde Amsterdam erstmals von einem künstlichen Kanal umschlossen (Weiterführung des Singel im Kloveniersburgwal und der Geldersekade bis zum Ij). Eine Mauer verstärkte die Wassergrenze, die zugleich auch die Stadtgrenze bildete.

Auch bei der wohl wichtigsten Stadterweiterung Anfang des 17. Jh. kam den Grachten entscheidende Bedeutung zu. Einen großen Teil der Handelsgüter verschifft man über die künstlichen Kanäle die bis ins 19. Jh. die wichtigsten Verkehrswege blieben. Fast alle Märkte hatten ihren Standort direkt an einem Anlegeplatz.

Der Ausbau des Straßennetzes veränderte die Bedeutung der Wasserstraßen. In der zweiten Hälfte des 19. Jh. veranlaßten verkehrstechnische und hygienische Gründe die Verwaltung dazu, zahlreiche Grachten zuzuschütten. 23 Grachten verschwanden zugunsten neuer Straßen. Nur dank des Protests vieler Bürger behielt Amsterdam sein enges Grachtennetz.

Als letzte Gracht wurde 1968 der Houtkopersburgwal eingedämmt, Jahre später jedoch wieder ausgegraben. Im Stadtteil Jordaan, wo sieben der elf malerischen Grachten zugeschüttet sind, wünschen sich viele Bewohner ebenfalls eine Wiederherstellung der ehemaligen Gräben. ▶

Der obere Teil der Prinsengracht am Übergang zur Brouwersgracht.

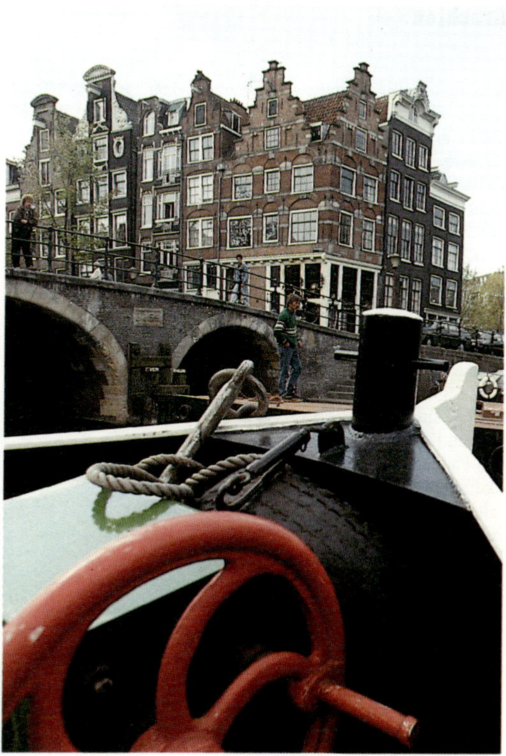

Grachten (3)

Das Wasser aller Grachten wird innerhalb einer Woche vollständig erneuert. Bis 1872 wurden die 4 Mio m³ Wasser noch ausreichend durch das Wechselspiel von Amstel und den Gezeiten der Zuiderzee reguliert.

Während die Durchflutung der Hauptgrachten problemlos funktionierte, machte die Bewässerung des wenig sorgfältig angelegten Grachtennetzes im Jordaan-Viertel große Schwierigkeiten. Gestank und Krankheiten waren die Folge des stehenden Stadtwassers.

Heute wacht ein kompliziertes System von Pumpstationen, Schleusenöffnungen und Kontrollstellen über den Wasserstand in den Grachten. Ein penibel ausgeglichener Wasserstand ist Voraussetzung für das Überleben der Stadt: Die rund 5 Mio Pfähle, auf denen Grachtenhäuser, Brücken und öffentliche Gebäude errichtet sind, faulen, sobald sie mit Luft in Berührung kommen. Fortschreitende Fäulnis ist denn auch der Grund für die Mehrzahl der Restaurierungsarbeiten an den Grachtenhäusern.

Seit dem Ende der 80er Jahre werden auch die Wohnboote an die Kanalisation angeschlossen.

Das 100 km lange Grachtennetz ist das eigentliche Wahrzeichen der Hauptstadt.

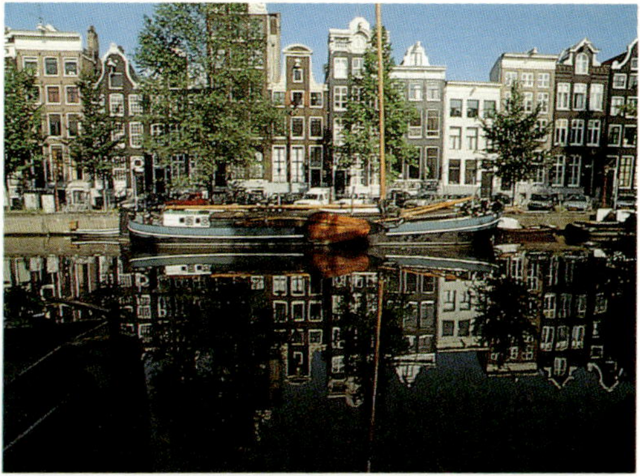

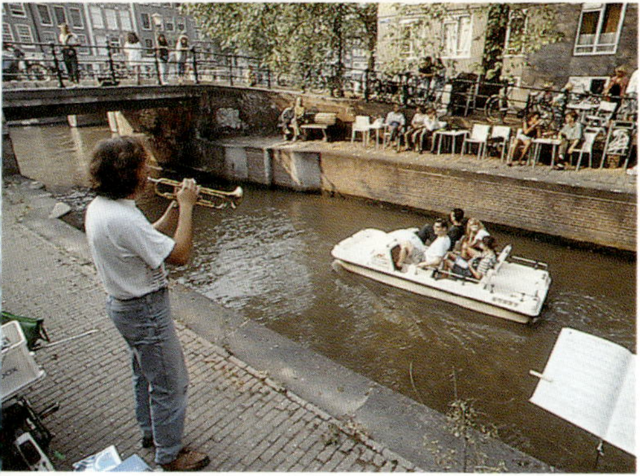

Grachtengordel (1)
Grachtengürtel

Die berühmteste Stadterweiterung in der Geschichte von Amsterdam ist der im 17. Jh. ausgeführte „Plan der drei Grachten". Die Anlage der drei konzentrischen Hauptgrachten um den mittelalterlichen Kern verlieh der Stadt ihr unvergleichliches Bild.

Der Plan zeigt die Ausdehnung der Stadtgrenzen durch die Anlage des Grachtengürtels.

Herengracht, Keizersgracht und Prinsengracht waren als vornehmes Wohngebiet konzipiert. Strenge Bauauflagen verhinderten, daß sich im Grachtengürtel Industriebetriebe ansiedelten.

1613 begannen die Ausgrabungen. Die Keizersgracht sollte 28 m breit werden, Heren- und Prinsengracht je 25 m breit. Die mittelalterliche Stadtmauer wurde durchbrochen, die Stadttore verloren ihre Funktion.

Zunächst führten die Hauptgrachten bis zur Leidsegracht, später zog man den Grachtengürtel bis zur Amstel durch. Daher prägen Grachtenhäuser im Stil der holländischen Renaissance den älteren Teil der sog. Renommiergrachten, während zwischen der Leidsegracht und der Amstel die nüchternen Bauten des späteren, strengeren Klassizismus dominieren. ▶

Daten *Grachtengordel nach Plänen von Hendrik Jakob Staets und Frans Oetgens; 1613–25 erster Bauabschnitt bis zur Leidsegracht; nach 1658 Erweiterung bis zur Amstel*

Stadtentwicklung

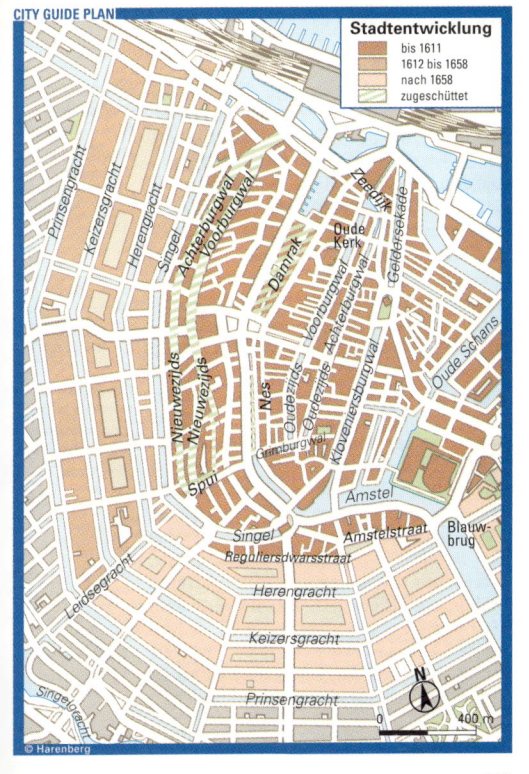

- bis 1611
- 1612 bis 1658
- nach 1658
- zugeschüttet

Grachtengordel (2)
Grachtengürtel

Der Grachtengürtel vervierfachte die Größe des Stadtgebietes. Die Expansion hatte gute Gründe: Zwischen 1570 und 1640 war die Bevölkerung von 30000 auf 139000 Einwohner gestiegen. Nachdem die Spanier 1585 das damals noch niederländische Antwerpen (heute belgisch) eingenommen hatten, flüchteten viele Hugenotten nach Amsterdam. Sephardische und osteuropäische Juden suchten gleichfalls Schutz im gemäßigt liberalen Amsterdam, das im 17. Jh. eine in Europa einzigartige Religionsfreiheit gewährte.

Eine gute Adresse auch für Wohnboote: Die Keizersgracht.

Viele der ärmeren Flüchtlinge siedelten sich im Jordaan (S. 226) an. Der neue Stadtteil war ursprünglich als Niederlassungsgebiet für Kleinindustrien und Handwerksbetriebe konzipiert worden, um das benachbarte, stark frequentierte Wohnviertel zu entlasten.

Der Beginn des Grachtengürtels an der Prinsengracht, Ecke Brouwersgracht.

Bei der Erweiterung der drei Grachten östlich der Amstel bis zum Ij gingen die Planer Ende des 17. Jh. von einer stetig wachsenden Bevölkerung aus. Da die Einwohnerzahl jedoch stagnierte, entwickelten sich die neuen Grachten zu einem landwirtschaftlich genutzten Gebiet. Erst nach 1800 wurde das sog. Plantagen-Viertel als vornehme Wohngegend entdeckt. Es blieb mit dem Zoo (S. 106) und dem botanischen Garten (S. 212) das grünste Viertel im Grachtengürtel.

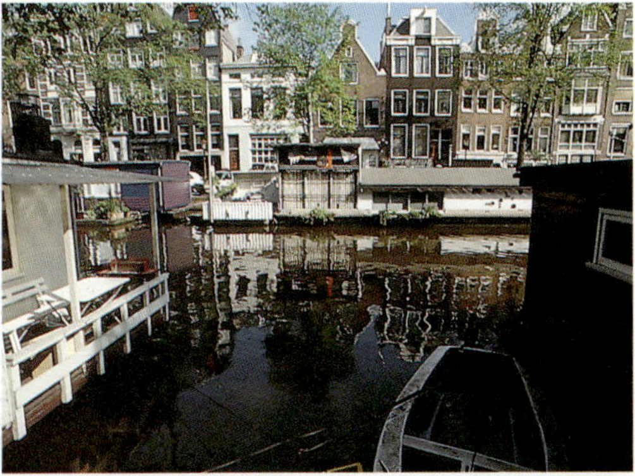

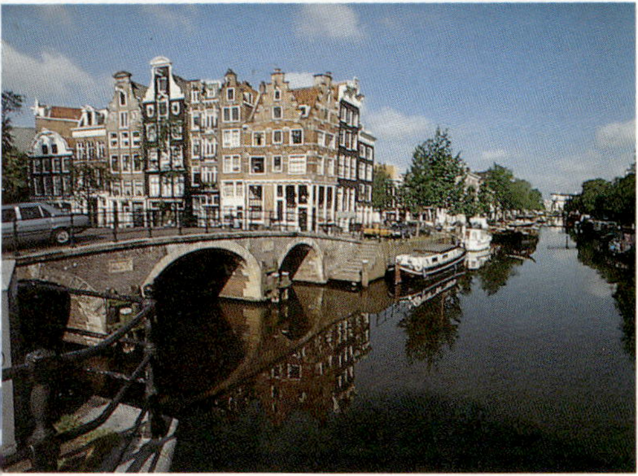

Grachtenhuizen (1)
Grachtenhäuser

Rund 7000 Grachtenhäuser stehen unter der Obhut der Monumentenzorg, der Amsterdamer Denkmalpflege. Seit Anfang der 70er Jahre haben Schutz und Restaurierung der historischen Grachtenzeilen bei der Stadtplanung Priorität. Jährlich werden Millionen Gulden in die Erhaltung des einzigartigen Stadtkerns investiert.
Manches Haus konnte allerdings erst durch den energischen Widerstand von Bürgerinitiativen sowie der Hausbesetzerbewegung vor dem Abriß gerettet werden. An frühere Entwürfe, nach denen der Grachtengürtel eingedämmt werden und die historische Bebauung modernen Bürokomplexen weichen sollten, mag sich heute niemand mehr erinnern.
Ein Drittel der Grachtenhäuser im alten Zentrum stammt aus der Zeit vor 1850 und weist in den Giebeln sog. Abfluchten auf: Die Fassaden neigen sich einen halben Zentimeter pro Meter nach vorn. Diese Bauweise war bis 1850 Vorschrift, um Lasten ohne Probleme nach oben hieven zu können. Der Takelhaken im Dachfirst fehlt bei keinem Grachtenhaus und hat sich sogar bei modernen Neubauten durchgesetzt. Der Wetterschutz für die unteren Etagen war ein weiterer Grund für die Abfluchten, die aus der Sicht des Passanten übrigens gerade zu sein scheinen. ▶

Den Reichtum seiner Erbauer dokumentiert dieses Grachtenhaus nicht nur durch die Hausbreite, sondern auch durch den gesonderten Eingang für das Personal unterhalb der Treppe.

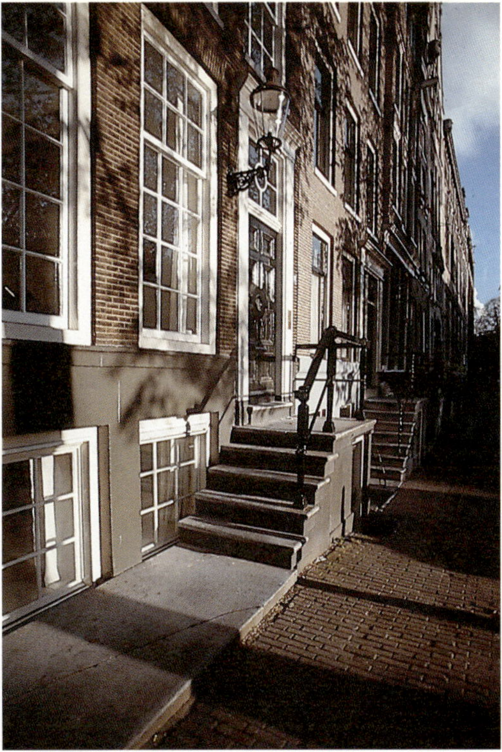

Grachtenhuizen (2)
Grachtenhäuser

Die meisten Grachtenhäuser sind weniger als 6 m breit. Grund für diese architektonische Beschränkung war die hohe Steuer, die bei einer größeren Hausbreite erhoben wurde. Die Pracht der Häuser verlagerte sich deshalb auf den repräsentativen Giebel (S. 172) und die Eleganz der Außentreppe.

Um den Raum möglichst gut auszunutzen, haben diese Grachtenhäuser extrem schmale Eingangstüren.

Wegen des hohen Grundwasserstandes konnten die Häuser nicht unterkellert werden. Im Souterrain wurden die Geschäfts- oder Nutzräume eingerichtet. Die Beletage war erhöht und über die Außentreppe zugänglich. Die zumeist schräg zum Haus gesetzten, hohen Treppen haben an der Straßenseite oft eine Tür für das Personal.

Bei Häusern aus dem 17. Jh. besitzt das Souterrain manchmal einen kleinen Vorbau, das Pothuis (Töpfehaus), wo Küchenutensilien untergebracht waren. Über der Beletage befand sich nur noch eine niedrigere 1. Etage mit Schlafräumen. Ein Dachboden, der als Lager diente, schloß den niedrigen Bau ab. Erst im 18. Jh. wurden die Etagenhöhen einander angeglichen – von außen erkennbar an den gleich hohen Etagenfenstern.

Souterrainwohnungen und Beletage – ein Charakteristikum vieler Häuser in Amsterdam.

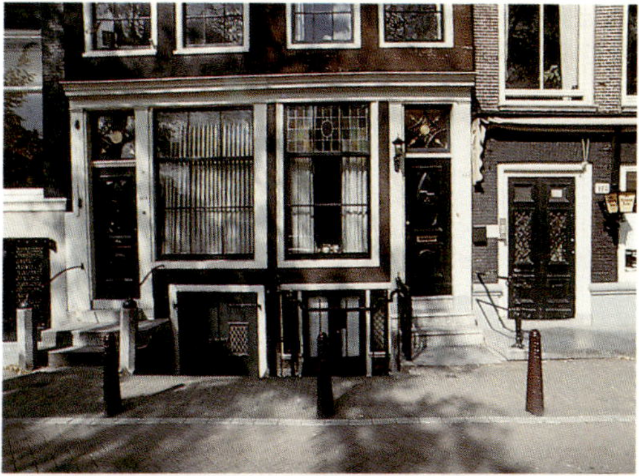

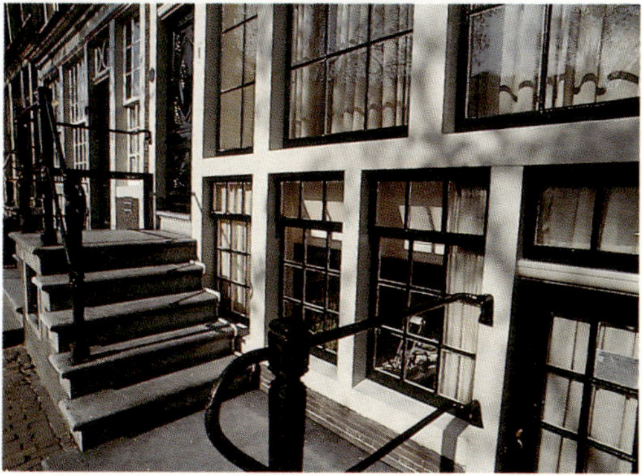

Haarlemmerpoort/Willemspoort
Haarlem-Tor/Willemstor

In der Geschichte Amsterdams gab es fünf Haarlem-Tore. Der Name vererbte sich von einem Stadttor zum anderen. Das älteste Haarlem-Tor stammt aus dem Jahr 1418, das schönste war jedoch das 1615 von Hendrick de Keyser entworfene auf dem Haarlemmerplein.

Das Haarlem-Tor wurde zuletzt 1986 restauriert.

1837 ließ die Gemeinde das Stadttor, das im Stil der holländischen Renaissance erbaut worden war, abreißen, um bald darauf an der gleichen Stelle das Willemspoort zu errichten. Es erhielt seinen Namen zur Erinnerung an die Krönungsfeierlichkeiten für König Willem II. (1840). Die Zeiten, in denen die Stadttore zu Verteidigungszwecken gedient hatten, waren vorbei: Im Willemspoort wurde das kommunale Steueramt untergebracht.

Historische Ansicht des Haarlemmerpoort aus dem 16. Jh.

Korinthische Säulen schmücken den neoklassizistischen Bau, der das markanteste Bauwerk auf dem Haarlemmerplein ist. Seit langem wird das alte Stadttor von den Amsterdamern wieder nach dem Platz benannt, auf dem es steht: Haarlemmerpoort. Der lange geplante Abriß wurde umgangen. 1986 veranlaßte die Stadt die Renovierung des Tores und ließ das ehemalige Steueramt zu kleinen Wohneinheiten umbauen.

Daten *1840 erbaut, Architekten: C. Alewijn und C. W. Klijn*
Adresse *Haarlemmerplein; Bus 22 (Haarlemmerplein)* **R 2** → *S. 70*

197

Haven
Hafen

Auch wenn das ehemalige Hafenbecken der Stadt, der Ij-Hafen, heute nur noch wenig genutzt wird, hat Amsterdam seine Bedeutung als wichtige Hafenstadt nicht verloren. Durch die Versandung der Zuiderzee (S. 514) im 19. Jh. drohte die Stadt von ihrem Zugang zum Meer abgeschnitten zu werden. Mit der Anlage eines neuen, westlichen Hafengebiets entlang des 1876 eröffneten Nordseekanal wurde jedoch die mißliche Situation behoben.

Heute können Schiffe bis zu einem Ladevolumen von 85 000 t den Hafen über den Nordseekanal anlaufen. Den Amsterdam-Rhein-Kanal, der im Jahr 1952 eröffnet wurde, passieren jährlich rd. 10 000 Schiffe. Damit ist er die verkehrsreichste Wasserstraße Europas.

Der Warenumschlag des Amsterdamer Hafens ist beachtlich: 31 Mio t Fracht (u. a. Getreide, Viehfutter, Öl, Kohle und Erze) werden jährlich gelöscht. Den Vergleich mit der „großen Schwester" Rotterdam, dem größten Hafen der Welt, kann Amsterdam zwar nicht bestehen, doch noch immer ist mit 400 000 t Frachtumschlag hier der größte Kakao-Hafen des Erdballs.

An der Südseite des Ij erstrecken sich die großen Hafenbecken, u. a. das Westerdok, das Oosterdok und der Ij-Hafen.

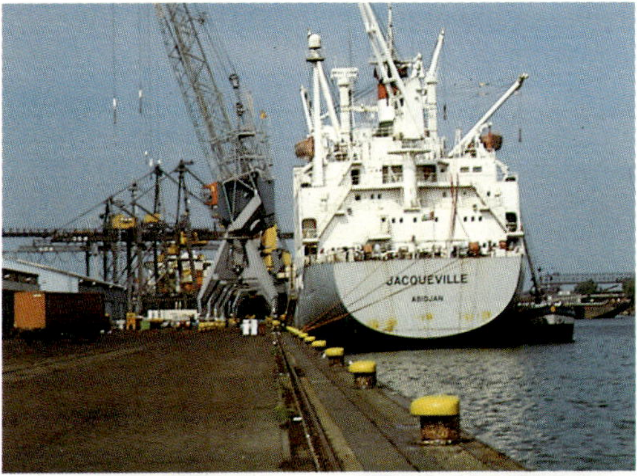
JACQUEVILLE
ABIDJAN

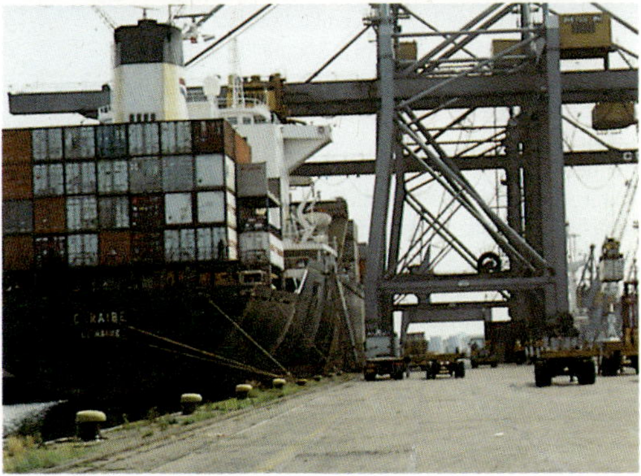

Heineken Brouwerij
Heineken-Brauerei

Der Zoll auf ausländisches Bier schuf 1323 die Basis für den schnellen Aufstieg Amsterdams zur bedeutenden Handelsstadt. Da die Niederländer das beliebte Hamburger Hopfenbier dem einheimischen Gebräu vorzogen, begann ein reger Handelsverkehr mit deutschen Hansestädten. Der Import befriedigte jahrhundertelang den Bierbedarf, bis auch die niederländischen Gerstenbier-Brauereien auf die Produktion von Hopfenbier umschwenkten.

Mitte des 19. Jh. erwarb die Heineken-Brauerei die noch aus dem Mittelalter stammende Brauerei Hooiberg. 1928 hatte sich das Unternehmen so weit etabliert, daß es eine große Brauerei an der Stadthouderskade errichten konnte. In den folgenden Jahrzehnten eroberte das leichte Heineken-Bier auch den europäischen und amerikanischen Markt.

Im neuen Besucherzentrum, das 1991 eröffnet wurde, präsentiert der Bier-Multi seine Erfolgsgeschichte mit modernsten audiovisuellen Medien. Krönender Abschluß der Brauereibesichtigung ist für die jährlich rd. 130 000 Besucher natürlich eine ausgiebige Bierprobe.

Das Gebäude der Heineken-Brauerei, von Architekt F. A. Eschauzier entworfen, wurde 1991 restauriert.

Öffnungszeiten *Mo–Fr 9–16.30 h, zweistündige Führung um 9 h, 9.45 h, 10.30 h, 13 h, 13.45 h, 14.30 h* **Eintritt** *2 hfl* **Adresse** *Stadhouderskade/Ferdinand Bolstraat; S 16, 24, 25 (Stadhouderskade)*

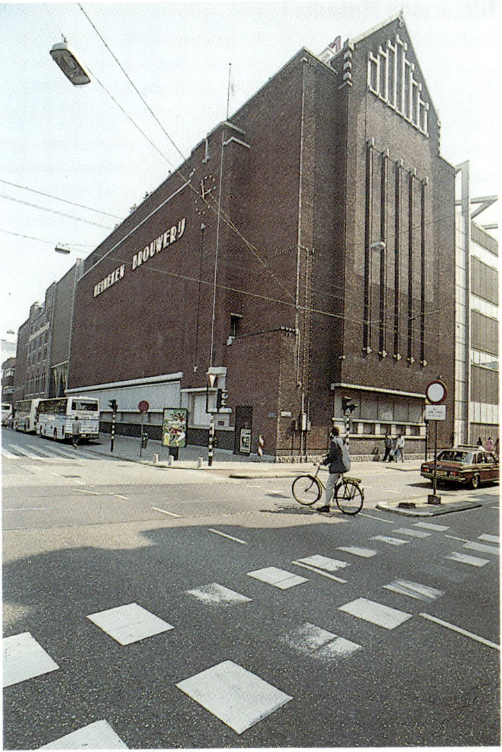
HEINEKEN BROUWERIJ

★ Historisch Museum (1)

Historisches Museum

Im verschachtelten Gebäudekomplex eines ehemaligen städtischen Waisenhauses (Burgerweeshuis) aus dem 16. Jh. ist seit 1975 das Historische Museum untergebracht. Der ursprüngliche Haupteingang, mit dem Amsterdamer Wappen und Motiven von Joost J. Bilhamer verziert, führt von der belebten Kalverstraat in das weiträumige Museum und seine Innenhöfe.

Der Knabenhof des ehemaligen Waisenhauses bildet den Rahmen für das Museumsrestaurant.

Bei allen Umbauarbeiten wurde versucht, die historischen Räume soweit wie möglich zu bewahren. Im 1632 angelegten Knabenhof, dessen Loggia von 14 dorischen Säulen eingerahmt wird, liegt heute das Museumsrestaurant. In den Flügeln des ehemaligen Mädchenwaisenhauses wird Stadtgeschichte anhand von Exponaten und inszenierten Räumen dargestellt.

Das für Amsterdam so bedeutende 17. Jh. ist in der Ausstellung durch zahlreiche Gemälde repräsentiert.

Die Schuttersgalerij (Schützengalerie) zeigt Gruppenporträts von Schützengilden aus dem 16. und 17. Jh. Ihre glasüberdachte Passage und die beiden Innenhöfe sowie der reizvolle Durchgang zum angrenzenden Begijnhof sind während der Öffnungszeiten des Museums frei zugänglich. ▶

Daten *Burgerweeshuis 1570 nach Plänen von Jacob van Campen, Pieter de Keyser u. a. gebaut; Eingangsportal von Joost J. Bilhamer; 1963–75 Restaurierung; seit 1975 Amsterdams Historisch Museum* **Öffnungszeiten** *Tägl. 11–17 h* **Eintritt** *6 hfl* **Adresse** *Eingänge: Kalverstraat 92, Nieuwezijds Voorburgwaal 357, St. Luciënsteeg 37, Begijnhof; S 1, 2, 4, 5, 9, 14, 16, 24, 25 (Spui)* **R 9** → *S. 84*

203

★ Historisch Museum (2)
Historisches Museum

Schon bei einem kurzen Rundgang von einer Stunde erhält man im Historischen Museum einen unterhaltsamen Überblick über mehr als 700 Jahre Amsterdamer Geschichte. Die Entwicklung von der unbedeutenden Siedlung an der Amstel zur Herrscherin über die Weltmeere verdeutlicht eine chronologische Stadtkarte gleich am Anfang der Dauerausstellung (Raum 1).

Grundriß des Historischen Museums, das von vier Seiten zugänglich ist.

Die älteste Stadtansicht stammt von Cornelis Anthoniszoon. Das Gemälde (1538) zeigt Amsterdam innerhalb der mittelalterlichen Stadtmauern aus der Vogelperspektive. Den Bildvordergrund nimmt die Hafenfront ein, wo Lastensegler auf das Löschen ihrer Fracht warten.

Die Glanzzeiten der Stadt – Aufstieg zur bedeutendsten Handelsstadt des 17. Jh., Anlage des Grachtengürtels, Ostindienexpedition – werden durch vielfältige Exponate lebendig. Doch auch die schlechten Zeiten bleiben nicht ausgespart: Die französische Besetzung durch Napoleon, der Verfall im 19. Jh. und die deutsche Besatzung.

Eine besondere Rolle spielt die maritime Vergangenheit der Stadt: Walfänger, Handelsschiffe der Vereinigten Ostindischen Compagnie und berühmte Entdeckungsreisende haben zahlreiche Maler zu Ölgemälden inspiriert.

CITY GUIDE PLAN

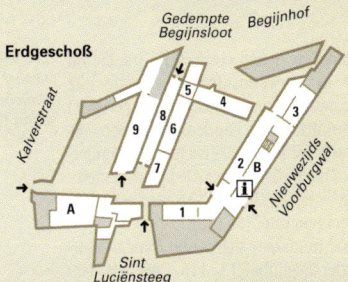

Erdgeschoß

Gedempte Begijnsloot — Begijnhof — Kalverstraat — Nieuwezijds Voorburgwal — Sint Luciënsteeg

1 Regentenzimmer
2 Stadtgeschichte, Einführung
3 Handel und Gewerbe, 14./15. Jh.
4 16. Jahrhundert
5 Schiffahrt, 17./18. Jh.
6 Stadtverwaltung, 17./18. Jh.
7 Handel und Marine, 17./18. Jh.
8 Schützengalerie
9 Wechselausstellung
A Café / Restaurant
B Verkauf

1. Etage

1 Gewerbe, Handel, Industrie, 17./18. Jh.
2 Kunst, 17. Jh.
3 Religiöses Leben, 17./18. Jh.
4 Fürsorge, 17./18. Jh.
5 18. Jahrhundert
6 Kunst, 18. Jh.
7 Interieurs, 18. Jh.
8 Straßen, 18. Jh.
9 19. Jahrhundert
10 20. Jahrhundert
11 Kupferstichkabinett
12 Bibliothek

© Harenberg

Hofjes
Höfe

Im alten Zentrum stehen etwa 70 Hofjes, die im 17. und 18. Jh. als Wohnstifte für verarmte, alte oder alleinstehende Amsterdamer eingerichtet wurden. Wohlhabende Kaufleute stifteten die kleinen Häuser für ihre Bediensteten und minderbemittelte Angehörige ihrer Religionsgemeinschaft. Die meisten Hofjes befinden sich im reichen Grachtengürtel (S. 188).

Der begrünte Innenhof des Venetiahofje im Jordaan (S. 226).

Vorbild dieser humanen Alters- und Armenversorgung war der Begijnhof (S. 110), wo seit dem 14. Jh. verwitwete katholische Frauen ein selbständiges Leben als Mitglied des Beginen-Ordens führen konnten. Die Anlage des Beginenhofes mit seinem abgeschlossenen Innenhof diente auch architektonisch als Muster für die zahlreichen Hofjes des 17. Jh.

Der Sint Andrieshofje an der Egelantiersgracht ist der älteste Wohnhof und wurde von einem Priester gegründet. Noch zehn weitere Höfe wurden im selben Stadtteil, dem Jordaan, gestiftet, darunter der Venetiahofje. Das aus dem Jahr 1650 stammende Gebäude erhielt seinen Namen von dem Stifter Jacob Stoffels, einem Kaufmann mit guten Geschäftsverbindungen nach Venedig.

Adresse *Sint Andrieshofje, Egelantiersgracht 105–141; Venetiahofje, Elandsstraat 106–138*

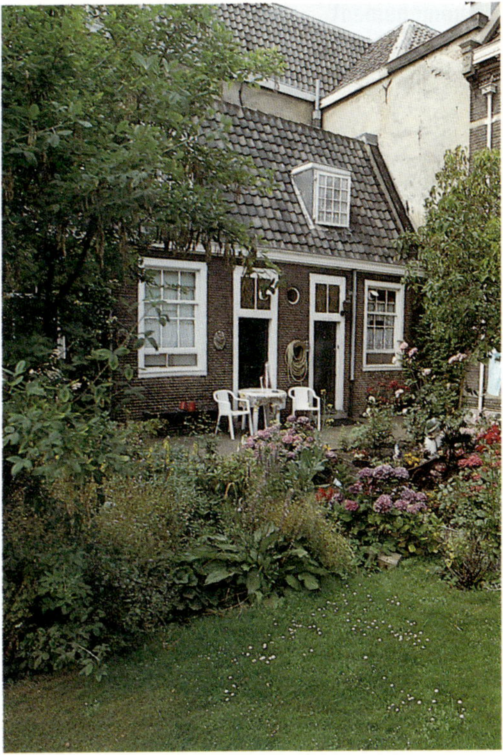

Homomonument

"Naar vriendschap zulk een mateloos verlangen" (Nach Freundschaft solch ein maßloses Verlangen) ist in das eine Zeitlang wohl umstrittenste Denkmal der Stadt eingraviert, das am 5.9.1987 feierlich eingeweiht wurde. Das Zitat stammt von dem niederländischen Schriftsteller Jacob de Israël, der zu Beginn des 20. Jh. zwei erstaunlich offene Romane über die Liebe unter Männern verfaßt hat.

Das Homomonument soll nicht nur an die Verfolgung der Homosexuellen während der deutschen Besetzung im 2. Weltkrieg erinnern, sondern wurde auch als Symbol der Homosexuellengemeinschaft in Amsterdam konzipiert. Zwischen Entwurf und Realisation vergingen – wegen finanzieller Probleme – mehr als zehn Jahre.

Die drei großen Dreiecke an der Querseite der Westerkerk haben symbolische und zeitgeschichtliche Bedeutung: Ein rosa Winkel auf der gestreiften Jacke war das Kennzeichen für die Homosexuellen in den KZs. Eines der Dreiecke aus rosa Marmor weist auf das nahe Anne-Frank-Haus. Das zweite Dreieck zeigt auf die Räume des Homosexuellenverbandes COC in der Rozenstraat.

Bürgermeister Ed van Thijn weihte das Denkmal ein. Der Entwurf von Karin Daan konnte erst durch Spenden und einen Zuschuß aus der niederländischen Staatskasse realisiert werden.

Unmittelbar am Wasser der Keizersgracht liegt das dritte Dreieck des Homomonuments.

Adresse *Keizersgracht/Rozengracht; S 13, 14, 17 (Westermarkt)*
R 4 → *S. 74*

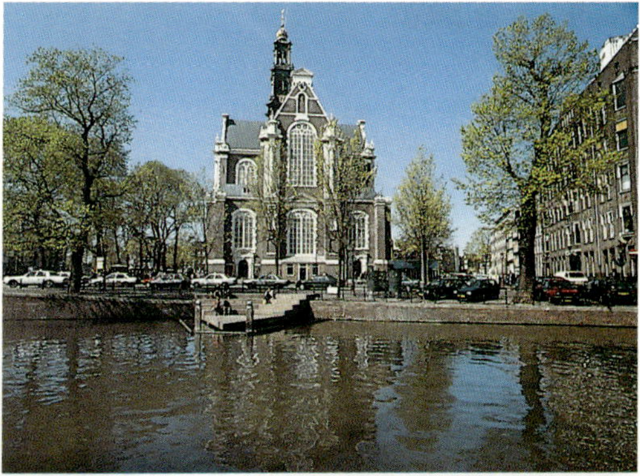

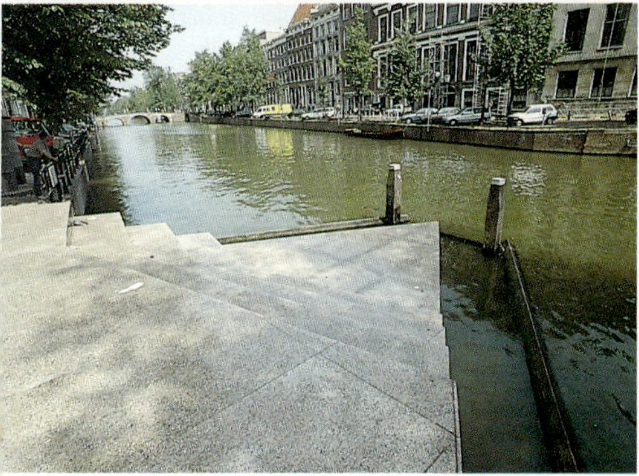

Hoofdkantor NMB
Hauptgebäude NMB

Das Bijlmermeer (S. 116), seit Jahrzehnten für die Niederländer Inbegriff architektonischen Größenwahns, hat sich in den letzten Jahren zu einem Ansiedlungsgebiet für die hauptstädtische Wirtschaft entwickelt. Die Skyline der Banken und Verwaltungsgebäude spiegelt den Anspruch auf repräsentative Dimensionen und Materialien wider: Marmor, Glas, Chrom und Stahl sind die bevorzugten Baustoffe.

Zwischen 1979 und 1986 entstand der Gebäudekomplex der NMB in der Bijlmermeer-Siedlung.

Inmitten der phantasielos wirkenden Phalanx entstand mit dem Hauptgebäude der Nederlands Middenstandsbank (NMB) einer der ungewöhnlichsten Bauten der modernen niederländischen Architektur. Der Architekt und Anthroposoph Ton Alberts entwarf einen Bau ohne jede Senkrechte: Die Außenwände der zehn Bürogebäude im S-förmigen Grundriß sind abgewinkelt. Die organische Struktur folgt einem ehrgeizigen Plan zur Energieeinsparung. Die Giebelform ist windabweisend konstruiert, das Gebäude erwärmt und kühlt sich weitgehend selbständig.

Die Fassaden des NMB-Komplexes bilden einen wohltuenden Kontrast zur gleichförmigen Hochhaus-Architektur der Umgebung.

Durch die Anlage von verschlungenen Pfaden, Wasserfällen und kleinen Plätzen wurde auch im Innern der Gebäude der anthroposophische Gedanke hervorragend umgesetzt.

Adresse *Hoogoorddreef*

211

Hortus Botanicus
Botanischer Garten

Der Siegeszug der Kaffeebohne begann nicht in Brasilien, dem größten Kaffeeproduzent der Welt, sondern ging vom Hortus Botanicus in Amsterdam aus: In diesem Botanischen Garten reifte die Urmutter der gezüchteten Kaffeebohne.

Exotischer Höhepunkt des Botanischen Gartens sind die Palmenhäuser.

Die exotische Oase, um die Gelehrte aus aller Welt die Stadt beneideten, wurde 1638 gegründet. Die Ostindische Handelsflotte, deren Schiffe im Fernen Osten, in Indien, Südamerika und Afrika kreuzten, versorgte den Garten ständig mit neuen Gewächsen.

Die Amsterdamer schätzten den Wert der Kaffeepflanze richtig ein und überreichten 1714 in Frankreich ein Exemplar dem „Sonnenkönig", Ludwig XIV. Er befahl, die edle Pflanze in den damaligen französischen Kolonien in Südamerika zu bringen und dort anzubauen.

Nutz- und Zierpflanzen aus aller Welt gedeihen im Hortus Botanicus.

Die Geschichte des Gartens ist reich an historischen Anekdoten. So betrieb der Begründer der wissenschaftlichen Botanik, der Schwede Carl von Linné, seine Feldstudien 1735 im „Weltgarten" von Amsterdam.

Musikveranstaltungen, Ausstellungen und Führungen machen den Botanischen Garten auch als Freizeitpark attraktiv.

Daten *1638 gegründet; 1682 Umzug an den heutigen Standort; 1990/91 Restaurierung* **Öffnungszeiten** *Mo–Fr 9–17 h, Sa–So 11–17 h* **Eintritt** *Frei* **Adresse** *Plantage Middenlaan 2 a*

213

Huis met de hoofden
Haus mit den Köpfen

Das Haus mit den Köpfen verdankt seinen Namen den Büsten der antiken Götter Apollo, Ceres, Mars, Athene, Bacchus und Diana: Sie schmücken die untere Hälfte der Vorderfront. Das Gebäude gilt als Musterbeispiel der holländischen Renaissance und ist eines der größten Doppelhäuser dieser Zeit.

Das Haus mit den Köpfen ist heute Verwaltungssitz der Amsterdamer Denkmalpflege.

Schon früh hatten sich niederländische Architekten mit der italienischen Renaissance auseinandergesetzt. Im ökonomisch aufstrebenden Amsterdam führte die relativ späte Blüte der holländischen Renaissance zu Beginn des 17. Jh. zu einer Vermischung von verschiedenen Architekturströmungen.

Der effektvolle Einsatz von Pilastern und Doppelpfeilern illustriert die Nähe zum italienischen Manierismus, insbesondere zur Architektur Michelangelos. Der hohe Treppengiebel ist reich verziert mit Voluten, freistehenden Säulen, Balustraden und abschließendem Flachbogen.

Das 1622 erbaute Palais wurde von Pieter de Keyser entworfen und nicht – wie ursprünglich angenommen – von seinem Vater Hendrick. Der väterliche Einfluß ist allerdings unverkennbar, wie ein Vergleich mit dem von ihm konzipierten Bartolotti-Haus (S. 108) zeigt.

Adresse *Keizersgracht 123*

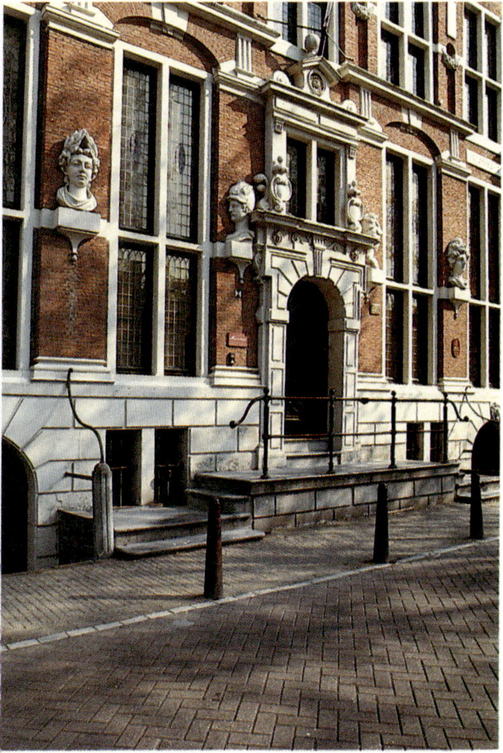

Huis op de drie grachten
Haus an den drei Grachten

Das 1610 erbaute Huis op de drie grachten liegt auf einem Grundstück, das vom Oudezijds Voorburgwal, Grimburgwal und Oudezijds Achterburgwal umschlossen ist. Folglich ist es das einzige Haus der Stadt, das an drei Grachten grenzt. Architekt Claes Adriaenszoon berücksichtigte die besondere Lage, indem er das Haus mit drei Treppengiebeln versah – für jede Gracht einen.

Die eigentliche Vorderfront befindet sich am Oudezijds Voorburgwal und zeigt seit der Restaurierung 1910 wieder ihr ursprüngliches Gesicht. Die ins Mauerwerk eingelassenen Entlastungsbögen, die die Kreuzfenster der Beletage und der niedrigen 1. Etage überspannen, ergeben einen harmonischen Gesamteindruck.

Der Giebelstein trägt die Inschrift „Fluweelenburgwal" (Samtstraße), eine Anspielung auf den Charakter des Viertels, das im 17. Jh. eine besondere Reputation genoß: Wer hier wohnte, ging nur in Samt und Seide.

Das Hauptportal des Huis op de drie Grachten wird durch einen Vordergiebel (Frontispiz) betont.

Adresse *Oudezijds Voorburgwal 249; S 4, 9, 14 (Spui)*

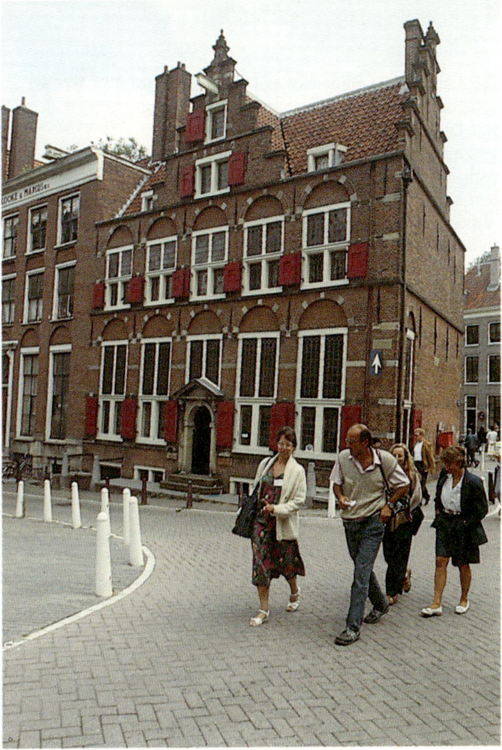

Ij

Die Amsterdamer Förde entstand durch Ausdehnung der ehemaligen Zuiderzee (S. 514), die im Mittelalter in weite Teile des heutigen Nord-Holland hineinreichte. Der Name Ij, auf alten Karten noch als großes Y geschrieben, leitet sich aus dem altgermanischen „ahwo" ab, dem Wort für „Wasser".

Blick über das Afgesloten Ij (abgeschlossenes Ij), das durch die Oranje-Schleuse vom Buiten Ij (Außen-Ij) getrennt ist.

An der Mündung der Amstel in das Ij wurde das kleine Fischerdorf Amstelledamme gegründet. Mit seinem Aufstieg zu einer Handelsmetropole entwickelte sich die Förde zum natürlichen Hafenbecken der Stadt. Die großen Ost- und Westindienflotten hatten hier ihren Stützpunkt. Auf alten Stadtansichten darf daher das Ij mit den zahlreichen vor Anker liegenden Segelschiffen nicht fehlen.

Nur noch wenige Schiffe haben ihren Liegeplatz im Ij-Hafenbecken.

Jahrhundertelang bildete das Ij den wichtigsten Versorgungsweg. Durch die Versandung der Zuiderzee im 19. Jh. war die Stadt gezwungen, eine neue Verbindung zur Nordsee zu schaffen: Mit dem Nordhollandkanal (1824) und dem Nordseekanal (1876) erhielt das Ij neue Zugänge zur Nordsee. Bereits 1872 wurde das Ij-Becken durch den Bau der Oranje-Schleusen bei Schellingwoude von der Zuiderzee abgetrennt.

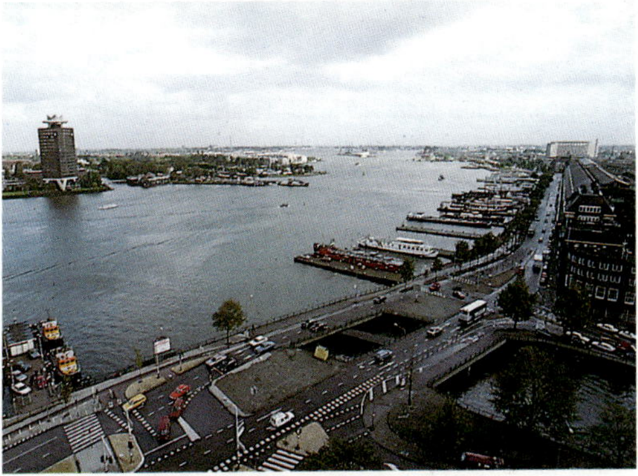

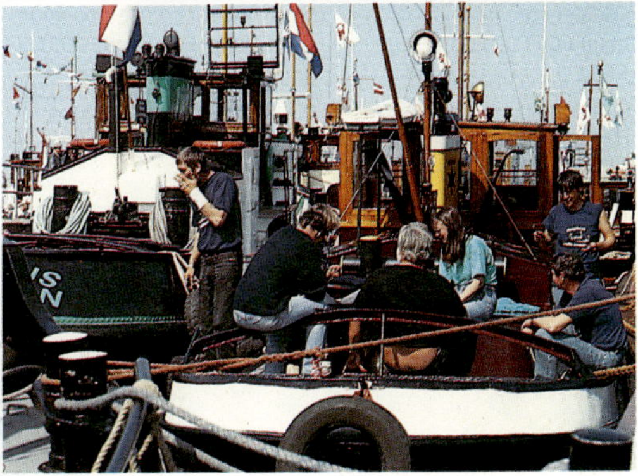

Ij-Oever
Ij-Ufer

Bis zur Jahrtausendwende soll eine moderne Skyline das Ij-Ufer bestimmen.

Zu Beginn der 90er Jahre wurde den Plänen zu einer großflächigen Umstrukturierung und Neubebauung des Ij-Ufers zugestimmt: An der sog. Ij-Achse zwischen dem nordwestlich gelegenen Houthaven und den Docks und Werften im östlichen Hafengebiet des Ij sollen Wohnhochhäuser (3000 Wohnungen) und futuristische Bürokomplexe (40 000 m^2 Bürofläche) entstehen.

Pate für die ehrgeizigen Pläne standen Hafenstädte wie London, Toronto und Boston: Auch dort war es gelungen, die verlassenen Hafengebiete durch umfassende Sanierungen und Neubauten für Privatleute und Firmen attraktiv zu machen. Als Hauptstadt mit den niedrigsten Mietpreisen in Europa spekuliert Amsterdam bei den Ij-Oever-Plänen auf die Ansiedlung umsatzstarker europäischer Firmen.

1991 wurde mit dem Bau der ersten Wohnkomplexe an der Panamakade und Borneokade begonnen. Nach der Jahrtausendwende soll die neue Stadtachse über Zeeburg hinaus bis zum Ijsselmeer verlängert werden.

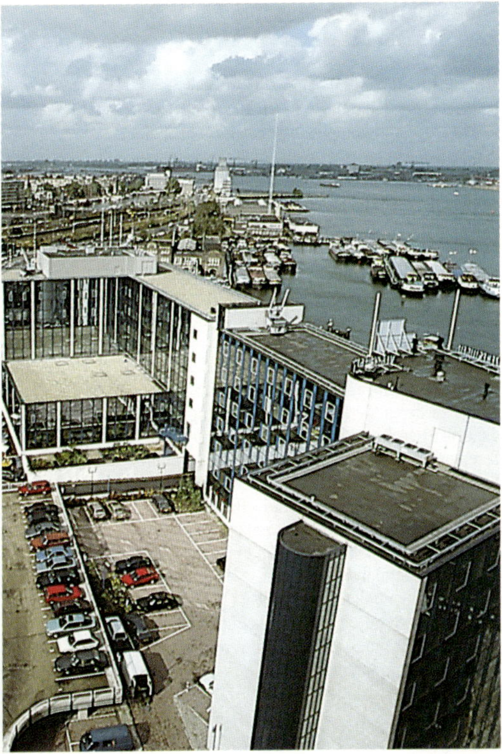

★ Joods Historisch Museum (1)
Jüdisch-Historisches Museum

Das Joods Historisch Museum ist eines der bedeutendsten jüdischen Museen außerhalb Israels. Der Museumskomplex, der aus vier ehemaligen Synagogen besteht, wurde 1987 eröffnet. Während der deutschen Besatzung (1940–45) wurden die großen jüdischen Gemeinden Amsterdams zerstört, 80 000 Amsterdamer Juden in Konzentrationslager deportiert. In den geplünderten Synagogen blieb kaum etwas vom ursprünglichen Interieur erhalten. 1955 kaufte die Stadt Amsterdam die leerstehenden Synagogen und baute sie zu einem Museum um.

Der Eingang zum Museum wird durch ionische Säulen eingerahmt.

In der Dauerausstellung wird die wechselvolle Geschichte der niederländisch-jüdischen Gemeinde bis zu deren weitgehenden Zerstörung durch die deutschen Besatzer dokumentiert.

Zeremonielle Gegenstände, darunter der berühmte Kandelaber „Rintel Menoray" (1753), eine illustrierte Ausgabe des Buches „Haggada" von 1734, Thorarollen sowie Amsterdamer Talmudausgaben vermitteln einen Eindruck von den religiösen Traditionen der Juden.

In der großen Synagoge befindet sich der „Heilige Schrein" aus weißem Marmor.

Eine eigene Sammlung ist dem Werk der Berliner Malerin Charlotte Salomon gewidmet, die sich vor den Nazis nach Amsterdam gerettet hatte, später jedoch in Auschwitz umkam. ▶

Öffnungszeiten *Tägl. 11–17 h* **Eintritt** *7 hfl* **Adresse** *Jonas Daniël Meijerplein 2–4; S 9, 14 (Mr. Visserplein)* **R 5** → *S. 76*

223

★ Joods Historisch Museum (2)
Jüdisch-Historisches Museum

Die aus Spanien, Portugal und Nordafrika kommenden sephardischen Juden bildeten Ende des 16. Jh. die portugiesisch-israelitische Gemeinde. Wenige Jahrzehnte später entstand die aschkenasische (hochdeutsche) Gemeinde.
Auch in Amsterdam mußten Gottesdienste zunächst in Geheimkirchen stattfinden, denn orthodoxe Calvinisten verhinderten den Bau einer Synagoge. Nach 1670 entwickelte sich eine relative religiöse Toleranz, und die jüdischen Gemeinschaften wurden zu einem bedeutenden Faktor im kulturellen Leben der Stadt. Die hochdeutschen Juden bekamen die Zustimmung zum Bau einer großen Synagoge.
Bereits 1686 und 1700 waren Anbauten nötig, um den schnell wachsenden jüdischen Gemeinden Raum zu bieten. Zwei kleine, traditionelle Haus-Synagogen wurden errichtet, die Obbene Sjoel und die Dritt Sjoel. Die zweite große Synagoge, die Nieuw Sjoel, wurde 1752 vollendet.

Blick in die Museumsstraße, durch die einzelne Gebäudeteile miteinander verbunden werden.

Daten *Hoog Duitse Synagoge: Architekt Elias Bouman; Nieuwe Synagoge: Architekt G. F. Maybaum; 1984 Umbau zum Museum, Architekten: A. Cohen, Premsela Vonk*

225

★ Jordaan

Bereits vor dem 19. Jh. war der Jordaan das am dichtesten besiedelte Viertel der Stadt. Handwerker, sephardische Juden und das Personal der reichen Grachtenhäuser ließen sich hier nieder. Während der Grachtengürtel strengen Nutzungsvorschriften zufolge eine reine Wohngegend blieb, wurden im Jordaan auch Handwerksbetriebe und Kleinindustrien (Färbereien, Leineweberejen) angesiedelt.

Die Laurierstraat (Lorbeerstraße) inmitten des Jordaan.

Die minderwertige Bausubstanz, aber auch die schlecht durchfluteten Grachten führten zu katastrophalen Wohnverhältnissen: 80 000 Amsterdamer, ein Sechstel der Stadtbevölkerung, wohnte in dem Viertel, wo heute nur noch knapp 20 000 der 700 000 Einwohner leben. Sieben der elf Grachten wurden Mitte des 19. Jh. aus hygienischen Gründen eingedämmt, private Wohnungsbaugesellschaften begannen mit der Restaurierung des Stadtteils.

Zahlreiche Trödelläden machen den Reiz des Viertels aus.

In den 60er Jahren wurde das Viertel von Intellektuellen und Studenten „entdeckt". Abrißpläne konnten durch den Widerstand von Provos und Krakern (Hausbesetzern) verhindert werden. In den letzten Jahren haben Cafés, Restaurants und Boutiquen das Gesicht des Jordaan stark verändert. Der lange verrufene Stadtteil ist inzwischen auch als Wohnviertel sehr beliebt.

R 2 → *S. 70*

227

Kalverstraat

Obwohl sie noch immer die berühmteste Einkaufsstraße der Niederlande ist, hat die Kalverstraat viel von ihrem alten Glanz verloren, der sie zur vornehmsten Adresse der Stadt machte: Nur in der niederländischen Version von „Monopoly" behauptet sie weiterhin ihren Rang als teuerste Straße, doch in der Realität nimmt die P. C. Hooftstraat (S. 298) den ersten Platz unter den exklusiven Shopping-Meilen ein.

Die berühmte Einkaufsstraße ist zugleich die einzige Fußgängerzone der Stadt.

Daß die Kalverstraat eine Straße mit Geschichte ist, zeigt ein Blick auf die alten Giebel, die oberhalb der verchromten Spiegelarchitektur der Schaufenster als Zeugen der Vergangenheit erhalten sind. Ihren Namen verdankt die „Kälberstraße" dem Viehhandel: Noch im 16. Jh. wurden Kälber durch die Straße auf den Viehmarkt am Dam getrieben. Um 1850 hatten sich bereits mehr als 200 Geschäfte in der Kalverstraat etabliert.

Neben großen Konfektionsgeschäften und preiswerten Discountläden säumen vor allem kleine Boutiquen die Kalverstraat. Auch der vorzüglich sortierte englische Buchladen W. H. Smith (Kalverstraat 125) hat hier sein Domizil.

Adresse *Kalverstraat; S 1, 2, 4, 5, 9, 13, 14, 16, 17, 24, 25 (Dam)*
R 4 → *S. 74* **R 9** → *S. 84*

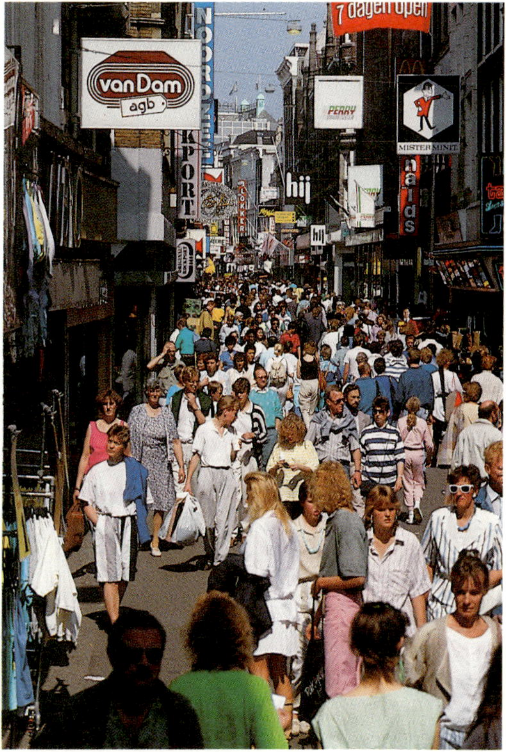
7 dagen open
van Dam
agb
PERRY
MISTER MINIT
hij

Kattenboot
Katzenboot

Ein Amsterdamer ohne Haustier gehört zu den Ausnahmen in der niederländischen Hauptstadt. Die Tierliebe der Bewohner hat besorgniserregende Formen angenommen; immer neue Witze über den „hondepoep" (Hundedreck) als Kennzeichen der Grachtenstadt machen die Runde. Als Postkartenmotiv („Grüße aus Amsterdam") hat der Hundekot eine besondere Art von Stadtwerbung gemacht. Vorschläge zur Eindämmung des Tierbestandes und Plädoyers von Tierfreunden wechseln einander ab; die Zahl der Haustiere steigt jedoch unbeirrbar weiter.

Ein Beispiel besonderer Tierliebe ist das Kattenboot an der Singel-Gracht. Mehr als 100 streunende Katzen werden hier ständig versorgt, bis sie einen (neuen) Besitzer finden.

Seit 1969 existiert die Institution „Kattenboot" unter der Leitung von Henriette van Walden. Ihre Tierliebe finanziert sie durch Spenden, freiwillige Mitarbeiter kümmern sich rund um die Uhr um die Tiere. Da die Route sämtlicher Grachtenrundfahrten auch am Katzenboot vorbeiführt, hat das schwimmende Tierasyl inzwischen internationale Bekanntheit erlangt.

Das Kattenboot liegt gegenüber der Lutherischen Kirche.

Adresse *Singel, Höhe Haus Nr. 40*

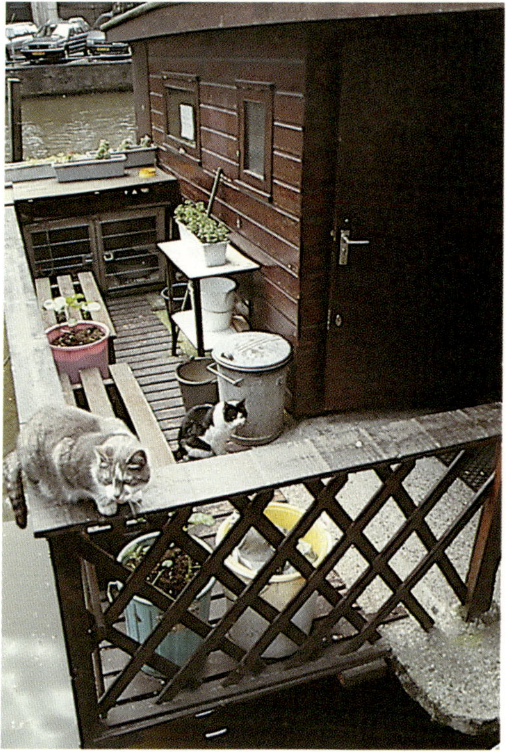

Klein Trippenhuis
Kleines Triphaus

Gegenüber dem monumentalen Trippenhuis (S. 378) der reichen Brüder Lodewijk und Hendrik Trip nimmt sich das Klein Trippenhuis mehr als bescheiden aus. Der Legende nach verdankt es seine Existenz dem Stoßseufzer eines Dieners der Brüder Trip, der angesichts des soeben fertiggestellten Palastes äußerte: „Ach, hätte ich doch nur ein Haus, das so breit ist wie die Eingangstür dieses Palastes!"

Das Gesims des Kleinen Triphauses wird durch zwei Sphinxen gekrönt.

Angeblich baute Lodewijk Trip seinem Diener daraufhin das Kleine Triphaus, das in der Fassade die Pracht seines Vorbilds imitiert. Das Märchen wird jedoch durch die Baugeschichte widerlegt: Während das Triphaus bereits 1662 fertiggestellt wurde, war das Kleine Triphaus erst 1696 vollendet.

Der Phantasiereichtum des unbekannten Baumeisters ließ sich von dem begrenzten Raum, der zur Verfügung stand, nicht einschränken. In dem mit Girlanden verzierten Fries ist eine Sanduhr eingearbeitet, die korinthischen Pfeiler sind dem großen Patrizierhaus gegenüber entlehnt. Mit einer Breite von 2,50 m gehört das Kleine Triphaus zu den schmalsten Häusern der Stadt, ist aber unzweifelhaft das schönste unter den kleinen. Schmaler sind mit 2 m nur noch zwei Häuser auf der Singel (Nr. 7 und Nr. 166).

Adresse *Kloveniersburgwal 26; U 51 (Nieuwmarkt)* **R 5** → *S. 76*

233

★ Koninklijk Paleis (1)
Königlicher Palast

Bis Anfang des 19. Jh. diente der heutige Königliche Palast noch als Rathaus. Es entstand im sog. goldenen (17.) Jahrhundert, als Amsterdam die wirtschaftliche und politische Vormachtstellung in Europa beanspruchte. Nachdem die Stadt jahrzehntelang das alte Rathaus hatte verfallen lassen, übertraf der 1655 fertiggestellte Neubau alle bis dahin gekannte Pracht. So notierte der deutsche Dichter Philipp von Zesen in seiner „Beschreibung der Stadt Amsterdam" (1664) über das Gebäude auf dem Dam: „Unglaublich groß sind die Kosten, die man hierauf gewendet, und kaum mit dem köstlichsten und reichsten Königsschatze zu vergleichen."

Die technische Ausführung des Baus war eine architektonische Glanzleistung: Zwei Jahre nahmen allein die Fundamentierungsarbeiten in Anspruch, 13 659 Mastbäume stützten das Haus. Im Kontrast zu dem von außen streng klassizistischen Gebäude stehen die äußerst prunkvollen Innenräume, an deren Gestaltung namhafte niederländische Künstler (beispielsweise Govert Flinck, Erasmus Quellien) mitwirkten. ▶

Als Repräsentationsbau bürgerlichen Selbstbewußtseins sprengte der Rathausneubau im 17. Jh. alle bisherigen Dimensionen.

Flohmarkt vor der Kulisse des Königlichen Palastes.

Daten *1648–55 erbaut, Architekten: Jacob van Campen, ab 1654 Daniel Stalpaert* **Adresse** *Dam; S 1, 2, 4, 9, 13, 14, 17, 24, 25 (Dam)*
R 4 → *S. 74*

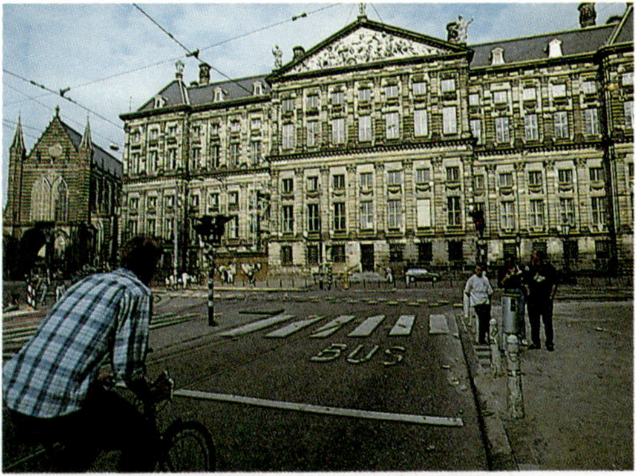
BUS

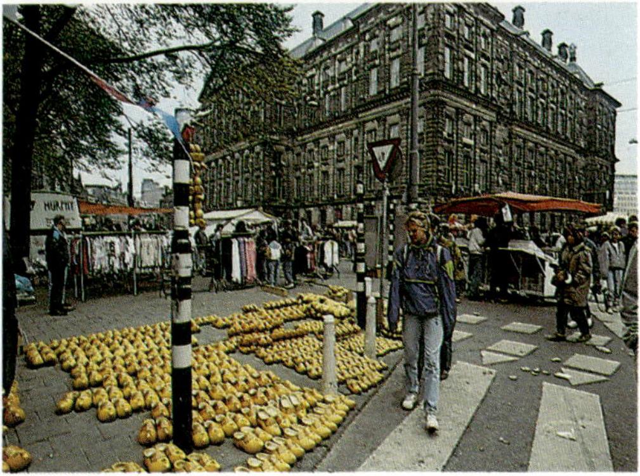

★ Koninklijk Paleis (2)
Königlicher Palast

Als neuer König der Niederlande erklärte Louis Bonaparte 1808 das bürgerliche Rathaus zu seiner Residenz. Obwohl das Gebäude bereits fünf Jahre später, nach dem Ende der napoleonischen Besetzung, wieder an die Stadt zurückfiel, behielt es die Bezeichnung „Königlicher Palast".

Der Bürgersaal wurde 1966 mit dem Hochzeitsball von Kronprinzessin Beatrix und Claus von Amsberg eingeweiht.

Bald darauf trat die Stadt das Palais wegen der hohen Unterhaltskosten an König Willem I. aus dem Haus Oranien-Nassau ab. 1935 kaufte der niederländische Staat den Königlichen Palast für 10 Mio Gulden zurück, doch die Königin blieb offiziell Hausherrin.

Die Stadt hatte das Nachsehen: Das einst als achtes architektonisches Weltwunder gerühmte Rathaus bildet ab 1966 nur noch den dekorativen Rahmen für offizielle Staatsempfänge. Der Amsterdamer Rathausbetrieb mußte jahrzehntelang improvisieren und konnte erst 1988 in das neue Stadhuis (S. 366) einziehen.

Die mit Marmor ausgekleideten Prachtsäle des Palastes erstrahlen nach der 10jährigen Restaurierung (1956–66) wieder in neuem Glanz. Werke der Rembrandt-Schüler Ferdinand Bol und Govert Flinck sowie die Deckengemälde von Cornelius Holsteyn zählen zu den kunstgeschichtlichen Schätzen innerhalb des Palastes.

Öffnungszeiten *Juni–Aug: Mo–Fr 12.30–16 h, Sa und So geschl.; Sept–Mai: Nur Mi 14 h Führung* **Eintritt** *2,50 hfl*

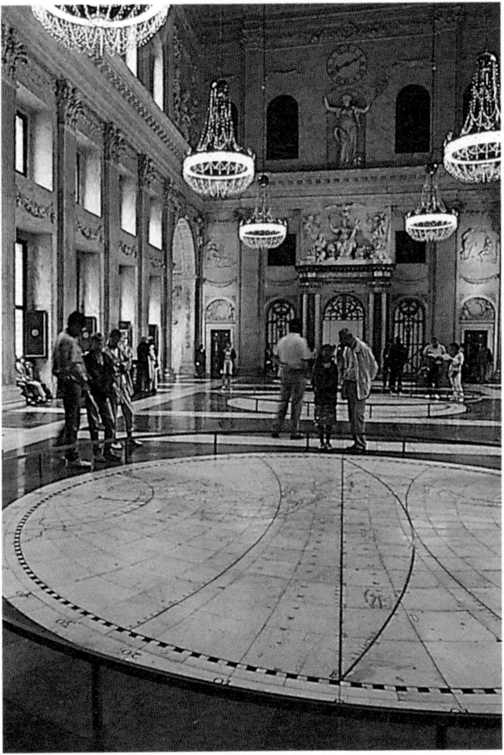

★ Koopmansbeurs
Kaufmannsbörse

Kein anderes Gebäude der Hauptstadt prägte den architektonischen Übergang in die Moderne so nachhaltig wie die Koopmansbeurs von Hendrik Petrus Berlage. Nicht nur die formalistische De-Stijl-Bewegung, sondern auch die expressive Amsterdamer Schule sahen die neugeschaffene Börse als Symbol ihrer Architekturauffassung an. Berlage brach mit dem Gemisch historisierender Stilformen, das in der Neugotik, Neuromantik und Neorenaissance verwendet wurde, und schuf einen Bau, der sich durch einen einheitlichen Charakter auszeichnet.

Den nördlichen Gebäudeteil der ehemaligen Börse bezog 1988 das Niederländische Philharmonie-Orchester.

Die langgestreckte Gebäudeseite am Damrak wird durch vertikale Elemente bei der Dachgestaltung und den Fenstern aufgelockert. Für viel Aufsehen sorgten das aufwendig dekorierte Hauptportal und der asymmetrische Turm.

Wenige Schritte von der Koopmansbeurs entfernt wurde im Jahr 1987 auf dem Rokin die neue Effektenbörse bezogen. Die historische Börse wird seitdem für Konzerte, Ausstellungen, Konferenzen und Festbankette genutzt.

Auch die offen sichtbaren stählernen Stützbogen in den drei großen Sälen der Börse geben einen Hinweis auf den Einzug der Moderne in die Architektur.

Daten *1898–1903 erbaut, seit 1987 Ausstellungsgebäude*
Adresse *Beursplein/Damrak; S 4, 9, 16, 24, 25 (Dam)* **R 4** → *S. 74*

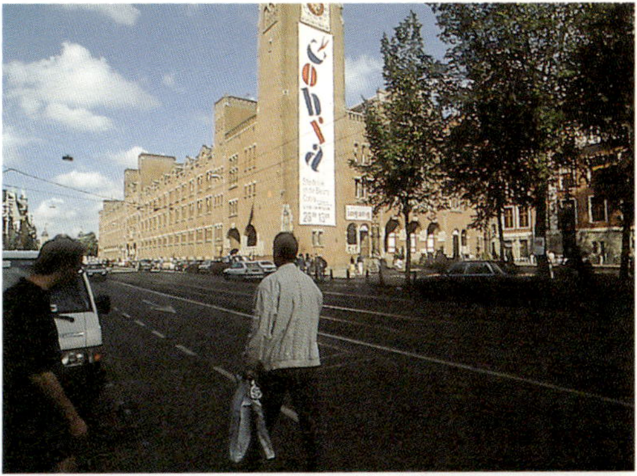

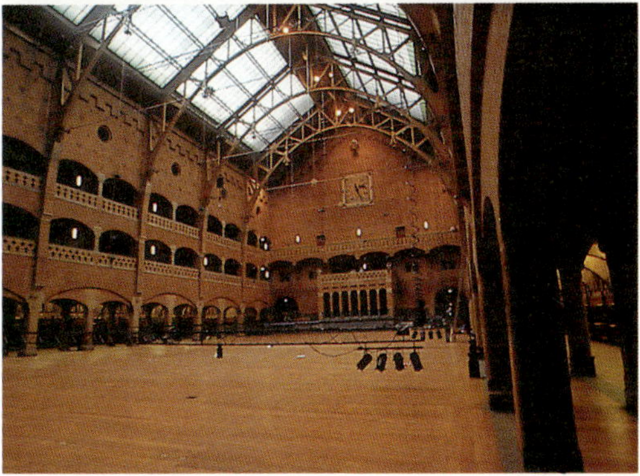

Kraakpand
Besetztes Haus

Nur wenige besetzte Häuser in Amsterdam haben ein so spektakuläres Äußeres wie das Haus Nr. 216 an der Spuistraat. Die wechselnden Gemälde zum „Häuserkampf", die seit 1982 die Hausfront schmücken, gehören zu den „Klassikern" der städtischen Graffiti.

Schon in den 60er Jahren kam es in Amsterdam zu Besetzungen leerstehender Häuser: Der Protest gegen Grundstücksspekulanten und Wohnungsnot kulminierte in den 80er Jahren in einer aktiven sozialen Bewegung, der Kraakbeweging. Aus heutiger Sicht retteten die Krakers durch ihre Besetzungen manches historische Gebäude, das kurz vor dem Abriß stand.

Straßenschlachten, Krawalle und brennende Autos waren nur die eine – zumeist medienwirksamere – Seite der Auseinandersetzungen. Im weniger spektakulären Alltag kam es häufig auch zur fruchtbaren Zusammenarbeit zwischen Stadt und Besetzern: Viele Hausbesetzungen wurden legalisiert, die Besetzer in der Spuistraat 216 wurden 1991 sogar zu Eigentümern.

In den letzten Jahren hat die Kraakbeweging an Einfluß und Stärke verloren. Die Erhaltung des innerstädtischen Wohnraumes und der Schutz des historischen Zentrums gehören inzwischen zu den Zielen aller politischen Parteien.

Die Graffiti an den besetzten Häusern wurden von den neuen Bewohnern geschaffen.

Adresse *Spuistraat 216; S 4, 9, 16, 24, 25 (Dam)*

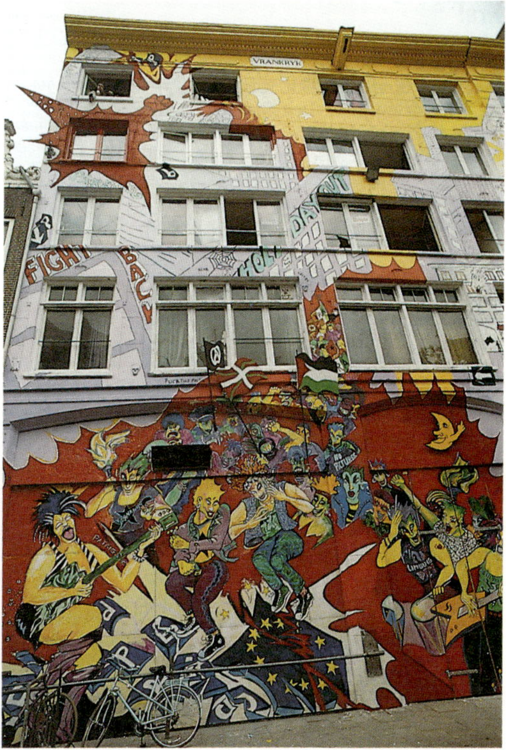
VRANKRYK
FIGHT

Krul

Der „Krul" (Kringel) gehörte lange zu den verschämt verschwiegenen Eigenarten des Amsterdamer Stadtbildes. Die erste öffentliche Toilette wurde 1849 an der Passeerdersgracht aufgestellt. Mit Verwunderung reagierten die Bürger auf diese Einrichtung, die es Männern ermöglichte, in einem Häuschen mitten auf dem Trottoir ihre Notdurft zu verrichten.

Ein Zehn-Jahres-Plan sah den Bau von 500 Toiletten vor. Doch erst 1869 bestellte die Gemeinde die ersten der grün lackierten Toiletten, die wegen ihrer eigentümlich geschwungenen Form im Volksmund bald als „de krul" bekannt waren. 1880 standen 91 Ein-Mann-Toiletten und 11 „dubbele krullen" im Zentrum; 1954 existierten 175 Kringel in Amsterdam.

Die auffällige Transparenz der Toilettenhäuschen basierte auf sittlichen Überlegungen: Die Amsterdamer Polizei hatte gefordert, daß die Toiletten von außen einsehbar sein sollten. Zwischen 1938 und 1986 existierte sogar eine Urinoircommissie (Toilettenkommission), die schließlich den Abbau der Häuschen forcierte. Doch als mehr und mehr „krullen" verschwanden, protestierte die Amsterdamer Bevölkerung. Ein bereits abgebauter „Krul" an der Keizersgracht mußte sogar wieder aufgestellt werden.

Als nützliches Relikt aus dem 19. Jh. sollen die 110 „Krullen" in Amsterdam erhalten bleiben.

243

★ Leidseplein und Stadsschouwburg
Leidseplatz und Stadttheater

Wenn die Amsterdamer feiern, tun sie es mit Vorliebe auf dem Leidseplein: Im nationalen Taumel, den der Sieg der Fußball-Europameisterschaft 1988 auslöste, zog die halbe Stadt spontan zum Leidseplatz und feierte die ganze Nacht. Doch selbst an normalen Wochentagen kommt das eigentliche „Herz von Amsterdam" erst am frühen Morgen zur Ruhe.
Inmitten der Cafés, Bars, Kneipen und Kinos am Leidseplein nimmt die Stadsschouwburg (Stadttheater) eine Sonderstellung ein. Das berühmte, lange hier ansässige Nationalballett ist zwar mittlerweile in die Stopera (S. 366) umgezogen, doch das klassische Repertoire lohnt weiterhin einen Besuch des traditionsreichen Theaters.
Wie ein mysteriöser, entrückter Palast wirkt das berühmte American Hotel (S. 90), besonders in abendlicher Beleuchtung. Das zum Hotel gehörige Café-Restaurant „Americain" zählt mit seinem Art-déco-Charme zu den schönsten älteren Cafés der Stadt. Von hier aus läßt sich das Treiben auf dem verkehrsreichen Leidseplein verfolgen.

Straßencafé auf dem Leidseplein, der Tag und Nacht belebt ist. Hier befindet sich auch das über die Landesgrenzen hinaus bekannte Hasch-Café „Bulldog".

Daten *Stadsschouwburg: 1774 als Holzbau errichtet; 1890 durch Brand zerstört; 1894 Einweihung des heutigen Steingebäudes* **Adresse** *Leidseplein; S 1, 2, 5, 6, 7, 10 (Leidseplein)*

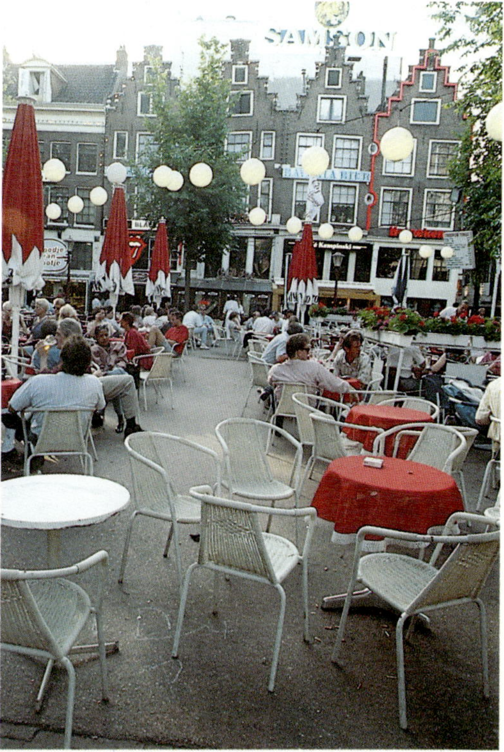

Leidsestraat

Am schönsten ist die Leidsestraat von oben: Das verglaste Café im 5. Stock des Kaufhauses Metz gewährt aus sicherem Abstand einen vollständigen Überblick über die geschäftige Straße zwischen Konings- und Leidseplein.

Offiziell ist die Leidsestraat eine Fußgängerzone, Auto- und selbst Fahrradverkehr sind verboten. De facto merkt man davon jedoch nichts: Mitten im Strom der Passanten versuchen neben der Straßenbahn auch Radler und Autofahrer voranzukommen.

Nach den Vorstellungen der Stadtverwaltung soll die Leidsestraat, ähnlich wie schon die Kalverstraat, durch die Ansiedlung von Läden der gehobenen Mittelklasse von ihrem Image einer Billigstraße befreit werden.

Um den touristischen Boulevard Nr. 1 aufzuwerten, müssen jedoch noch einige Störfaktoren beseitigt werden. Ein Dorn im Auge ist den Stadtvätern nicht nur die zunehmende Zahl von Fast-Food-Läden, sondern auch deren nächtliche Öffnungszeiten: Bis jetzt ist die Leidsestraat zwischen 2 und 3 Uhr nachts die beliebteste Schnellimbißstation der Stadt.

Dichtes Gedränge herrscht zu den Geschäftszeiten (zwischen 9 und 18 Uhr, mit Ausnahme des Montagvormittags) auf der Leidsestraat.

Adresse *Leidsestraat; S 1, 2, 5 (Leidseplein)*

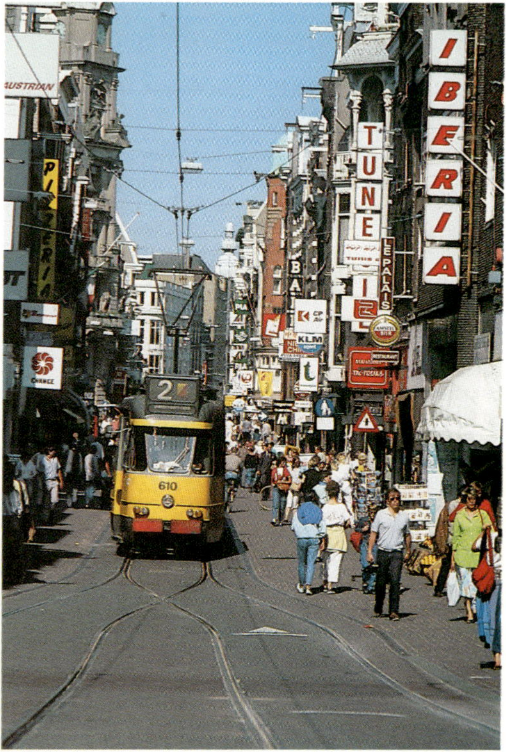
IBERIA
TUNE
LE PALAIS
KLM
CHANGE
AUSTRIAN
610

Lieverdje
Schätzchen

Das Startsignal für die Jugendbewegung der 60er Jahre wurde nicht in San Francisco, Berlin oder London gegeben, sondern in Amsterdam. Ab Mitte der 60er Jahre brachten hier die Provos (Provokateure) mit Aktionen und Happenings ihr Mißfallen gegenüber dem konservativen Establishment zum Ausdruck. Das Lieverdje, die Bronzefigur eines Gassenjungen am Spui, wurde zum Treffpunkt und inoffiziellen Symbol der Aufmüpfigkeit.

Ein Zigarettenfabrikant ließ das Lieverdje, eine Figur des Bildhauers Carel Kneulmann, 1960 in Bronze gießen und schenkte es der Stadt.

Als eine Leitfigur der Provo-Bewegung agierte der selbsternannte „Anti-Rauch-Magier" Robert Jasper Grootveld. Mit seinem Lieblingsspiel, Marihu, provozierte er die Polizei: Er verteilte auf dem Spui kostenlose Joints, in denen sich von Holzwolle bis zu getrocknetem Hundekot alles fand, nur kein Marihuana. Die Beschlagnahmungen durch die Beamten riefen immer wieder große Belustigung hervor.

Mit den heftigen Demonstrationen gegen die Hochzeit von Kronprinzessin Beatrix mit dem deutschen Diplomaten Claus von Amsberg gelangten die Provos im Jahr 1966 in die internationalen Schlagzeilen. Bald darauf löste sich die Bewegung jedoch auf. Kabouters und Krakers (Hausbesetzer) traten das Erbe an.

Adresse *Spui; S 4, 9, 16, 24, 25 (Spui)* **R 9** → *S. 84*

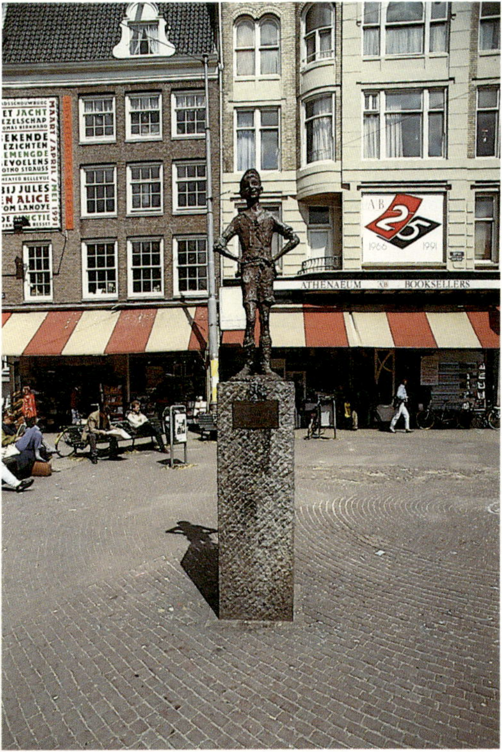
ATHENAEUM
AB
BOOKSELLERS
AB
25
1966
1991

Maagdenhuis
Mädchenwaisenhaus

Das 1787 gebaute Maagdenhuis war Teil des ausgeprägten sozialen Netzes, das Amsterdam seit dem „goldenen" 17. Jh. geschaffen hatte. Der Kontrast zwischen dem Reichtum der florierenden Handelsstadt und der Armut vieler Bürger war enorm. Hungersnöte waren keine Seltenheit, es gab keine Altersversorgung, die frühe Sterblichkeit machte viele Kinder zu Waisen.

Seit 1961 gehört das Gebäude des ehemaligen Mädchenwaisenhauses zur Universität von Amsterdam.

Ein Vorbild der Armen- und Krankenfürsorge war der Begijnhof (S. 110), der lange die einzige Institution dieser Art blieb. Die ersten Armenhäuser Amsterdams, 1589 und 1596 jeweils für Männer und Frauen gestiftet, waren „Zuchthäuser", die ihre Insassen durch Arbeit zu einem moralischeren Leben erziehen wollten. In der Praxis funktionierten diese Arbeitshäuser, in denen unterschiedslos Bettler, Prostituierte und Kriminelle untergebracht wurden, als billige Zulieferbetriebe für die Textilindustrie.

Für die wachsende Zahl von Waisen schuf die Stadt Unterkünfte, das Maagdenhuis diente als Waisenhaus für Mädchen. Der hohe, nahezu ornamentlose Bau erinnert in seiner Einfachheit an das Armenhaus in der Roeterstraat: Beide Gebäude wurden von Abraham van der Hart entworfen.

Daten *1783–87 erbaut* **Adresse** *Spui; S 1, 2, 4, 5, 9, 14, 16, 24, 25 (Spui)*

251

★ Madame Tussaud
Wachsfigurenkabinett

Als älteste Zweigstelle des Londoner Unternehmens auf dem Kontinent gibt es Madame Tussauds Wachsfigurenkabinett seit 1971 in Amsterdam. Das Panoptikum der Politik und Kultur zog 1991 von der Kalverstraat an den zentraler gelegenen Dam, in das Obergeschoß des Kaufhauses Peek & Cloppenburg.

Seit 1991 residiert das Wachsfigurenkabinett am Dam.

Die Neueröffnung wurde genutzt, um die lebensechten Puppen zu aktualisieren: Als Novitäten werden sprechende und sich bewegende Wachsfiguren präsentiert. Neben der Prominenz der Gegenwart fehlen auch berühmte Persönlichkeiten vergangener Jahrhunderte nicht, wie etwa der Maler Rembrandt van Rijn.

Begegnung mit den Stars des 20. Jahrhunderts.

Zwei überdimensionale Wachsfiguren an der 1991 restaurierten Vorderfront des Kaufhauses werben für die verblüffenden Kopien des Kabinetts. Nicht alle Amsterdamer sind glücklich über diese aufdringliche Präsentation, die ihrer Meinung nach den zentralen Platz mit dem Königlichen Palast (S. 234) und dem Nationaldenkmal (S. 152) in eine Werbefläche verwandelt.

Öffnungszeiten *Tägl. 10–17 h* **Eintritt** *17 hfl* **Adresse** *Dam (Obergeschoß von Peek & Cloppenburg); S 1, 2, 4, 5, 9, 13, 14, 16, 17, 24, 25 (Dam)* **R 4** → *S. 74*

253

★ Magere Brug
Mager-Brücke

Ursprünglich geht der Name „Magere Brug" auf den Architekten der Brücke zurück. Doch mit der Zeit wurde aus dem Eigennamen ein Adjektiv: Neun von zehn Bewohnern der niederländischen Hauptstadt würden den Brückennamen wohl auf den zerbrechlichen Eindruck zurückführen, den die schmale Konstruktion macht.

Die bekannteste Zugbrücke der Stadt ist seit 1671 in Betrieb. Obwohl sie eigentlich für Fußgänger bestimmt war, darf sie heute auch von Autos benutzt werden.

Von den zahlreichen Holzbrücken Amsterdams sind nur acht erhalten. Die Holzkonstruktion der benachbarten Blauwbrug (S. 118) etwa wurde Ende des 19. Jh. durch eine Steinbrücke ersetzt. Auch die Magere Brug sollte modernisiert werden und wurde im Jahr 1929 abgerissen. Doch dann regte sich lautstarker Protest, und die Gemeinde rekonstruierte die alte Brücke.

Durch zwei Kettenzüge läßt sich die Magere Brug öffnen, damit Schiffe passieren können.

Daten *1671 erbaut; zahlreiche Restaurierungen; 1929 Abriß; Wiederaufbau in den 30er Jahren* **Adresse** *Amstel/Nieuwe Kerkstraat; S 9, 14 (Waterlooplein)* **R 6** → *S. 78*

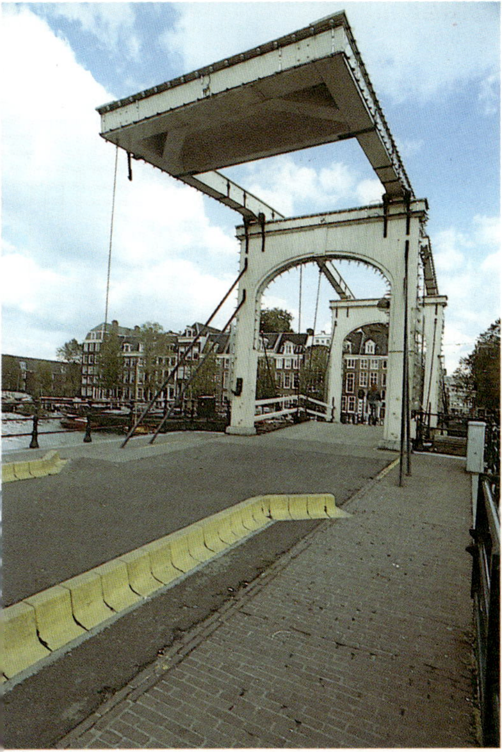

Melkweg
„Milchstraße"

Wie das Paradiso (S. 296) ist auch der Melkweg ein Relikt aus den 60er Jahren, als Amsterdam zum europäischen Pilgerort für Aussteiger aller Art wurde. Während John Lennon und Yoko Ono im Amsterdamer Hilton ihr berühmt gewordenes Love-In veranstalteten, gehörten im Melkweg Happenings bereits zum festen Programm. Zur Einstimmung konnte man sich an der Marihuana-Bar eine Joint-Mischung nach eigenem Geschmack zusammenstellen.

Eine ehemalige Milchfabrik, in deren Räumen der Melkweg untergebracht ist, gab dem legendären Veranstaltungsort seinen Namen.

Doch auch im Melkweg ist die Zeit nicht stehengeblieben: Softdrogen (Marihuana, Haschisch) gibt es zwar noch immer, aber eine Sensation ist das kaum noch. Die liberale niederländische Drogenpolitik hat für eine Entkriminalisierung des Softdrogen-Konsums gesorgt.

Im Laufe der Jahre hat sich der Melkweg zu einem Veranstaltungszentrum entwickelt: Die Besucher können zwischen Theater, Kino, Workshops und Live-Konzerten wählen. Ein Restaurant, ein Teesalon sowie das Café Melkweg, das im Stil einer Milchbar der 50er Jahre eingerichtet ist, runden das Angebot ab.

Öffnungszeiten *Mi–Do 18–0.30 h, Fr–So 18–1.30 h; Café Melkweg (Eingang Marnixstraat 405): Mi–So 10–18 h* **Eintritt** *10 hfl*
Adresse *Lijnbaansgracht 234a; S 1, 2, 5, 6, 7, 10 (Leidseplein)*

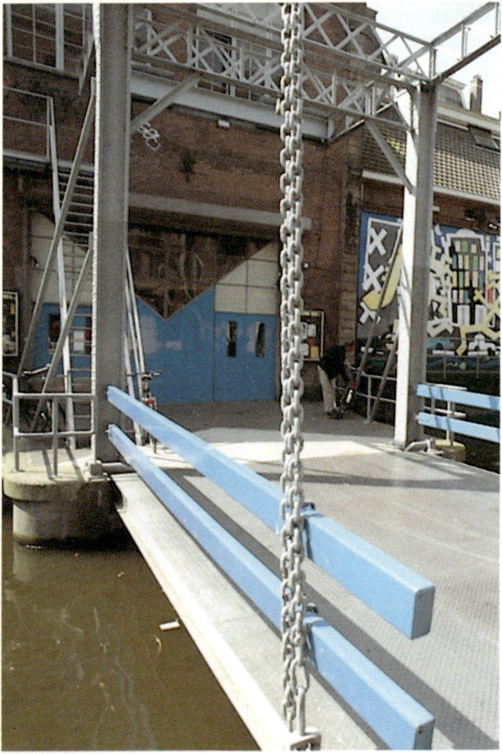

Molens
Windmühlen

Der Dichter Nikolaus Lenau urteilte um 1832 nach einem Besuch in Amsterdam, die Windmühlen sähen aus „wie besoffene Kerle". Jahrhundertelang prägten die Molens das Stadtbild und waren unverzichtbar für die Entwässerung des Sumpfgebietes, in dem Amsterdam entstand.
Seit Mitte des 13. Jh. wurden Kornmühlen mit Schöpfrädern zu Wasserpumpen umgebaut. Sie gehörten zum komplizierten Sicherungssystem des neugewonnenen Landes, das unterhalb des Meeresspiegels lag. Im 15. Jh. ersetzte man die bis dahin üblichen hölzernen Bockwindmühlen durch steinerne Turmwindmühlen.
Noch im 19. Jh. gab es Hunderte von Windmühlen in und um Amsterdam. Nur sieben blieben bis heute erhalten. Die ursprünglich an der Sarphatistraat stehende Mühle „De Gooyer" mußte wegen des Baus der Oranje-Nassau-Kaserne an die Funenkade umziehen. Die älteste Mühle ist „De Blom", die 1875 am Haarlemmerweg wieder aufgebaut wurde.

„De Blom", die älteste Mühle der Stadt, stammt aus dem Jahr 1664.

Daten *De Gooyer: 1930 und 1976 restauriert, Funenkade 5; De Blom: 1962 restauriert, Haarlemmerweg 465*

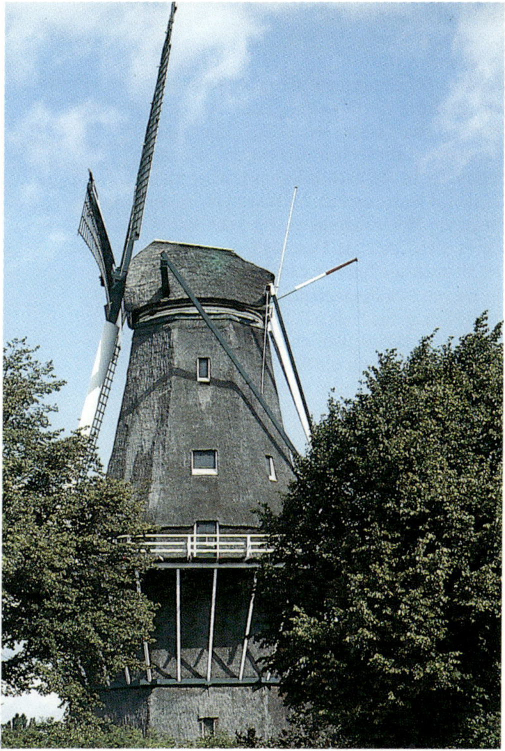

Montelbaanstoren
Mont-Albans-Turm

Der Montelbaanstoren war für manchen Matrosen das letzte Zeichen seiner Stadt, das er in seinem Leben sehen sollte. Die Schiffe der Vereinigten Ostindischen Compagnie, die seit Beginn des 16. Jh. nach Indien und später nach China und Japan segelten, begannen ihre langen Reisen am Montelbaanstoren. Für jeden Dritten war es eine Reise ohne Wiederkehr.

Der Mont-Albans-Turm ist nach dem spanischen Herzog von Alba benannt, der als Statthalter des spanischen Königs Philipp II. bis zur Reformation 1578 eine blutige Herrschaft in Amsterdam führte. Der Turm war als Teil einer gigantischen Festungsanlage vor den Stadtmauern geplant. Amsterdam zahlte dem Statthalter die für damalige Verhältnisse enorme Summe von 80 000 Reichstalern, um den Bau zu verhindern.

Der 1607 errichtete Montelbaanstoren war das einzige, was von den Bauplänen des verhaßten Herzogs verwirklicht wurde. Heute ist im Montelbaanstoren das Stadswaterkantoor (Städtisches Wasseramt) untergebracht, das den Wasserstand in den Grachten kontrolliert.

Der achteckige, sich nach oben verjüngende Montelbaanstoren trägt unverkennbar die Handschrift des Baumeisters Hendrick de Keyser.

Daten *1607 erbaut, Architekt Hendrick de Keyser; seit 1878 Sitz des Städtischen Wasseramts* **Adresse** *Oude Schans 2; U 51 (Nieuwmarkt)* **R 1** → *S. 68*

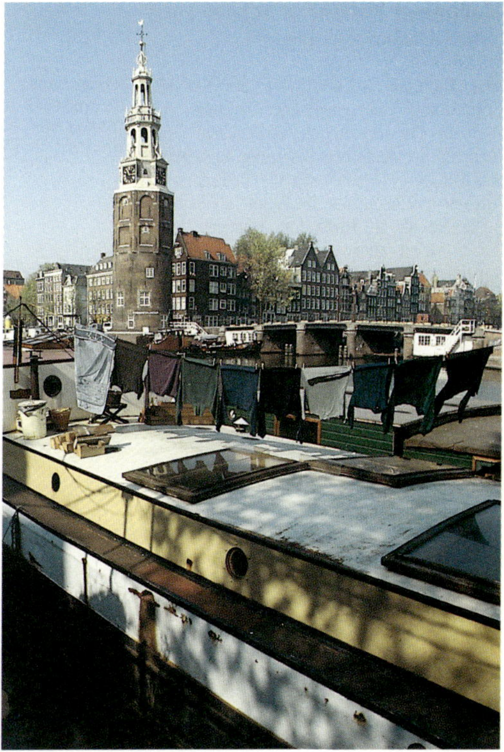

Monument Hollandse Schouwburg
Mahnmal Holländisches Theater

Das Mahnmal in der Ruine der Hollandse Schouwburg, eines ehemaligen Theaters, erinnert an die Deportation von 80 000 Juden während der deutschen Besetzung Amsterdams. Am 14. 10. 1942 schlossen die Deutschen das Theater und benutzten die Räume als Sammelstelle für die in Amsterdam lebenden Juden. Neben vielen anderen Leidensgenossen wurde von hier aus auch Anne Frank über das niederländische Lager Westerbork in deutsche KZs deportiert.

Nur die Fassade des ehemaligen Theaters blieb erhalten.

Bis 1942 hatten in der Schouwburg noch Theateraufführungen stattfinden können, der Name war jedoch in „Jüdisches Theater" umgeändert worden. Seit 1941 durfte nur noch vor jüdischem Publikum gespielt werden.

Blick in die deckenlose Ruine der Hollandse Schouwburg.

Nach dem Krieg gab es zunächst Pläne, in der weitgehend zerstörten Schouwburg ein Kino und ein Theater einzurichten. Proteste der Bevölkerung verhinderten dies aber. Nach jahrelangen Diskussionen beschloß die Stadt, die Ruine des Theaters als Erinnerungsstätte an das Schicksal der Amsterdamer Juden während der Zeit des Nationalsozialismus stehen zu lassen.

Daten *1892 als Hollandse Schouwburg erbaut; weitgehende Zerstörung während des 2. Weltkrieges; seit 1962 Mahnmal* **Adresse** *Plantage Middenlaan 2; S 7, 9, 14 (Plantage Kerklaan)* **R 5** → *S. 76*

263

Mozes- en Aaronkerk
Moses- und Aaronkirche

Die katholische Kirche mit dem ungewöhnlichen, weil alttestamentarischen Namen wurde im 17. Jh. mitten in der Jodenbuurt, dem Judenviertel, erbaut. Die zunächst dem hl. Antonius von Padua geweihte Kirche diente jahrelang als Geheimkirche: Nach der Reformation hatten die Calvinisten alle Gottesdienste, die nicht ihrem Glauben entsprachen, offiziell verboten.

Die Moses- und Aaronkirche wurde zuletzt 1969 restauriert.

Zwischen 1837 und 1841 entstand die Kirche neu im neoklassizistischen Stil. Das Wohnhaus, in dem der jüdische Philosoph Baruch de Spinoza seine wichtigsten Werke geschrieben hatte, wurde abgerissen. Weil er die Autorität der noch jungen spanisch-portugiesischen Gemeinde in seinem philosophischen Denken nicht anerkannte, schloß die sephardische Gemeinde Spinoza 1656 mit einem Bannfluch aus. Er mußte die Joodenburt verlassen und zog sich nach Den Haag zurück.

Wie viele andere Kirchen in Amsterdam ist auch die Mozes- und Aaronkirche heute kein Gotteshaus mehr. Sie wird als soziales Zentrum für Obdachlose und Drogenabhängige genutzt.

Daten *1649 erbaut als St.-Antonio-von-Padua-Kirche; 1837–41 Neubau als Mozes- en Aaronkerk, Architekten: T. F. Suys und J. van Straaten*
Adresse *Waterlooplein 205; S 9, 14 (Waterlooplein)* **R 5** → *S. 76*

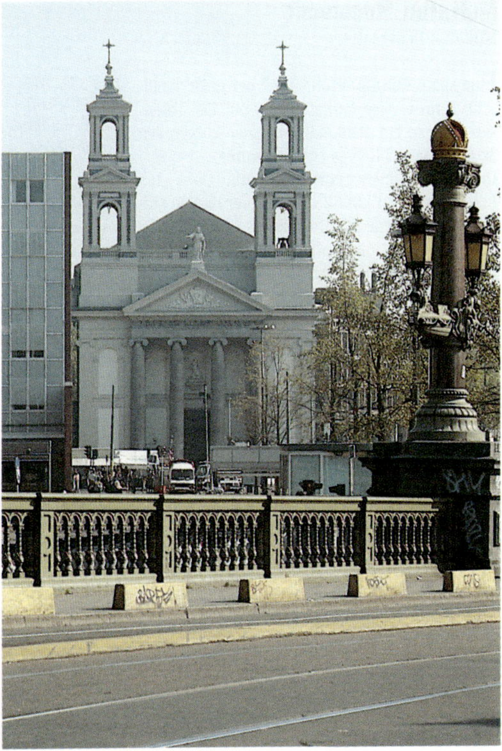

Multatuli Monument
Multatuli-Denkmal

Eine späte Ehrung erfuhr 1987 der niederländische Schriftsteller Multatuli, als auf der Torensluis-Brücke ein Denkmal mit einer übergroßen Skulptur seines Kopfes enthüllt wurde.

Zum 100. Todestag des Schriftstellers Multatuli (1820–1887) ehrte Amsterdam den lange Zeit geschmähten Sohn der Stadt mit einem Denkmal.

Unter dem Künstlernamen Multatuli (lat.: „Ich habe viel erlitten") veröffentlichte der 1820 in Amsterdam geborene Eduard Douwes Dekker bereits seinen Erstlingsroman, der heute zur Weltliteratur zählt: „Max Havelaar, of de koffieveilingen der Nederlandse handelsmaatschappij" („Max Havelaar oder Die Kaffeeversteigerungen der Niederländischen Handelsgesellschaft", 1860).

Mit 18 Jahren ließ sich Dekker im damaligen Niederländisch-Indien (heute Indonesien) nieder und machte Karriere im Verwaltungsapparat der Kolonie. Als er 1856 im Auftrag der Regierung den Machtmißbrauch des eingeborenen Regenten von West-Java untersuchte, kam es zu Auseinandersetzungen mit dem Gouverneur der Kolonie. Dekker reichte seine Entlassung ein und schrieb einen Roman über die skandalösen Praktiken beim Kaffeehandel. Allerdings konnte die Anklage gegen den niederländischen Kolonialismus zunächst nur zensiert erscheinen. Erst 13 Jahre später wurde das vollständige Werk publiziert und löste heftige Diskussionen aus.

Adresse *Torensluis Brug;* S 1, 2, 4, 5, 9, 13, 14, 16, 17, 24, 25 (Dam)
R 4 → *S. 74*

Multatuli

Munttoren
Münzturm

Der Munttoren verdankt seinen Namen einem eher nebensächlichen Ereignis: 1672/73, als Amsterdam für zwei Jahre das Münzrecht erhielt, wurden in dem schmalen Turm Münzen geprägt. Als Regulierstoren gehörte er ursprünglich zur alten Stadtmauer, die 1490 um die aufstrebende Handelsstadt gezogen worden war. Auch der Schreierstoren (S. 344) und die Waag auf dem Neumarkt (S. 416) dienten damals als Stadttore. Wegen des unerwartet schnellen Wachstums der Hafenstadt mußten die Stadtmauern immer wieder aufgebrochen werden. Der Regulierstoren verlor seine Funktion und verfiel.

Anfang des 17. Jh. wurde der klobige Ziegelbau nach Plänen von Hendrick de Keyser, von 1600 bis 1621 Stadtbaumeister Amsterdams, umgebaut. Er entwarf eine Turmspitze im Stil der sog. Holländischen Renaissance: Der runde Sockel erhielt einen achteckigen, reichverzierten Aufbau, der sich nach oben verjüngt und von einer Laterne abgeschlossen wird.

Der Munttoren im Hintergrund des belebten Muntplein, wo Kalverstraat, Rokin und Vijzelstraat zusammenlaufen.

Daten *1490 als Regulierstoren Teil der ersten Stadtmauer; 1619 achteckiger Aufbau* **Adresse** *Muntplein/Singel; S 4, 9, 14, 16, 24, 25 (Muntplein)* **R 6** → *S. 78* **R 9** → *S. 84*

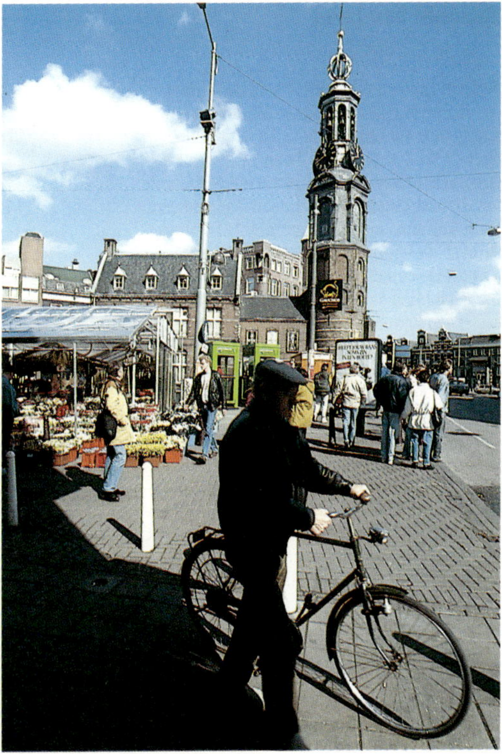

★ Museum Van Loon

Adriaan Dortsman baute 1671 an der verlängerten Keizersgracht im Auftrag eines flämischen Kaufmanns ein Grachtenhaus im Stil des Holländischen Klassizismus. Das Doppelwohnhaus verbirgt sich hinter einer kargen Sandsteinfassade mit Doppelpfeilern. Vier Statuen von Minerva, Mars, Vulcanus und Ceres auf der Dachbalustrade sind die einzigen dekorativen Elemente der ansonsten schmucklosen Vorderfront.

Der Rembrandt-Schüler Ferdinand Bol gehörte zu den ersten Bewohnern. Seinen Namen bekam das Patrizierhaus von der Familie van Loon, deren Vorfahren zu den Gründern der Vereinigten Ostindischen Compagnie gehörten. Seit 1884 besitzt die Familie das Grachtenhaus, das heute als Museum zugänglich ist.

Das Interieur ist weitgehend erhalten, Familienstammbäume und Porträts, Barock- und Rokokomöbel vermitteln einen Eindruck vom Alltagsleben des reichen Amsterdamer im 17. und 18. Jh. Als einziges historisches Haus der Stadt verfügt das Museum über einen schön angelegten Rokoko-Garten.

Das sog. Bemalte Zimmer im Museum van Loon.

Schlafzimmer und Wanduhr im Stil Louis XV.

Daten *1671 erbaut, Architekt Adriaan Dortsman* **Öffnungszeiten** *10–17 h, So 13–17 h* **Eintritt** *5 hfl* **Adresse** *Keizersgracht 672; S 16, 24, 25 (Keizersgracht)* **R 8** → *S. 82*

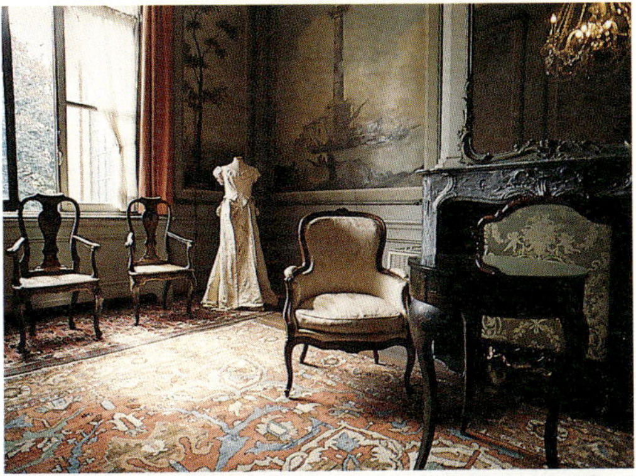

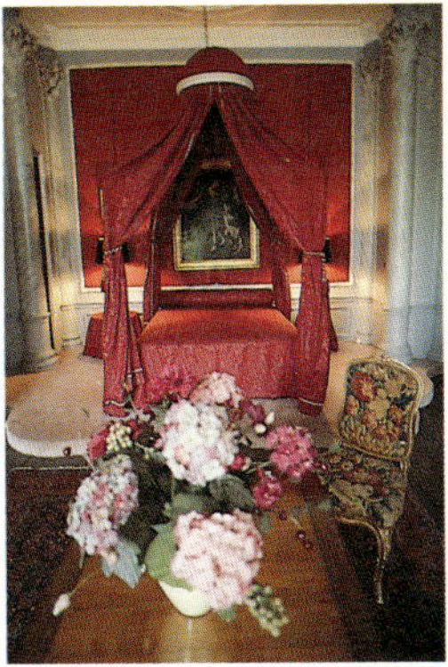

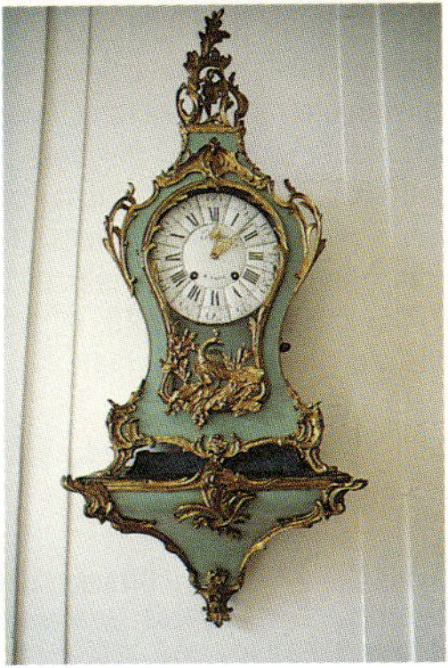

Museum Willet-Holthuysen

Seit 1896 ermöglicht das Museum Willet-Holthuysen einen Einblick in die Wohnkultur des 18. und 19. Jh. Es ist benannt nach den letzten Bewohnern, Abraham Willet und seiner Frau Louise Holthuysen. Sie vererbten das palastartige Doppelhaus nach ihrem Tod der Stadt. Möbel und Gemälde sowie eine Sammlung Delfter Porzellan und Keramik sind in dem ehemaligen Privathaus zu bewundern.

Durch den traditionellen Lieferanteneingang unterhalb der Treppe betritt der Besucher das Museum.

Das prachtvolle Portal mit der Doppeltreppe zeugt davon, daß das Grachtenhaus als Stadtresidenz erbaut wurde. Die auffällige Zurückhaltung bei der Giebelgestaltung setzt sich im Inneren des Hauses in der eher nüchternen Ausstattung fort: Die Zimmer sind im kargen Stil Ludwigs XVI. eingerichtet. Eine Ausnahme inmitten des unterkühlten Dekors ist das luxuriöse „Blaue Zimmer" mit Blick auf die Herengracht.

Porträts aus dem 18. Jh. schmücken das „Rote Zimmer".

Den Garten ließ die Museumsleitung im Stil des französischen Baumeisters Daniel Marot (1663–1752) anlegen, der im 18. Jh. zahlreiche Gärten für den Adel entworfen hatte.

Daten *Um 1740 erbaut* **Öffnungszeiten** *Tägl. 11–17 h; 1. 1. geschl.*
Eintritt *2,50 hfl* **Adresse** *Herengracht 605; S 4, 9, 14 (Rembrandtplein)*
R 3 → *S. 72*

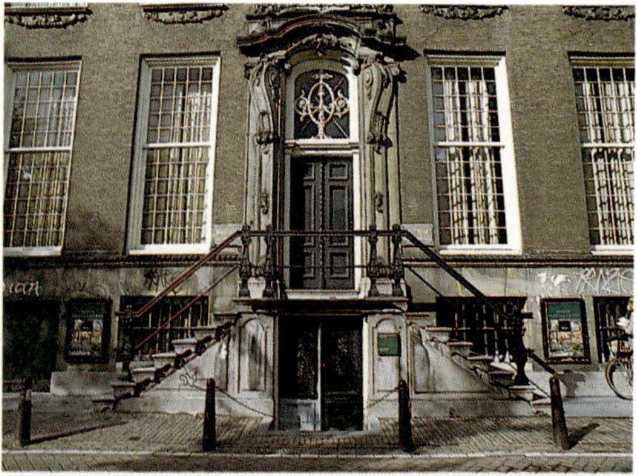

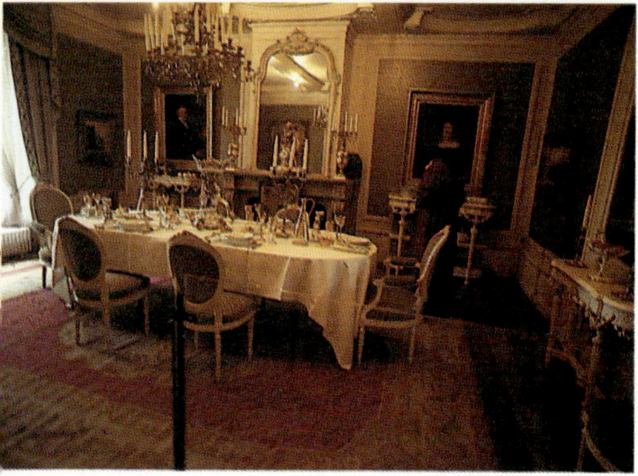

★ Nieuwe Kerk (1)
Neue Kirche

Seit 1814 dient die Nieuwe Kerk als Krönungskirche des Hauses Nassau-Oranien. Gottesdienste finden in der Kirche allerdings schon lange nicht mehr statt: Das Gotteshaus wurde in ein Kulturzentrum umgewandelt und bietet nun Raum für die jährliche World-Press-Photo-Ausstellung, besondere Kunst- und Antiquitätenausstellungen sowie für Konzerte. Eine Buchhandlung und ein Café komplettieren das Angebot.

Blick vom Dam auf den Eingang der Nieuwe Kerk, die Nationalkirche der Niederlande.

Die Nieuwe Kerk ist die zweitälteste Kirche Amsterdams. 1408 erlaubte der Bischof von Utrecht den Bau einer zweiten Pfarrkirche neben der bereits bestehenden Oude Kerk (S. 288). Erst 1514 war die gotische Basilika fertiggestellt.
Während der religiösen Unruhen im 16. Jh. wechselte die Kirche ihre Besitzer: Die seit 1578 regierenden Calvinisten entfernten alle Zeichen des Papsttums und brachen die 34 Altäre der Kirche ab. Zum wiederholten Mal wurde die Kirche 1645 durch einen Brand vernichtet, doch in nur drei Jahren wieder aufgebaut. ▶

Daten *1408 Baubeginn; 1421 und 1452 Zerstörung durch Brände; 1514 Abschluß der Bauarbeiten* **Öffnungszeiten** *Mo–Sa 11–16 h, So 12–17 h* **Adresse** *Dam; S 1, 2, 4, 5, 9, 13, 14, 16, 17, 24, 25 (Dam)* **R 4** → *S. 74*

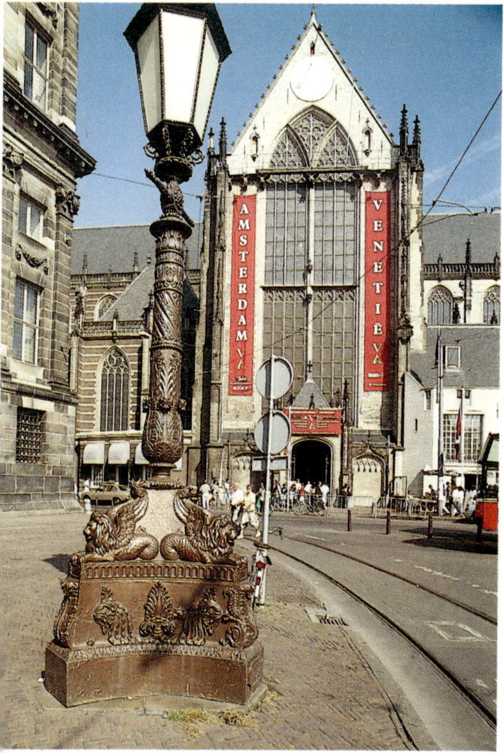
AMSTERDAM
VENETIË

★ Nieuwe Kerk (2)
Neue Kirche

Die unmittelbare Nachbarschaft zum Rathaus (S. 234) sorgte für ehrgeizige Baupläne: Der Turm an der Westseite der Nieuwe Kerk sollte das benachbarte weltliche Gebäude überragen. Der Plan wurde jedoch nach Ausbruch des Englisch-Holländischen Krieges (1652) fallengelassen. Statt dessen wurde nur ein kleines Türmchen auf das Dachkreuz gesetzt, in dem François Hemony drei kleine Glocken unterbrachte.

Die Nieuwe Kerk erhielt ihre heutige Form Ende des 15. Jh.

Eines der Prunkstücke im Innern der Kirche ist die Orgel, deren Gehäuse Jacob van Campen 1645 entwarf. Auf der prächtigen Barockkanzel (1649) von Albert Vinckenbrinck sind die vier Evangelisten zu erkennen sowie Figuren, die Glaube, Liebe, Hoffnung, Gerechtigkeit und Vorsicht symbolisieren. Niederländische Seehelden (Admiral Michael Adriaensz. de Ruyter, Jan van Galen) und Dichter (Joost van den Vondel, Pieter Cornelisz. Hooft) fanden in der Nieuwe Kerk ihre letzte Ruhestätte.

Die Glasfenster zeigen Episoden aus der niederländischen Geschichte, beispielsweise im Königsfenster die Krönung von Königin Wilhelmina (1898). Der Inthronisation der niederländischen Königin Beatrix verdankt die Nieuwe Kerk ihr gegenwärtiges Gesicht: Die Restaurierungsarbeiten wurden pünktlich zu den Krönungsfeierlichkeiten am 30. 4. 1980 abgeschlossen.

CITY GUIDE PLAN

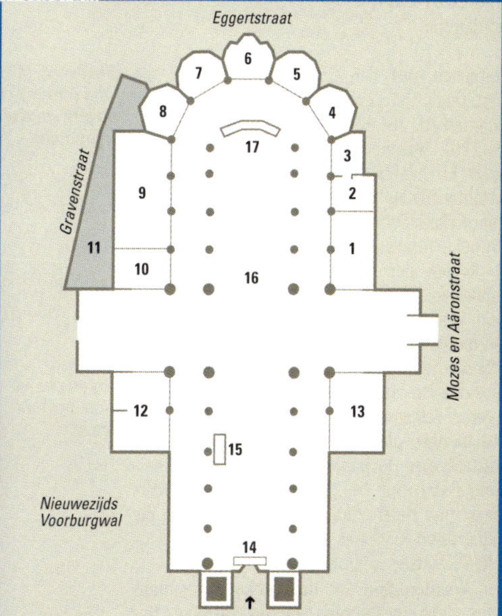

Eggertstraat

Gravenstraat

Mozes en Aäronstraat

Nieuwezijds Voorburgwal

1 Schützenkapelle
2 Eggert-Kapelle
3 Kapelle Unsere Liebe Frau von den Sieben Betrübnissen
4 Verbergen-Kapelle
5 Meeus-Kapelle
6 Maurerkapelle
7 Boelens-Kapelle
8 Tuchwirkerkapelle
9 Heiligkreuzkapelle
10 Liebfrauenkapelle
11 Diakoniehaus
12 Alter Heiligkreuzchor
13 Haus des Schulhauptlehrers
14 Große Orgel
15 Kanzel
16 Chorgitter
17 Grabmal des Admirals M. A. de Ruyter

© Harenberg

277

Noorderkerk
Nordkirche

Zeitgleich mit der Grundsteinlegung für die Westerkerk (S. 428) begann 1620 der Bau der Noorderkerk am Rande des Stadtviertels Jordaan (S. 226). Während die Westerkerk als repräsentative Kirche für die vornehmen Bewohner des Grachtengürtels geplant wurde, stand bei der Noorderkerk Schlichtheit im Vordergrund.

Bereits seit 1623 wird vor der Noorderkerk ein Markt veranstaltet.

Für beide Kirchen legte Stadtbaumeister Hendrick de Keyser, der auch die Zuiderkerk (S. 448) entworfen hatte, einen Plan vor. Doch starb er bald, und die Noorderkerk wurde von Stadtzimmermeister Hendrik Jacobsz. Staets vollendet. Er ergänzte den ursprünglichen Entwurf um die charakteristische Holzkappe.

Historische Ansicht der Nordkirche.

An einer Außenwand der Kirche befindet sich eine Gedenktafel, die an die mutige Tat Hunderter Amsterdamer Dockarbeiter erinnert: Sie versammelten sich am 24. 2. 1941 auf dem Noordermarkt und riefen zum Streik auf, um gegen die Deportation jüdischer Mitbürger durch die deutschen Besatzer zu protestieren.

Der Noordermarkt vor der Kirche ist montags Schauplatz eines bunten Marktes, samstags findet der Vogel- und Kleintiermarkt statt.

Adresse *Noorderkerkstraat; S 13, 14, 17 (Westermarkt)* **R 2** → *S. 70*

NOORDER KERCK.

Normaal Amsterdams Peil
Normaler Amsterdamer Wasserstand

In der Glaspassage der Stopera (S. 366) verdeutlicht ein 25 m langes Modell, daß das „waterland" (Wasserland) Niederlande zu großen Teilen unterhalb des Meeresspiegels liegt. Die Messung des Wasserstandes gehört deshalb zu den lebenswichtigen Vorsichtsmaßnahmen nicht nur für Amsterdam, sondern für das ganze Land.

Seit rd. 400 Jahren gibt der Normaal Amsterdams Peil (NAP) den mittleren Wasserstand der Nordsee an. Die originale Meßmarke liegt unter dem Pflaster des Dam vor dem Königlichen Palais.

Die Meßwerte des NAP wurden seit dem 19. Jh. zunächst von einzelnen deutschen Ländern als Normalnull, d. h. als Ausgangswert für Höhenmessungen und Höhenangaben, anerkannt. Heute wird der NAP von Geographen und Landvermessern aus 13 europäischen Ländern als Bezugspunkt genutzt.

Neben dem jeweils aktuellen Wasserstand der Nordsee zeigen die Marken der Säule auch den Flutpegel während der letzten Hochwasserkatastrophe in den Niederlanden an: Am 1. 2. 1953 verzeichnete man 4,50 m über NAP.

Auf einer Wassersäule in der Passage ist das sog. Normalnull abzulesen.

R 6 → *S. 78*

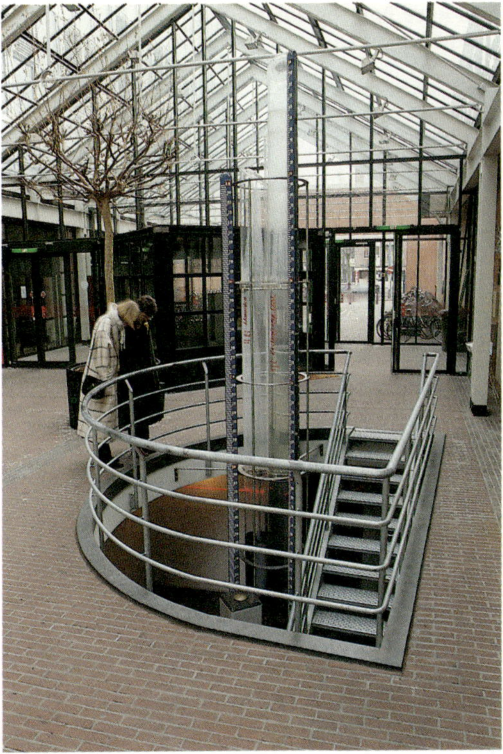

★ Ons lieve heer op zolder (1)
„Unser lieber Herr auf dem Speicher"

Im Oudezijds Voorburgwal verbirgt sich hinter der unauffälligen Fassade des Grachtenhauses Nr. 40 eine der kuriosen Geheimkirchen, die im 17. Jh. in der niederländischen Hauptstadt entstanden. Ebenso wie zwei benachbarte Hinterhäuser am Heintje Hoeksteeg wurde das Haus im Auftrag des katholischen Kaufmanns Jan Hartmann so entworfen, daß über den Wohn- und Schlafräumen eine sog. Schlupfkirche eingerichtet werden konnte.

Eine private Stiftung renovierte 1888 das Gebäude mit der Geheimkirche und richtete das Museum Amstelkring ein.

Nach dem Sieg der Reformation (1578) hatten die Calvinisten Gottesdienste anderer Glaubensrichtungen verboten. Juden und Katholiken mußten ihre Messen jahrzehntelang unter strengster Geheimhaltung veranstalten. Ende des 17. Jh. gab es bereits 20 versteckte Kirchen, und ihre Zahl stieg im 18. Jh. auf über 60. Solange sie nicht öffentlich sichtbar waren, duldete der Magistrat der Stadt die illegalen Gotteshäuser.

Fast alle der oft überraschend großzügig ausgestatteten Schlupfkirchen verschwanden mit der wachsenden religiösen Toleranz im 19. Jh.: Nur die im Volksmund als „Ons lieve heer op zolder" („Unser lieber Herr auf dem Speicher") bekannte Dachkirche blieb erhalten. ▶

Öffnungszeiten *Mo–Sa 10–17 h, So 13–17 h* **Eintritt** *3,50 hfl*
Adresse *Oudezijds Voorburgwal 40; S 4, 9, 16, 24, 25 (Dam)*
R 4 → *S. 74*

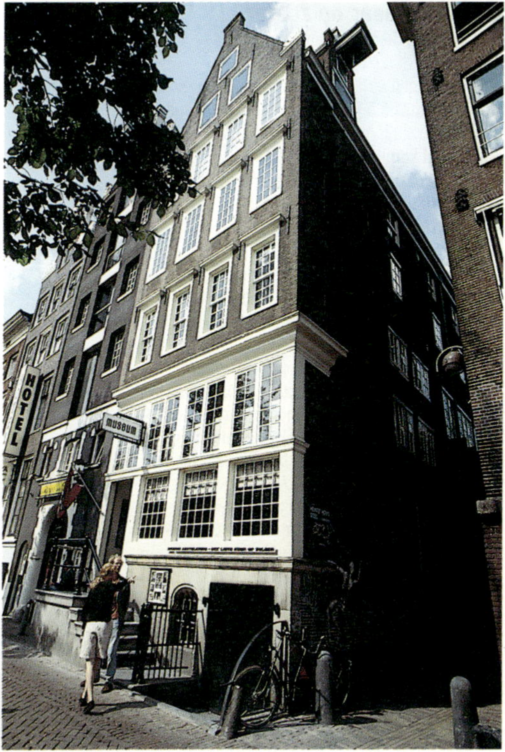
HOTEL
museum

★ Ons lieve heer op zolder (2)
„Unser lieber Herr auf dem Speicher"

Die Gläubigen erreichten die versteckte Kirche durch Privaträume und die Küche. Von erfinderischer Not zeugt auch die Schlupfkirche selbst: Die Kanzel konnte eingeklappt werden, die Dachluke wurde als Fluchtweg konzipiert. Selbst bei genauem Studium des Grundrisses ist der große zweistöckige Kirchenraum des Hauses nicht ohne weiteres auszumachen.

Die weiträumige Speicherkirche wird von einem Barockaltar mit drehbarem Tabernakel geschmückt.

Für das 1888 eingerichtete Museum Amstelkring wurde das Gebäude mit viel Liebe zum Detail renoviert. Einen guten Eindruck des großbürgerlichen Alltagslebens im „goldenen" 17. Jh. vermittelt ein Rundgang durch die Wohnräume.

Der reichverzierte Prachtsaal ist ein typisches Beispiel für den Baustil des holländischen Klassizismus: Strenge Symmetrie (Verhältnis Länge zu Höhe 1,5:1) sowie Anleihen bei der italienischen Renaissance bestimmen die Ausschmückung des Raumes. Die italienischen Baumeister Palladio, Vignola und Scamozzi galten als Vorbilder dieser klassischen Raumordnung und der vielfältigen Verwendung von Säulen: Korinthische Pilaster schmücken den Wandschrank, gedrehte Säulen den Kaminvorsprung.

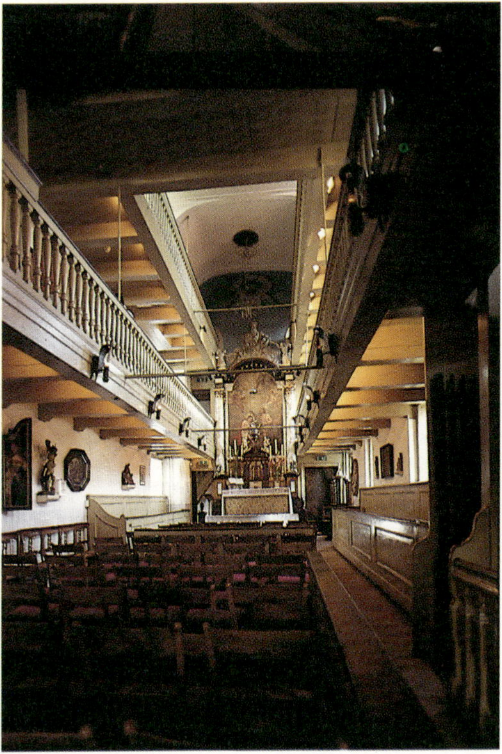

Oostindisch Huis
Ostindisches Haus

Den Schiffen von Kapitän Jacob van Neck, die 1599 aus Ostindien zurückkehrten, bereitete die Amsterdamer Bevölkerung einen großen Empfang. Zwar hatte bereits vier Jahre zuvor eine Handelsflotte von vier Schiffen unter Kapitän Cornelis Houtman die Route erschlossen, doch war es ihr nicht gelungen, Handelsbeziehungen aufzubauen. 1597 kehrte die Flotte mit dezimierter Besatzung nach Amsterdam zurück. Erst die Expedition van Necks war erfolgreich.

Innenhof des ehemaligen Ostindischen Hauses, das heute im Besitz der Universität von Amsterdam ist.

Im Jahr 1602 vereinigten sich die niederländischen Reeder in der einflußreichen Vereinigten Ostindischen Compagnie (VOC), der im 17. und 18. Jh. zahlreiche Kolonien gehörten. Die Stadt Amsterdam wurde größter Aktionär und Hauptsitz der Gesellschaft.

Historische Ansicht des Ostindischen Hauses aus dem 17. Jh.

Der Bau des Oostindisch Huis an der Oude Hoogstraat (1605) wird Hendrick de Keyser zugeschrieben. Auffallend an dem Gebäude ist die Dachkrone, die aus einem Ensemble von schwingenden Voluten und einem abschließenden Balustradengiebel besteht. Auch dem Eingang schenkte de Keyser viel Aufmerksamkeit: Runde Fenster und Voluten verzieren das Tor.

Adresse *Oude Hoogstraat 24; U 51 (Nieuwmarkt)*

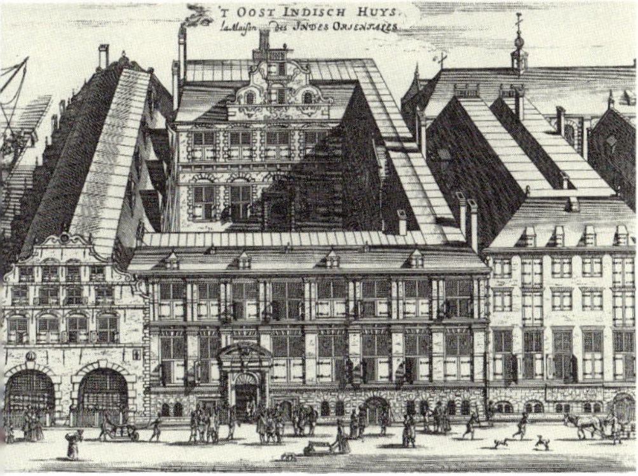

'T OOST INDISCH HUYS.
La Maison des Indes Orientales

★ Oude Kerk (1)
Alte Kirche

Aus der Sicht eines Kartographen veränderte sich das Stadtbild während des 15. Jh. kaum: An der Mündung der Amstel in das Ij beherrschte der Hafen den Zugang zur Stadt. Die Bebauung in Amstelledamme entlang der natürlichen und künstlich angelegten Wasserstraßen war dichter als an den schmalen Wegen zwischen den Grachten. Aus dem typischen Stadtbild einer niederländischen Küstenstadt ragte nur ein Gebäude hervor: Die Oude Kerk (1306).

Zwischen 1955 und 1979 wurde die Oude Kerk für 26 Mio Gulden renoviert.

Religiöse Auseinandersetzungen prägen die Geschichte des ältesten Gebäudes der Stadt. Als beim sog. Bildersturm von 1566 alle katholischen Kirchen und Klöster schwer beschädigt wurden, blieb auch die Oude Kerk nicht unversehrt. Nur die Deckengemälde überstanden die Verwüstungen. Nachdem die Calvinisten die Kirche nach der Reformation (1578) in ihren Besitz gebracht hatten, verschwanden die restlichen Heiligenbilder und Altäre. Im 17. Jh. wurde das Kircheninnere renoviert: Zwei Orgeln und eine neue Kanzel wurden errichtet.

Nach zahlreichen An- und Umbauten präsentiert sich der Grundriß der Oude Kerk seit dem 16. Jh. in der heutigen Form.

Heute wird die Oude Kerk für Orgelkonzerte und Ausstellungen genutzt. ▶

Öffnungszeiten *Oude Kerk: Mo–Sa 11–17 h, So 13–17 h; Oudekerktoren: 1. 7.–15. 9.: Mo und Do 14–17 h, Di und Mi 11–14 h* **Eintritt** *Oude Kerk: 3,50 hfl; Oudekerktoren: 1 hfl* **Adresse** *Oudekerksplein 23; S 4, 9, 16, 24, 25 (Dam)* **R 4** → *S. 74*

CITY GUIDE PLAN

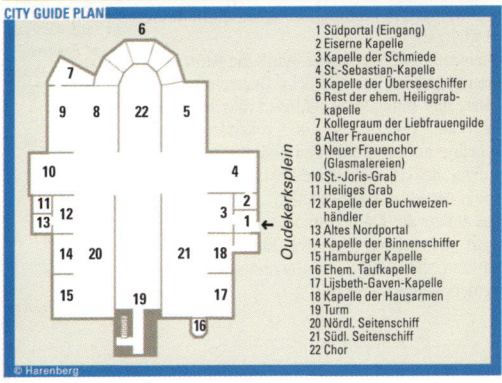

Oudekerksplein

1. Südportal (Eingang)
2. Eiserne Kapelle
3. Kapelle der Schmiede
4. St.-Sebastian-Kapelle
5. Kapelle der Überseeschiffer
6. Rest der ehem. Heiliggrabkapelle
7. Kollegraum der Liebfrauengilde
8. Alter Frauenchor
9. Neuer Frauenchor (Glasmalereien)
10. St.-Joris-Grab
11. Heiliges Grab
12. Kapelle der Buchweizenhändler
13. Altes Nordportal
14. Kapelle der Binnenschiffer
15. Hamburger Kapelle
16. Ehem. Taufkapelle
17. Lijsbeth-Gaven-Kapelle
18. Kapelle der Hausarmen
19. Turm
20. Nördl. Seitenschiff
21. Südl. Seitenschiff
22. Chor

© Harenberg

289

★ Oude Kerk (2)
Alte Kirche

Die Baugeschichte der Oude Kerk umfaßt drei Jahrhunderte. Von Archäologen wird der Baubeginn auf Ende des 13. Jh. geschätzt. Auf einem bis dahin als Friedhof genutzten Gelände entstand eine schmale Basilika mit einer Länge von 40 m. Schon bald war die Pfarrkirche jedoch zu klein. Nach der Verleihung der Stadtrechte an die Siedlung Amsterdam Ende des 13. Jh. hatte die Bevölkerung rasch zugenommen. 1340 mußte die Oude Kerk erweitert werden.

Die Basilika wurde zu einer dreischiffigen Hallenkirche umgebaut und das Mittelschiff mit einem langgestreckten Chor ergänzt. 1380 entstanden die verlängerten Seitenschiffe sowie der halbrunde Chorgang.

Querschiffe sollten dem Grundriß die Form eines Kreuzes geben. Das nördliche Querschiff wurde 1380, das südliche – behindert durch Brände 1421 und 1452 – erst 1460 vollendet. Seitenkapellen an der Nord- und Südseite setzten zu Anfang des 16. Jh. einen vorläufigen Schlußpunkt der Um- und Ausbauten.

Das Äußere der Kirche veränderte sich im 18. Jh. noch ein weiteres Mal. Ein Ring von kleinen Häusern, die heute als Privatwohnungen genutzt werden, wurde angebaut.

Frühe Ansicht der Oude Kerk (o. J.).

Das Mittelschiff der Oude Kerk auf einem Aquarell von Hubert Pieter Schouten (1747–1822).

DE OUDE KERCK.

Oudemanhuis
Männeraltenheim

Das Oudemanhuis war der erste in einer Reihe von Sozialbauten, die nach 1750 entstanden. Entgegen seinem Namen lebten sowohl Männer als auch Frauen im „Männeraltenheim".
Der Gebäudekomplex besteht aus vier Flügeln um einen fast quadratischen Innenhof. Die Eingänge werden durch dreieckige Giebelbögen hervorgehoben. Im Giebelfeld des nördlichen Flügels ist das Stadtwappen Amsterdams eingelassen.
Die Zugänge zum Oudemanhuis, die Oudemanhuisportjes, gehören zu den ältesten Toren der Stadt. In die Giebelverzierung des Portals am Oudezijds Achterburgwal (1754) ist das Emblem einer Brille eingelassen, um an das Alter zu erinnern. Das Tor am Kloveniersburgwal (1786) zeigt zwei Skulpturen früherer Heimbewohner.
Der Arkadengang zum Innenhof des ehemaligen Oudemanhuis, der seit seiner Entstehung als Geschäftsgalerie für Buchhändler, Antiquare, Gold- und Silberschmiede gedient hatte, verfiel im 19. Jh. Erst als die Universität von Amsterdam 1876 die Gebäude übernahm, erwachte auch die Passage zu neuem Leben.

Der Innenhof des ehemaligen Oudemanhuis hat sich zu einem reizvollen Mini-Campus entwickelt, seit die Gebäude von der Amsterdamer Universität genutzt werden.

Durch die Oudemanhuisportjes erreicht man den Arkadengang, der Oudezijds Achterburgwal und Kloveniersburgwal verbindet.

Daten *1754 erbaut, Architekt Pieter Rendorp* **Adresse** *Kloveniersburgwal 72; S 4, 9, 14, 16, 24, 25 (Muntplein)*

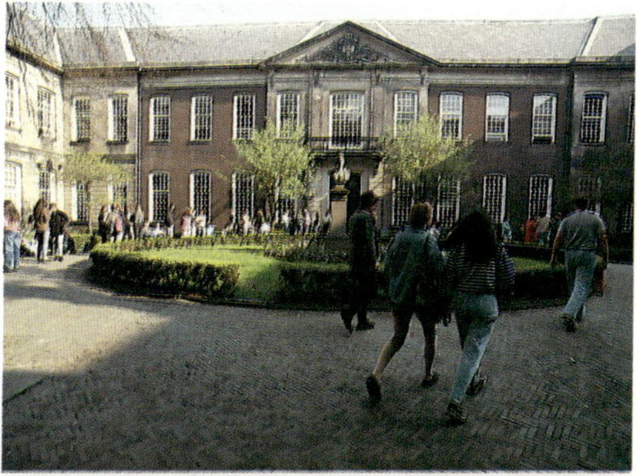

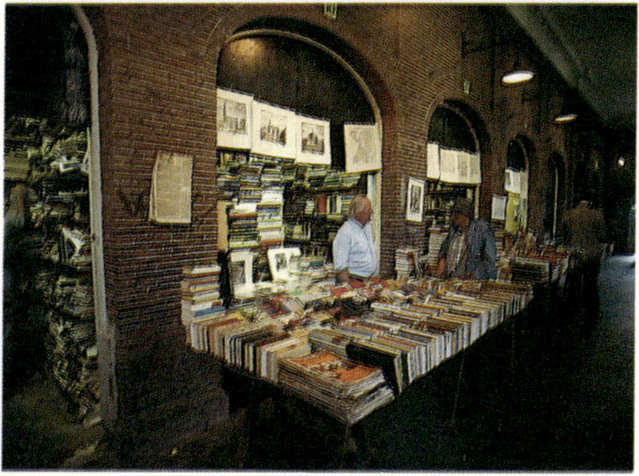

Paleis aan de Laan

Wohl nur die Gewerkschaft der Diamantenarbeiter konnte es sich zu Anfang dieses Jahrhunderts leisten, ihre Interessen von einem Palast aus zu vertreten: Das Paleis aan de Laan weist viele Gemeinsamkeiten mit einem italienischen Palazzo auf und ist ebenso eindrucksvoll.

Im Paleis aan de Laan wurde 1991 ein Gewerkschaftsmuseum eröffnet.

Amsterdam entwickelte sich ab dem 17. Jh. zum Zentrum des Diamantenhandels. Bis zur Weltwirtschaftskrise im Jahr 1929 konnte die Stadt ihre führende Position trotz der Konkurrenz mit Antwerpen behaupten. Um die Jahrhundertwende gehörten die etwa 10 000 Beschäftigten der Diamantenindustrie zu den bestbezahlten Arbeitskräften in Europa.

Das Selbstbewußtsein der Facharbeiter drückte sich auch in dem 1899/1900 von Hendrik Petrus Berlage entworfenen Gewerkschaftshaus aus: Mit dem Paleis aan de Laan vollzog der Architekt – wie auch mit der Koopmansbeurs (S. 238) – einen radikalen Bruch mit der herrschenden Architekturauffassung, die durch Stilmischung gekennzeichnet war. Streng vertikale Elemente bei den Fenstern, Zierbändern und dem Dachgesims erinnern an die italienische Renaissance. Der monumentale Charakter des Eingangs wird durch einen Turm noch verstärkt.

Öffnungszeiten *Tägl. außer Mo, 11–17 h, So ab 13 h*
Adresse *Henri Polaklaan 9; S 7, 9, 14 (Plantage Kerklaan)* **R 7** → *S. 80*

295

Paradiso

Als Zentrum der Flower-Power-Bewegung erlangte das Paradiso Ende der 60er Jahre internationale Bekanntheit. Die ästhetische Devise der Rolling Stones, „Paint it black", wurde bei der Gestaltung des Gebäudes in die Tat umgesetzt: Der schwarze Anstrich verstärkte die Mystifizierung des Kulturzentrums.

Der freie Verkauf von Hasch sowie die psychedelische Musik führten dazu, daß das Paradiso als „satanische Gegenkultur" verrufen war. Mit den Jahren konnte sich das Kulturzentrum jedoch etablieren.

Der große Saal des Hauses, unschwer als ehemaliger Kirchenraum zu erkennen, wurde zu einer begehrten Bühne für musikalische Newcomer. Viele Musiker traten hier zu Beginn ihrer Karriere auf. Das Publikum im Paradiso schien ein guter Gradmesser dafür zu sein, was und wer in Europa Erfolg haben könnte.

In den letzten Jahren weitete das Kulturzentrum sein Angebot über die Musikveranstaltungen hinaus aus: Vortragsreihen in Zusammenarbeit mit dem Goethe-Institut und aktuelle Diskussionen über politische und kulturelle Ereignisse wurden ins Programm aufgenommen.

Der Schriftzug über dem Eingangsportal des Paradiso weist darauf hin, daß das Gebäude früher als Kirche der Vrije Gemeente (Freien Gemeinde) diente.

Daten *1878 erbaut, Architekten: G. B. Salm und A. Salm* **Adresse** *Weteringschans 6–8; S 1, 2, 5, 6, 7, 10 (Leidseplein)* **R 9** → *S. 84*

297

P. C. Hooftstraat

Seit jeher haben die Niederländer ein zwiespältiges Verhältnis zum Luxus: Vor allem die ältere Generation hat immer noch Skrupel, den Reichtum zur Schau zu stellen, über den die Mitglieder einer der größten Industrienationen zweifellos verfügen. Daher war Amsterdam schlecht auf das steigende Bedürfnis der sog. Yuppies nach eleganten Geschäften vorbereitet. Im Vergleich mit anderen europäischen Metropolen blieb die Stadt lange ein Nachzügler auf dem Gebiet des gehobenen Lebensstils: Das Manko an Pracht- und Flanierstraßen wurde zum Gespött.

Nach und nach hat die P. C. Hooftstraat der Kalverstraat den Rang der ersten Adresse abgelaufen. Städtische Maßnahmen begleiten die Aufwertung der P. C. Hooftstraat, in der Luxusartikel aller Art erhältlich sind. Das Modeangebot internationaler Designer bestimmt das allgemein hohe Preisniveau in den Geschäften.

Ein Besuch in der Patisserie Oldenburg sollte den Einkaufsbummel beschließen. Hier kann man bei einer Tasse Kaffee und den vorzüglichen Pralinen aus eigener Herstellung verschnaufen.

Schaufenstergestaltung in der teuersten Einkaufsmeile der Stadt, der P. C. Hooftstraat.

Geschäftszeiten *Mo 13–18 h, Di–Mi, Fr 9–18 h, Do 9–21 h, Sa 9–17 h; S 2, 3, 5, 12 (Constantijn Huygensstraat)* **R 10** → *S. 86*

299

Pentagon

Um 1970 schien das Ende des Viertels zwischen Nieuwmarkt und Waterlooplein bevorzustehen: Der Metro-Bau und die geplante Verbreiterung der Straßen drohten die Atmosphäre des übersichtlich angelegten Wohnviertels an der Antoniesbreestraat vollständig zu verändern.

Eine Ecke des Pentagon-Gebäudes mit großzügiger Fensterfront.

Erst nach massivem Protest der Bewohner und durch das Engagement der Architekten van Eyck und Bosch gab die Gemeinde einem älteren Bebauungsplan den Vorzug. Dieser sah die Rückverwandlung des Bezirks in ein attraktives Wohnviertel mit kleinen Geschäftspassagen und Handwerksbetrieben vor.

Der fünfeckige Gebäudekomplex Pentagon stellt im Rahmen dieses Bebauungsplans den interessantesten Neubau dar. Das Gebäude mit seiner auffälligen Fensterfront paßt sich dem Grundstücksverlauf, der durch Grachten und Straßen vorgegeben ist, optimal an.

Die 88 Wohnungen im Pentagon haben alle Zugang zu einem italienisch anmutenden Innenhof, dem ehemaligen Friedhof der angrenzenden Zuiderkerk (S. 448). Geschickt wird in diesem begrünten Refugium ein Lüftungsschacht der Metro durch einen Wasserfall verborgen.

Daten *1975–83 erbaut, Architekt Th. J. Bosch* **Adresse** *Sint Antoniesbreestraat/Zandstraat; U 51 (Nieuwmarkt)* **R 5** → *S. 76*

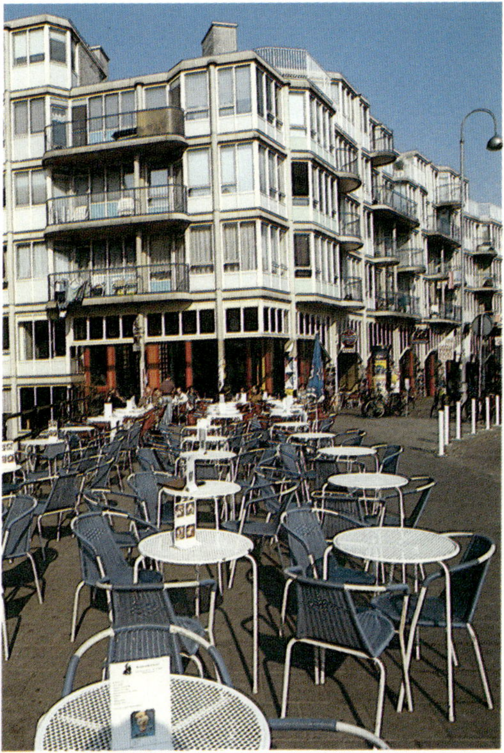

Pintohuis
Pintohaus

Der jüdische Kaufmann Isaak de Pinto gab dem Haus an der St. Antoniesbreestraat, das er 1651 erwarb, seinen Namen. Er war einer der zahlreichen Flüchtlinge aus Antwerpen, die in Amsterdam Zuflucht vor der Inquisition suchten.

Seit 1977 wird das Pintohuis als öffentliche Bibliothek genutzt.

Der spektakuläre Umbau des Hauses (1671) war Stadtgespräch: Die Fassade wurde mit sechs Pilastern verziert, das Innere des Hauses mit aufwendigen Dekorationen und Deckengemälden ausgestattet. Im überwiegend armen Judenviertel entstand damals die Redewendung „So reich sein wie Pinto".

Der klassizistische Bau ist eines der wenigen Gebäude im ehemaligen Judenviertel, das während der deutschen Besatzung (1940–45) nicht beschädigt wurde. Als das Pintohuis in den 70er Jahren wegen des Metro-Baus abgerissen werden sollte, kam es zu heftigen Protesten. Die Stadtplaner, die ursprünglich die St. Antoniesbreestraat zu einer vierspurigen Schnellstraße ausweiten wollten, lenkten ein. Das Pintohuis blieb erhalten.

Daten *1602 erbaut; 1671 Umbau durch Architekt Elias Bouwman; Renovierung 1977* **Adresse** *Sint Antoniesbreestraat 69; U 51 (Nieuwmarkt)* **R 5** → *S. 76*

303

Port Rasphuis
Eingangstor Rashaus

Im Jahr 1596 baute die Gemeinde Amsterdam das erste Armenarbeitshaus Europas. Das Rasphuis entstand im ehemaligen Clarissenkloster am Heiligeweg. Durch Arbeit sollten hier Bettler und Kriminelle resozialisiert und aus der Armut befreit werden, die nach calvinistischer Auffassung selbstverschuldet ist.

Ein Spruch Senecas ergänzt die Allegorie am Port Rasphuis: „Es ist tugendsam, das zu bändigen, was jeder fürchtet."

Religiöse Belehrung gehörte im Rasphuis ebenso wie im Armenarbeitshaus für Frauen, dem Spinhuis, zum Erziehungsprozeß. Während die Männer Hartholz schälten, das die Amsterdamer Färbereien benötigten, zwang man die Frauen zum Dauerspinnen. Besucher konnten ihnen gegen ein Entgelt zuschauen.

Die Arbeitshäuser wurden zum Vorbild. Statt körperlicher Züchtigung wurde hier erstmals das Konzept der „Strafe als Erziehung" angewandt. Zudem waren die Arbeitshäuser billige Zulieferbetriebe für die Amsterdamer Textilindustrie.

Das Spinhuis, das im gleichen Jahr wie das Rasphuis auf dem Oudezijds Achterburgwal entstand, brannte 1640 völlig aus. Vom Rasphuis ist heute nur noch das Portal erhalten. Im Giebelfeld stellt eine Allegorie die Zähmung wilder Tiere und zwei gefesselte Männer dar.

Daten *Rasphuis 1596 erbaut, Architekt wahrscheinlich Hendrick de Keyser; Portal 1603* **Adresse** *Heiligeweg 19; S 1, 2, 4, 5, 9, 14, 16, 24, 25 (Spui)* **R 9** → *S. 84*

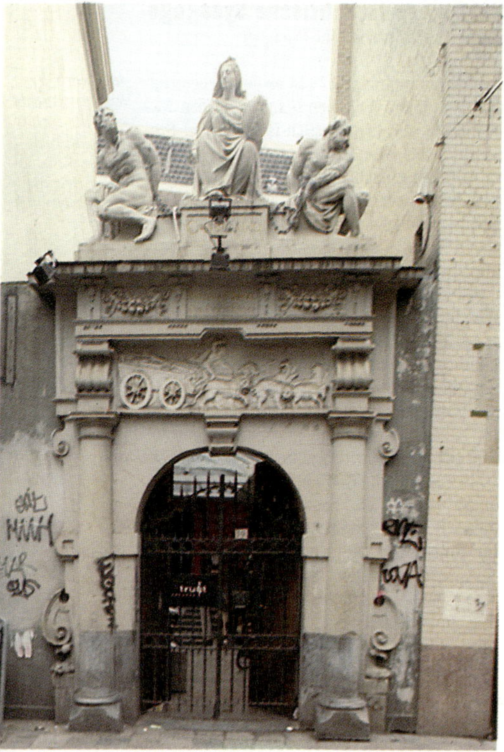

Portugees Israëlitische Synagoge
Portugiesisch-Israelitische Synagoge

Seit der Einweihung 1675 ist an dem bedeutendsten Monument jüdischen Glaubens in den Niederlanden, der Portugiesisch-Israelitischen Synagoge, nichts verändert worden. Erst 1991, mehr als 300 Jahre nach ihrer Fertigstellung, begannen Restaurierungsarbeiten, die dieses Gotteshaus wieder zu jenem „Tor des Himmels" gemacht haben, als das es einst entstanden war.

Auch nach der Renovierung gibt es in der Portugiesisch-Israelitischen Synagoge weder Heizung noch Elektrizität.

Der Niedergang der ehemals einflußreichen portugiesisch-israelitischen Gemeinde hängt eng mit dem Terror gegen die Juden während der deutschen Besatzung (1940–45) zusammen. Heute zählt die Gemeinde nur noch 600 Mitglieder, gegenüber 4500 Gläubigen vor dem Krieg.

Die rechteckige Synagoge wird durch ionische Säulen in drei Schiffe unterteilt.

Die Nachfahren der Sepharden, die Ende des 16. Jh. aus Portugal und Spanien nach Amsterdam flüchteten, stritten jahrelang um staatliche Zuschüsse für die Erhaltung der Synagoge: 4 Mio Gulden tragen die Niederlande bei, 3,3 Mio Gulden sollen durch Spenden erbracht werden.

Im Unterschied zu den osteuropäischen und deutschen Juden der benachbarten Hochdeutschen Synagoge konnten sich die Sepharden in das Amsterdamer Bürgertum integrieren. Sie waren angesehene Kaufleute, die wesentlich zum Reichtum der Stadt beitrugen.

Daten *1675 erbaut, Architekt Elias Bouwman* **Adresse** *Mr. Visserplein 1–3; S 9, 14 (Mr. Visserplein)* **R 5** → *S. 76*

307

★ Rembrandthuis (1)
Rembrandthaus

Angezogen vom künstlerischen Leben der Weltstadt mit zahllosen Kunsthändlern und -sammlern zog Rembrandt van Rijn 1631 nach Amsterdam. Der begabte Maler war schon bald erfolgreich und genoß großes Ansehen. Gemeinsam mit seiner Frau Saskia, die er 1634 geheiratet hatte, bezog Rembrandt das Haus Nr. 6 an der damaligen Hauptstraße des Judenviertels. Als erstes Haus der Stadt war es mit einem dreieckigen Giebelfeld geschmückt. Nach Plänen von Jakob van Campen, dem Baumeister des Königlichen Palastes, wurde das Gebäude 1633 stark verändert und erhielt sein heutiges Aussehen.
Reiche sephardische Kaufleute, aber auch der jüdische Philosoph Baruch de Spinoza lebten in Rembrandts Nachbarschaft. Der künstlerische Erfolg des Malers wurde durch zahlreiche Aufträge bestätigt. Doch Rembrandt lebte über seine Verhältnisse und mußte in ein bescheideneres Domizil im Jordaan umziehen. Seine Möbel ließ er versteigern.
1906 kaufte eine Stiftung das Haus und eröffnete es 1911 als Museum. In den Räumen ist nahezu das gesamte graphische Werk des niederländischen Malers ausgestellt. ▶

Das Haus an der Jodenbreestraat bewohnte Rembrandt mit seiner Familie 1639–58.

Öffnungszeiten *Mo–Sa 10–17 h, So 13–17 h* **Eintritt** *5 hfl*
Adresse *Jodenbreestraat 4–6; S 9, 14 (Mr. Visserplein)* **R 5** → *S. 76*

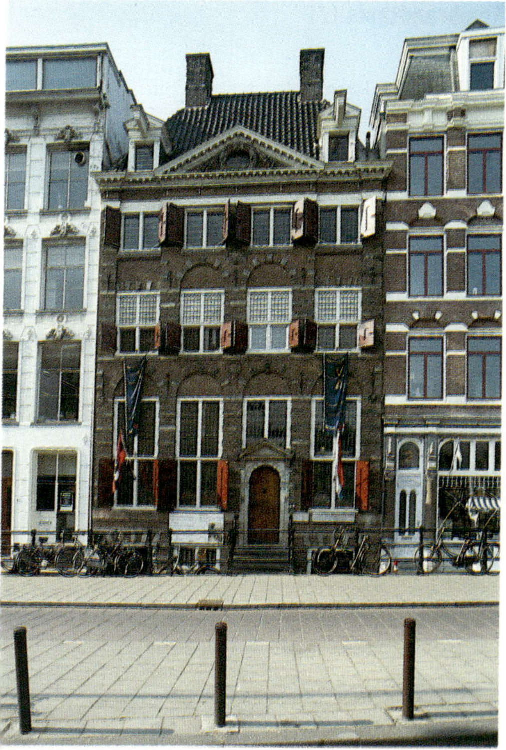

★ Rembrandthuis (2)

Sydelkamer: Das Rembrandthuis besitzt 245 der insgesamt 280 Radierungen und Zeichnungen Rembrandt van Rijns. Der Rundgang durch das zweistöckige Haus beginnt in der Sydelkamer, dem Zimmer neben dem Eingang. Dort geben drei Radierungen mit dem Kreuzigungsmotiv (1653–60) Aufschluß über Arbeitstechnik und den persönlichen Stil des Malers. Während auf dem ersten Blatt eine große Anzahl von Figuren um den gekreuzten Christus gruppiert ist, entfernte der Maler auf den späteren Abzügen die Nebenfiguren. Der Verzicht auf das Dekorative und die Konzentration auf das Wesentliche wurde zum typischen Merkmal von Rembrandts Arbeiten.

Die Innenräume wurden im Stil des 17. Jh. rekonstruiert.

Das „Gericht von Pilatus gegen Christus" (1655) verlegt der Maler ins Amsterdam des 17. Jh. Er folgte damit italienischen Vorbildern, die biblische Themen ebenfalls in ein zeitgenössisches Ambiente versetzten.

Das Bildnis von Ephraim Bueno (1647) zeigt einen der bekanntesten Gelehrten der portugiesisch-israelitischen Gemeinde. Rembrandt war eng mit dem jüdischen Arzt befreundet. Das im selben Jahr enstandene Porträt von Jan Six gehört zu den schönsten und intimsten Bildnissen, die Rembrandt schuf. Seine persönlich-menschliche Darstellungsweise der Personen unterscheidet sich deutlich von den heroisch-monumentalen Porträts seiner Zeitgenossen. ▶

311

★ Rembrandthuis (3)

Agterkamer: Im Hinterzimmer, zu Rembrandts Zeiten das Wohnzimmer, steht die Porträtkunst im Mittelpunkt. Rembrandt fertigte immer wieder neue Bildnisse von sich in den unterschiedlichsten Posen an.

Das jugendliche „Selbstporträt mit erstaunten Augen" (1630) ist eine der dramatischsten Darstellungen. Mit deutlicher Licht- und Schattenführung erzeugt der Maler eine bedrohliche Atmosphäre. Mehr noch als bei den Porträts seiner Freunde bestimmt der emotionale Gehalt die autobiografischen Bilder. Selbstporträts, deren Anteil am Gesamtwerk etwa ein Zehntel beträgt, spiegeln sowohl die künstlerische Entwicklung als auch das gesteigerte Selbstbewußtsein des Malers wider.

Rembrandts Bildnisse waren für die damalige Zeit ungewohnt realistisch. Sie widersprachen der konventionellen Kunstauffassung, wurden jedoch richtungweisend für die Entwicklung der Malerei. Dem Realismus verpflichtet sind auch die Bildnisse seiner Frau Saskia und seines Sohnes Titus.

Die Szenen aus dem Alltagsleben im Judenviertel, etwa die Skizze „Juden in der Synagoge" (1648), zeigen die Verbundenheit des Malers mit dem Stadtviertel, in dem er lebte. ▶

„Selbstporträt mit erstaunten Augen" (1630) von Rembrandt.

313

★ Rembrandthuis (4)

Tussenkamer: Auch bei den Aktstudien im Zwischengeschoß fehlt jegliche Idealisierung des menschlichen Körpers. Rembrandt zeichnete die nackten Modelle mit allen vorhandenen Rundungen und Falten.

Die Studie „Sitzender männlicher Akt" (1646) ist charakteristisch für den flüssigen, kurvig schraffierenden Zeichenstil Rembrandts. Weibliche Akte sind dagegen durch Hell-Dunkel-Schraffuren fast ohne Konturen wiedergegeben.

Ein Hauptthema der Radierungen und Zeichnungen sind Bettler. Im Jahr 1613 hatte der Rat der Stadt die Bettelei verboten. Rembrandts nüchterne Studien dokumentieren jedoch, daß sich dadurch an der Armut und der Praxis des Bettelns wenig geändert hatte.

Schilderkamer: In dem Raum, der früher das Atelier beherbergte, sind die zwischen 1640 und 1653 entstandenen Landschaftsbilder der näheren Umgebung Amsterdams zu sehen. Die damals noch kaum bebaute Flußlandschaft an der Amstel gehörte zu Rembrandts Lieblingsmotiven. Der „Blick auf Amsterdam" zeigt die Stadt im Jahr 1640, als ihr Aussehen noch durch zahlreiche Windmühlen bestimmt wurde.

„Blick auf Amsterdam" (1640) von Rembrandt.

„Sitzender männlicher Akt" (1646) von Rembrandt.

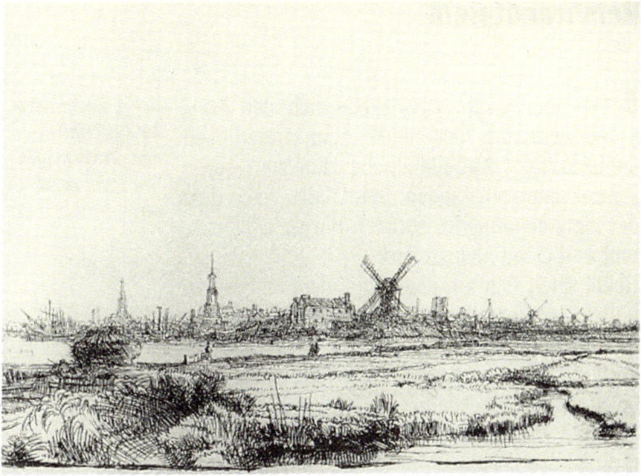

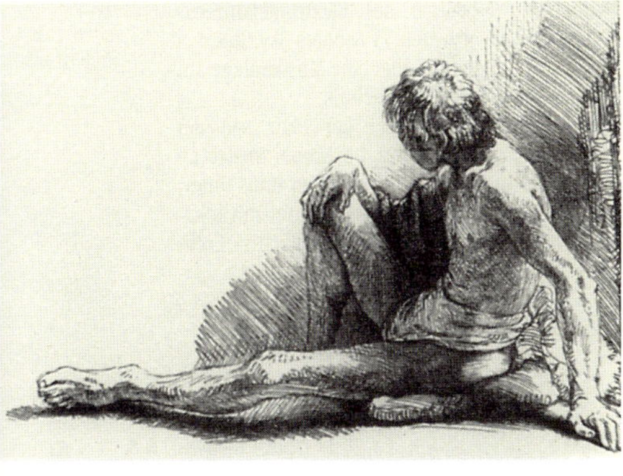

Rembrandtplein

Schon im 19. Jh. entwickelte sich der Rembrandtplein vom Buttermarkt zum bürgerlichen Amüsierplatz. Altholländische Kneipen sowie Schunkelbars entstanden. Dem Maler, nach dem der Platz benannt ist, stifteten Bürger ein Denkmal und einen kleinen Park.

Bei schönem Wetter herrscht in den Straßencafés am Rembrandtplein Hochbetrieb.

Heute spielt sich am Rembrandtplein und in den nahen Seitenstraßen vor allem das touristische Nachtleben ab. Neben Bars mit Striptease-Programm haben sich hier auch Pornokinos und Spielhallen angesiedelt.

Eine der wenigen großen Discotheken der Stadt, das „Escape", liegt unmittelbar am Rembrandtplein. Als Werbedisco des Elektronikkonzerns Philips und des privaten TV-Senders Sky Channel verfügt der Tanzpalast über eine Musikanlage auf dem neuesten Stand der Technik.

Für die Amsterdamer hat der Platz seit der Eröffnung des Caféhauses De Kroon wieder an Attraktivität gewonnen. Im gleichen Haus untergebracht ist auch das Medienzentrum mit lokalem Fernsehen und Radio. Abendlicher Treffpunkt der Yuppie-Szene ist das Café Ritz.

Adresse *Rembrandtplein; S 4, 9, 14 (Rembrandtplein)* **R 8** → *S. 82*

randt Bar
LIVE
AMSTEL BIER
PEPSI
THE CHOICE OF
EMBRANDT BA
HOF VAN HOLLAND

★ Rijksmuseum (1)
Reichsmuseum

Als Vorbild für den Entwurf des Rijksmuseums galt der Königliche Palast auf dem Dam. Doch die Differenz zwischen dem Plan und dem 1885 vollendeten Bau war groß. Der eindrucksvolle räumliche Effekt des Königlichen Palais fehlt dem Rijksmuseum.

Das Eingangsportal des Rijksmuseums wird von auffallenden gotischen Türmen eingerahmt.

Statt des beabsichtigten symmetrischen und einheitlichen Baukörpers schuf Architekt P. J. H. Cuypers ein Gebäude, in dem er Merkmale der holländischen Neorenaissance und der Neugotik verband. Manche seiner Zeitgenossen waren über die von gotischen Türmen beherrschte Silhouette entsetzt. König Wilhelm III., der den Auftrag zum Bau gegeben hatte, bezeichnete das Rijksmuseum als „das Kloster". Dennoch etablierte sich Cuypers mit dem Bau als einer der großen Amsterdamer Architekten des 19. Jh.

Im Stil des 17. Jh. ist der Garten angelegt, der das Museum umgibt.

Das Rijksmuseum sollte nicht nur die Sammlung niederländischer Kunst aufnehmen, sondern auch als historisches Museum der Nationalgeschichte und als Werkstatt zeitgenössischer Künstler dienen. Schon bald erwiesen sich die Räumlichkeiten als zu eng, Erweiterungen (1906 und 1915) änderten daran wenig. Heute entsprechen die Innenräume kaum noch den Anforderungen an ein modernes Museum. ▶

Öffnungszeiten *Tägl. außer Mo, 10–17 h, So ab 13 h* **Eintritt** *10 hfl*
Adresse *Stadhouderskade 42; S 6, 7, 10 (Spiegelgracht)* **R 8** → *S. 82*

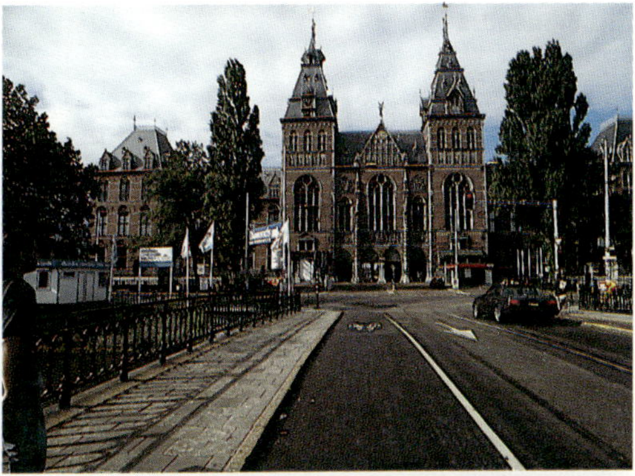

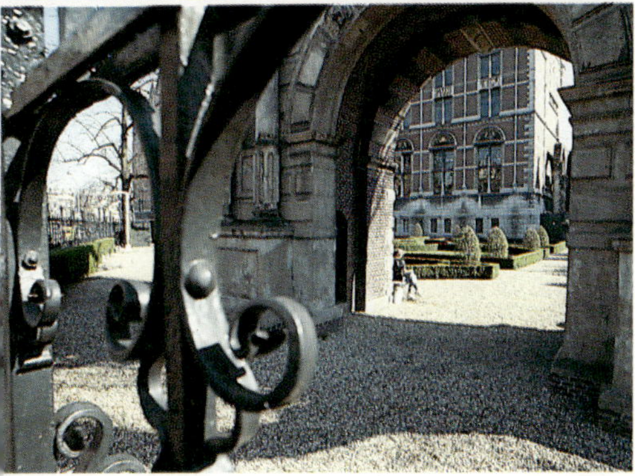

★ Rijksmuseum (2)
Reichsmuseum

Den Grundstock für die Kollektion des späteren Rijksmuseums legte König Louis Bonaparte während der französischen Besetzung Amsterdams (1795–1813). Er wollte die Stadt wieder zu einem Zentrum von Kunst und Wissenschaft machen. Das von ihm als Königlicher Palast bewohnte Rathaus am Dam schien ihm der passende Rahmen für ein Museum zu sein, dessen Bedeutung dem Pariser Louvre gleichkommen sollte. In den oberen Räumen des Gebäudes richtete er 1809 mit dem Grand Musée Royal die ersten Ausstellungsräume der niederländischen Nationalsammlung ein.
Nach dem Ende der französischen Herrschaft übernahm König Willem II. aus dem Haus Oranien-Nassau mit dem Palast auch die wertvolle Kunstsammlung.
Bedeutende Schenkungen von Amsterdamer Kaufmannsfamilien erweiterten den Bestand. Bereits acht Jahre nach der Gründung des Grand Musée Royal mußte es wegen Platzmangels ins Trippenhuis am Kloveniersburgwal umziehen. Doch auch das Patrizierhaus erwies sich bald als zu klein. 1877 gab König Willem III. schließlich den Auftrag zum Bau des Rijksmuseums, das am damaligen Stadtrand in der Nähe des Leidseplein entstand. ▶

Plan des Rijksmuseums.

CITY GUIDE PLAN

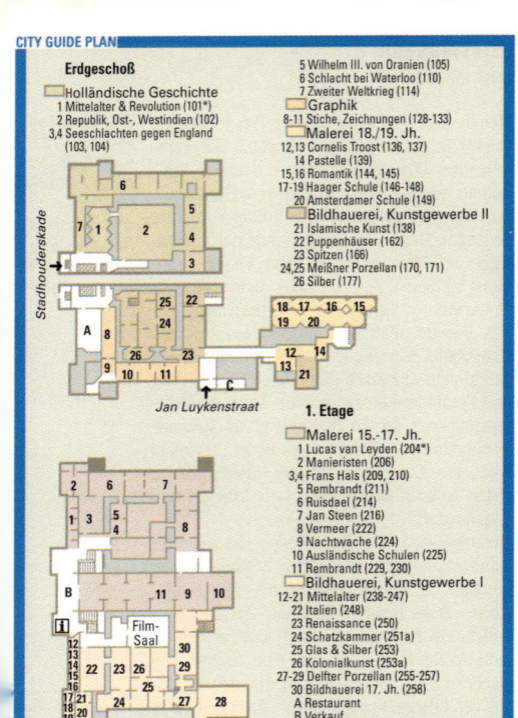

Erdgeschoß

Holländische Geschichte
1 Mittelalter & Revolution (101*)
2 Republik, Ost-, Westindien (102)
3,4 Seeschlachten gegen England (103, 104) 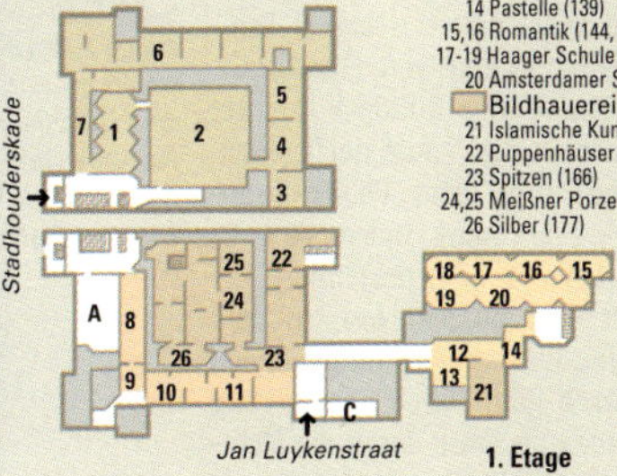
5 Wilhelm III. von Oranien (105)
6 Schlacht bei Waterloo (110)
7 Zweiter Weltkrieg (114)

Graphik
8-11 Stiche, Zeichnungen (128-133)

Malerei 18./19. Jh.
12,13 Cornelis Troost (136, 137)
14 Pastelle (139)
15,16 Romantik (144, 145)
17-19 Haager Schule (146-148)
20 Amsterdamer Schule (149)

Bildhauerei, Kunstgewerbe II
21 Islamische Kunst (138)
22 Puppenhäuser (162)
23 Spitzen (166)
24,25 Meißner Porzellan (170, 171)
26 Silber (177)

Stadhouderskade

Jan Luykenstraat

1. Etage

Malerei 15.-17. Jh.
1 Lucas van Leyden (204*)
2 Manieristen (206)
3,4 Frans Hals (209, 210)
5 Rembrandt (211)
6 Ruisdael (214)
7 Jan Steen (216)
8 Vermeer (222)
9 Nachtwache (224)
10 Ausländische Schulen (225)
11 Rembrandt (229, 230)

Bildhauerei, Kunstgewerbe I
12-21 Mittelalter (238-247)
22 Italien (248)
23 Renaissance (249)
24 Schatzkammer (251a)
25 Glas & Silber (252)
26 Kolonialkunst (253a)
27-29 Delfter Porzellan (255-257)
30 Bildhauerei 17. Jh. (258)
A Restaurant
B Verkauf
C Bibliothek

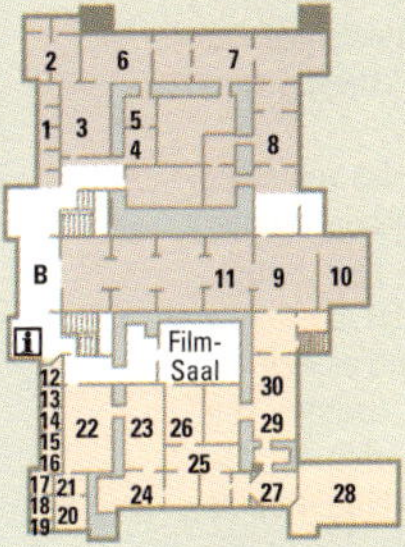

* Originalnummern der Säle

© Harenberg

★ Rijksmuseum (3)
Reichsmuseum

Rembrandts „Nachtwache": Das Gemälde (1642) ist das berühmteste Exponat des Rijksmuseums. Obwohl viele andere Gemälde Rembrandts sowie die Hauptwerke von Frans Hals, Jan Vermeer und Jacob van Ruisdael in ihrer Bedeutung der „Nachtwache" kaum nachstehen, trägt die Museumsleitung dem Publikumsandrang zu diesem Bild Rechnung, indem sie es in einem eigenen Saal (Raum 224) präsentiert.

Das Gemälde hält den Moment fest, in dem Hauptmann Banning Cocq seiner Kompanie den Befehl zum Abmarsch gibt. Durch Gruppierung und Gestik der Kompanie sowie durch die Lichtführung wird der im Bildvordergrund stehende Hauptmann zum Zentrum des Bildes. Trotzdem wirkt das Gruppenporträt im Unterschied zu vielen anderen Genrebildern sehr lebendig und unarrangiert.

Der ursprüngliche Titel des Werkes, das von einer Schützenkompanie in Auftrag gegeben wurde, lautete: „Die Schützenkompanie des Hauptmanns Frans Banning Cocq und des Leutnants Willem van Ruytenburch". Auch wenn es sich bei dem Motiv keineswegs um eine Gruppe von Nachtwächtern handelte, bürgerte sich im 19. Jh. der falsche Name von der „Nachtpatrouille Rembrandts" ein. Schließlich wurde daraus die „Nachtwache".

▶

Detail aus Rembrandts „Nachtwache": Die zentralen Figuren des Gruppenporträts sind Hauptmann Banning Cocq und Leutnant Willem van Ruytenburch.

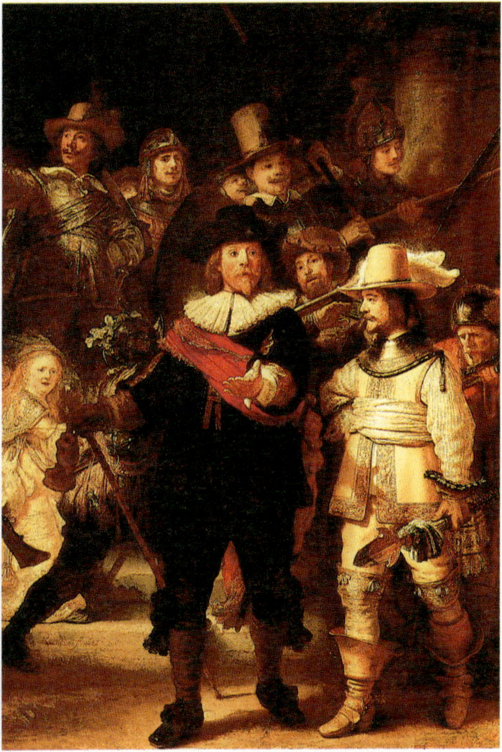

★ „Die Nachtwache" von Rembrandt entstand 1642. Das Gemälde, das zur mittleren Schaffensperiode des Künstlers gehört, wurde mehrmals restauriert, zuletzt 1975: Mit einem Messer war das Bild schwer beschädigt worden.

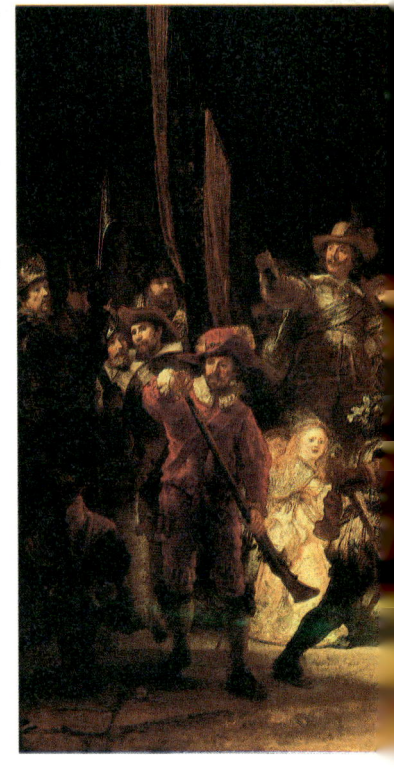

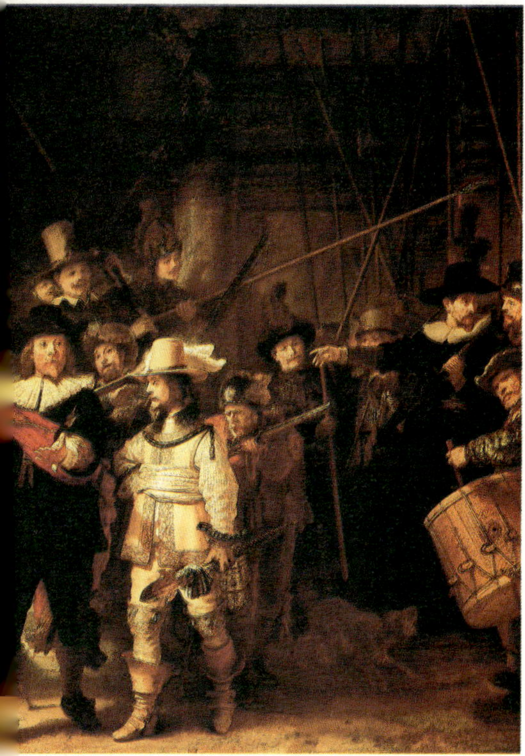

★ Rijksmuseum (4)
Reichsmuseum

Rembrandt-Gemälde: Das Rijksmuseum bietet einen einzigartigen Überblick über das Œuvre Rembrandt van Rijns (1606–1669). Das im Alter von 22 Jahren gemalte „Selbstporträt in jugendlichem Alter" findet seine bedrückende Ergänzung in dem Selbstporträt des 55jährigen als Apostel Paulus (1661). Das Bild entstand, nachdem Rembrandt sein Haus an der Jodenbreestraat aus finanziellen Gründen hatte aufgeben müssen. Auch bei den Bildnissen seiner Frau Saskia und seines Sohnes Titus „Rembrandts Sohn Titus in Mönchskutte" (1661) entfaltete Rembrandt seine Porträtkunst.

„Die Vorsteher der Tuchfärberzunft" („De Staalmeesters", 1661/62) von Rembrandt.

Wie Frans Hals und Jan Vermeer orientierte sich Rembrandt an der italienischen Technik des „chiaroscuro", der Hell-Dunkel-Malerei, bei der das Licht zum wesentlichen Ausdrucksmittel des Bildes wird. Der italienische Maler Caravaggio (1573–1610) wurde zu seinem Vorbild: Rembrandt, der selbst nie in Italien war, lernte dessen Werk nur indirekt durch die Schilderung niederländischer Maler kennen.

„Die Judenbraut" (1667) von Rembrandt.

1991 wurden einige Bilder Rembrandts, u. a. „Die Vorsteher der Tuchfärberzunft" (1661/62), nach umfassenden Restaurierungen dem Publikum wieder zugänglich gemacht. Auch das als „Die Judenbraut" (1667) bekannte Gemälde sowie „Die anatomische Vorlesung des Dr. Deijman" (1656) sollen bald in frischen Farben erstrahlen. ▶

327

★ Rijksmuseum (5)
Reichsmuseum

Malerei des 17. Jh.: Zum wichtigsten künstlerischen Thema in der niederländischen Malerei des 17. Jh. wurde die Darstellung des Lichts. Daneben sind es Motive aus dem bürgerlichen Alltagsleben, die der niederländischen Malerei einen hohen Rang in der Kunstgeschichte sichern. Frans Hals (um 1580–1666), Rembrandt van Rijn, Jacob van Ruisdael (1628/29–1675), Jan Steen (1616–1679) und Johannes Vermeer (1632–1675) sind die bedeutendsten Maler dieser Epoche.

Vermeers Gemälde, z. B. „De Keukenmeid" (Das Küchenmädchen), zeigen exemplarisch, wie das häusliche Leben zum Gegenstand der Malerei wird. Bis dahin waren Alltags-Szenen von der künstlerischen Darstellung weitgehend ausgeschlossen geblieben. Zu den schönsten Szenen der neu entdeckten Alltäglichkeit gehört Vermeers „Brieflezende vrouw" (Die Briefleserin).

Auch die Landschaftsmalerei erlebte im 17. Jh. eine erste Blüte. Van Ruisdaels „De molen bij Wijk bij Duurstede" (Mühle von Wijk bei Duurstede) und van Goyens „Vergezicht met twee eiken" (Aussicht mit zwei Eichen) sind die herausragenden Werke. Während Ruisdael eine potentiell bedrohliche und zugleich romantische Natur schildert, sind van Goyens Bilder eher durch nüchternen Realismus gekennzeichnet. ▶

Zur Gemäldesammlung der sog. Delfter Schule gehört auch „Die Briefleserin" (1662) von Jan Vermeer.

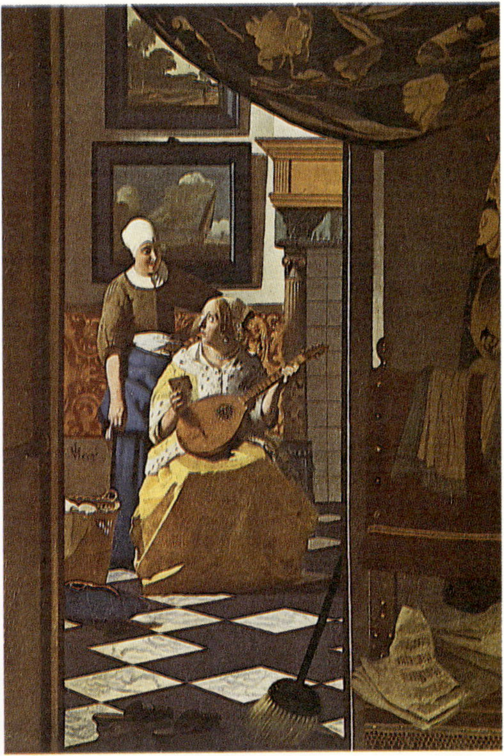

★ Rijksmuseum (6)
Reichsmuseum

Malerei des 18. und 19. Jh.: Gegen den Glanz des „goldenen" 17. Jh. schienen die Werke der niederländischen Malerei der folgenden beiden Jahrhunderte zu verblassen. Angeregt durch das wachsende Publikumsinteresse an der Malerei des 19. Jh. hat das Rijksmuseum dieser Epoche in den letzten Jahren zahlreiche Ausstellungen gewidmet, beispielsweise Retrospektiven der Amsterdamer Impressionisten George Breitner und Isaac Israëls.

Die Dauerausstellung zur Kunst des 19. Jh. präsentiert die Gemälde auf engstem Raum: Aus Platzmangel herrschen hier noch die Museumskonventionen des vorigen Jahrhunderts, die Bilder sind auch übereinander gehängt. Ein großer Teil der Werke, die nicht gezeigt werden können, wird in der Studiensammlung aufbewahrt, die auf Wunsch zugänglich ist.

Prentenkabinett: Das Kupferstichkabinett kann seine Kollektion von rd. 1 Mio Zeichnungen und Stichen ebenfalls nur in Wechselausstellungen präsentieren. Zu den Glanzstücken der Sammlung zählt das fast vollständige graphische Œuvre des Nürnberger Malers Albrecht Dürer.

„Die Melancholie" (1514) von Albrecht Dürer.

Adresse *Prentenkabinett (Kupferstichkabinett): Erreichbar über Eingang Luijkenstraat 1a*

331

Schaatsen
Eislaufen

Schon die alten niederländischen Meister hielten den Schlittschuh-Enthusiasmus der Amsterdamer in zahlreichen Gemälden fest: Schaatsen (Eislaufen) ist neben dem Fahrradfahren nationale Passion. Das ganze Land fiebert im Winter dem Moment entgegen, in dem die Grachten zufrieren und das Eis trägt.

Die zugefrorenen und mit Schnee bedeckten Kanäle verwandeln die Grachtenstadt in eine Winterlandschaft.

Berühmt ist die „elf-steden-tocht" (Elf-Städte-Tour), die auf dem Eis an elf niederländischen Küstendörfern entlangführt. Nur alle paar Jahre kann die Tour, die vom Wetter abhängig ist, veranstaltet werden: Wer sie gewinnt, wird wie ein Nationalheld gefeiert.

Keine andere Stadt kann jedoch eine ähnlich schöne Eislaufkulisse bieten wie Amsterdam. Aber auch hier sinken die Temperaturen nicht oft unter den Gefrierpunkt, so daß sich der Grachtengürtel nur an wenigen Wintertagen in eine Schlittschuhbahn verwandelt. Eisläufer aus den übrigen niederländischen Provinzen und zunehmend auch Kurzurlauber aus dem benachbarten Ausland genießen es dann, über die zugefrorenen Grachten durch das Zentrum zu gleiten. Ein städtischer Service sorgt für blankes Eis auf den Hauptgrachten.

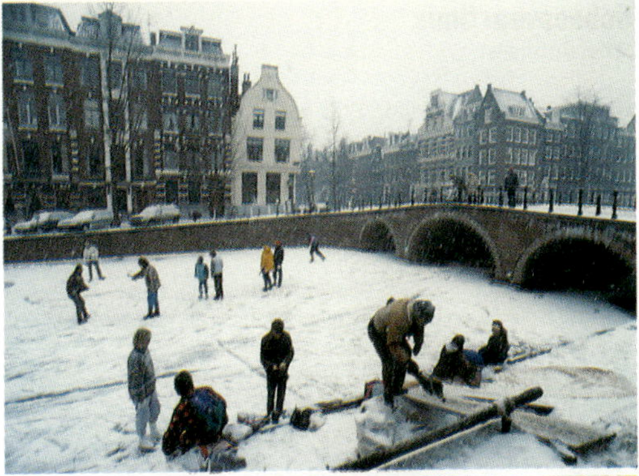

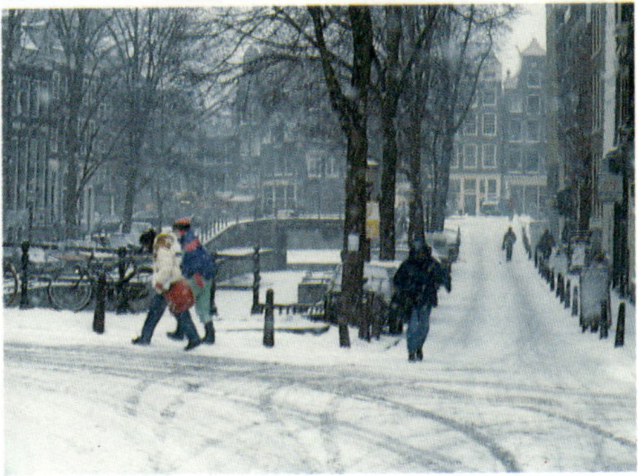

Scheepvaarthuis
Schiffahrtshaus

Das Schiffahrtshaus wurde 1912 von J. M. van der Mey für mehrere große Reedereien entworfen. Es ist ein typisches Gebäude der Amsterdamer Schule, einer Architekturströmung, die später ganze Wohnviertel wie Amsterdam-Zuid (S. 98) und Spaarndammerbuurt prägte.
Der Grundriß des Gebäudes ist schiffsförmig. Am Gesims symbolisieren vier Frauengestalten die Himmelsrichtungen, ein Leuchtornament über dem Eingang stellt das Sternbild des Großen Bären dar.
Die Gegner der neuen architektonischen Richtung kritisierten die Überfülle kunsthandwerklicher Elemente und den ornamentalen Gebrauch des Backsteins, der das Skelett aus Beton verbirgt. Die Freude an detaillierten, plastischen Ausschmückungen, die sich auch im Innern des Schiffahrtshauses fortsetzt, wurde als „Scheinarchitektur" belächelt.
Trotz aller Kritik an dem Gebäude gelten die Entwürfe der Amsterdamer Schule in den 20er Jahren als vorbildliche Lösungen für eine humane Wohn- und Arbeitskultur.

Phantasievolle Motive aus der Seefahrt verleihen der Backsteinfassade des Schiffahrtshauses ein buchstäblich märchenhaftes Aussehen.

Öffnungszeiten *Besichtigung nach Absprache mit dem städtischen Verkehrsbüro (VVV) möglich (Tel. 6266444).* **Adresse** *Prins Hendrikkade/ Geldersekade* **R 1** → *S. 68*

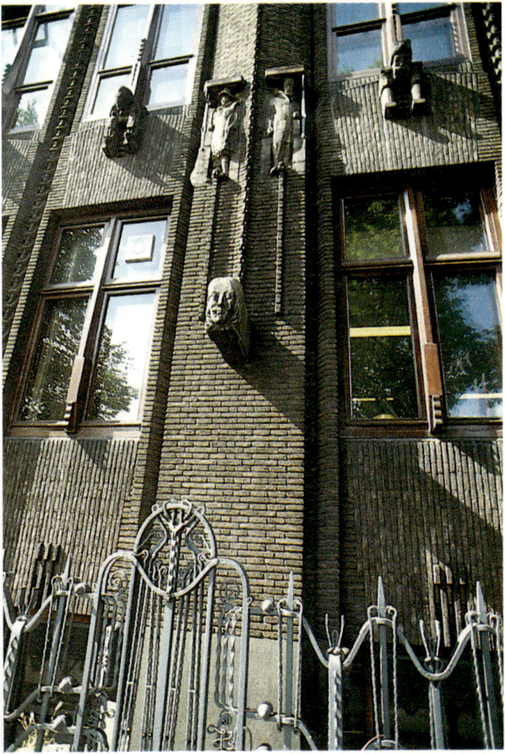

Scheepvaartmuseum (1)
Schiffahrtsmuseum

Der nüchterne Bau, in dem das Niederländische Schiffahrtsmuseum untergebracht ist, diente einst als Arsenal für die mächtige Ost- und Westindienflotte Amsterdams.

Architekt Daniel Stalpaert entwarf das quadratische Gebäude, das um einen Innenhof herum gebaut ist.

Das 1655 errichtete Lagerhaus, das an allen Seiten vom Wasser des Ij umgeben ist, profitierte von der günstigen Lage am Oosterdok: Bevor die Kriegsschiffe zu ihren langen Reisen nach Niederländisch-Indien, Japan und China aufbrachen, wurden sie hier mit Vorräten und Waffen ausgerüstet. Die gefährlichen Expeditionen, von denen viele Schiffe nicht zurückkehrten, nahmen oft ein Jahr und mehr in Anspruch.

Im 17. Jh. verfügten die Niederlande über eine größere Flotte als etwa Frankreich, England oder Spanien. Amsterdam stieg zur bedeutendsten Handelsstadt der Welt auf.

1973 bezog das Niederländische Schiffahrtsmuseum die Räume des ehemaligen Arsenals. Das spektakulärste Ausstellungsstück ist seit 1990 am Dock hinter dem Museum zu besichtigen: Eine originalgetreue Kopie der Fregatte „Amsterdam", die einst der Vereinigten Ostindischen Compagnie (VOC) gehörte. Auch ein Treibnetzboot, das zum Heringsfang diente, sowie ein Eisbrecher liegen hier vor Anker. ▶

Öffnungszeiten *Tägl. außer Mo, 10–17 h, So ab 12 h* **Eintritt** *10 hfl*
Adresse *Kattenburgerplein 1; Bus 22, 28 (Kattenburgerplein)* **R 1** → *S. 68*

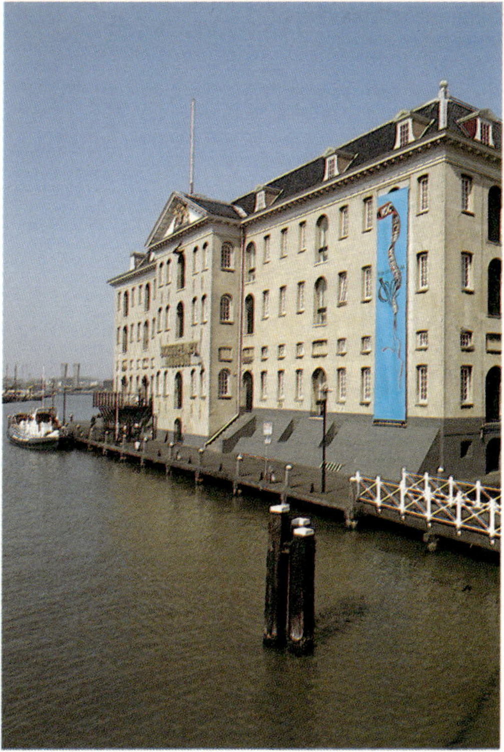

Scheepvaartmuseum (2)
Schiffahrtsmuseum

Die chronologisch präsentierte Sammlung des Museums reicht vom ältesten Boot, das in den Niederlanden aufgefunden wurde, über zahlreiche Schiffsmodelle bis zu nachgebauten Vergnügungsseglern des 17. Jh.

Über eine Treppe an der Rückseite der Eingangshalle erreicht man das Museumsdock.

Einen großen Teil der Ausstellung nimmt die Darstellung der Geschichte der Vereinigten Ostindischen Compagnie ein, in der die Amsterdamer Reedereien sich 1602 zusammengeschlossen hatten: Ein Rundgang auf der 1. Etage dokumentiert die Expansion dieser mächtigsten Handelsorganisation des 17. Jh., die über Niederlassungen in der ganzen Welt verfügte.

Bilder der kolonialen Handelsniederlassungen in Japan, Bali, Curaçao, Surinam, China und dem Kapland belegen den damaligen niederländischen Eroberungsdrang. Kritische Hintergrundinformationen zur Kolonialgeschichte finden sich jedoch nur selten. Die dunkle Seite des Kolonialismus bleibt weitgehend ausgespart: Nur vereinzelte Schaukästen zeigen Marterwerkzeuge und Fotos von exekutierten Eingeborenen.

Die 2. Etage ist der modernen Dampfschiffahrt gewidmet. Den Abschluß der Sammlung bildet eine Dokumentation des Wiederaufbaus der niederländischen Flotte nach dem 2. Weltkrieg.

CITY GUIDE PLAN

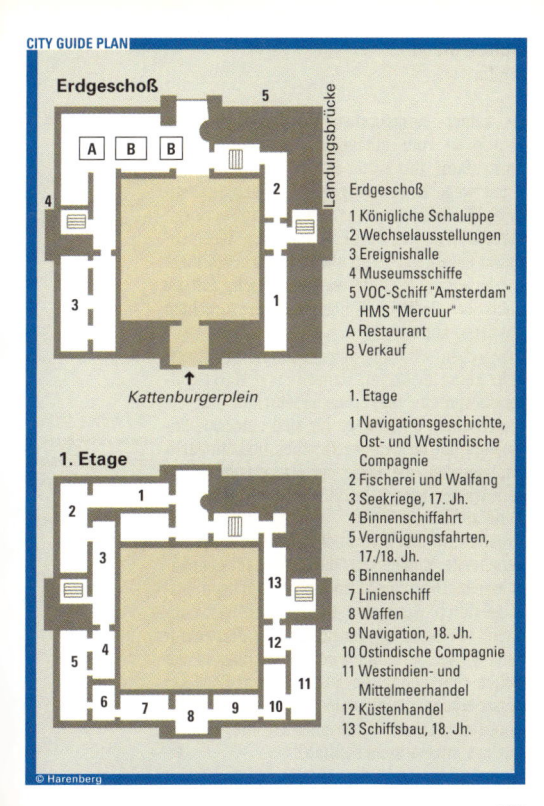

Erdgeschoß

Erdgeschoß
1 Königliche Schaluppe
2 Wechselausstellungen
3 Ereignishalle
4 Museumsschiffe
5 VOC-Schiff "Amsterdam"
   HMS "Mercuur"
A Restaurant
B Verkauf

Kattenburgerplein

1. Etage

1 Navigationsgeschichte,
   Ost- und Westindische
   Compagnie
2 Fischerei und Walfang
3 Seekriege, 17. Jh.
4 Binnenschiffahrt
5 Vergnügungsfahrten,
   17./18. Jh.
6 Binnenhandel
7 Linienschiff
8 Waffen
9 Navigation, 18. Jh.
10 Ostindische Compagnie
11 Westindien- und
   Mittelmeerhandel
12 Küstenhandel
13 Schiffsbau, 18. Jh.

© Harenberg

Schepen (1)
Schiffe

In keiner europäischen Hauptstadt gehören Schiffe so zum alltäglichen Stadtbild wie in Amsterdam. Bis Mitte des 19. Jh. waren die Wasserwege besser ausgebaut als das Straßennetz; die Stadt wurde vom Wasser aus versorgt. Marktkähne, wie sie heute noch am Bloemenmarkt liegen, gab es an allen wichtigen Märkten. Die Versorgungsschiffe waren so flach, daß sie auch die niedrigen Wölbbrücken der Grachten passieren konnten.

Hausboote sind nicht nur ein idyllisches Fotomotiv, sondern auch eine Wohnalternative.

Inzwischen wird der innerstädtische Schiffsverkehr kaum mehr von Handels- und Marktschiffen bestimmt: Die Freizeitgesellschaft hat die malerischen Wasserwege für sich entdeckt. Privatleute mit kleinen Segelschiffen und Minijachten genießen die Reize der Hauptstadt ebenso vom Wasser aus wie unzählige Touristen auf den Rundfahrtbooten.

Bei einem Amsterdam-Besuch gehört eine Grachtenrundfahrt zum touristischen Pflichtprogramm.

Organisierte Grachtenrundfahrten bieten die angenehmste Möglichkeit, die Hafenstadt kennenzulernen: Die zumeist anderthalbstündigen Ausflüge durch das dichte Grachtennetz verdeutlichen, wie stark die Amsterdamer Infrastruktur vom Wasser bestimmt wird. Die Architektur der hohen Grachtenhäuser läßt sich vom Boot aus besser erkennen als von den schmalen Ufern: Die unterschiedlichen Giebel entfalten ihre Wirkung nur aus angemessener Distanz. ▶

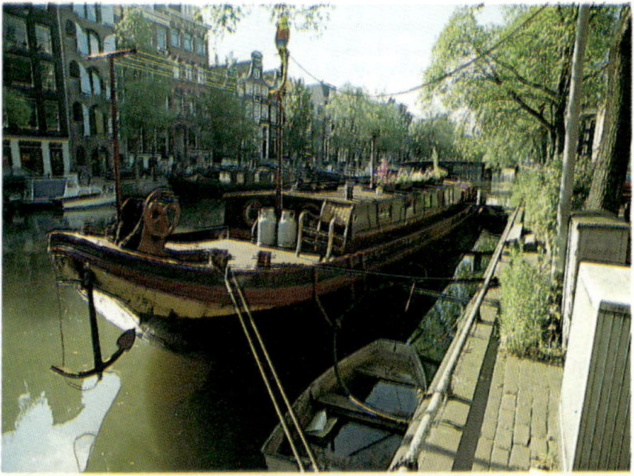

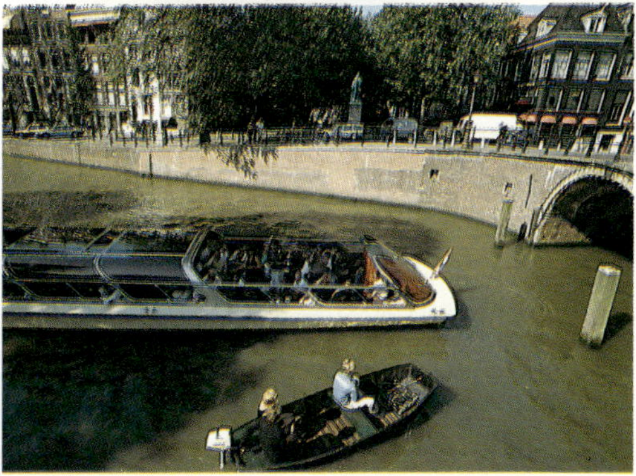

Schepen (2)
Schiffe

Die Zeit der hölzernen Dreimaster mit ihren eindrucksvollen Segeln ist lange vorbei. Am Schiffahrtsmuseum (S. 336) vermittelt eine Kopie des Seglers „Amsterdam", der für die Vereinigte Ostindische Compagnie die Weltmeere besegelte, eine Ahnung von der Pracht des Amsterdamer Hafenbildes im 17. und 18. Jh.

Motorboote jeder Größe haben ihren Liegeplatz rund um den Amsterdamer Hafen.

Alte Handels- und Kriegsschiffe sind die Attraktion bei der „Sail Amsterdam", einer großen Segelbootausstellung, die alle fünf Jahre (die nächsten Termine: 1995 und 2000) stattfindet. Schiffe aus der ganzen Welt treffen sich dann im Ij-Hafenbecken hinter der Centraal Station. In der übrigen Zeit liegen die Relikte der maritimen Vergangenheit als Anschauungsobjekte in der Museumswerft t' Kromhout.

Kleinere Holzsegelschiffe verkehren noch häufig auf den innerstädtischen Wasserstraßen. Von Liebhabern wurden sie wieder fahrtüchtig gemacht. Die ehemaligen Stahlschlepper, die zu Wohnbooten (S. 440) umgebaut wurden und am Ufer der Grachten vertäut sind, verfügen meist nicht mehr über einen eigenen Antrieb: Sie müssen mit Schleppern zu der alle paar Jahre fälligen Teerung gezogen werden.

Öffnungszeiten *Museumswerft t' Kromhout: Mo–Fr 10–16 h, Sa und So geschl.* **Eintritt** *2,50 hfl* **Adresse** *Hoogte Kadijk 147; Bus 22, 28 (Kattenburgerplein)* **R 1** → *S. 68*

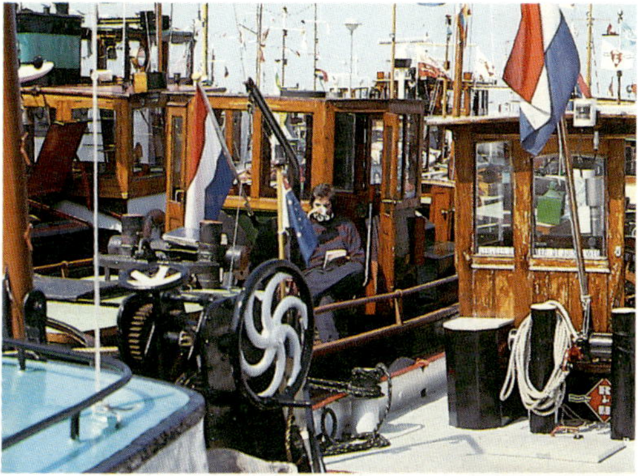

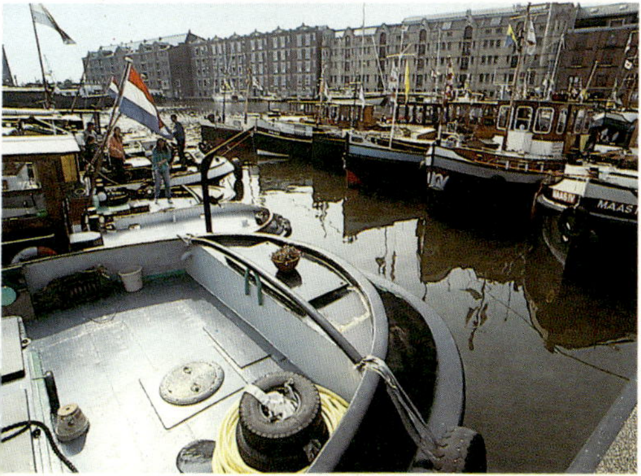

Schreierstoren

Seemannsgarn oder romantische Wirklichkeit? Der Schreierstoren verdankt seinen Namen den Seemannsfrauen, die bei Abfahrt und Ankunft der Schiffe vom Festungsturm aus viele Tränen vergossen haben sollen. 1596 wurde ein Relief in den Turm eingesetzt, auf dem eine weinende Frau ihr Gesicht mit einer Schürze verbirgt.

Ursprünglich gehörte der Turm zur ersten Stadtmauer von Amsterdam. Sie wurde 1490 erbaut und reichte von der Geldersekade und dem Kloveniersburgwal im Osten bis zum Singel im Westen.

Der Munttoren (S. 268) und die Waag (S. 416) zählten ebenfalls zum Festungsring, bei dessen Entstehung eine verbesserte Pfahlbauweise angewandt wurde: Während bis dahin maximal 5 m lange Pfähle zur Sicherung des Fundaments benutzt worden waren, stützt sich der Schreierstoren auf 12 m lange Pfähle. Sie übertrugen die Baulast auf eine tiefere Sandschicht, die sich als weitaus tragfähiger erwies.

Der Schreierstoren war im 16. Jh. einer der wichtigsten Wachttürme der Stadt. Bis zum Bau des Hauptbahnhofs ragte er weithin sichtbar aus der Hafenfront heraus.

Bis 1960 diente der Schreierstoren als Sitz des Hafenmeisters. Heute steht der Turm leer.

Adresse *Prins Hendrikkade 94–95* **R 1** → *S. 68*

345

Six Collection

Die Familie Six gehörte im 17. Jh. zu den politisch und kulturell einflußreichsten Familien der Stadt. Jan Six (1618–1700) wurde 16mal hintereinander zum Bürgermeister gewählt. Seine Vorfahren kamen im 16. Jh. als Hugenottenflüchtlinge nach Amsterdam und bauten sich mit Weberei und Färberei eine wirtschaftliche Existenz auf. Zahlreiche Familienmitglieder bekleideten öffentliche Ämter.

Im ehemaligen Sommerhaus der Familie ist heute die Six Collection untergebracht. In dem Haus entstand Rembrandts Porträt seines Freundes Jan Six, das bekannteste Werk der Sammlung, zu der auch ein Porträt des Dr. Tulp von Frans Hals, zwei Miniaturen von Lucas van Leyden sowie Werke von Ferdinand Bol gehören. Die Führung durch das Haus, in dem neben Gemälden Möbel verschiedener Epochen und zeitgeschichtliche Dokumente zu sehen sind, vermittelt einen faszinierenden Eindruck von der Geschichte der Familie, die einst in Amsterdam eine ähnliche Rolle spielte wie die Bankiersfamilie Medici in Florenz.

„Jan Six" (1654) von Rembrandt.

Öffnungszeiten *Mai–Okt: Mo–Fr 10–12 h und 14–16 h, Sa und So geschl.; Nov–Apr: Mo–Fr 10–12 h, Sa und So geschl.; Besichtigung nur mit Führung; Eintrittskarten am Informationsschalter des Rijksmuseums gegen Vorlage des Personalausweises* **Adresse** *Amstel 218; S 4, 9, 14 (Rembrandtplein)* **R 8** → *S. 82*

Sloterdijk Station
Sloterdijk-Bahnhof

Vor einem Jahrzehnt entschloß sich die Stadt zum Bau einer neuen Bahnstrecke rund um Amsterdam. Das spektakulärste architektonische Projekt des Bauvorhabens war die 1986 vollendete Sloterdijk Station. Auf zwei übereinander liegenden Gleisebenen können die Züge abgefertigt werden.

Die postmoderne Architektur des Bahnhofs wird von gläsernen Wänden und einer umrahmenden Stahlkonstruktion bestimmt. Neben ästhetischen Gründen votierte die Stadt auch aus Sicherheitsaspekten für die weitgehende Transparenz des Gebäudes. Die traditionell eher düsteren und unübersichtlichen Bahnhofshallen sollten der Vergangenheit angehören.

Natürliches Licht und der Blick nach außen geben dem Bahnhof eine freundliche Atmosphäre. Alle Stationen der neuen Linie sind nach diesem Konzept entworfen worden, bis hin zum gläsernen Lift des RAI-Bahnhofs bei den RAI-Hallen. Die Sloterdijk Station steht im Zentrum eines schnell wachsenden neuen Wirtschaftsgebietes. In unmittelbarer Nähe haben sich zahlreiche Betriebe der Kommunikations- und Computerbranche angesiedelt.

Glas und Stahl bestimmen die Architektur der Sloterdijk Station.

Daten *1986 erbaut, Architekt: H. Reijnders* **Adresse** *Radarweg*

349

Spaarndammerplantsoen (1)
Spaarndammerplatz

Der Wohnkomplex Spaarndammerplantsoen entstand zwischen 1913 und 1920. Die Sozialisten hatten den sozialen Wohnungsbau zur zentralen politischen Forderung gemacht und starteten nach dem Sieg bei den Gemeindewahlen (1913) ein umfangreiches Wohnungsbauprogramm. Mit neuen Wohnvierteln außerhalb des Grachtengürtels (S. 188) wurde versucht, den beengten Wohnverhältnissen im Stadtzentrum zu begegnen.
Architekt Michel de Klerk entwarf die gesamte Siedlung. Der erste Gebäudekomplex an der Nordseite des Spaarndammerplantsoen wurde in den Jahren 1913 bis 1915 fertiggestellt. Die Häuser bilden ein sorgfältig komponiertes Gesamtkunstwerk, bei dem alle Teile – Fenster, Türen, Briefkästen, Klingeln, Namensschilder – harmonisch in die Fassade integriert sind.
Der architektonischen Phantasie waren insbesondere beim zuletzt fertiggestellten östlichen Wohnblock (1917–20) keine Grenzen gesetzt: Der Grundriß und der ornamentale Reichtum des Gebäudes, das bald als „das Schiff" bekannt war, ließen es zum Renommierobjekt der Amsterdamer Schule werden. ▶

An den Häusern in der Spaarndammerstraat sind bereits die typischen stilistischen Merkmale der Amsterdamer Schule – Backsteinbauweise und dekorative Fassadengestaltung – zu erkennen.

Adresse *Spaarndammerplantsoen, Zaanstraat, Oostzaanstraat; Bus 22 (Zaanstraat)*

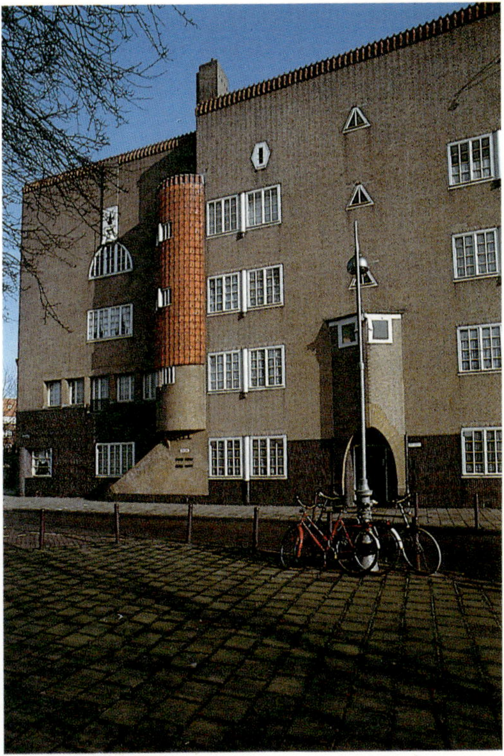

Spaarndammerplantsoen (2)
Spaarndammerplatz

Die "überholte Backsteinbauweise" der Arbeitersiedlung wurde von der De-Stijl-Bewegung kritisiert. Die Vertreter des sachlich-funktionalen Stils, die mit der Amsterdamer Schule konkurrierten, forderten statt dessen die Verwendung von Beton, Stahl und Glas als zeitgemäße Baustoffe. Doch die Bewohner am Spaarndammerplantsoen liebten die spielerischen Formen, das auffallende Dekor und die Gärten des Innenhofes, die in die Konzeption miteinbezogen waren.
Als der Architekt der Arbeiterwohnungen, Michel de Klerk, 1923 überraschend starb, erschien in der Tageszeitung "Het volk" der Leserbrief einer Bewohnerin des Spaarndammerplantsoen:
"Er ist dahingegangen, der Schöpfer unserer Wohnungen. Wie sollen wir Arbeiterfrauen diesem starken Mann danken, für das, was er für unsere Männer und Kinder getan hat? Ist es nicht so, als ob jeder Stein dir zuruft: Kommt alle, ihr Arbeiter, und ruht euch aus in eurem Haus, das für euch gemacht ist. Ist der Spaarndammerplantsoen nicht das Märchen, von dem du als Kind geträumt hast, weil es etwas war, das es für uns als Kinder nicht gab?"

Typische Fassadengestaltung in der Zaanstraat.

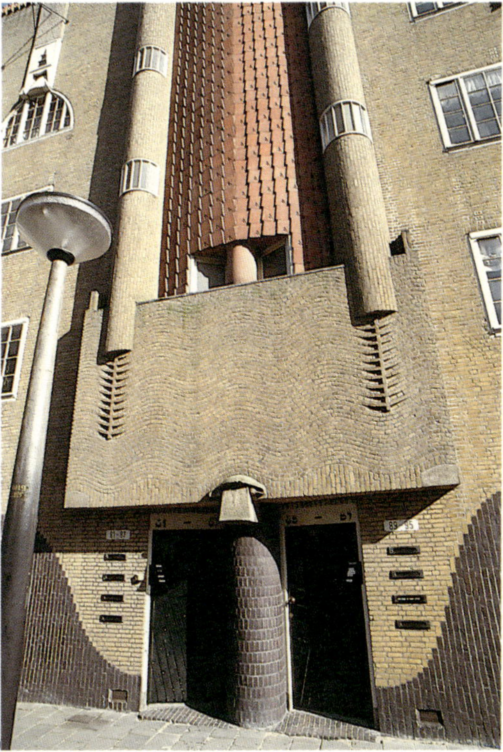
61-87
89-95

★ Stedelijk Museum (1)
Städtisches Museum

Der Haupteingang des Stedelijk läßt vermuten, daß in dem roten Backsteingebäude Kunstwerke längst vergangener Jahrhunderte gezeigt werden. Doch der äußere Eindruck täuscht. Das Museum beherbergt eine Sammlung moderner Kunst (Gemälde, Skulpturen, Kunsthandwerk, Design, Schmuck, Foto- und Videokunst), die zu den bedeutendsten in Europa gehört.

Die Vorderfront des Museumsbaus im Neorenaissancestil ist mit Büsten von Amsterdamer Architekten verziert.

Mittlerweile hat die Kollektion die Ausstellungskapazitäten des 1895 eingeweihten Museums bei weitem überschritten. Zwischen September und Juni beanspruchen Sonderausstellungen den größten Teil der Räumlichkeiten. Nur im Juli und August sind ausschließlich die hauseigenen Bestände zu sehen.

Viele der großformatigen Kunstwerke werden auf beweglichen Stellwänden präsentiert.

Willem Sandberg, einer der Vorgänger des jetzigen Museumsdirektors W. A. L. Beeren, veranlaßte zahlreiche An- und Umbauten: In seiner Ära entstanden die hauseigene Bibliothek, der Gartensaal mit Restaurant und die angrenzende Terrasse zum Skulpturengarten. Der 1954 errichtete Gebäudeflügel an der Van Baerlestraat gab dem Stedelijk neben einer neuen Ausstellungsfläche auch einen gläsernen zweiten Eingang. ▶

Daten *1895 erbaut, Architekt A. W. Weismann* **Öffnungszeiten** *Tägl. 11–17 h* **Eintritt** *7,50 hfl; kostenloser Plan und monatliches Programm am Informationsschalter* **Adresse** *Paulus Potterstraat 13; S 2, 3, 5, 12 (Van Baerlestraat)* **R 10** → *S. 86*

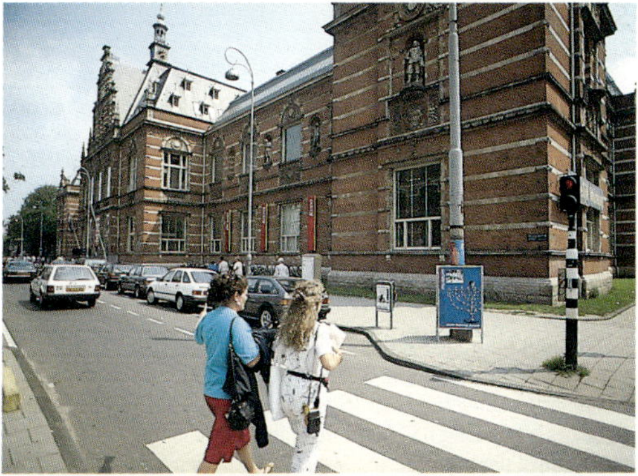

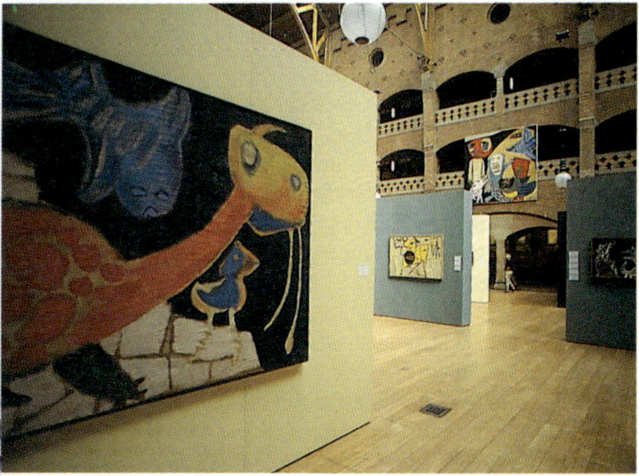

★ Stedelijk Museum (2)
Städtisches Museum

Auf Anregung von Willem Sandberg erwarb das Stedelijk Museum 1958 eine einzigartige Sammlung von Gemälden, Zeichnungen und theoretischen Schriften des russischen Malers Kasimir Malewitsch (1878–1935), einem Wegbereiter der abstrakten Kunst.

Malewitsch ist der wichtigste Vertreter des Suprematismus, der russischen Variante der gegenstandslosen Malerei. Nach der Oktoberrevolution (1917) wurde sein Werk in Rußland zunächst als Avantgarde gefördert, später jedoch verboten, als sich der sozialistische Realismus als offizielle Staatskunst durchsetzte. Im Stedelijk ist neben zahlreichen Werken, die alle mit „Suprematismus" betitelt sind, das Gemälde „Ein Engländer in Moskau" zu sehen.

Ähnlich wie Malewitsch kam auch der Niederländer Piet Mondrian (1872–1944) über Anleihen beim Impressionismus und Kubismus zu seinem unverwechselbaren Stil: Farbfelder in den Grundfarben Rot, Blau und Gelb werden von einem Gitterwerk aus schwarzen und weißen Vertikalen und Horizontalen eingerahmt.

Mondrian war eng mit der Kunst- und Architekturbewegung De Stijl verbunden; ihre Hauptvertreter, Gerrit Thomas Rietveld und Theo van Doesburg, sind mit Werken in der Sammlung zur frühen abstrakten Kunst vertreten. ▶

„Suprematismus" (1915), von Kasimir Malewitsch. Der russische Maler fügte die geometrischen Grundformen – Kreis, Quadrat und Rechteck – zu immer neuen Bildsynthesen zusammen.

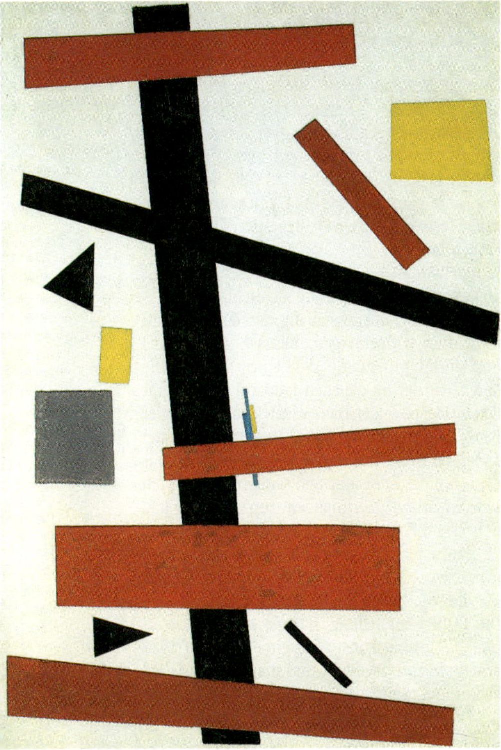

★ Stedelijk Museum (3)
Städtisches Museum

Barnett Newman setzte Mondrians Philosophie über die reine Ausdruckskraft der Farbe in großformatigen Farbbildern fort. Sein Gemälde „Who's afraid of red, yellow & blue" (1966/67) wendet sich im Titel direkt an den Betrachter. Wer sich ganz auf das Bild konzentriert, wird rasch feststellen, welche suggestive Wirkung die Farben ausüben. Bei einem Anschlag in den 80er Jahren wurde das Bild schwer beschädigt. Erst 1991 war die Restaurierung abgeschlossen.

Die Gemeinschaftsausstellung der Künstlergruppe COBRA (COpenhagen, BRüssel, Amsterdam) im Stedelijk provozierte 1948 einen Skandal. Die Mitglieder der im gleichen Jahr in Paris gegründeten Gruppe – der Däne Asger Jorn, der Belgier Pierre Alechinsky und die Niederländer Karel Appel, Constant und Corneille – griffen nicht nur die Ideen des Kubismus auf, sondern orientierten sich auch an Zeichnungen von Kindern und Geisteskranken, Werken der naiven Kunst sowie afrikanischer Kunst. Insbesondere die farbigexpressive Malerei Appels übte großen Einfluß auf die sog. Neuen Wilden aus.

Die COBRA-Ausstellung, damals als „Kleckserei" und „Wahnsinnskunst" beschimpft, wurde 1988 erneut gezeigt. Das Publikum stand Schlange, die Schau mußte mehrmals verlängert werden. ▶

„Scorched Earth II" (Verbrannte Erde II, 1951) von Constant.

359

★ Stedelijk Museum (4)
Städtisches Museum

Neben den Klassikern der Moderne wie Chagall, Cézanne, Kandinsky, Kokoschka und Picasso versucht das Stedelijk bei seiner Ankaufs- und Ausstellungspolitik die Kunst der Gegenwart in den Vordergrund zu stellen.

Mitte der 80er Jahre lud die Museumsleitung den amerikanischen Graffiti-Künstler Keith Haring zu einer Werkausstellung ein und machte das Amsterdamer Publikum mit der damals noch umstrittenen „Kunst aus der Dose" vertraut. Haring revanchierte sich mit einem überdimensionalen Deckengemälde für das Treppenhaus.

Seit 1981 widmet sich das Museum verstärkt der Foto- und Videokunst. Unter der Treppe zur 1. Etage wurde ein Video-Raum eingerichtet. Grundstock der umfangreichen Fotografie-Sammlung waren Bilder von László Moholy-Nagy und Man Ray. Mittlerweile umfaßt die Kollektion Werke von nahezu allen wichtigen Fotografen des 20. Jh. Im Kabinett (Raum 13) finden wechselnde Fotoausstellungen statt.

Im Skulpturengarten des Stedelijk, der auch ohne Eintrittskarte begehbar ist, sind u. a. Plastiken von Laurens, Moore, Renoir, Rodin, Serra, Tinguely und Visser aufgestellt. ▶

„Kiki with Negro Mask" (1926) von Man Ray.

„Ushering in banality" (1988) von Jeff Koons.

361

⭐ Stedelijk Museum (5)
Städtisches Museum

Neben Malerei, Fotografie und Plastik hat das Stedelijk auch eine Abteilung für Kunsthandwerk und Design. Nach dem 2. Weltkrieg verlagerte sich der Schwerpunkt der Sammlung auf das Industrial Design. Damit folgte das Stedelijk dem Vorbild des New Yorker Museum of Modern Art, das als eines der ersten Museen Design-Objekte austellte.

Haushaltsgeräte, Glas, Geschirr sowie Beispiele des stromlinienförmigen Designs, das die Zeit zwischen 1930 und 1950 bestimmte, bilden den ersten Teil der Sammlung. Im Mittelpunkt steht eine große Kollektion von Sitzmöbeln: Vertreten sind u. a. Otto Wagners Entwürfe (1905) für die Wiener Sparkasse, Stahlrohrsessel der 20er und 30er Jahre von Marcel Breuer, W. H. Gispen und Mart Stam sowie Modelle von Arne Jacobsen aus den 60er Jahren. Unter diesen Klassikern des Stuhl-Designs befindet sich auch eine Gruppe von Thonet-Möbeln aus verschiedenen Epochen.

Den Höhepunkt stellt jedoch die einzigartige Rietveld-Kollektion dar: Sie umfaßt über 50 Stühle des niederländischen Architekten und Möbel-Designers Gerrit Rietveld (1888–1964).

Mehrere Versionen des berühmten rot-blauen Stuhls (1918) von Gerrit Rietveld sind im Stedelijk zu sehen.

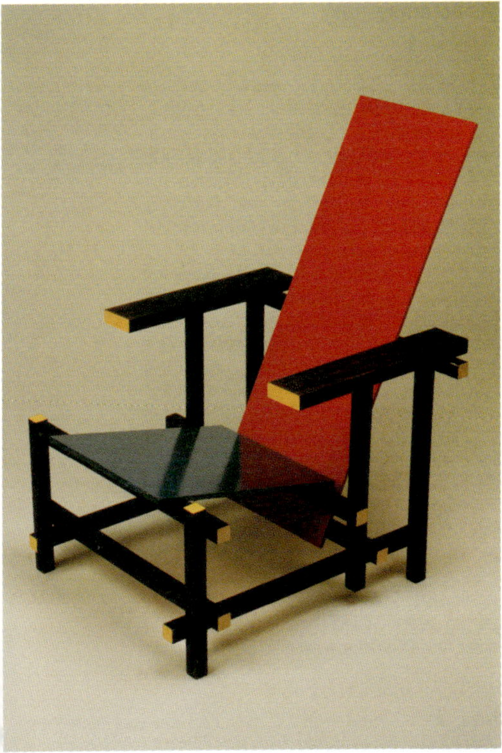

St. Nicolaas Kerk

Nicht nur kleine Kinder, auch Erwachsene feiern in den Niederlanden am 5.12. die Ankunft des hl. Nikolaus und seines Zwarte Piet alias Knecht Ruprecht. Im Gegensatz zu Deutschland ist nicht Weihnachten, sondern Sinterklaas (Nikolaus) das wichtigste Fest im Jahr, an dem Geschenke gemacht und für das Gedichte geschrieben und Überraschungen gebastelt werden.

In der St. Nicolaas Kerk kommt jedes Jahr zwei Wochen vor Sinterklaas der Nikolaus an.

Für Amsterdam hat das Fest eine besondere Bedeutung. Im 14. Jh. wurde Nikolaus zum Schutzheiligen der Seeleute und später zum Schutzpatron der Stadt erklärt. Die Oude Kerk (S. 288) war ihm geweiht, solange sie sich in katholischem Besitz befand. Während der Reformation wurden die meisten Nikolaus-Figuren in den Kirchen zerstört.

Der erste große Neubau einer katholischen Kirche nach der Reformation trug den Namen von Sinterklaas. Als sich die Tore der St. Nicolaas Kerk 1887 öffneten, ging das Kapitel der Geheimkirchen zu Ende, in denen die Katholiken seit dem 16. Jh. ihre Messen gefeiert hatten: Die berühmteste Schlupfkirche der Stadt, Ons lieve heer op zolder (S. 282), wurde bereits ein Jahr später in ein Museum verwandelt.

Daten *1885–87 erbaut durch A. C. Bleys; Hochaltar nach Entwurf von Bleys; Schnitzereien von E. van den Bossche* **Adresse** *Prins Hendrikkade 76*

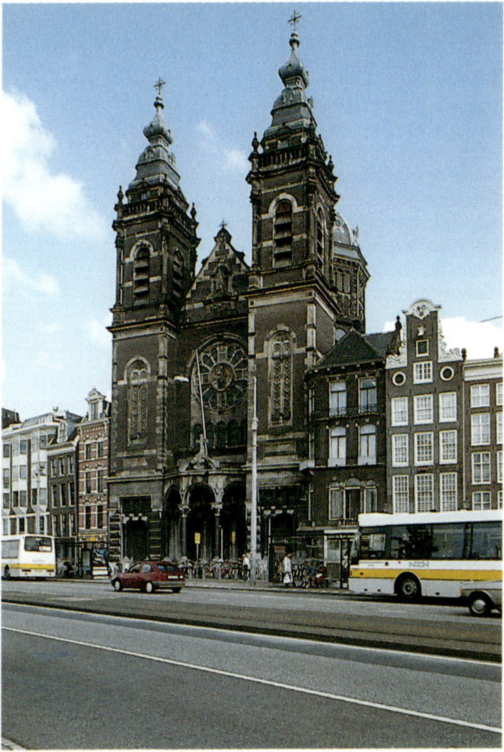

★ Stopera (1)
Stopera (Rathaus/Oper)

Im Jahr 1648 sprengte das Stadhuis auf dem Dam, das nach Plänen Jakob van Campens erbaut worden war, alle architektonischen Maßstäbe der damaligen Zeit. Beinahe 350 Jahre später bewies Amsterdam erneut, daß es beim Bau seines Rathauses keine Kosten scheut.

Blick von der Blauwbrug (S. 118) auf das Halbrund des Musiktheaters.

Seit den 30er Jahren beschäftigten Pläne für einen Rathaus-Neubau die Kommune. 1968 gewann der Österreicher Wilhelm Holzbauer den ausgeschriebenen Architektur-Wettbewerb. Sein Entwurf zeigte ein L-förmigen Komplex, mit einer betont nüchternen und schmucklosen Fassade. Die durchlaufende Giebellinie an der Nordseite bricht mit der Amsterdamer Tradition der zierenden Giebelvielfalt.

Der L-förmige Rathauskomplex wird von den Amsterdamern auch „Betonbunker" genannt.

Die gleichzeitig bestehenden Pläne zum Bau einer Oper führten nach jahrelangen Diskussionen zu dem Entschluß, die beiden Großprojekte Rathaus und Oper zu verbinden. Es entstand die sog. Stopera.

Die Architekten Wilhelm Holzbauer und Cees Dam setzten mit dem halbrunden, zur Amstel hin ausgebuchteten Opernkomplex einen Kontrapunkt zum strengen Rechteck des Rathauses. ▶

Daten *1968 Entwurf Stadhuis; 1979 Baubeginn des Großprojekts Stadhuis und Opera; 1986 Einweihung Muziektheater; 1988 Einweihung Stadhuis*
Adresse *Waterlooplein; S 9, 14 (Waterlooplein)* **R 5** → *S. 76*

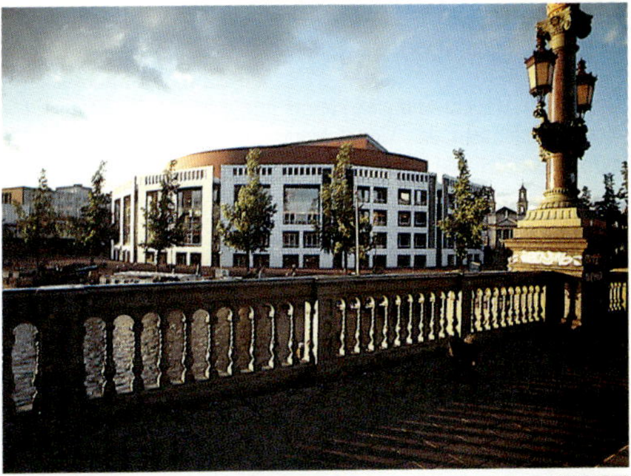

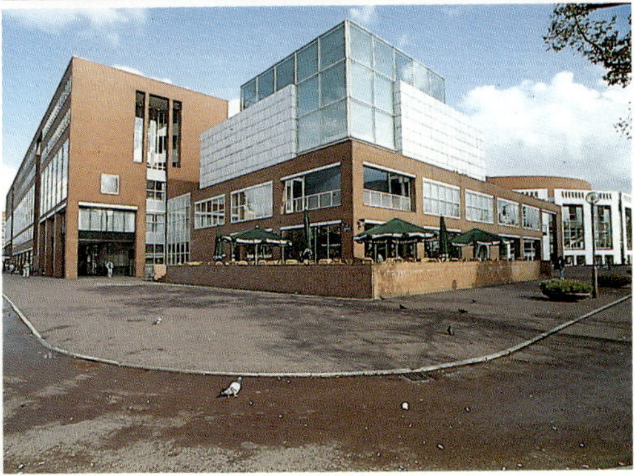

★ Stopera (2)
Stopera (Rathaus/Oper)

Der riesige Stopera-Komplex konnte erst gebaut werden, nachdem das Viertel Vlooyenburg abgerissen worden war: Die von drei Grachten und der Amstel eingeschlossene kleine Insel bildete das Zentrum des ehemaligen Judenviertels.

Seit dem 16. Jh. hatten sich hier vor allem sephardische und osteuropäische Juden angesiedelt, die Vlooyenburg war neben dem Jordaan (S. 226) das am dichtesten besiedelte Wohngebiet. Nach den Judendeportationen während der deutschen Besetzung 1940–45 war der Stadtteil nahezu verlassen.

Die Stopera wurde nicht nur zum teuersten, sondern auch zum umstrittensten Bauprojekt seit dem Bau des Rathauses (S. 234) auf dem Dam. Anlaß für den Unmut der meisten Stadtbewohner waren jedoch weniger die außer Kontrolle geratenen Baukosten von rd. 350 Mio Gulden, sondern eher der monumentale Charakter des Rathauses. Straßenschlachten zwischen Polizei und aufgebrachten Bürgern, die sich dagegen wehrten, daß billiger Wohnraum im Stadtzentrum verschwand, begleiteten den Bauverlauf. Auch in Architektenkreisen wurde der aus dem Jahr 1968 stammende Plan für das Stadhuis als nicht mehr zeitgemäß empfunden. ▶

Das Monument für den jüdischen Widerstand erinnert daran, daß die Stopera mitten im Zentrum des ehemaligen Judenviertels gebaut wurde.

TER HERINNERING AAN HET VERZET
VAN DE JOODSE BURGERS
GEVALLEN IN 1940 - 1945
5700 - 5705

★ Stopera (3)
Stopera (Rathaus/Oper)

Zwar ist das Gebäude des Rathauses bei den Amsterdamern nicht sehr beliebt, eine Eheschließung im Trouwzaal (Heiratssaal) ist jedoch ein – beinahe himmlisches – Erlebnis. Einige Möbel stehen nicht auf dem Boden, sondern scheinen zu „schweben": Sie wurden in unterschiedlicher Höhe als Kunstobjekte an den Wänden befestigt. Im Gegensatz zum Rathaus wurde das Musiktheater mit mehr Wohlwollen aufgenommen. Der halbrunde Saal des Musiktheaters bietet 1600 Zuschauern Platz. Neben der Oper bestimmen experimentelle Musik und Ballett das Programm. Das Nationale Ballett gilt seit Jahrzehnten als eines der besten der Welt. Mit mehr als 80 Tänzerinnen und Tänzern ist die Truppe ebenso stark wie das New York City Ballet und das Pariser Opernballett.

Hans van Manen und Rudi van Dantzig begründeten den Ruhm des Nationalballetts mit Choreographien, von denen einige bereits zu Klassikern des modernen Tanzes geworden sind. Beide Choreographen brachen mit Konventionen und nahmen in den 60er Jahren Abschied von der traditionellen Rollenverteilung. Die Amsterdamer Oper hat keinen wechselnden Spielplan: Statt dessen wird jedes Stück über einen bestimmten Zeitraum hinweg täglich aufgeführt.

Seit 1988 schließen die Heiratswilligen in Amsterdam im Trouwzaal (Heiratssaal) den Bund für's Leben.

371

Taibah Moskee
Taibah-Moschee

Seit Jahrhunderten ist die niederländische Hauptstadt ein Zentrum für Religionen aus aller Welt. Nach der Reformation (1578) war das religiöse Leben weitgehend durch den protestantischen Calvinismus bestimmt. Doch die zahlreichen Flüchtlinge, die Amsterdam im Laufe der Jahrhunderte aufnahm, brachten ihre eigenen Religionen mit. So gab es schon früh eine englische episkopale Kirche (Begijnhof, S. 110) und eine armenische Kirche (Kromboomssloot 22). Ende des 17. Jh. erhielten die portugiesisch-israelitische und die aschkenasische Gemeinde die Erlaubnis zum Bau großer Synagogen.

Die moderne Taibah-Moschee entstand in der Bijlmermeer-Siedlung im Südosten von Amsterdam.

Als jüngstes Kind der Religionsvielfalt wurde 1984 die Taibah-Moschee errichtet: Der Bau verbindet die moderne Grundform des Kubus mit den traditionellen, aus der Religion abgeleiteten Forderungen des moslemischen Kirchenbaus.

Gläubige Moslems im großen Betsaal der Taibah-Moschee.

Die Mihrab (Gebetsnische) ist nach Mekka ausgerichtet. Während die Dachkonstruktion aus einem diagonalen Raster von stählernen Balken besteht, ist das Bauskelett aus Beton. Die Farbgebung der Fenster, Türen und Minarette – ein dunkles Türkis – geht auf den Geschmack der surinamischen Muslime zurück.

Daten *1984 erbaut, Architekt P. Haffmanns*

373

★ Theater Carré

Zum 100jährigen Bestehen erhielt das größte städtische Theater 1987 den Ehrentitel „Königliches Theater Carré". Der Namenszug auf dem Dach ist weithin sichtbar, die ausladende Vorderfront im Stil des Neoklassizismus fällt am Amstelufer zwischen der Magere Brug (S. 254) und der Amstelschleuse Hoge Sluis sofort ins Auge.
Ursprünglich diente das imposante Gebäude (1700 Sitzplätze) dem Zirkus von Oscar Carré als Unterkunft; er hatte es nach einem Kölner Vorbild innerhalb weniger Monate erbauen lassen.
In den letzten Jahren setzte das Theater Carré verstärkt auf Musicals: Ob „Evita" oder „Les Miserables" – das Carré ist zumeist Wochen vor den Aufführungen ausverkauft. Die Besucher der aufwendig inszenierten Spektakel reisen aus dem ganzen Land an.
In musicalfreien Zeiten stehen niederländische Kabarettisten und Theatergruppen auf dem Podium. Auch internationale Stars wie die Musikerin und Performance-Künstlerin Laurie Anderson treten gern im Carré auf, weil sie dessen Atmosphäre den großen Konzerthallen vorziehen.

Das Theater Carré in stimmungsvoller abendlicher Beleuchtung.

Daten *1887 erbaut, Architekten: J. P. van Rossum und W. J. Vuyk*
Adresse *Amstel 115–125; U 51 (Weesperplein)* **R 6** → *S. 78*

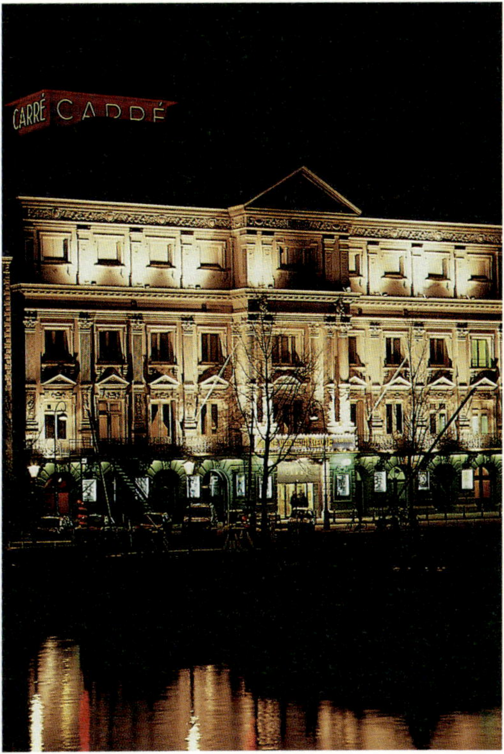
CARRÉ
CARRÉ

Tram
Straßenbahn

Bevor Graffiti-Amateure nach New Yorker Vorbild die Straßenbahnen der Stadt „verschönern" konnten, entschlossen sich die öffentlichen Verkehrsbetriebe zu einer geschickten Kampagne: Zur Überraschung des Amsterdamer Publikums erschienen die traditionell gelben Trams eines morgens mit farbenprächtigen Bemalungen und ungewöhnlichen Dekors.

Die immer wieder neu gestalteten Tramwaggons bringen Abwechslung ins Stadtbild.

Die fahrenden Kunstwerke stießen einhellig auf Begeisterung und gehören heute zum inoffiziellen Kulturprogramm der Stadt: Nach einigen Monaten werden die Motive regelmäßig durch neue ersetzt. Amsterdamer Künstler bekommen die Möglichkeit, ihre Werke in ungewöhnlich großem Format darstellen zu können.

Auch als künstlerisch gestaltete Werbefläche wurde die Tram entdeckt: 1988 warb das Stedelijk Museum (S. 354) mit einem Schlangenmotiv des bedeutenden avantgardistischen Malers Corneille für die Ausstellung der Künstlervereinigung COBRA. Auch der Amsterdamer Zoo, die Artis Plantage (S. 166), weist mit einer wahrhaft tierischen Trambemalung auf die vielen Tierarten hin, die sich in seiner Obhut befinden.

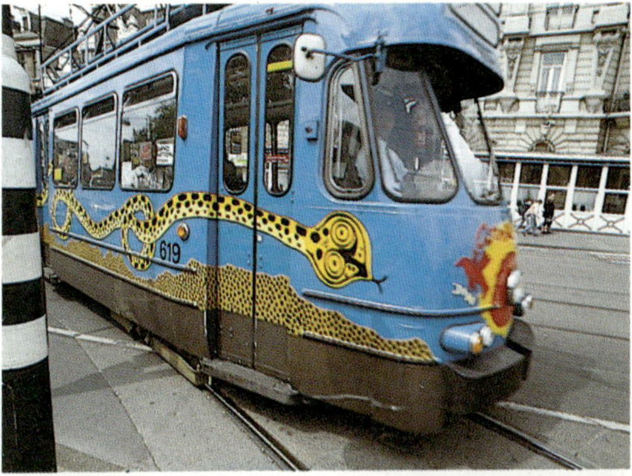
619

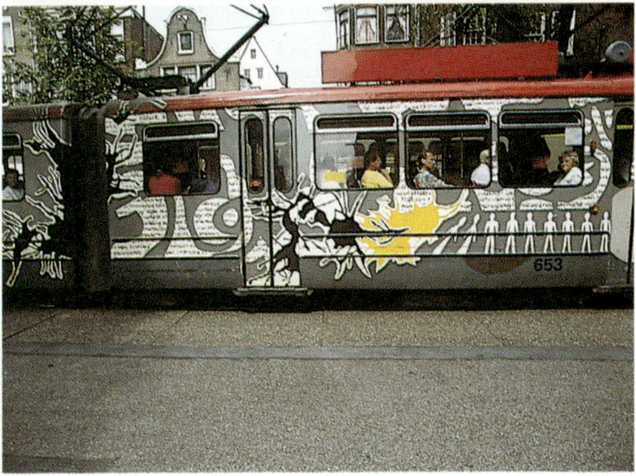
653

Trippenhuis
Trip-Haus

Das imposante Patrizierhaus am Kloveniersburgwal leitet seinen Namen von seinen Bauherren ab, den Brüdern Lodewig und Hendrik Trip. Sie waren durch Waffenfabrikation zu beachtlichem Reichtum gelangt.

Architekt Justus Vingboons konnte seinen Entwurf (1662) ohne Rücksicht auf die Kosten umsetzen. Er schuf einen klassizistischen Bau mit acht korinthischen Pfeilern und einem schmalen Giebelfeld, die dem Wohnhaus den Charakter eines Prunkbaus geben. Die Anlehnung an die griechische Tempelarchitektur wird durch einen Putten- und Arabesken-Fries verstärkt.

Seit 1808 wurde das Trippenhuis für öffentliche Einrichtungen genutzt: Während der französischen Besatzung diente es kurze Zeit als Sitz der Verwaltung, im 19. Jh. beherbergte es bis zum Bau des Rijksmuseums (S. 318) die nationale Gemäldesammlung. 1885 zog das Königliche Institut für Wissenschaft, Literatur und schöne Künste, die heutige Niederländische Akademie der Wissenschaften, ins Trippenhuis ein.

Mit dem Bau des gegenüberliegenden Klein Trippenhuis (S. 232) wurde das große Vorbild in kleinerem Maßstab kopiert.

Schornsteine in Kanonenform und militärische Embleme im Fresko weisen auf die Geschäfte der Besitzer hin.

Adresse *Kloveniersburgwal 29; U 51 (Nieuwmarkt)* **R 5** → *S. 76*

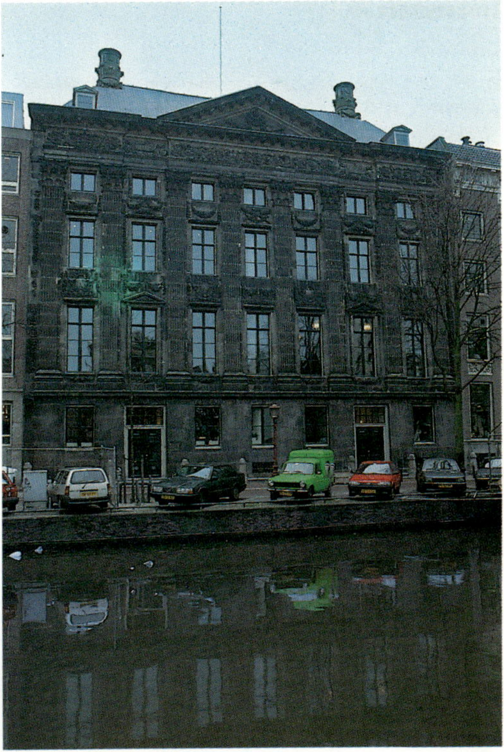

Tropenmuseum (1)

In den 20er Jahren entstand gegenüber dem Muiderpoort, eines der letzten erhaltenen Stadttore (1770) der ehemaligen Stadtmauer, das monumentale Gebäude des Holländischen Kolonialinstituts.
Zwar war zu Beginn des 20. Jh. die große Zeit der Kolonialmacht Niederlande vorbei, doch rechnete man u. a. Niederländisch-Indien (heute Indonesien), Neu-Guinea und Surinam bei Surinam immer zum Mutterland. Das Institut sollte durch Analysen der politischen und sozialen Verhältnisse eine optimale Interessenvertretung der Kolonialmacht sichern.
Nach der Unabhängigkeit Indonesiens (1949) wurde das Kolonialinstitut in das Königliche Tropeninstitut umgewandelt.
Den größten Teil der Räumlichkeiten nimmt heute das Tropenmuseum ein. Neben Informationen zu den ehemaligen Kolonien (Surinam, Indonesien, Niederländische Antillen) bilden Dokumente zum Alltagsleben sowie zu Kunst und Kultur von Entwicklungsländern die Schwerpunkte der Ausstellung. ▶

Die traditionalistische Architektur des Gebäudes macht Anleihen bei der Neorenaissance und der Neugotik.

Daten *1919–25 gebaut, Architekten: M. A. & J. van Nieuwkerken*
Öffnungszeiten *Mo–Fr 10–17 h, Sa–So 12–17 h* **Eintritt** *7,50 hfl*
Adresse *Linnaeusstraat 2; S 9, 14 (Mauritskade)* **R 7** → *S. 80*

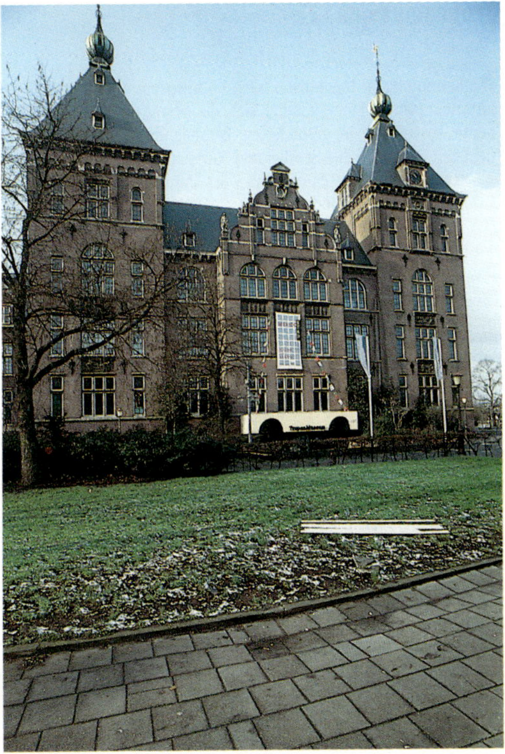

Tropenmuseum (2)

Die Sammlung ist thematisch nach Kontinenten unterteilt. Im 1. Stock widmet sich die permanente Ausstellung in gesonderten Räumen den Gebieten Ozeanien, Südostasien und Südasien, im 2. Stock werden Lateinamerika, der Mittlere Osten und Afrika behandelt.

Das Kindermuseum „TM Junior" im Erdgeschoß wurde im Sommer 1992 wiedereröffnet. Die Dauerausstellung „Unsichtbare Gäste", bei der Götter, Geister und Masken aus Bali im Mittelpunkt stehen, zielt vorwiegend auf Besucher im Alter zwischen 6 und 12 Jahren.

Alle Exponate werden so präsentiert, daß sie auch ohne erklärenden Text verständlich sind. Alltagsgegenstände und nachgebaute Szenerien aus den tropischen und subtropischen Ländern geben Einblicke in eine fremde Welt.

Eine gefilmte Fahrt durch die Innenstadt von Delhi bildet den Auftakt zu einer inszenierten Reise durch Südostasien: Indien, Pakistan, Nepal, Bangladesh und Sri Lanka sind die Stationen. Ein Slumviertel von Bombay/Indien wurde nachgebaut, in einer Dorfszenerie Bangladeshs kann man sich über die Probleme der Landwirtschaft und die damit verbundene Überschwemmungsgefahr informieren. ▶

Auch sorgfältig geschnitzte Puppen in traditioneller Kleidung gehören zu den Exponaten der Südostasienabteilung.

383

Tropenmuseum (3)

Die Ozeanien-Räume zeigen die traditionelle Holzkunst der Inselreiche im Pazifischen Ozean. Breiter dokumentiert werden Handwerk, Unterrichtswesen, Landwirtschaft, Stadtentwicklung und Alltagsleben in Indonesien, der ehemaligen Kolonie Niederländisch-Indien.

Kunstvolle Holzschnitzereien aus Südostasien.

Im Afrika-Saal sind ein nachgebautes Dorf aus Burkina Faso (bis 1984 Obervolta), ein afrikanischer Stadtmarkt sowie ein nigerianisches Haus zu sehen; ein kurzer Film schildert das Leben von drei Jungen in Senegal. Nomadenzelte und ein orientalischer Markt sind die Anschauungsobjekte im Raum „Mittlerer Osten".

An Sonntagen finden im Tropenmuseum unregelmäßig Konzerte oder Tanzaufführungen statt. Südamerikanische Gruppen oder indonesische Gamelan-Orchester, die mit Gongs, Xylophon, Zither und Handtrommeln die rituellen Tänze ihres Landes begleiten, gehören seit Jahren zum Programm.

Die Ausstellung in der zentralen Innenhalle kann von allen Etagen aus betrachtet werden.

Im Soeterijn-Theater im Untergeschoß werden Filme zu Themen der Dritten Welt gezeigt. Der Raum bietet auch Platz für Gastspiele von in- und ausländischen Theatergruppen.

385

Tuschinski (1)

Nicht nur die Filme entführen den Zuschauer im Tuschinski in eine andere Welt. Das Kino gilt als eines der schönsten in ganz Europa und verfügt über jenen Glanz, der in der Blütezeit des Films charakteristisch für die Lichtspielhäuser war. Die schwelgerische, theatrale Fassadengestaltung des Kinopalastes, der heute unter Denkmalschutz steht, weckt Erinnerungen an Hollywoodfilme aus dem frühen 20. Jh. Gleiches gilt für das Interieur: Von den üppigen Fauteuils über die Lampen bis hin zu den Decken- und Wandgemälden ist alles aufeinander abgestimmt. Das runde Foyer bildet einen märchenhaften Empfangssaal im Art-déco-Stil, der große Kinosaal mit Balkon und Logen erinnert an die „gute alte Zeit".
Das Lichtspielhaus verfügt über fünf große Vorführsäle, in denen vor allem die Kassenschlager aus Hollywood gezeigt werden – wie überall in Amsterdam in Originalsprache mit niederländischen Untertiteln. Der prächtigste Saal ist das sog. Tuschinski 1. Wer einen guten Überblick über die Ausstattung haben will, sollte einen Balkonplatz wählen. ▶

Das traditionsreiche Tuschinski ist das bekannteste Kino der Stadt.

Adresse *Reguliersbreestraat 26; S 4, 9, 14 (Rembrandtplein)*

387

Tuschinski (2)

Der aus Polen stammende Abram I. Tuschinski hatte nach dem 1. Weltkrieg die Grundstücke der „Teufelsecke", wie die Amsterdamer die Straße zwischen Munttoren und Rembrandtplein nannten, aufgekauft und ein Theater erbauen lassen. Tuschinski wurde während der deutschen Besatzung wie viele andere Amsterdamer Juden deportiert und kam 1942 im KZ Auschwitz um.

Das 1921 eröffnete Tuschinski war zuerst ein Theater, in dem vor allem Kabarett, Shows und Revuen aufgeführt wurden. Die Initiative zur Einrichtung eines Kinos ging vom filmbegeisterten Eigentümer aus: Er sorgte dafür, daß die Vorführungstechnik dem modernsten Stand entsprach.

In den 20er und 30er Jahren wurde das Theater- und Filmhaus zum Treffpunkt des swingenden Amsterdam: Im größten Saal („La Gaité") traten Maurice Chevalier und Louis Armstrong auf, Shimmy und Charleston wurden getanzt.

In den letzten Jahren knüpfte das Tuschinski an seine Traditionen an: Konzerte und Kongresse zeigen, daß das Haus als kultureller Treffpunkt neu entdeckt wird. Seit 1991 werden auch wieder Führungen durch den Kinokomplex angeboten.

Phantasievolle Ausstattungsdetails im Art-déco-Stil machen den Reiz des Tuschinski aus.

Daten *Führungen im Juli und Aug, So und Mo 10.30 h* **Eintritt** *5 hfl*

389

Universiteit van Amsterdam (1)
Universität von Amsterdam

Auch wenn vieles in Amsterdam alt ist, die beiden Universitäten sind es nicht. Erst 1877 wurde die Universiteit van Amsterdam (UvA) gestiftet; sie entwickelte sich zu einer der bedeutendsten akademischen Lehrstätten des Landes. Die zweite Universität der Stadt, die Vrije Universiteit (VU), wurde 1880 als christlich-reformierte Lehrstätte gegründet und hat ihren Sitz heute in einem modernen Komplex (am de Boelelaan) an der Stadtgrenze zu Amstelveen.

Die Gebäude der Universität von Amsterdam sind dagegen über die ganze Stadt verteilt. In die neuen Bauten auf der Roeters-Insel, wo bereits einige Institute der UvA untergebracht sind, werden ab 1992 auch die Naturwissenschaften umziehen. Die geisteswissenschaftlichen Institute haben sich im 1984 fertiggestellten P. C. Hoofthuis angesiedelt. Das aus den Jahren 1899/1900 stammende weiße Eckhaus wurde in den Neubaukomplex integriert.

Zahlreiche historische Gebäude werden durch die Universität genutzt: Das Maagdenhuis (S. 250), die Agnietenkapelle sowie das ehemalige Männeraltenheim, das eines der Hauptuniversitätsgebäude ist. In der Oude Luthersche Kerk, 1633 von Pieter de Keyser erbaut, befinden sich die Empfangsräume der Hochschule. ▶

Das helle P. C. Hoofthuis an der Spuistraat 134 wurde 1984 nach einem Entwurf des Architekten Theodor Bosch fertiggestellt.

Adresse *P. C. Hoofthuis: Spuistraat 134; Oude Luthersche Kerk: Singel 411*

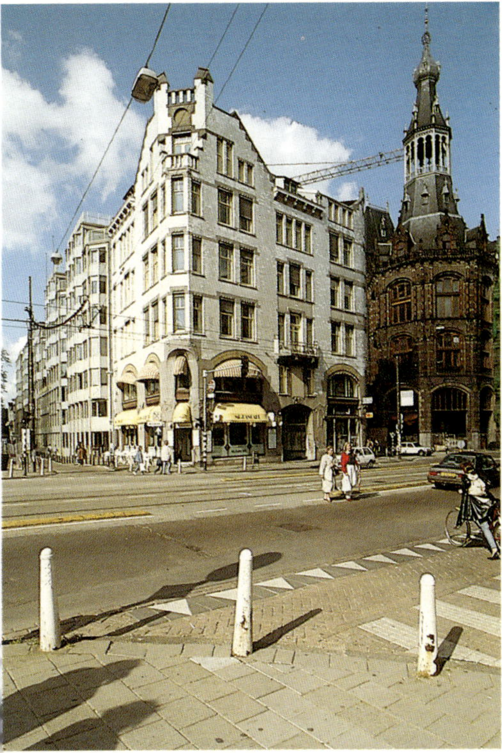

Universiteit van Amsterdam (2)
Universität von Amsterdam

In der Agnietenkapelle wurde 1632 die Vorgängerin der Universität gegründet, das Athenaeum Illustre. Die höhere Schule besaß jedoch kaum wissenschaftlichen Rang. Ihre Professoren waren nicht berechtigt, den Doktortitel zu verleihen.
Im 17. und 18. Jh. wurde die Wissenschaft häufig außerhalb der akademischen Kreise betrieben. Der berühmte Amsterdamer Philosoph Baruch de Spinoza (1632–1677) etwa hatte keinen Professorentitel. Er war jedoch der wichtigste Gelehrte, den die Stadt hervorbrachte. Seine „Ethik, nach geometrischer Methode dargestellt" (1677) übte auf die Dichter Goethe und Herder ebenso großen Einfluß aus wie auf die gesamte europäische Philosophie.
Amsterdams Universität genießt einen progressiven Ruf. Nach dem 2. Weltkrieg war sie die erste niederländische Universität, die eine Fakultät für Soziale und Politische Wissenschaften einrichtete. Während der Studentenunruhen in den 60er Jahren tat sich die Studentenschaft durch politische Aktivitäten hervor; aus ihren Reihen kamen zahlreiche Mitglieder der sog. Provo-Bewegung.
Zu Beginn der 90er Jahre waren 25 000 Studenten an der Akademie eingeschrieben; in den verschiedenen Fachbereichen lehren insgesamt etwa 5000 Dozenten.

Mit goldenen Lettern wird am Tor vor der Agnietenkapelle an die Zeit erinnert, als es das Athenaeum Illustre beherbergte.

Adresse *Agnietenkapelle: Oudezijds Voorburgwal 231*

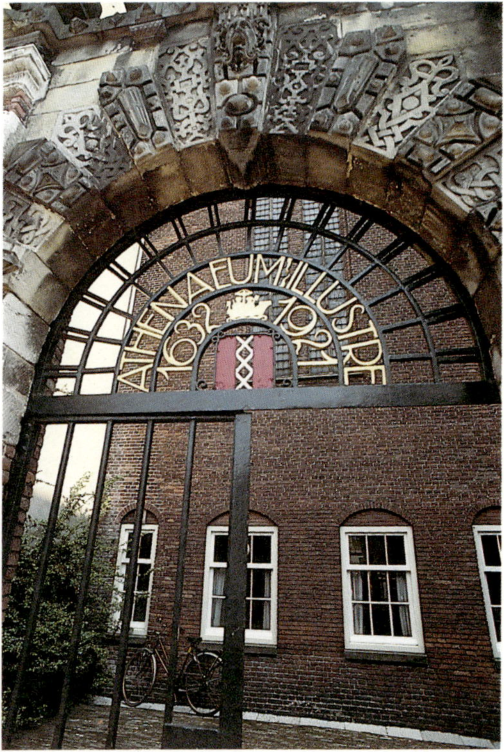
ATHENAEUM ILLUSTRE
1632
1932

★ Van Gogh Museum (1)

Vincent van Gogh, geboren am 30.3.1853 in Groot Zundert, gestorben durch Selbsttötung am 29.7.1890, verbrachte nur ein Jahr seines kurzen Lebens in Amsterdam, als er 1877/78 bei seinem Onkel wohnte.

"Selbstbildnis mit dunklem Filzhut" (1886) von Vincent van Gogh.

In Briefen an seinen Bruder Theo schildert van Gogh seine Eindrücke von der Stadt, die er auf Spaziergängen entlang der alten Hafenfront, der angrenzenden Warmoesstraat und dem Zeedijk kennenlernte: „Ich gehe gern durch die alten, engen und ziemlich düsteren Straßen mit ihren Drogerien, Druckereien und Schiffsausrüstern und vertiefe mich in Navigationskarten und anderes Schiffszubehör. Ich kann Dir gar nicht sagen, wie schön es dort war in der Dämmerung. Rembrandt, Michel und andere haben es wohl gemalt."

Die Zuneigung der Stadt zum Werk des niederländischen Malers entwickelte sich langsamer: Erst 1930 und 1946 zeigte das Stedelijk Museum (S. 354) erste Übersichtsausstellungen. 1962 wurde das Van-Gogh-Denkmal auf dem Museumsplein enthüllt. Im selben Jahr begannen die Vorbereitungen zum Bau des Van Gogh Museums, das 1973 eröffnet wurde. ▶

Öffnungszeiten *Mo–Sa 10–17 h, So 13–17 h* **Eintritt** *10 hfl*
Adresse *Paulus Potterstraat 7; S 2, 3, 5, 12 (Van Baerlestraat)*
R 10 → *S. 86*

395

★ Van Gogh Museum (2)

Das Van Gogh Museum bietet mit 205 Gemälden sowie 524 Aquarellen und Zeichnungen einen einzigartigen Überblick über das Werk des Malers, der neben Paul Cézanne als bedeutendster Wegbereiter der Moderne gilt.

Das moderne Gebäude wurde von De-Stijl-Architekt Gerrit Rietveld entworfen.

Wegen der rasanten Entwicklung auf dem Kunstmarkt ist der Wert der Sammlung heute kaum noch zu schätzen. Auf Auktionen erzielen die Werke des Malers, der zeit seines Lebens arm war, Preise bis zu 100 Mio Dollar.

1991 schien der Alptraum der Museumsleitung wahr zu werden, als Einbrecher 20 Van-Gogh-Gemälde stahlen. Der „größte Kunstraub aller Zeiten" endete jedoch glimpflich. Schon wenige Stunden nach der Tat konnte die Beute sichergestellt werden. Die Sicherheitsvorkehrungen wurden massiv verstärkt.

Im „Rijksmuseum Vincent van Gogh" befindet sich seit 1973 die größte Van-Gogh-Sammlung der Welt.

Ein Großteil der Kollektion stammt aus dem Erbe von Vincent W. van Gogh, dem Sohn von Vincents Bruder Theo. Auch die Sammlung Theo van Goghs mit zahlreichen Werken berühmter Zeitgenossen seines Bruders – u. a. von Bernard, Gauguin, Monet, Monticelli, Toulouse-Lautrec – befindet sich im Van Gogh Museum.

Die wichtigsten Gemälde sind das ganze Jahr über in einer Dauerausstellung zu besichtigen. Für thematische Ausstellungen werden sie jedoch öfter umgehängt. In der Eingangshalle wird über die jeweils aktuelle Anordnung informiert. ▶

397

★ Van Gogh Museum (3)

Erdgeschoß: Das Frühwerk van Goghs ist eng mit Nuenen verbunden, einer kleinen Stadt in Brabant, wo der Maler 1880–86 lebte. Die Porträts aus dieser Zeit geben ein realistisches Bild des bäuerlichen Lebens, das von schwerer körperlicher Arbeit geprägt war. Am bekanntesten wurde die Studie „Die Kartoffelesser" (1885).

„Die Kartoffelesser" (1885) von Vincent van Gogh.

Der Kontrast der dunklen Töne, die in diesen Bildern vorherrschen, mit der expressionistischen Farbigkeit seines Spätwerkes ist enorm. Einen Übergang deuten bereits die Bilder an, die 1886/87 in Paris entstanden: Porträts und Impressionen sind hell, aber in den Farben noch zurückhaltend.

1888 zog van Gogh in die Provence nach Arles, wo die glücklichste und produktivste Phase seines Lebens begann. Innerhalb kurzer Zeit schuf er hier eine radikal neue Kunst, die damals kaum verstanden wurde: Durch Kontakte zu den Pariser Impressionisten hatte er die Farbe als eigentliches Sujet der Malerei entdeckt. Während die Impressionisten jedoch Gegenstände und die Natur in ihrer augenblicklichen Erscheinungsform erfassen wollten, ging van Gogh noch darüber hinaus: Seine Landschaftsbilder wurden zum Ausdruck innerer Empfindungen. Zu den bekanntesten Werken, die in der Provence entstanden, zählen u. a. die „Brücke von Arles" (1888) sowie die „Sonnenblumen" (1888). ▶

„Stilleben mit Muscheln und Garnelen" (1886) von Vincent van Gogh.

399

★ Van Gogh Museum (4)

Erster Stock: Nach wiederholten Anfällen geistiger Verwirrung ließ sich Vincent van Gogh 1889 in die Heilanstalt St. Rémy-de-Provence einweisen. Hier entstanden seine letzten Bilder, die wegen ihrer Ausdruckskraft berühmt wurden (darunter „Park des St. Pauls Krankenhauses in St. Rémy", 1889).

Wiederum malte van Gogh Motive des bäuerlichen Lebens, wie „Saatfeld bei aufgehender Sonne" (1889) und verschiedene Studien zu „Arbeiten auf dem Feld" (1889). Das melancholische Bild „Krähen über dem Weizenfeld" entstand wenige Monate vor seinem Freitod in Auvers-sur-Oise bei Paris.

Zum 100. Todestag des Malers stellte das Museum 1990 für eine einzigartige Ausstellung das Gesamtwerk fast vollständig zusammen. Die Präsentation, die ein Publikumsmagnet für Besucher aus aller Welt gewesen ist (rd. 650 000 Besucher), wird schon aus versicherungstechnischen Gründen ein einmaliges Ereignis bleiben: Die Versicherungssummen für die Gemälde van Goghs sind in schwindelerregende Höhen gestiegen und können von einem Museum allein nicht aufgebracht werden.

„Garten des Hospitals Saint Paul" (1889) von Vincent van Gogh.

„Krähen über dem Weizenfeld" (1890) von Vincent van Gogh.

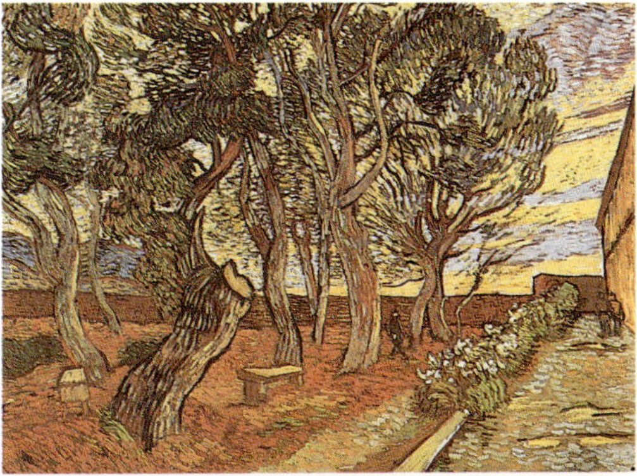

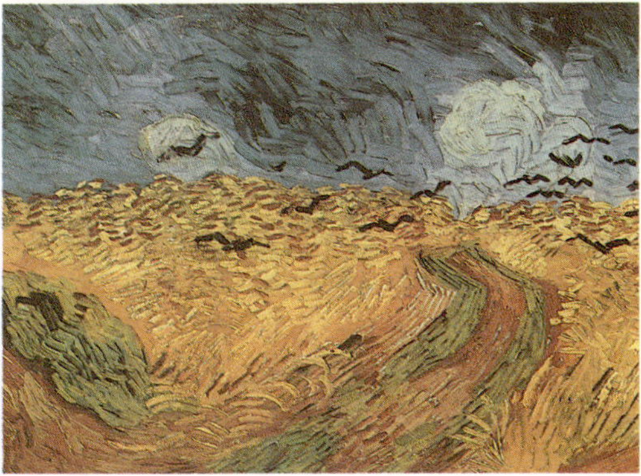

Vergulde Dolphijn
Vergoldeter Delphin

Einen der schönsten Treppengiebel aus der Epoche der holländischen Renaissance stellt der Zwillingsgiebel dar, der das Doppelwohnhaus an der Singel Nr. 140–142 schmückt. Das Gebäude mit dem Beinamen „Vergoldeter Delphin" wurde 1600 von Hendrick de Keyser entworfen, dem Architekten, der in den nächsten 20 Jahren mit seinen Bauten das Stadtbild Amsterdams nachhaltig veränderte. Die von ihm geplanten drei großen protestantischen Kirchen, Westerkerk (S. 428), Zuiderkerk (S. 448), Noorderkerk (S. 278), sowie der Montelbaanstoren (S. 260) und der Munttoren (S. 268) sind bis heute architektonische Wahrzeichen der Stadt.

Das Grachtenhaus wurde im 19. Jh. – wie viele andere auch – dem zeitgenössischen Geschmack angepaßt: Die Treppengiebel wurden zu Leistengiebeln abgeflacht und die Entlastungsbögen an den Fenstern der 2. Etage entfernt.

Mit Hilfe des in den 60er Jahren entdeckten Originalentwurfs von de Keyser konnte der ursprüngliche Zustand der beiden Häuser durch umfangreiche Restaurierungsarbeiten (1967) wiederhergestellt werden.

Berühmtester Bewohner des Vergulde Dolphijn war zwischen 1605 und 1655 Hauptmann Frans Banningh Cocq, der als Hauptfigur in Rembrandts „Nachtwache" verewigt ist.

Adresse *Singel 140–142; S 1, 2, 5, 13, 17 (Dam)*

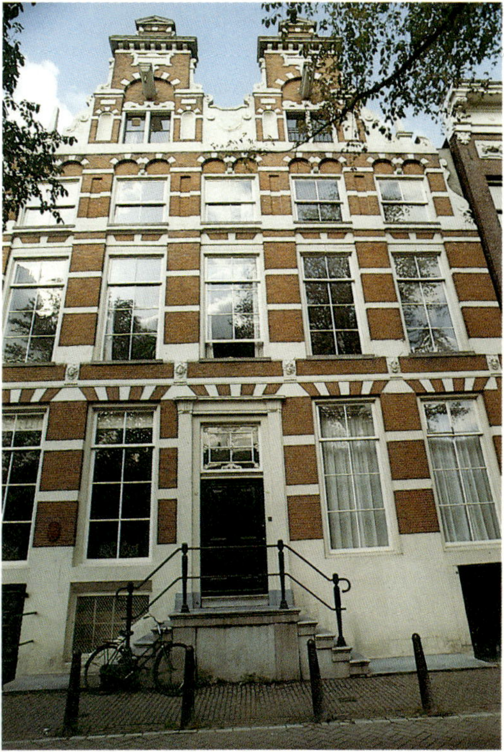

Verzetsmuseum (Synagoge)
Widerstandsmuseum (Synagoge)

Drei Jahre vor der deutschen Besetzung Amsterdams wurde 1937 die Synagoge an der Lekstraat eingeweiht. Architekt Abraham Elzas stellte seinen Entwurf unter das Motto „Nicht im Exil, nicht in der Heimat", das die Situation der in Amsterdam lebenden Juden verdeutlichen sollte. Bei dem modernen Gebäude, im funktionalistischen Bauhaus-Stil errichtet, fehlt jegliches zierende Ornament. Die Längsachse der Synagoge ist nach Südosten ausgerichtet. An drei Seiten des großen Innenraumes (700 Sitzplätze) befinden sich die sog. Frauengalerien, von denen aus die Frauen an den Gottesdiensten teilnehmen durften. Der Synagoge angegliedert sind die Diensträume des Rabbiners, eine Kindersynagoge sowie mehrere Tagungsräume.

Exponate des Verzetsmuseums: Die Ausweise jüdischer Bürger wurden mit einem „J" gekennzeichnet.

Von 1940 bis 1945 blieb die Synagoge geschlossen. Nach dem Krieg konnte die jüdische Gemeinschaft, die durch die Vernichtungsaktionen der deutschen Besatzer erheblich dezimiert worden war, das große Gotteshaus nicht mehr füllen. Seit 1985 ist in der Synagoge das Widerstandsmuseum untergebracht. Anhand von Fotos und Dokumenten informiert es über die Geschichte der niederländischen Widerstandsbewegung während der deutschen Besetzung (1940–45).

Selbstgebaute Morseapparatur, die zur Weitergabe geheimer Informationen diente.

Öffnungszeiten *Di–Fr 10–17 h, Sa–So 13–17 h, Mo geschl.*
Eintritt *3,50 hfl* **Adresse** *Lekstraat 63; S 12, 25 (Victorieplein)*

405

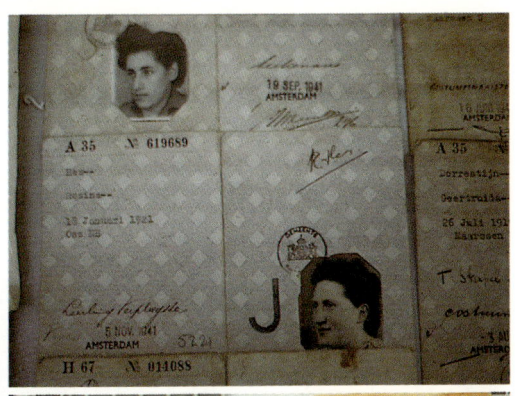

★ Vlooienmarkt Waterlooplein
Flohmarkt Waterlooplatz

Der Vlooienmarkt wird seit 1883 auf dem Waterlooplein abgehalten. Bereits zu Beginn des 17. Jh. hatten sich im damaligen Judenviertel rund um den Platz zahlreiche Händler mit kleinen Läden niedergelassen. Sonntags fand hier der Markt statt.

Nach dem 2. Weltkrieg veränderte sich die Atmosphäre des Viertels grundlegend. Ein Großteil der jüdischen Bewohner war während der deutschen Besatzung deportiert und umgebracht worden, der Stadtteil verfiel immer mehr.

Der Bau einer vierspurigen Schnellstraße, die Ausweitung des U-Bahn-Netzes sowie das Stopera-Projekt (S. 366) verwandelten den Bezirk um den Waterlooplein für mehr als ein Jahrzehnt in eine Großbaustelle. Krawalle und Straßenschlachten prägten die Auseinandersetzungen um die Zukunft des Viertels.

Nach Abschluß der Bauarbeiten ist der traditionsreiche Flohmarkt, der zwischenzeitlich ein anderes Domizil finden mußte, wieder auf den Waterlooplein zurückgekehrt. Waren aus zweiter und dritter Hand, kurioser Trödel und modische Restposten bestimmen das Angebot.

Beliebte Mitbringsel vom Vlooienmarkt sind preiswerte „antike" Kupfer- und Messingwaren, die jedoch oft aus asiatischer Massenproduktion stammen.

Öffnungszeiten *Tägl. außer So, 10–17 h* **Adresse** *Waterlooplein; S 9, 14 (Waterlooplein)* **R 5** → *S. 76*

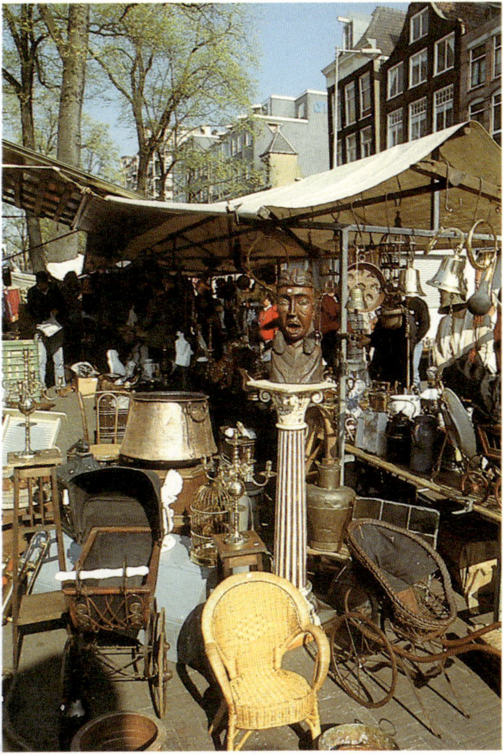

VOC-Ship „Amsterdam"
VOC-Schiff „Amsterdam"

Am 20.6.1991 ging das jüngste VOC-Schiff „Amsterdam" zum ersten Mal auf Reisen. Nicht die ehemalige Kolonie Niederländisch-Indien war allerdings das Ziel, sondern das nahe Den Helder. Aus Kostengründen wurden die Segel für die Probefahrt nicht aufgetakelt, ein Schlepper zog das Segelschiff.

An Bord des nachgebauten VOC-Schiffs „Amsterdam" befinden sich auch Wrackteile des gesunkenen Originals.

Der Nachbau des Dreimasters „Amsterdam", der im 16. und 17. Jh für die Vereinigte Ostindische Compagnie (VOC) als Handelsschiff unterwegs war, überstand die Probefahrt: Fünf Tage später ankerte er wieder an seinem Liegeplatz vor dem Schiffahrtsmuseum.

Mit finanzieller Unterstützung der Stadt wurde der Dreimaster nach einem Modell des 1749 vor England gesunkenen Ostindienseglers gebaut. Bereits das erste Schiff mit dem Namen der Stadt war 1595 vor Englands Küste untergegangen.

Wie der „Amsterdam" erging es zwischen 1602 und 1802 auch weiteren 1400 Schiffen der Handelsgesellschaft, die von ihren Reisen nicht zurückkehrten. Doch die mächtige VOC konnte den Verlust von mehr als einem Viertel ihrer Flotte mit dem Gewinn aus dem florierenden Handel wieder ausgleichen.

Daten *1985–90 gebaut; seit 1990 im Schiffahrtsmuseum zu besichtigen*
Adresse *Kattenburgerplein 1; Bus 22, 28 (Kattenburgerplein)*
R 1 → *S. 68*

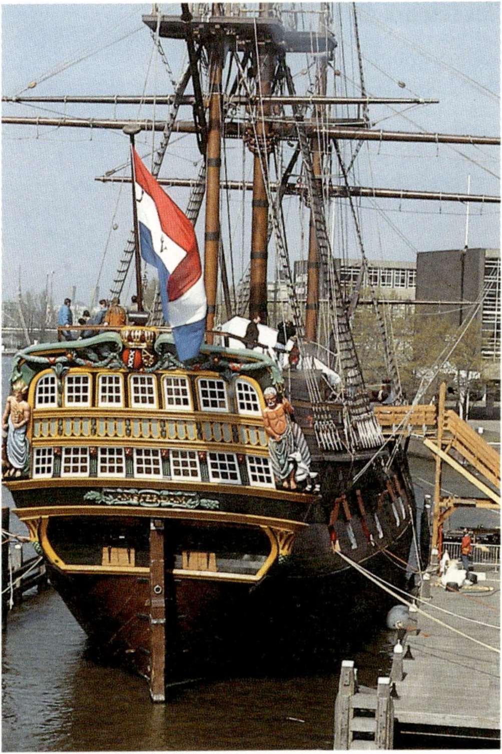

★ Vondelpark (1)

Böse Zungen behaupten, im Sommer liege die eine Hälfte der Amsterdamer am Strand von Zandvoort, die andere gehe im Vondelpark spazieren. Tatsächlich wird der Vondelpark im Sommer zum „Central Park" der niederländischen Hauptstadt. Gemächliches Herumflanieren ist nur eine Art, die „beliebteste Freilichtbühne der Stadt" zu genießen: Reiten, Radfahren, Sonnenbaden, Joggen, Zuschauen oder Mitmachen bei improvisierten Volleyball- und Fußballmatches sind andere Möglichkeiten.

In den 70er Jahren war die größte innerstädtische Grünanlage (48 ha) Treffpunkt von Hippies und jugendlichen Rucksacktouristen: Gitarren, Joints und Lagerfeuer verbreiteten Zeltplatzatmosphäre. Heute werden die nächtlichen Schläfer jedoch nicht mehr im Park geduldet.

Der Vondelpark entspricht im wahrsten Sinne des Wortes einem lebendigen Volkspark: Er ist nicht nur Bühne für die Moden und Launen der jungen Leute, sondern wird von Amsterdamern aller Altersklassen, Nationalitäten und Rassen besucht. Zumindest hier funktioniert die multikulturelle Gesellschaft. ▶

Typische Wochenendszenerie im Vondelpark.

Adresse *Haupteingang Stadhouderskade; S 2, 3, 5, 12 (Van Baerlestraat)*
R 10 → *S. 86*

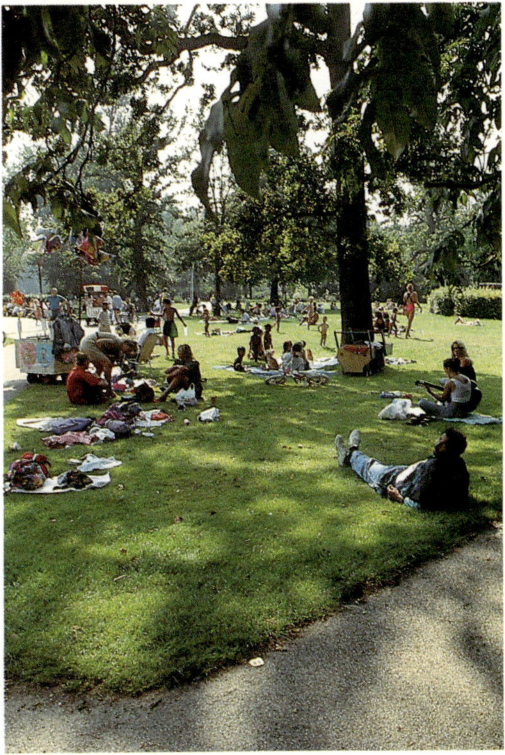

★ Vondelpark (2)

Als Privatbesitz ließ C. P. van Eeghen den Vondelpark 1865 am damaligen Stadtrand anlegen. Gartenarchitekt L. D. Zocher schuf einen Landschaftsgarten nach dem Vorbild englischer Parks, in dem sich Grün- und Wasserflächen, gepflegte Blumenrabatten (etwa das Rosarium) und eine sog. Kuhweide abwechselten. Noch heute gibt es die Kuhweide, die nun allerdings von Lamas und Ziegen abgegrast wird.

Junge Leute bieten selbstgefertigten Schmuck, Kleidung und Kunst zum Kauf an.

Dem Namengeber des Parks, dem niederländischen Dichter Joost van den Vondel (1587–1679), wurde 1867 ein Denkmal gesetzt. Van den Vondels Werk, das die deutschen Dichter Martin Opitz und Andreas Gryphius beeinflußte, umfaßt neben zahlreichen Gedichten auch 32 Dramen, darunter „Gijsbreght van Aemstel" (1637) und „Lucifer" (1654).

Die großen Rasenflächen können für sportliche Aktivitäten genutzt werden.

1953 übernahm die Stadt den Park für den symbolischen Betrag von einem Gulden von der Vondelpark-Stiftung. Die Parkanlage, die während des 2. Weltkrieges stark verwahrlost war, wurde wieder aufgeforstet.

Pflege und Instandhaltung des intensiv genutzten Parks entwickelten sich zu einer aufwendigen und teuren Angelegenheit (Kosten von mehreren zehntausend Gulden jährlich). ▶

Daten *1865 gestiftet von C. P. van Eeghen, seit 1867 Vondelpark*

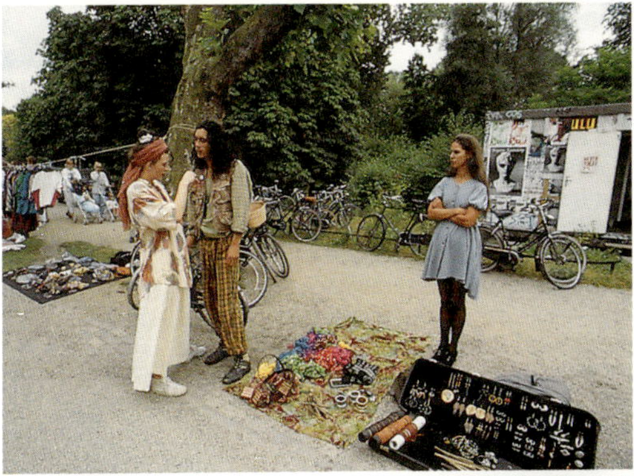
ULU

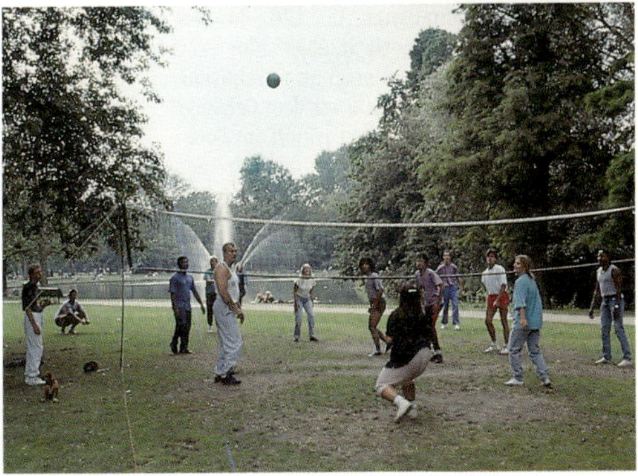

★ Vondelpark (3)

Von Anfang an gehörten Konzert-Veranstaltungen zum Konzept des Stifters van Eeghen. Der romantische Musikpavillon, 1873 auf einer kleinen Insel im See eingeweiht, bleibt für Konzerte allerdings ungenutzt. Statt dessen wird an vielen anderen Stellen im Park musiziert. Beim Vondelpark-Festival, das alljährlich im Sommer stattfindet, nimmt das Musikprogramm entsprechend den größten Raum ein: Von klassischen Chören bis zum rhythmischen Sprechgesang des Rap reicht das Spektrum der Darbietungen. An allen Eingängen des Parks hängen die Veranstaltungstermine aus.

1975 zog das Filmmuseum (S. 170) in den Vondelpark-Pavillon ein: Nach abgeschlossener Renovierung (1991) hat es noch an Attraktivität gewonnen. Das Terrassen-Café vor dem Gebäude mit Blick auf die Teichanlagen gehört im Sommer zu den beliebtesten Treffpunkten in der Stadt.

Der Vondelpark ist rund um die Uhr geöffnet: Doch auch wenn der Park nachts kaum Ähnlichkeit mit dem New Yorker Central Park aufweist, sollte man ihn nicht nach Einbruch der Dunkelheit aufsuchen.

Im Freilichttheater in der Mitte des Parks finden regelmäßig Konzerte, Dichterlesungen und Theateraufführungen statt.

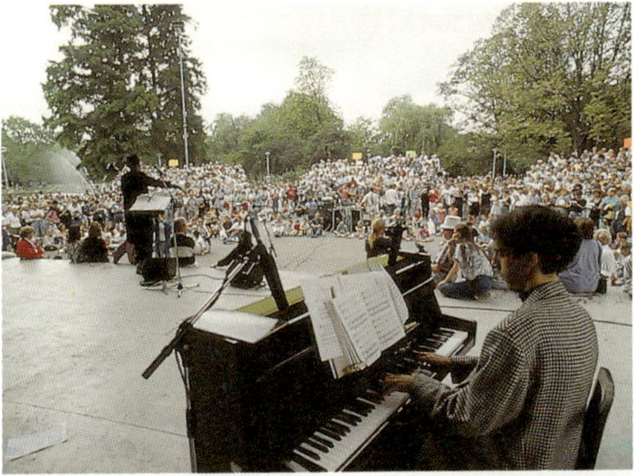

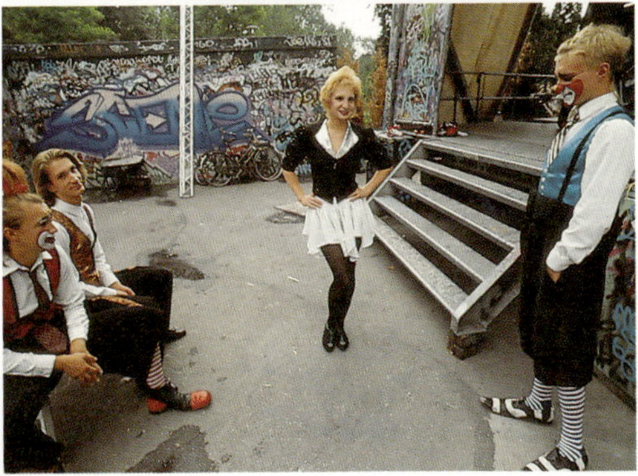

★ Waag/Nieuwmarkt (1)
Stadtwaage/Neumarkt

Das spätgotische Stadttor auf dem Nieuwmarkt ist der am besten erhaltene Teil der mittelalterlichen Stadtmauer, die Ende des 15. Jh. vom Singel über Kloveniersburgwal und Geldersekade verlief. Zu diesem Festungsring um die Stadt gehörten auch der Schreierstoren (S. 344) und das Sockelfundament des Munttoren (S. 268).

1488 war der „St. Antoniespoort", so der historische Name des Stadttors, zu Verteidigungszwekken erbaut worden. Sieben runde bzw. zur Stadtseite achteckige Türme flankieren den zentralen Bau. Jeder der Türme verfügt über einen eigenen Eingang.

Als sich Amsterdam zu Beginn des 17. Jh. durch die Anlage des neuen Grachtengürtels ausweitete, riß man die alte Stadtmauer ab, und schüttete die Gräben zu beiden Seiten des St. Antoniespoorts zu. Der Neumarkt entstand und entwickelte sich bald zu einem der wichtigsten Lebensmittelmärkte der Stadt. Das ehemalige Stadttor bekam eine neue Funktion als Stadtwaage. Neben Lebensmitteln wurden hier auch Kanonen und Schiffsanker gewogen. ▶

Das ehemalige Stadttor wurde 1545 nach Entwürfen von A. Pasqualini und W. Dirksz verändert.

Historische Ansicht der Stadtwaage: Der heutige Nieuwmarkt hieß damals noch St. Antoniesmarkt.

Adresse *Nieuwmarkt; U 51 (Nieuwmarkt)* **R 5** → *S. 76*

417

★ Waag/Nieuwmarkt (2)
Stadtwaage/Neumarkt

Im 17. Jh. bezogen verschiedene Zünfte (Maler, Maurer, Schmiede, Chirurgen) die oberen Stockwerke der Waag. Jede Zunft verfügte über einen separaten Eingang in einem der sieben Türme. Die Chirurgenzunft hielt in der Waag regelmäßige Vorlesungen ab. Zu den Zuhörern gehörte u. a. Rembrandt: Sein Gemälde „Die Anatomie-Stunde des Dr. Nicolae Tulp" (1632), das heute im Mauritshuis in Den Haag zu sehen ist, entstand im Auftrag der Chirurgenzunft. Auch „Die Anatomische Vorlesung des Dr. Deijman" (1656) geht auf Rembrandts Erfahrungen in der Waag zurück; heute hängt das Bild im Rijksmuseum.

Der modern gestaltete Neumarkt bildet einen interessanten Kontrast zum historischen Waag-Gebäude.

Als 1819 die Dienste der Stadtwaage nicht mehr benötigt wurden, waren es die Mediziner, die sie vor dem Abriß retteten. Bis 1869 benutzten sie das Gebäude als Unterrichtsraum und anatomisches Museum, danach wechselten die Besitzer mehrmals. Feuerwehr und Gemeindearchiv waren hier untergebracht, bevor sich in den 30er Jahren das Historische Museum und das Jüdisch-Historische Museum die Räumlichkeiten teilten. Doch für beide Sammlungen wurde die Waag bald zu eng: 1975 zog das Historische Museum (S. 202) in das ehemalige Waisenhaus um, 1987 bezog das Jüdisch-Historische Museum (S. 222) neue Räume. ▶

Phantasievoll geschwungene Sitzbänke haben den Charakter von Skulpturen.

419

★ Waag/Nieuwmarkt (3)
Stadtwaage/Neumarkt

Im Rahmen der Erneuerung des Zeedijk (S. 444) entschloß sich die Stadt, auch den zentral gelegenen Neumarkt durch bauliche Veränderungen und Modernisierungen neu zu beleben. Der seit langem vorwiegend als Parkplatz genutzte Nieuwmarkt sollte als autofreie Zone den Fußgängern zur Verfügung gestellt werden.

Die 1990 beendete Neugestaltung hat den Charakter einer kleinen Revolution, da sonst jeder freie Platz in Nutzfläche umgewandelt wird. An den Längsseiten des Neumarkts wurden Bänke mit Blick auf den Kloveniersburgwal und die Gelderseakde aufgestellt. Die extravagante Beleuchtung steht im Kontrast zu der ansonsten eher kargen Atmosphäre des Platzes.

Auch für die Waag liegen Umgestaltungspläne vor: Ein Technologiezentrum und ein Café sollen in den Räumlichkeiten entstehen. Den Auftrag für den Umbau erhielt der französische Stararchitekt und Designer Philippe Starck. Aus finanziellen Gründen mußte die Stadt jedoch die Bauarbeiten stoppen, die Tore der Waag wurden geschlossen. Erst in den nächsten Jahren sollen die Arbeiten wieder aufgenommen werden.

Seit der Neugestaltung des Neumarktes verhindern dekorative Umzäunungen, daß der Platz zugeparkt wird.

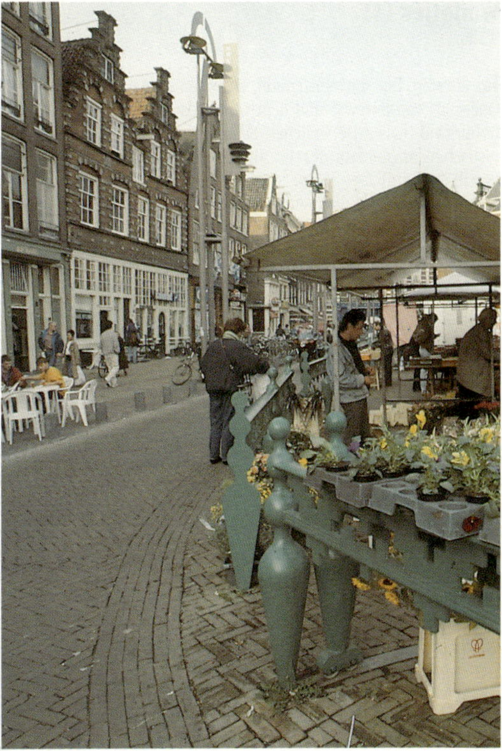

Walletjes (1)
Wälle

Im ältesten Teil von Amsterdam, zwischen dem Oudezijds Voorburgwal und dem Oudezijds Achterburgwal, liegen De Walletjes. Schon im calvinistischen Amsterdam des 17. Jh. war dies der Bezirk der käuflichen Liebe.

Ende des 14. Jh. wurden der Nieuwezijds Achterburgwal (1867 zugeschüttet und in Spuistraat umbenannt) und der Oudezijds Voorburgwal gegraben. Als zweite Verteidigungsgracht entstand 1385 hinter dem Oudezijds Voorburgwal der Oudezijds Achterburgwal. Die Stadt dehnte sich damit in östlicher und westlicher Richtung aus, Hafen und Spui blieben die nördliche und südliche Stadtgrenze.

Besonders der Oudezijds Voorburgwal entwickelte sich zu einem vornehmen Wohnviertel und erhielt im 17. Jh. in Anspielung auf die reichen Bewohner den Beinamen „Fluweelenburgwal" (Samtwall). Dieser Name findet sich auch im Giebelstein des Huis op de drie Grachten (S. 216). Im Haus Nr. 47 wohnte Leutnant Willem van Ruytenburch, dessen Schützengilde durch Rembrandts Gemälde der „Nachtwache" (S. 324) weltbekannt wurde.

Durch die Nähe zum Hafen wandelte sich das Viertel um die Walletjes zum Vergnügungsviertel. Die Prostitution wurde Mitte des 19. Jh. unter polizeiliche und medizinische Kontrolle gestellt, der Wall als Rotlicht-Bezirk aktenkundig. ▶

Werbung für Lust und Laster an einem alten Grachtenhaus in den Walletjes.

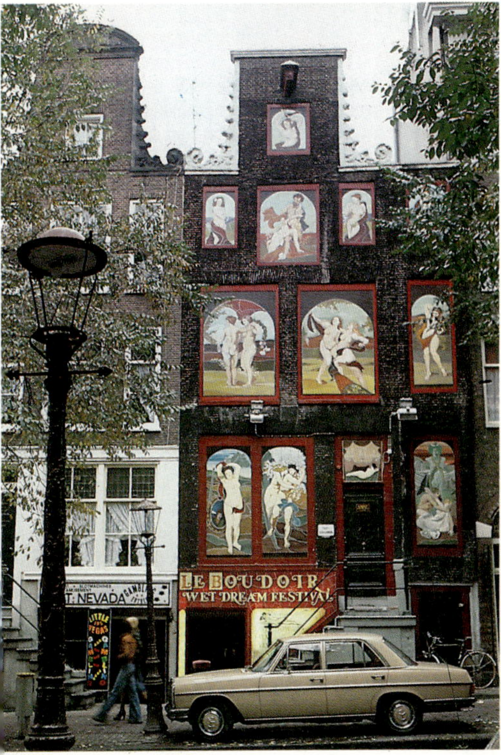

NEVADA
LITTLE
VEGAS
LE BOUDOIR
WET DREAM FESTIVAL

Walletjes (2)
Wälle

Nach dem 2. Weltkrieg veränderte sich der Charakter des Vergnügungsviertels nachhaltig. Anstelle der versteckten Prostitution trat nun die offene Werbung für das Geschäft mit der Liebe. Die neue Freizügigkeit machte De Walletjes international bekannt: Die zunächst noch ungewohnte Fensterprostitution ersetzte nach und nach den Straßenstrich. Diese Art der Prostitution, bei der sich die Frauen hinter großen Schaufenstern den Freiern präsentieren, erregte in den 70er Jahren den Zorn der „dolle Minnas", einer Gruppe niederländische Feministinnen. Ihrer Meinung nach wurde der weibliche Körper durch diese Zurschaustellung noch stärker zur „Ware" degradiert. Doch die Prostituierten selbst empfanden die Fensterprostitution als deutliche Verbesserung ihrer Arbeitssituation.

De Walletjes sind Tag und Nacht belebt. Rote Lampengirlanden tauchen die Grachten in ein schummriges Licht, Sex-Shops, Bordelle und Peep-Shows säumen die Straße. Neben den potentiellen männlichen Kunden schlendern auch Neugierige beiderlei Geschlechts entlang der hell erleuchteten Fenster, um einen Blick zu riskieren.

Abendliche Szenerie im Rotlicht-Viertel.

LIVE FUCKING SHOWS
CONTINU PORNO SHOW NATUREL
PORNOFILMS
CINEMA
SPEC.FILMS AND BOOKS
DISCOUNT
MAGAZINES SEXARTICLES
SEX-SHOP
SUPER DISCOUNT SEX SHOP
REAL HARD PORNO FILMS

Warenhuizen Westindische Compagnie
Lagerhäuser Westindische Compagnie

In der ersten Hälfte des 17. Jh stieg Amsterdam zur bedeutendsten Handelsstadt der Welt auf. Mit den Gewinnen aus dem Handel mit den Übersee-Kolonien wurde der weitere Ausbau der Stadt, wie z. B. die kostspielige Anlage des Grachtengürtels (S. 188), finanziert.

Das ehemalige Lagerhaus der Westindischen Compagnie wurde zu einem Wohnhaus umgestaltet.

Das Lagerhaus der Westindischen Compagnie, 1642 von Architekt Pieter de Keyser erbaut, zeugt von der wirtschaftlichen Macht der Handelsgesellschaft: Der Nutzbau, in dem Kaffee, Kakao, Zucker, Holz und Waffen lagerten, vermittelt den Eindruck eines Stadtpalastes. Zwei trapezförmige Giebel, die durch ein langgestrecktes Tympanon verbunden sind, krönen den Komplex der vier Lagerhäuser. Im Mittelpunkt des Giebelfeldes ist das Monogramm der Westindischen Compagnie zwischen gekreuzten Waffen eingelassen.

Die mächtige Handelsgesellschaft verwaltete zeitweilig große Teile Südamerikas und Westafrikas. Als sie in der zweiten Hälfte des 17. Jh. ihre kolonialen Besitztümer zunehmend an Spanien und Portugal verlor, wurden Sklavenhandel und Piraterie zur einträglichsten Geldquelle. Nachdem 1654 der Hauptsitz der Compagnie an der Haarlemmerstraat aufgegeben worden war, diente das Lagerhaus auch als Versammlungsort.

Adresse *s'Gravenhekje 1/Prins Hendrikkade; Bus 22, 32, 33, 34, 35 (Prins Hendrikkade)* **R 1** → *S. 68*

427

★ Westerkerk (1)
Westkirche

Mit der Westerkerk setzte sich die Handels- und Hafenstadt im 17. Jh. eines ihrer kostspieligsten und schönsten Denkmäler. Die protestantische Kirche demonstrierte ihre neu errungene Vorherrschaft durch den Bau von repräsentativen Kirchen, die noch heute das Stadtbild mitprägen. Viele der Gotteshäuser haben ihre religiöse Funktion inzwischen verloren und werden teilweise für andere Zwecke genutzt: Die Zuiderkerk (S. 448) dient als städtisches Informationszentrum, und in der Ronde Lutherse Kerk ist heute der Konzertsaal des Sonesta-Hotels untergebracht. In der Noorderkerk werden seit 1929 nur noch selten Messen abgehalten, die Oosterkerk (1669 erbaut) mußte 1962 sogar wegen Baufälligkeit geschlossen werden. Eine Ausnahme stellt nur die Westerkerk dar: In der größten protestantischen Kirche der Stadt finden sonntags noch regelmäßig Gottesdienste statt.

Nach Plänen von Hendrick de Keyser wurde 1620 mit dem Bau begonnen, zum Pfingstfest 1631 wurde die Kirche eingeweiht. ▶

Blick von der Prinsengracht auf die Westerkerk, im Vordergrund das Homomonument.

Öffnungszeiten *Westerkerk: 1. 4.–15. 9.: Tägl. außer So, 10–17 h; Turm: 1. 7.–15. 9.: Di, Mi, Fr, Sa 14–17 h* **Eintritt** *Turm: 1 hfl*
Adresse *Prinsengracht/Raadhuisstraat; S 13, 14, 17 (Westermarkt)*
R 4 → *S. 74*

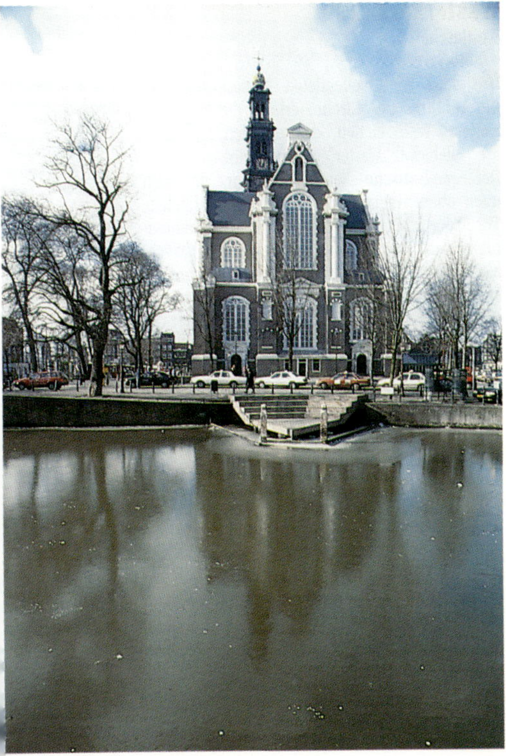

★ Westerkerk (2)
Westkirche

Mit dem 1639 vollendeten Westertoren, dem Glockenturm der Kirche, erhielt die Stadt ein weiteres Wahrzeichen, das von den Amsterdamern liebevoll „Wester" genannt wird.

Der quadratische Renaissanceturm, der sich nach oben verjüngt, ist mit 85 m der höchste Turm der Stadt. Seine Spitze wird von der blaurot-goldenen Krone aus dem Stadtwappen geziert: Aus Dank für seine Genesung während eines Amsterdam-Aufenthaltes hatte der römische König Maximilian I. der Stadt im Jahr 1489 das Recht verliehen, die Kaiserkrone im Stadtwappen zu führen.

Im Westertoren ist ein Glockenspiel des Franzosen François Hemony untergebracht, das aus 48 Glocken besteht; die schwerste wiegt 7500 kg. Die Orgel im Innern der Kirche stammt aus dem Jahr 1622.

1966 wurden in der Westerkerk Kronprinzessin Beatrix und der deutsche Diplomat Claus von Amsberg getraut. Die Feierlichkeiten waren überschattet von heftigen Demonstrationen: Viele Niederländer protestierten gegen die Verbindung des niederländischen Königshauses mit dem deutschen Adel, nur zwei Jahrzehnte nach dem Ende der deutschen Besatzungszeit.

Trauungszeremonie bei der Hochzeit der niederländischen Kronprinzessin Beatrix mit Claus von Amsberg am 10. 3. 1966.

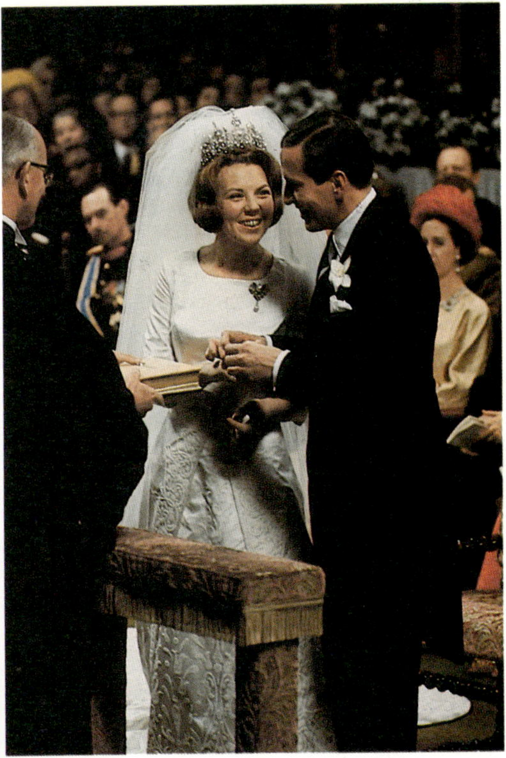

Westindisch Huis (1)
Westindisches Haus

Nach dem Vorbild der erfolgreichen Ostindischen Handelsflotte wurde 1621 die Westindische Compagnie gegründet. 1624 bezog sie ihren Firmensitz an der Haarlemmerstraat.

Während sich England, Frankreich und Deutschland im 17. Jh. in einer politisch und wirtschaftlich schwierigen Situation befanden, dehnte sich der Einflußbereich der jungen niederländischen Republik immer weiter aus. Die reiche Handelsstadt Amsterdam nahm für sich in Anspruch, Herrscherin über die Weltmeere zu sein.

Die Westindische Compagnie konnte ihr staatliches Handelsmonopol für Amerika und Westafrika jedoch nie voll ausnutzen: Spanier und Portugiesen verteidigten ihre Kolonien hartnäckig. Die Schiffe der Gesellschaft wurden immer mehr zur Kriegsflotte, statt des Handels florierte die Piraterie.

Bei einem Überfall auf eine spanische Silberflotte vor Kuba erbeutete der niederländische Kapitän Piet Hein 1628 einen legendären Silberschatz, der im Westindischen Haus aufbewahrt wurde. Der Pirat aus Delfshaven stieg zum Nationalhelden auf und war lange Zeit das Vorbild der männlichen Jugend. ▶

Seit 1987 ist im Westindisch Huis das John-Adams-Institut untergebracht, das sich die Pflege der kulturellen Beziehungen zwischen den USA und den Niederlanden zum Ziel gesetzt hat.

Adresse *Haarlemmerstraat 75* **R 1** → *S. 68*

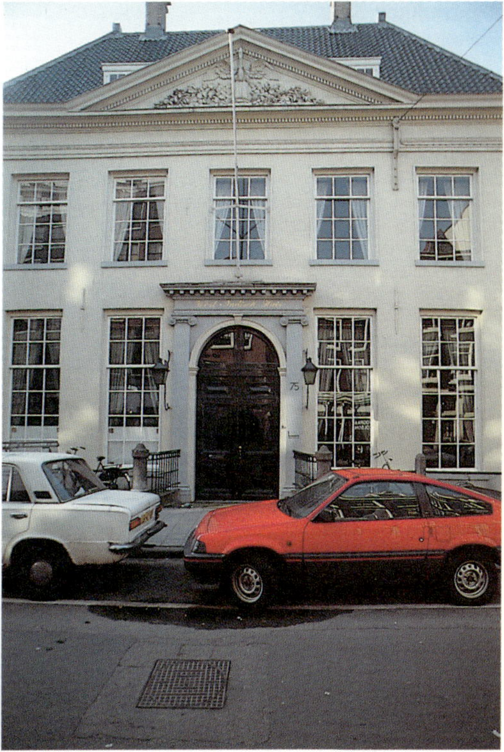
75

Westindisch Huis (2)
Westindisches Haus

In die Geschichtsschreibung ging die Westindische Compagnie 1626 ein: Von den Indianern erwarb sie für 60 Gulden Land am amerikanischen Hudson River und taufte es „Nieuw Amsterdam" (Neu-Amsterdam). 1664 vertrieben die Engländer den niederländischen Gouverneur Peter Stuyvesant und änderten den Namen der Siedlung in „New York".

Der erste Gouverneur der niederländischen Siedler, Peter Minnewit, kauft den nordamerikanischen Indianern Land ab.

Als die Piraterie zu wenig Gewinne einbrachte und sich die Kolonialmächte Spanien und Portugal zu militärisch überlegenen Gegnern entwickelten, wurde 1674 die Westindische Compagnie aufgelöst. Eine Organisation gleichen Namens setzte die Geschäfte jedoch in kleinerem Maßstab fort. Kaffee, Kakao, Zucker und tropisches Holz waren jetzt die vorrangigen Handelsgüter. Der Sklaventransport von Afrika nach Amerika wurde als einträgliches Geschäft entdeckt und begründete den Reichtum der Gesellschaft.

Ansicht des Westindischen Hauses aus dem Jahr 1623.

Auch bei der Kolonialisierung Surinams, das die Niederlande 1667 von den Engländern eroberten, spielte die Nachfolgeorganisation der Westindischen Compagnie eine Rolle: Gemeinsam mit der Stadt Amsterdam und der Familie Aerssen van Sommelsdijk verwaltete sie das Land an der Nordostküste Südamerikas und teilte sich die Gewinne aus den Tabak- und Zuckerplantagen.

Het West-Indische Huys ghesticht, in 't jaer 1623.

Domus Societatis Indiæ Occidentalis condita anno 1623.

ANTIQVVS HABITVS

SIGILLVM civitatis

Winkelgalerij Utrecht
Geschäftsgalerie Utrecht

Das Schicksal vieler Amsterdamer Grachten ereilte 1895 auch die Warmoesgracht: Sie wurde aus verkehrstechnischen Gründen zugeschüttet und in „Raadhuisstraat" (Rathausstraße) umbenannt. Der Name der Straße, die direkt auf das Königliche Paleis (S. 234) am Dam zuläuft, erinnert an die frühere Nutzung des Palastes als Rathaus der Stadt.

Architekt A. L. van Gendt schuf die Entwürfe für die erste Geschäftsgalerie Amsterdams.

Eine ganze Häuserzeile sowie zahlreiche einzelne Gebäude entlang der Raadhuisstraat wurden kurzerhand abgerissen, um einem ehrgeizigen Projekt Platz zu machen: Die erste Geschäftsgalerie Amsterdams sollte entstehen.

Seit 1899 nimmt die Winkelgalerij Utrecht die gesamte Länge zwischen Herengracht und Keizersgracht ein. Elegante Arkadenbögen betonen den sanft geschwungenen Straßenverlauf der ehemaligen Gracht.

Arkadenführung, Pfeiler, schmale Balkons und schmiedeeiserne Gitter weisen Einflüsse des Jugendstils auf. Die Symmetrie des Gebäudes sowie die hervorgehobene Mittelachse entsprechen dagegen eher der traditionellen Architekturauffassung des ausgehenden 19. Jh.

Adresse *Raadhuisstraat 23–53; S 13, 14, 17 (Westermarkt)* **R 3** → *S. 72*

437

Witte Huis
Weißes Haus

Seinen Namen bekam das Witte Huis durch die ursprünglich weiße Vorderfront, deren Sandstein sich erst im Lauf der Zeit gelblich verfärbte.
Der klassizistische Bau, 1638 nach einem Entwurf von Philips Vingboons entstand, machte durch seinen Halsgiebel auf sich aufmerksam, den ersten seiner Art in Amsterdam. Geschmückt wird der Giebel vom Wappen des St.-Mark-Ordens, dem der Bauherr Michel Pauw angehörte. 1730 wurde der Giebel, den ein Frontispiz abschließt, leicht verändert, und auch die Giebeldreiecke über den Fenstern verschwanden.
Seit 1960 ist im Witte Huis das Theatermuseum untergebracht. In Wechselausstellungen wird die Geschichte des niederländischen Theaters dokumentiert: Kostüme, Plakate, Bühnenentwürfe und Requisiten vermitteln dem Besucher die reizvolle Atmosphäre der „Bretter, die die Welt bedeuten". Allein das prachtvolle Interieur, das einen idealen Rahmen für die Ausstellungen bietet, lohnt den Besuch.

Das Witte Huis – eines von fünf Häusern in der Herengracht, in denen das Niederländische Theaterinstitut untergebracht ist.

Die Innenausstattung stammt aus dem 18. Jh. und wurde von J. de Wit und J. de Moucheron entworfen.

Öffnungszeiten *Tägl. außer Mo, 11–17 h* **Eintritt** *5 hfl*
Adresse *Herengracht 168; S 13, 14, 17 (Westermarkt)* **R 3** → *S. 72*

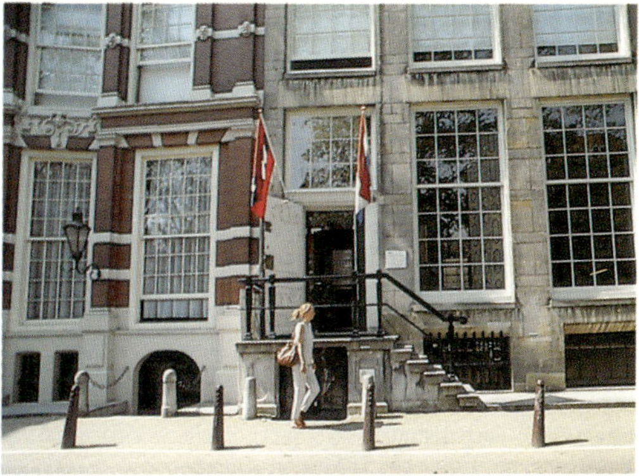

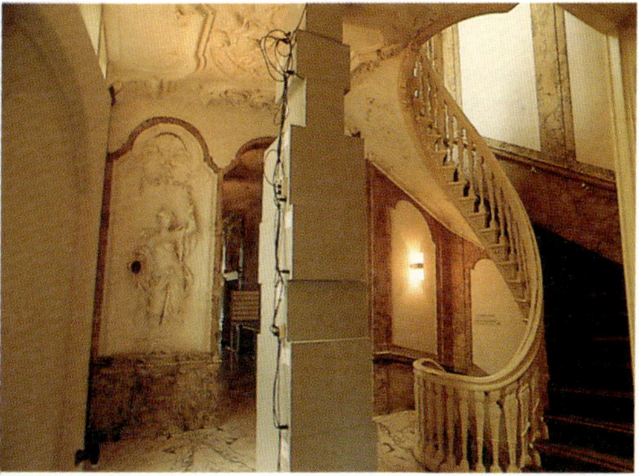

Woonboot (1)
Hausboot

Die Wohnungssuche in der niederländischen Hauptstadt gestaltet sich schwierig. Ende der 60er Jahre kamen wohnungssuchende Studenten auf die Idee, sich die maritime Vergangenheit der Stadt auf besondere Weise zunutze zu machen. Sie bauten alte Schleppschiffe zu sog. Hausbooten um, die entlang der Grachtenufer vertäut wurden. Eine neue Wohnform war geboren.

Wer auf diese Weise alternativ wohnen wollte, mußte allerdings guten Kontakt zum gegenüberliegenden Haus haben: Die Nachbarn mußten bereit sein, über Leitungen die provisorische Versorgung mit Wasser und Elektrizität sicherzustellen.

Offiziell war das Bewohnen der Hausboote illegal. Auch nachdem die Stadt 1973 den Anschluß der schwimmenden Behausungen an das Strom- und Wassernetz genehmigt hatte, blieb der rechtliche Status der Hausboote weiterhin ungeklärt. Um zu verhindern, daß noch weitere Hausboote im Stadtgebiet festmachen, erließ die Gemeinde 1973 ein Anlegeverbot, von dem nur die Berufsschiffahrt ausgenommen blieb.

In den 70er Jahren waren die Boote durchaus erschwinglich (Kaufpreis etwa 10 000 Gulden), die Unterhaltskosten gering. Nur der Umbau sowie die alle paar Jahre fällige Teerung der Stahlschlepper sind relativ teuer. ▶

Die meisten Liegeplätze der Hausboote befinden sich an der Oude Schans, der Singelgracht, Brouwersgracht, Lijnbaansgracht und am Schinkel.

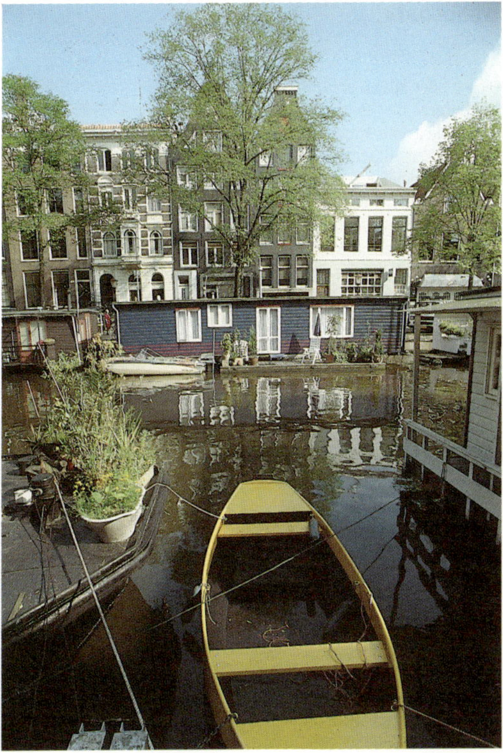

Woonboot (2)
Hausboot

In den 80er Jahren entdeckten auch die „normalen Bürger" die Hausboote als attraktive Wohnmöglichkeit. Mit Vorgarten zur Straßenseite und Terrasse zur Gracht entfaltete die alternative Wohnform einen eigenen Charme. Die Hausboote wurden immer größer und komfortabler. Architekten erhielten Aufträge, die schwimmenden Bungalows umzubauen.

Eines der neueren Hausboote in der Leliegracht.

Am Stadtrand, in der Nähe des Nieuwe Meer, entstand eine komplette Wohnboot-Siedlung, andere schwimmende Häuserzeilen folgten am östlichen Amstelufer zwischen Berlage-Brücke und Toronto-Brücke.

Nachdem 1987 das letzte Grachtenhaus an die Kanalisation angeschlossen worden war, entschied die Gemeinde, daß auch die Hausboote ihre Abwässer nicht länger ungeklärt in die Grachten einleiten sollten: Der Anschluß an das Kanalisationsnetz begann.

Auf 2500 wird die Zahl der Amsterdamer Hausboote geschätzt.

Die ehemals provisorischen Unterkünfte sind inzwischen zur festen Adresse ihrer Bewohner geworden: Die Boote haben einen eigenen Briefkasten sowie eine eigene Hausnummer, die sich von der des gegenüberliegenden Hauses ableitet.

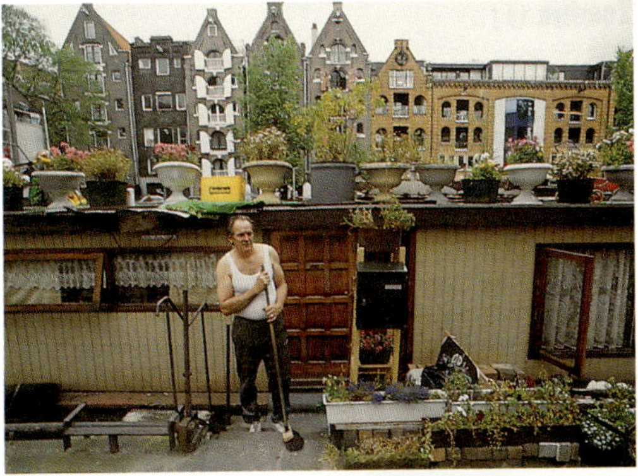

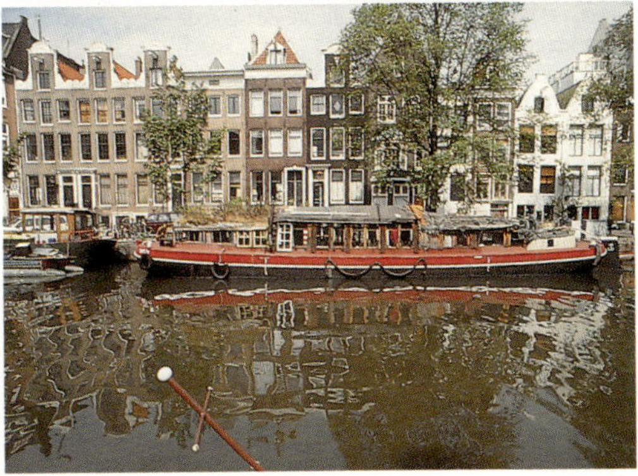

Zeedijk (1)
Seedeich

Ende des 13. Jh. verband man die Amstelufer an der Ij-Mündung durch einen Schutzwall. Der Zeedijk sollte die neue Siedlung Amstelledamme vor den Fluten der Zuidersee schützen.

Dem ursprünglichen Verlauf des Schutzdeiches entsprechen heute der Haarlemmerdijk und der Zeedijk.

Seeleute aus aller Welt gingen am Zeedijk an Land, das Völkergemisch hinterließ seine Spuren: Für die norwegischen Matrosen entstand Mitte des 14. Jh. die St. Olofskapel, die dem norwegischen König Olof II. geweiht war.

In der Nachbarschaft stiftete zu Beginn des 16. Jh. eine Bruderschaft die Heilige-Graf-of-Jerusalemkapel. Nach der Reformation (1578) erhielt die Jerusalemkapelle den Namen „Oudezijdskapel". Von 1586 bis 1613 diente sie als erste Amsterdamer Börse und erhielt erst danach wieder religiöse Funktionen. Die beiden Kapellen wurden Mitte des 17. Jh. zum großen Kirchenraum der Oudezijdskapel zusammengefügt.

Durch die Hafennähe entwickelte sich der Zeedijk zu einem rauhen Viertel: Prostitution und Glücksspiel verwandelten ihn in eine Bar- und Bordellstraße. Zu Beginn unseres Jahrhunderts war der Zeedijk in das Vergnügungsviertel Walletjes (S. 422) integriert. ▶

R 1 → *S. 68*

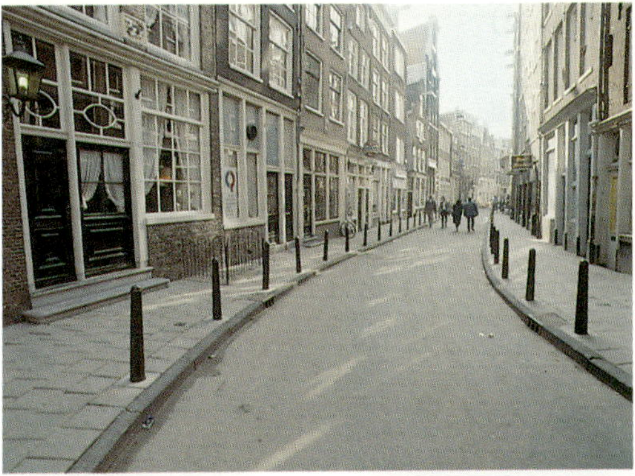

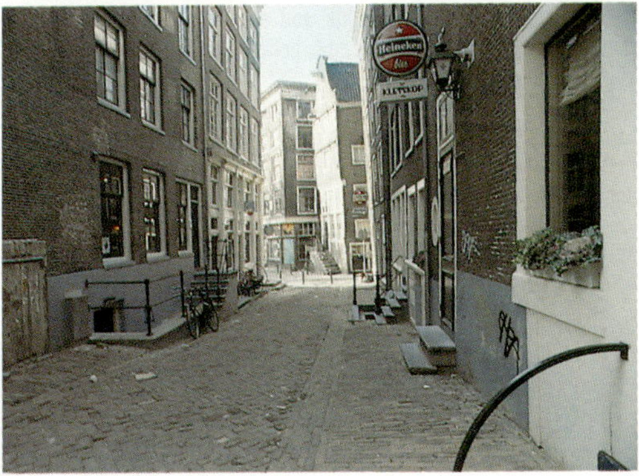
Heineken

Zeedijk (2)
Seedeich

Amsterdams kleines „Chinatown" entstand Ende der 30er Jahre am Zeedijk: Nachdem die großen Reedereien zahlreiche Matrosen entlassen hatten, siedelten sich vor allem chinesische Seeleute im hinteren Teil der Straße an. Mit der Eröffnung kleiner Restaurants bauten sie sich mühsam eine neue Existenz auf. Heute verfügt die chinesische Gemeinschaft sogar über eine eigene Schule.
Berühmtheit errang die schmale Straße in den 70er Jahren, als sie zum Symbol der „Drogenmetropole Amsterdam" wurde: Nirgendwo gab es so viele Dealer wie auf dem Zeedijk, wo sie scheinbar unbehelligt von der Polizei ihren Geschäften nachgehen konnten. Der Zeedijk und seine Seitenstraßen gerieten in den Ruf, das gefährlichste Viertel Amsterdams zu sein.
Mitte der 80er Jahre setzte sich die Stadtverwaltung die „Rettung des Zeedijk" zum Ziel. Zusammen mit dem Nieuwmarkt (S. 416) sollte auch der Zeedijk wieder zu einem attraktiven Stadtbezirk werden. Die Gemeinde subventionierte die Restaurierung ganzer Häuserzeilen.

Blick vom Zeedijk in die Oudezijds Kolk.

In der Nähe des Zeedijk liegen zahlreiche chinesische Geschäfte und Restaurants.

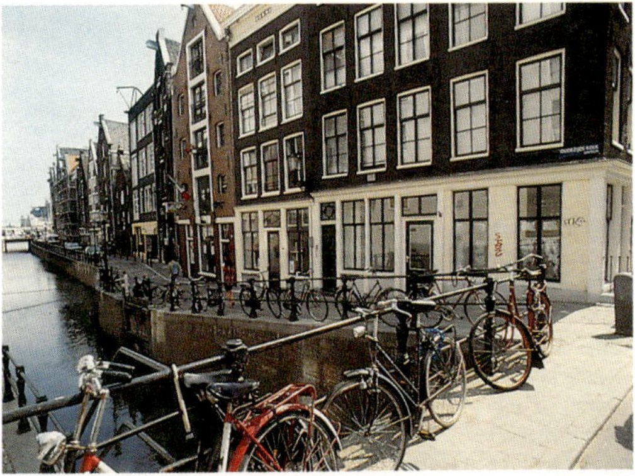

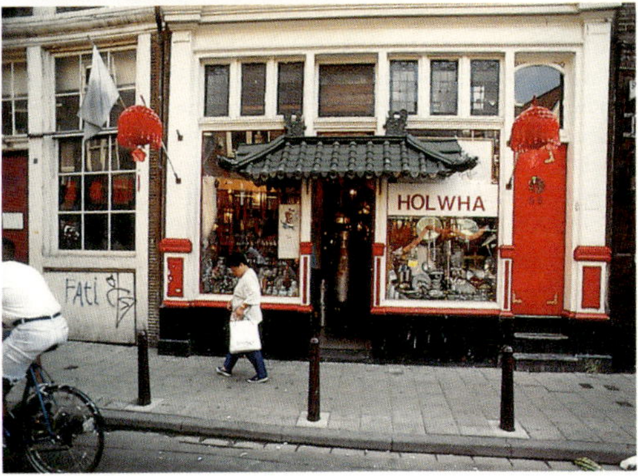
HOLWHA
Fati

Zuiderkerk (1)
Südkirche

Die Zuiderkerk, zwischen 1603 und 1611 erbaut, war das erste protestantische Gotteshaus, das nach der Reformation in Amsterdam errichtet wurde. Westerkerk (S. 428) und Noorderkerk (S. 278) folgten. Mit dem Bau eigener Kirchen sowie der Übernahme ehemals römisch-katholischer Kirchen wie der Oude Kerk und der Nieuwe Kerk demonstrierten die Protestanten ihre neu erworbene Macht.

Hendrick de Keyser entwarf die dreischiffige Kirche in einer Stilmischung aus Gotik und Renaissance. Das Innere ist einer frühmittelalterlichen Basilika nachempfunden, jedoch fehlen Chor und Apsis.

Seit 1929 finden in der Kirche keine Gottesdienste mehr statt. Während des Hungerwinters 1944/45 wurde sie als Leichenschauhaus benutzt; eine Gedenktafel an der Seite des Zuiderkerkhof weist darauf hin. 1968 kaufte die Stadt die Kirche von der evangelischen Gemeinde und ließ sie renovieren. Heute ist hier ein Informationszentrum über die städtebaulichen Veränderungen in Amsterdam untergebracht. ▶

Vom Turm der Zuiderkerk aus hat man einen herrlichen Rundblick über die Stadt.

Öffnungszeiten *Informationszentrum: Mo–Fr 12.30–16.30 h, Sa und So geschl.* **Adresse** *Zandstraat 17; U 51 (Nieuwmarkt)* **R 5** → *S. 76*

449

Zuiderkerk (2)
Südkirche

Besser erhalten als die Zuiderkerk selbst ist der 1614 fertiggestellte Turm der Kirche. Der Zuiderkerktoren, von jeher Eigentum der Gemeinde Amsterdam, gehört zu den schönsten der Stadt: Der untere Teil, der sich deutlich sichtbar nach Südwesten neigt, ist aus Backstein gebaut. Darauf folgt ein Mittelteil aus Sandstein sowie ein Oberbau aus Holz.

Die reichverzierte Kirchturmspitze des Zuiderkerktoren.

In der Spitze des fast 80 m hohen Turmes befindet sich ein Glockenwerk, das aus der Werkstatt der Brüder Hemony stammt. Während der Besteigung, die von einem Führer geleitet wird, erfährt man Details über das historische Glockenspiel, das mehrmals erneuert wurde und heute aus 47 Glocken mit vier Oktaven Tonumfang besteht. Höhepunkt der Besteigung ist jedoch das phantastische Stadtpanorama, das sich dem schwindelsicheren Besucher bei einer Umrundung des Turms in luftiger Höhe bietet.

Die wechselnden Melodien, die jeden Donnerstag um 12 Uhr vom Turm erklingen, sind am besten vom Zuiderkerkplein aus zu hören.

Öffnungszeiten *Zuiderkerktoren: Besteigung nur im Sommer (1.7.–15.9.), Mi 14–17 h, Do und Fr 11–14 h, Sa 11–16 h, So–Di geschl.*
Eintritt *1 hfl*

451

Zwanenburgwal

In den ersten Jahren seines Bestehens sah es das Amsterdamer Amt für Denkmalschutz, die Monumentenzorg, als Hauptaufgabe an, einzelne historische Gebäude vor dem Verfall oder Abriß zu bewahren und zu restaurieren. Heute richtet sich das Augenmerk stärker auf die Erhaltung des Stadtbildes insgesamt. Bei Sanierungsarbeiten werden daher die Höhe der gesamten Häuserzeile, das harmonische Verhältnis von Straße und Bebauung sowie die architektonische Verschiedenheit der Grachtenhäuser berücksichtigt.

Die Restaurierung des Zwanenburgwal – gegenüber dem Mehrzweckbau der Stopera (S. 366) – ist ein Beispiel für die gelungene Anpassung einer kompletten Häuserzeile an die veränderten Wohnverhältnisse ohne die Zerstörung der historischen Struktur.

Die Straßenfront zeigt unterschiedlich hohe und breite Häuser, unter denen kein Gebäude dominiert. Die Architekten P. de Ley und F. Roos entschieden sich für eine gemischte Bebauung, d.h. einzelne Gebäude wurden restauriert, andere durch Neubauten ersetzt.

Auch in der Nachbarstraße wurde mit behutsamen Restaurierungen und teils neuer Architektur versucht, den eng strukturierten, intimen Charakter des Viertels zu bewahren.

Das Eckhaus an der Staalstraat fällt durch die abgerundete, gläserne Architektur auf.

R 5 → *S. 76*

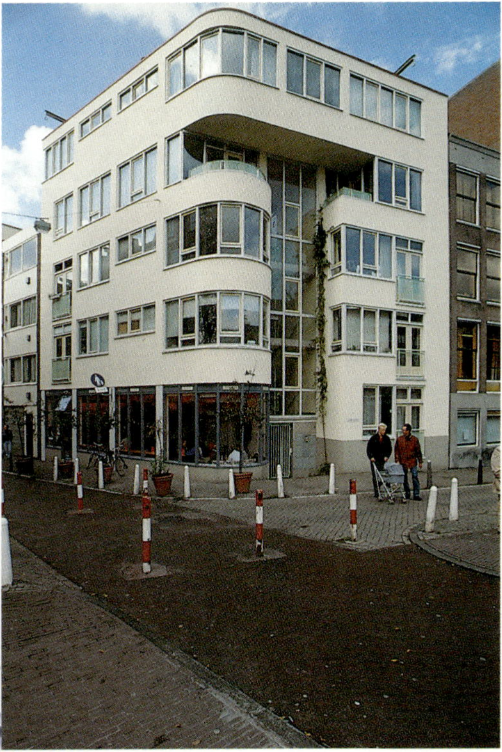

Ausflugsziele

455

Ausflüge – Übersicht

In der Nähe der niederländischen Hauptstadt liegen zahlreiche sehenswerte Orte, die bei Tagesausflügen entdeckt werden können. Während sich für die Erkundung der Nachbargemeinde Durgerdam das Fahrrad anbietet, ist für den Besuch der kleineren Ausflugsziele die Anfahrt per Auto anzuraten.

Alkmaar (S. 458)
Auch wenn Alkmaar wegen seines wöchentlichen Käsemarkts berühmt ist, lohnt nicht nur diese touristische Attraktion einen Besuch: Das historische Stadtbild mit vielen Baudenkmälern und alten Zunft- und Bürgerhäusern ist unversehrt erhalten.

Fischerstädtchen am Ijsselmeer
Die Rundfahrt führt durch mehrere kleinere Orte: Zuerst erreicht man das idyllische Broek in Waterland (S. 464), 4 km weiter eine der ersten Siedlungen der Niederlande, Monnickendam (S. 512). Von hier bietet sich ein Abstecher mit dem Boot zur Halbinsel Marken (S. 508) an. Wegen seiner Trachten berühmt ist das Fischerdörfchen Volendam, während das benachbarte Edam (S. 488) seinen Ruf der weltbekannten Käsesorte verdankt.

Haarlem und Zandvoort (S. 492 und 538)
Im 17. Jh. war Haarlem nicht nur Sitz des Grafen von Holland, sondern auch Wohnort vieler Maler, u. a. von Frans Hals, Jacob van Ruisdael, Adriaen van Ostade. Zahlreiche öffentliche Gebäude und Giebelhäuser der Altstadt sind Beispiele der berühmten Bauschule von Stadtbaumeister Lieven de Key.
Nur 7 km weiter östlich kann man im Nordseebad Zandvoort einen erholsamen Tag am Strand verleben.

Keukenhof und Blumenmarkt Aalsmeer (S. 498 und 462)
Bereits die Fahrt entlang der riesigen Blumenfelder zwischen Haarlem und Lisse ist für Naturliebhaber ein Genuß. Für einen Besuch des riesigen Freiland-Blumengartens bieten sich die Monate März bis Mai an, wenn alles in Blüte steht.
Wer sich mehr für den wirtschaftlichen Aspekt der Blumenzucht interessiert, sollte einige Kilometer weiter nach Aalsmeer fahren. Dort findet der größte Blumenmarkt der Welt statt. Von einer Besuchergalerie kann man die Auktionen beobachten.

Städtetour Südholland
Auf der Rundfahrt durch die Provinz Südholland dürfen Besuche in der Universitätsstadt Leiden (S. 502), dem Regierungssitz Den Haag (S. 472) und seinem Vorort Scheveningen (S. 480), dem ältesten Seebad der Niederlande, sowie im malerischen kleinen Delft (S. 466) nicht fehlen.

Nationalpark de Hoge Veluwe (S. 516)
Ein Abstecher in das größte Naturschutzgebiet der Niederlande, den Nationalpark de Hoge Veluwe, sollte für An- oder Abreise unbedingt eingeplant werden. Mitten im Park liegt das Rijksmuseum Kröller-Müller (S. 520), das insbesondere für seine Van-Gogh-Kollektion bekannt ist.

Schermerpolder, Zaanse Schans (S. 524 und 534)
Das Poldergebiet nördlich der Hauptstadt ist heute ein beliebtes Naherholungsgebiet. Im Freilichtmuseum Zaanse Schans wurden mehrere Häuser aus dem 18. Jh. sowie einige alte Mühlen originalgetreu wiederaufgebaut.

Alkmaar (1)

Nach alter Zunfttradition wird auf dem Waagplein in Alkmaar jeden Freitag der Käsemarkt zelebriert: Weißgekleidete Käseträger transportieren auf speziellen Holztragen die pyramidenartig aufgeschichteten Goudalaibe und Edamerkugeln. Im Laufschritt geht es zur Stadtwaage, einer geeichten Pendelwaage, auf der die Ware gewogen wird. Sog. Schuten (flache, offene Boote) liegen zum Weitertransport bereit, aber auch Lastwagen werden beladen.

Die Käseträger gehören vier verschiedenen Gilden an – zu erkennen an den unterschiedlichen Farben der Hüte.

Die genaue Abfolge der einzelnen Arbeitsschritte wurde in früheren Zeiten streng überwacht, jeder Regelverstoß auf den jeweiligen Gildetafeln vermerkt und mit Lohnabzug geahndet. Mittlerweile wird der Käsemarkt jedoch nur noch als touristische Attraktion veranstaltet, der eigentliche Verkauf des Käses findet in der Börse statt.

Bis zu 80 Stück Käse mit einem Gesamtgewicht von 160 kg werden auf die Holztragen geschichtet.

Nach wie vor übt der historische Käsemarkt in Alkmaar starke Anziehungskraft auf Besucher aus. Ein spezieller „kaasexpress" lädt am Amsterdamer Hauptbahnhof dazu ein, das Auto stehen zu lassen und sich bequem mit dem Zug zum Kaasmarkt transportieren zu lassen. ▶

Daten *40 km nordwestlich von Amsterdam; VVV Touristen-Information: Waagplein 3; Käsemarkt auf dem Waagplein, 15. 4.–15. 9.: Fr 10–12 h; Sonderzug Amsterdam–Alkmaar vom Hauptbahnhof*

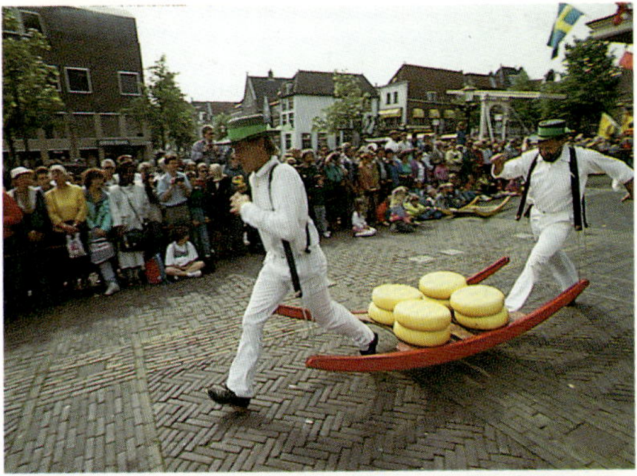

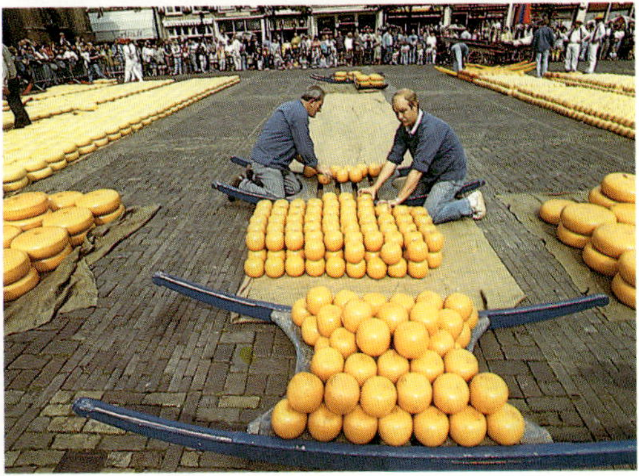

Alkmaar (2)

Alkmaar, die Hauptstadt der Provinz Nord-Holland, liegt nur wenige Kilometer von der Nordsee entfernt. Der Ort, der 1254 Stadtrechte erhielt, spielte während des Befreiungskrieges gegen die Spanier eine entscheidende Rolle: Die Stadt öffnete 1573 ihre Schleusen, überflutete das umliegende Land und befreite sich dadurch von den Belagerern. Die Kriegslist leitete die Wende im Aufstand gegen die spanische Krone ein; fünf Jahre später war auch Amsterdam befreit.

Das spätgotische Stadhuis liegt mitten in der Fußgängerzone.

Zahlreiche historische Gebäude zeugen von der reichen Vergangenheit der Stadt. Die auffallendsten Monumente in dem unversehrten Stadtbild sind die Grote oder St. Laurenskerk (1470–1516 erbaut), in der sich die älteste Orgel der Niederlande befindet, sowie das Stadhuis (Rathaus), das zu Beginn des 16. Jh. erbaut wurde.

Auch auf dem Platz vor der St. Laurenskerk prägen Fahrräder das Stadtbild.

In der früheren Stadtwaage ist heute ein Käsemuseum untergebracht. Als bequeme Alternative zum Bummel durch die Straßen bietet sich eine Grachtenrundfahrt durch das alte Zentrum an.

Daten *St. Laurenskerk, Canadaplein: Geöffnet Mo–Fr 9–12 h und 14–17 h; Stadhuis, Langestraat 46: Geöffnet Apr–Okt: Mo–Do 10–16 h, Fr 9–16 h, Sa 10–16 h, So geschl.; Städtisches Museum, Doerenstraat 3: Geöffnet Mo–Do 10–12 h und 14–17 h, Fr 10–17 h, So 14–17 h, Sa geschl.; Grachtenrundfahrten ab Waagplein, Apr–Sept*

461

★ Bloemenmarkt Aalsmeer
Blumenmarkt in Aalsmeer

Niederlande und Blumen: Ein Thema, bei dem Superlative den Ton angeben. In Aalsmeer – südwestlich von Amsterdam – erreicht der größte Blumenmarkt der Welt immer neue Umsatzrekorde: 10 Mio Schnittblumen und 1 Mio Topfpflanzen werden hier pro Tag versteigert. Zumindest arithmetisch scheinen dagegen die 6 Mio Blumenzwiebeln, die jährlich auf dem Keukenhof (S. 480) angepflanzt werden, kaum der Rede wert.

Die ersteigerte Ware steht innerhalb von 30 Minuten auslieferbereit an der Verladerampe.

Die kleine Gemeinde Aalsmeer verfügt über das dichteste Netz moderner Kommunikationsmittel im Land: Ohne Telex, Telefax und Großcomputer wären die Blumenauktionen nicht vorstellbar. Die Bundesrepublik Deutschland ist der größte Abnehmer der niederländischen Blumenindustrie, doch Aalsmeer liefert in die ganze Welt. 2000 Lastwagen und die guten Flugverbindungen des nahe gelegenen Flughafens Schiphol sorgen für einen reibungslosen Transport.

Mit Hilfe eines elektronisch gesteuerten Leitsystems läuft die Auktion in 13 Hallen gleichzeitig. Von der Besuchergalerie aus läßt sich der hektische Betrieb verfolgen. Die komplizierten Versteigerungsmodalitäten werden für Besucher in sieben Sprachen erklärt.

Daten *Versteigerungen im Auktionsgebäude Mo–Fr 7.30–11 h; Besuchergalerie frei zugänglich* **Adresse** *Legmerdijk 313; Bus 171 und 172 (Amsterdam–Aalsmeer)*

463

Broek in Waterland

Im 19. Jh. waren sich die Besucher – unter ihnen der Philosoph Arthur Schopenhauer – in ihrem Urteil einig: Broek in Waterland war nicht nur eines der reichsten, sondern auch eines der saubersten Dörfer von Nord-Holland.
Schopenhauer kommentierte die auffallende Reinlichkeit der Bewohner ironisch: „Nicht einmal Pferde dürfen hinein, weil sie alles schmutzig machen." Anekdoten besagen, daß selbst die Bäume im Ort des öfteren geschrubbt wurden. Doch die penible Sauberkeit war kein Spleen der Bewohner, sondern eine Auflage der Obrigkeit: Die örtliche Käseherstellung unterlag strengen Hygienevorschriften.
Die Wege sind mit Muscheln und Korallensplittern bestreut und wirken auf den ersten Blick exotisch. Aber auch in anderen Dörfern in der Nähe des Meeres wie z. B. Monnickendam (S. 488), wurden Muscheln als Wegbelag benutzt. In dem idyllischen Dorf gibt es noch eine andere Seltenheit zu bestaunen. Die Holzhäuser, die zumeist aus dem 18. Jh. stammen, sind mit zwei Türen versehen: Eine für die Lebenden, die andere für die Toten. Die zweite Tür, leicht erhöht an der Seitenfront, wird nur geöffnet, um den Sarg mit dem Verstorbenen herauszutragen.

Die Dorfkirche aus dem 16. Jh. wurde 1989 restauriert.

Besonderheit in Broek in Waterland: Holzhäuser mit einer zweiten Tür an der Seite.

Daten *12 km nordöstlich von Amsterdam; Anfahrt über N 247*

465

Delft (1)

Das malerische Delft, 10 km von Den Haag entfernt, zählt zu den ältesten Städten der Niederlande. Bereits 1246 erhielt es Stadtrechte. Tuchhandel, zahlreiche Brauereien sowie die Schiffahrt sorgten bis ins 17. Jh. für den Wohlstand des Ortes.

Mehr als ein Jahrhundert dauerte der Bau (1384–1496) der zentral gelegenen Nieuwe Kerk. Die Kirche im gotischen Stil wurde 1596 durch einen Brand vernichtet, aber später stilgetreu wiederaufgebaut.

Im Chor erhebt sich das prunkvolle Grabmal für Willem I. von Oranien, ein Hauptwerk der niederländischen Barockbildhauerei, das Hendrick de Keyser und sein Sohn Pieter im Auftrag der Generalstaaten entwarfen (1614–21). Das Grabmal zeigt unter einem marmornen Baldachin eine Statue Willems I., die von allegorischen Bronzefiguren umgeben ist: Sie symbolisieren Gerechtigkeit, Freiheit, Tapferkeit und Glauben.

Die unter dem Grabmal liegende Krypta dient dem Haus Oranien-Nassau bis heute als Fürstengruft. Als letzte Monarchin wurde hier Königin Wilhelmina beigesetzt (1948). ▶

Der 108 m hohe Turm der Nieuwe Kerk überragt den Grote Markt, der als schönster Marktplatz Süd-Hollands gilt.

Daten *62 km südwestlich von Amsterdam; 88 000 Einwohner; Anfahrt über A 4 und A 13* **Öffnungszeiten** *Nieuwe Kerk: Tägl. außer So, 10–16 h,* **Eintritt** *2,50 hfl* **Adresse** *Markt*

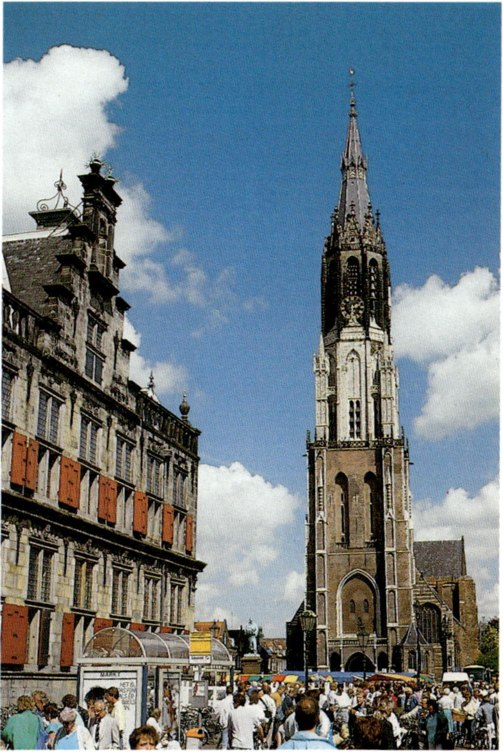
MARKT

Delft (2)

Der verwinkelte Prinsenhof, jenseits der Gracht Oude Delft, erlangte traurige Berühmtheit: 1584 wurde hier der Begründer der niederländischen Unabhängigkeit, Prinz Willem von Oranien, ermordet. An der Treppe, die zum ehemaligen Speisesaal führt, sind noch die Einschläge der Kugeln zu erkennen.

Die Gebäudegruppe mit Innenhof, Wendeltreppen, Kreuzgang und prächtigen Sälen wurde um das Jahr 1400 als Frauenkloster St. Agatha errichtet, nach der Reformation jedoch säkularisiert. Ab 1575 diente die Anlage als Residenz des Prinzen von Oranien.

Heute ist im Prinsenhof ein Museum untergebracht, das den Freiheitskampf der Niederländer gegen die Spanier (1568–1648) dokumentiert. Bildnisse von Familienmitgliedern des Fürstenhauses Oranien ergänzen die Sammlung.

Nördlich vom Prinsenhof, ebenfalls an der Oude Delft, zeigt das Rijksmuseum Lambert van Meerten Gemälde und Delfter Kunstgewerbe: Renaissancemöbel, Silberarbeiten und Spitzen sowie eine Sammlung von Delfter Fayencen. ▶

In den Räumen des Prinsenhof Museums findet alljährlich im Oktober eine vielbesuchte Kunst- und Antiquitätenmesse statt.

Öffnungszeiten *Prinsenhof Museum und Museum van Meerten: Di–Sa 10–17 h, So 13–17 h, Mo geschl.* **Eintritt** *3,50 hfl (für beide Museen)*
Adresse *Prinsenhof: Agathaplein 1; Museum van Meerten: Oude Delft 99*

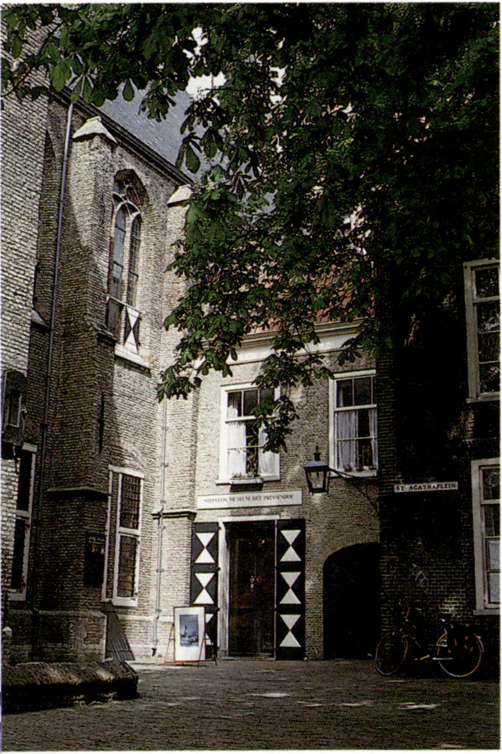
ST. AGATHAPLEIN

Delft (3)

Der Name der Stadt ist weltberühmt durch die Delfter Kacheln und das Delfter Blau. Von den Italienern zuerst nach Antwerpen gebracht, siedelte sich im 17. Jh. auch in Delft die Fayence-Herstellung an.

Handgemalte Delfter Kacheln gehören zu den beliebtesten Souvenirs.

Charakteristisch für die Delfter Tonwaren mit bemalter Zinnglasur sind das Blauweißdekor, die ostasiatischen Muster sowie die Nachahmung chinesischer Geschirrformen. Das Geschäft mit den Tonwaren war so erfolgreich, daß neben den Werkstätten auch große Steingut-Fabriken entstanden. Die Bemalung erfolgte von Hand und nach freiem Entwurf der Künstler. Eine Spezialität sind die blauen Delfter Kacheln, die als Dekor-Fliesen zur Verkleidung von Zimmer- und Ofenwänden verwendet werden.

Bis zum Ende des 18. Jh. blühte die Fayence-Industrie; Delft versorgte mit seiner Keramik ganz Europa. Starke Konkurrenz durch billige Ware aus der englischen Wedgwood-Manufaktur ließ die Geldquelle jedoch versiegen. Erst im 19. Jh. wurde die Produktion unter dem Namen „Königliches Delft" wieder aufgenommen. Obwohl noch immer sehr beliebt, erlangten die Erzeugnisse jedoch nie mehr die wirtschaftliche Bedeutung, die sie im 17. und 18. Jh. hatten.

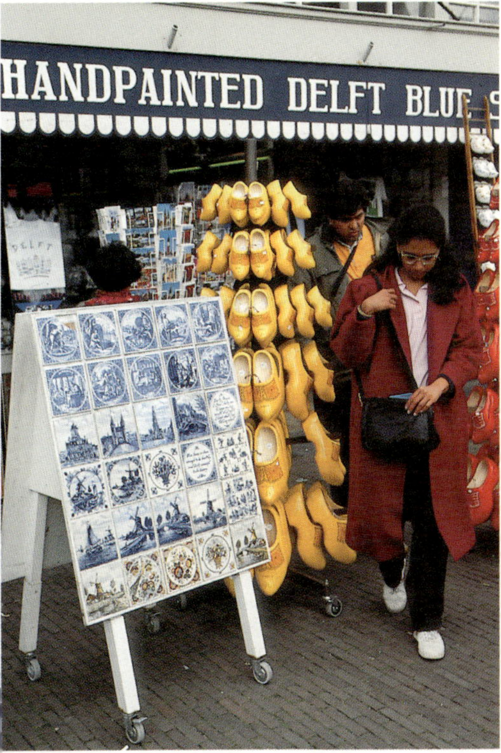
HANDPAINTED DELFT BLUE

Den Haag

Die amtliche Bezeichnung von Den Haag lautet „'s-Gravenhage" (Des Grafen Gehege) und erinnert an den Ursprung der Siedlung: Mitte des 13. Jh. wählte Graf Willem II. von Holland das ländliche Gebiet zu seinem Jagdsitz und verlegte 1291 seinen ständigen Wohnsitz hierher.

Als drittgrößte Stadt der Niederlande gehört Den Haag zur dichtbesiedelten „Randstad Holland".

Von 1584 bis 1795 traten in Den Haag die Abgeordneten der niederländischen Provinzen, der sog. Generalstaaten, zusammen. Die Stadt wurde zum Regierungssitz. Diese Funktion behielt sie mit kurzer Unterbrechung bis heute: 1806 hatte Kaiser Napoleon I. Den Haag zwar Stadtrechte verliehen, jedoch Amsterdam zur Hauptstadt und zum Regierungssitz des Königreichs der Niederlande erklärt. Erst nach seinem Sturz (1813) kehrte die Regierung unter König Willem I. wieder nach Den Haag zurück.

In der Provinzhauptstadt von Süd-Holland, die zugleich Wohnsitz der niederländischen Königin und Parlamentsort ist, residieren Botschafter und Gesandte zahlreicher Nationen. Viele wohlhabende Niederländer haben die luxuriöse, gepflegte Parkstadt als Wohnort oder Altersruhesitz gewählt: Großzügig angelegte Landsitze finden sich vor allem in den Vororten zur Küste hin.

Daten *57 km südwestlich von Amsterdam; 450 000 Einwohner; Anreise: Mit dem Zug ab Centraal Station; mit dem Auto über die A 4 bis Den Haag*

CITY GUIDE PLAN

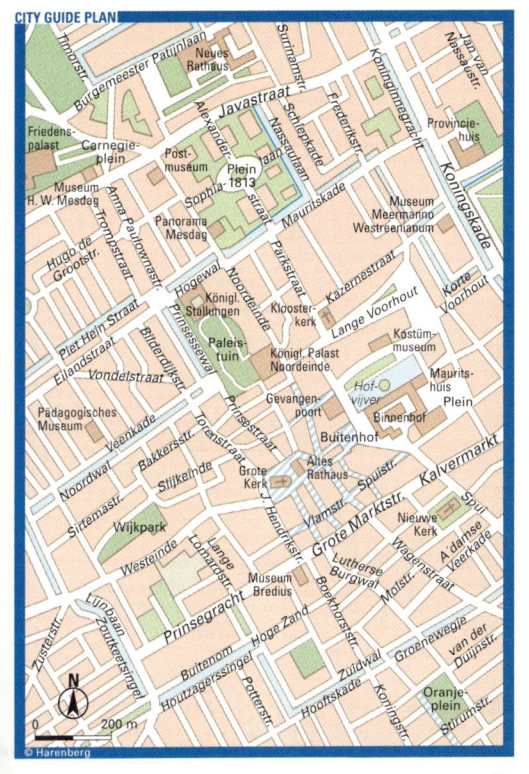

- Burgemeester Patijnlaan
- Neues Rathaus
- Javastraat
- Surinamestr.
- Koninginnegracht
- Jac. v. Nassaustr.
- Friedenspalast
- Carnegieplein
- Alexanderstraat
- Schlegelkade
- Nassaukade
- Frederikstr.
- Provinciehuis
- Museum H. W. Mesdag
- Anna Paulownastr.
- Postmuseum
- Plein 1813
- Sophialaan
- Mauritskade
- Koningskade
- Hugo de Grootstr.
- Trompstraat
- Panorama Mesdag
- Hogewal
- Noordeinde
- Parkstraat
- Kazernestraat
- Museum Meermanno Westreenianum
- Korte Voorhout
- Piet Hein Straat
- Prinsessewal
- Königl. Stallungen
- Kloosterkerk
- Lange Voorhout
- Eilandstraat
- Bilderdijkstr.
- Paleistuin
- Königl. Palast Noordeinde
- Kostümmuseum
- Vondelstraat
- Prinsegracht
- Gevangenpoort
- Hofvijver
- Mauritshuis
- Pädagogisches Museum
- Veenkade
- Binnenhof
- Plein
- Noordwal
- Bakkerstr.
- Torenstraat
- Buitenhof
- Stijlkeinde
- Grote Kerk
- Altes Rathaus
- Vlamstr.
- Spuistr.
- Kalvermarkt
- Sittermastr.
- Wijkpark
- Westeinde
- Lange Lombardstr.
- Prinsegracht
- St. Hendrikstr.
- Grote Marktstr.
- Nieuwe Kerk
- Spui
- A'damse Veerkade
- Wagenstraat
- Lutherse Burgwal
- Molstr.
- Museum Bredius
- Boekhorst.
- Lijnbaan
- Zoutkeersingel
- Buitenom
- Hoge Zand
- Groenewegje
- van der Duijnstr.
- Zuidwal
- Oranjeplein
- Zusterstr.
- Houtzagerssingel
- Potterstr.
- Hoofdskade
- Koningstr.
- Strumstr.

N ↑ 0 — 200 m

© Harenberg

Den Haag: Binnenhof

Durch ein Renaissancetor, das ehemalige Statthalter-Tor, betritt man den Binnenhof, der an einem kleinen Hofteich im Zentrum der Altstadt liegt. Den historischen Kern dieser Palastanlage, die ab 1850 unter König Willem II. entstand, bilden ein Jagdschloß sowie der Rittersaal aus dem Jahr 1280. In den weitläufigen Gebäuden, die sich um zwei Höfe gruppieren, sind heute die Sitzungssäle der Ersten und Zweiten Kammer des niederländischen Parlaments sowie Büros der Ministerien untergebracht.

Haupthof der Palastanlage.

Den historischen Rittersaal entwarf Gerard van Leyden Mitte des 13. Jh. als Festsaal. Auffallende Details des gotischen Saals sind der hölzerne Dachstuhl mit 18 m langen Tragbalken sowie die Glasmalereien, die u. a. holländische Stadtwappen und eine Rose mit den Wappen der wichtigsten Adelsgeschlechter des Landes zeigen.

Der Binnenhof gilt als Wahrzeichen der niederländischen Demokratie.

Seit der Restaurierung (1898–1904) dient dieser 20 x 40 m große Saal, der jahrelang für andere Zwecke genutzt worden war, wieder als repräsentativer Rahmen für festliche Anlässe. Am dritten Dienstag im September, dem Prinsjesdag, eröffnet die niederländische Königin hier mit einer Thronrede das Parlament.

Öffnungszeiten *Regierungsgebäude und Rittersaal: Tägl. außer So 10–16 h, Juli–Aug tägl. 10–16 h; Führungen nach telefonischer Voranmeldung: (070) 3646144* **Eintritt** *6,50 hfl* **Adresse** *Binnenhof 8*

475

Den Haag: Gemeentemuseum
Städtisches Museum

Im Gartenstadtviertel Duinoord, etwas außerhalb des Zentrums, liegt am Rande eines kleinen Parks das Städtische Museum. Es wurde 1935 nach einem Entwurf des Architekten Hendrik Petrus Berlage erbaut. Mehrere interessante Sammlungen sind im selben Gebäude untergebracht: Das Niederländische Kostümmuseum mit Exponaten aus dem 17., 18. und 19. Jh., eine Sammlung traditioneller und elektronischer Musikinstrumente, die zu den vollständigsten in Europa zählt, ein Kunstgewerbemuseum mit Keramik, Silber und Mobiliar aus mehreren Jahrhunderten sowie eine Abteilung für moderne Kunst.

Die Architektur des Gemeentemuseum wird von strengen Proportionen bestimmt.

Vertreten sind die Werke zahlreicher berühmter Künstler des 19. und 20. Jh. (u. a. Appel, Braque, Corneille, Dufy, Klee, Kokoschka, Léger, Modersohn-Becker, Monet, Picasso, Sisley). Zudem verfügt das Museum über rd. 250 Gemälde von Piet Mondrian, die einen guten Überblick über seine künstlerische Entwicklung geben.

Zahlreiche Exponate des Museon stammen aus dem ehemaligen Pädagogischen Museum.

In einem neuen Flügel des Hauses, im sog. Museon, werden mit Hilfe von Nachbildungen und Modellen die Entstehung des Planeten Erde, die Entwicklung unterschiedlicher Lebens- und Kulturformen sowie Errungenschaften in Wissenschaft und Technik erklärt.

Öffnungszeiten *Di–So 11–17 h, Mo geschl.* **Eintritt** *8 hfl*
Adresse *Stadhouderslaan 41, Tel. (070) 3381111*

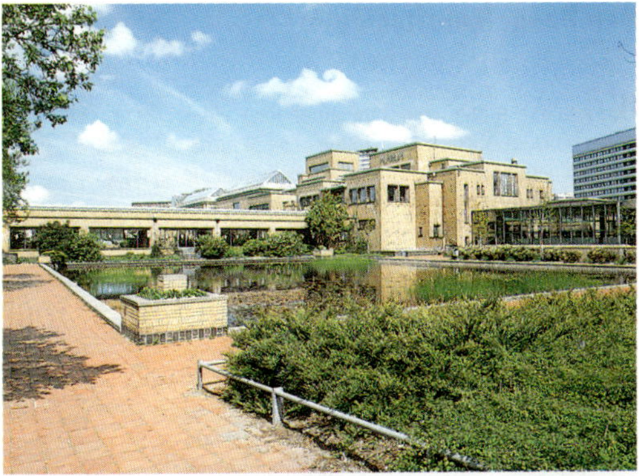

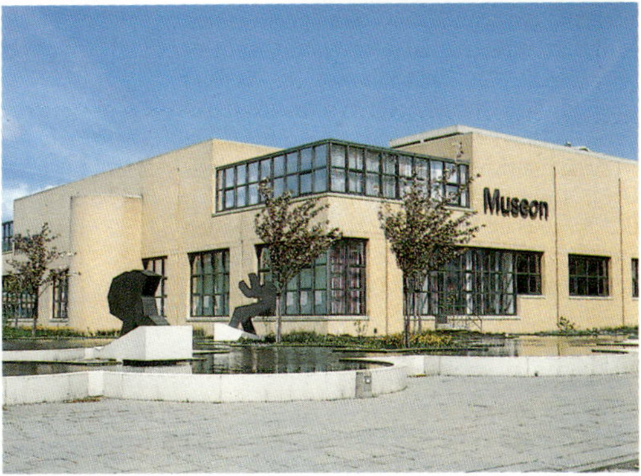
Museon

Den Haag: Mauritshuis

Unmittelbar hinter dem Binnenhof liegt eines der schönsten Museen Den Haags, das Mauritshuis. In dem palastartigen Bau ist das Königliche Gemäldekabinett untergebracht, eine der wichtigsten Kunstsammlungen der Niederlande.

1633–44 wurde das streng klassizistische Gebäude als Wohnhaus für Graf Johann Maurits von Nassau erbaut, den damaligen Gouverneur von Brasilien.

Unter dem Mäzenatentum König Willems I. (1813–31) kamen die schönsten Neuerwerbungen des Staates in das Mauritshuis. Die Mehrzahl der Gemälde stammt von niederländischen Meistern aus dem 17. Jh.: Rembrandt ist mit 15 Bildern vertreten, darunter „Simeon im Tempel" (1631), die „Anatomie des Dr. Nicolaes Tulp" (1632), „Homer" (1663) sowie „Saul und David" (1665). Als Meisterwerke gelten Jan Vermeers „Ansicht von Delft" und Jacob Ruisdaels „Ansicht von Haarlem".

Das Erdgeschoß ist den nicht-niederländischen Künstlern vorbehalten, wie van Dyck, Holbein d. J., Memling, Rubens und van der Weyden.

Bei der Restaurierung (1982–87) wurde das Mauritshuis u. a. um eine Bibliothek und einen Studienraum erweitert.

„Anatomie des Dr. Nicolaes Tulp" (1632) von Rembrandt.

Daten *Bau nach einem Entwurf von Jakob van Campen und Pieter Post*
Öffnungszeiten *Di–Sa 10–17 h, So 11–17 h, Mo geschl.* **Eintritt** *7,50 hfl*
Adresse *Korte Vijverberg 8, Tel. (070) 3469233*

479

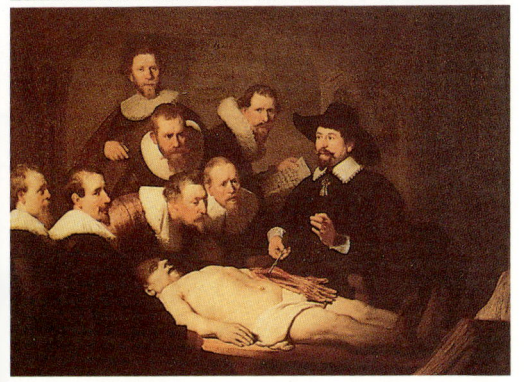

Den Haag: Scheveningen

Noch 1881 malte H. W. Mesdag in einem Panoramabild Scheveningen als kleines Fischerdorf in den Dünen. Heute ist der Den Haager Stadtteil am Meer nicht nur der älteste, sondern auch das größte Seebad der Niederlande.

Bereits 1884 wurde das Kurhaus mit einem Konzert- und Theatersaal fertiggestellt. Bis heute ist das Jugendstil-Bauwerk Mittelpunkt des Badelebens: In dem aufwendig restaurierten Gebäude, dessen Fassade weitgehend unverändert blieb, sind neben dem Kursaal auch ein Hotel, ein Restaurant sowie ein Spielcasino untergebracht.

Am bekanntesten ist jedoch die Scheveninger Pier, die wie eine Promenade fast 400 m weit auf die See hinausführt. An ihrem Ende verzweigt sich die Brücke, die auf 180 Betonpfählen ruht, in mehrere Inseln: Hier findet der Besucher neben zahlreichen kleinen Geschäften u. a. ein Restaurant, eine Café-Terrasse, ein Sonnendeck sowie einen Aussichtsturm.

Unmittelbar am Jachthafen befindet sich das Meeresbiologische Museum, das in seinen Aquarien einen Eindruck von der Vielfalt der Meerestiere und -pflanzen vermittelt.

Treffpunkt für Touristen und Flaneure: Die Promenade vor dem Kurhaus.

Öffnungszeiten *Meeresbiologisches Museum: Mo–Sa 10–17 h, So 13–17 h*
Eintritt *4 hfl* **Adresse** *Dr. Lelykade 39*

481

Den Haag: Vredespaleis
Friedenspalast

Eine Spende der Carnegie-Stiftung in Höhe von 1,5 Mio Dollar ermöglichte den Bau des stattlichen Friedenspalastes (1907–13). Der Saalbau, errichtet in einer Stilmischung aus Klassizismus und Gotik, erinnert an die Tuchhallen flämischer Städte: Neun Arkadenöffnungen schmücken die Fassade, die von einem hohen steilen Dach abgeschlossen wird.

Zahlreiche Länder haben mit Schenkungen zur reichen Innenausstattung beigetragen: Der Marmor für die Flure und die Aufgangstreppe kommt aus Italien; aus den Vereinigten Staaten und aus Brasilien stammt das Holz für die Wandtäfelungen. Deutschland stiftete die verzierten Eisengitter, die den Garten um das Palais abschließen. Die Fenster im Erdgeschoß sind aus Delfter Bleiglas hergestellt, die Wände mit Delfter Kacheln verziert.

Es wirkt wie eine Ironie des Schicksals, daß nur elf Monate nach der Einweihung des Friedenspalastes durch die niederländische Königin Wilhelmina der 1. Weltkrieg ausbrach. Heute ist das Gebäude Sitz des Internationalen Gerichtshofs (gegr. 1920), des Internationalen Schiedsgerichts und der Akademie für Internationales Recht.

Im prunkvollen Friedenspalast ist auch eine Völkerrechtsbibliothek untergebracht.

Öffnungszeiten *Führungen tägl. um 10 h, 11 h, 14 h und 15 h* **Eintritt** *5 hfl* **Adresse** *Carnegieplein 2, Tel. (070) 3469680*

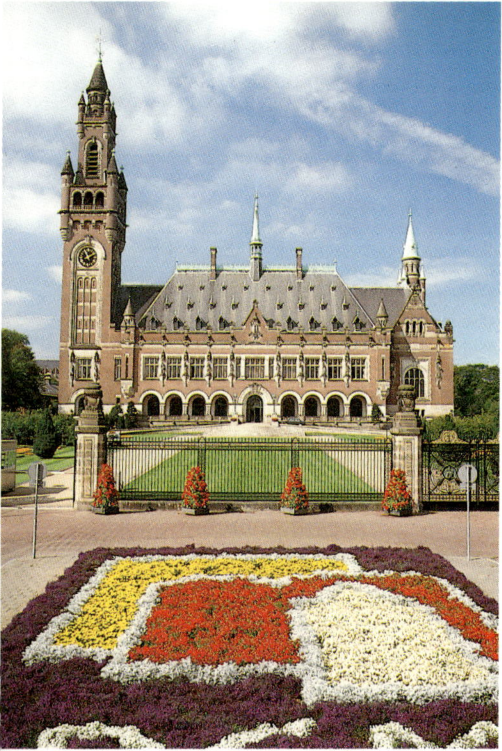

De Rijp

Der kleine Ort De Rijp liegt mitten in der für Nord-Holland charakteristischen flachen Wiesenlandschaft, dem Polder. Anfang des 17. Jh. wurde das Gebiet eingedeicht. 26 Windmühlen halfen, das großflächige Sumpfgebiet trockenzulegen. Jan Adriaansz. Leeghwater, der Leiter dieser technisch aufwendigen Landgewinnung, kannte die Probleme der Siedlungen in dem schlecht zugänglichen Gebiet aus eigener Erfahrung: Er wurde in De Rijp geboren.

Das Waaggebouw (Stadtwaage) wurde von Jan von der Heiden entworfen.

Allen modernen Verkehrsverbindungen zum Trotz prägt noch heute eine Atmosphäre der Abgeschiedenheit das Polderdorf, das wie eine versunkene Insel inmitten der endlosen Graslandschaft liegt. Enten- und Gänsefamilien bevölkern die zahlreichen Tümpel und kleinen Grachten, schmale Stege und Brücken bestimmen das Bild des Ortes.

Charakteristische Holzhäuser im Zentrum von De Rijp.

Auf einem Spaziergang entlang der niedrigen Holzhäuser mit verschiedensten Giebelformen erreicht man die Stadtwaage: Das 1690 entstandene Gebäude ist eines der schönsten im Poldergebiet. Das Museum t'Houten Huis zeigt Dokumente zur Geschichte der Ortschaft.

Daten *22 km nördlich von Amsterdam* **Öffnungszeiten** *Museum t'Houten Huis, Jan Boonplein 2: Ostern–Ende Mai: Sa und So 11–17 h; Juni–Aug: Tägl. außer Do, 10–17 h; Sept–Okt: Sa und So 11–17 h, Nov–Ostern: Gesch.*

485

Durgerdam

Die Metropole Amsterdam platzt aus allen Nähten, am Stadtrand entstehen neue Wohnviertel und Geschäftszentren, die sich den ehemals unabhängigen Nachbargemeinden immer mehr nähern. Im Süden besteht die Grenze zu Amstelveen und Ouderkerk aan de Amstel fast nur noch auf dem Papier.

Die Verflechtung kleiner Gemeinden und mittelgroßer Städte mit den drei Großstädten Amsterdam, Den Haag und Rotterdam hat ein dicht besiedeltes Gebiet geschaffen, für das sich der Name „Randstad" eingebürgert hat.

Erstaunlicherweise konnten sich die Gemeinden im Norden und Nordosten der Hauptstadt der Verstädterung entziehen. Nur 4 km nordöstlich von Amsterdam gelegen, hat das verschlafene Fischerdorf Durgerdam die Atmosphäre vergangener Zeiten bewahrt.

Die Holzhäuser des Ortes zeigen die für die Küstendörfer charakteristischen Spitzgiebel. Markantestes Gebäude ist das 1678 erbaute Rathaus mit seiner hölzernen Kuppelkonstruktion.

Am schönsten läßt sich die Dorfidylle mit dem Fahrrad entdecken: Nach dem Übersetzen mit der Fähre (Abfahrt hinter der Centraal Station, S. 134), erreicht man Durgerdam über den Nieuwendammer-, den Schellingwouder- und schließlich den Durgerdammerdijk.

Maritime Motive schmücken die alten Holzhäuser.

An den Ufern des Ijsselmeeres liegt das idyllische Fischerdorf Durgerdam.

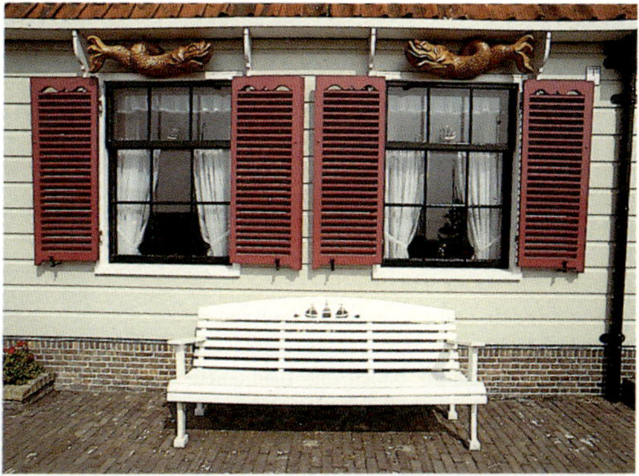

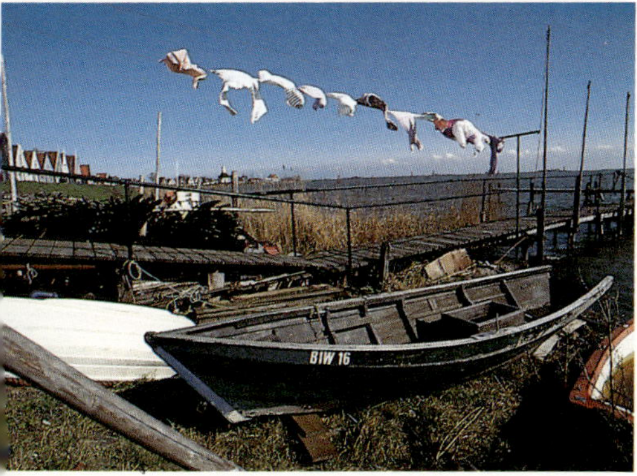
BIW 16

Edam (1)

Berühmt ist Edam vor allem wegen seines Käses: Die roten und gelben Kugeln Edamer sind neben dem Gouda (der aus dem gleichnamigen Ort stammt) die bekanntesten niederländischen Käsesorten und werden in alle Welt exportiert.

Doch die Käseproduktion bestimmte erst vom späten 17. Jh. an die wirtschaftlichen Geschicke der Stadt. Im 16. und 17. Jh. besaß die Handelsstadt über 30 Werften. Dort ließ die Ostindische Compagnie ihre Schiffe bauen, die Indonesien, Japan und China zum Ziel hatten. Auch die Flotte, mit der Michiel Adriaansz. de Ruyter, berühmtester Admiral der Niederlande, England besiegte, stammte aus den Edamer Werften. Ebenso wie Amsterdam profitierte die Stadt von dem Reichtum, der durch den Handel mit den Kolonien ins Mutterland floß.

Bereits 1357 hatte die Gemeinde das Stadtrecht erhalten. Aus dem kleinen Handelsort, der Zollrecht besaß, entwickelte sich ein bedeutender Hafen mit florierender Fischerei. Nach der Trockenlegung der Binnenseen Beemster und Purmer im 17. Jh. nahm die Bedeutung der Schiffahrt für Edam immer weiter ab. Die rückläufigen Zahlen beim Schiffbau führten dazu, daß sich die Stadt auf den Käsehandel als neue Haupteinkommensquelle konzentrierte. ▶

Die hölzerne Zugbrücke im Stadtzentrum gehört zu den ältesten Brückenkonstruktionen der Niederlande.

Daten *22 km nördlich von Amsterdam; Anfahrt über N 247*

489

Edam (2)

Trotz der bekannten Verbundenheit der Niederländer mit dem Wasser ist der „schwimmende Keller" im Städtischen Museum von Edam eine Attraktion. Noch auf der Treppe scheint alles ganz normal, doch der Boden des dunklen Gewölbes schwingt bei jedem Schritt spürbar mit. Die erstaunliche Konstruktion verbindet den Kellerboden flexibel mit den Innenwänden des Hauses. Da die Stadt – wie ein Fünftel der Niederlande – unterhalb des Meeresspiegels liegt, sollte der Keller durch diese Bauweise vor Überflutungen geschützt werden.

Niederländer in historischer Tracht auf dem zentral gelegenen Damplein.

In einer Anekdote wird hingegen eine ganz andere Version berichtet: Angeblich soll ein sentimentaler alter Seemann den Bau des schwimmenden Kellers veranlaßt haben, um jedesmal beim Betreten des schwankenden Bodens an seine Matrosenzeit erinnert zu werden.

Schmale Stege und Brücken bestimmen das alte Zentrum des Ortes.

Das Rathaus, das dem Museum gegenüberliegt, wurde 1737 errichtet. Im sehenswerten Ratssaal ist eine kleine Gemäldeausstellung untergebracht. Eines der größten Gebäude der Stadt ist die St. Nicolaaskerk, eine spätgotische Hallenkirche, deren Turm aus dem 15. Jh. stammt.

Daten *Stadtmuseum Edam, Damplein 8: Geöffnet Mo–Sa 10–16 h, So 14–16 h*

491

Haarlem (1)

Ähnlich wie auf einer großen italienischen Piazza ist auch auf dem Grote Markt in Haarlem die Vergangenheit allgegenwärtig. Der Marktplatz, der im Mittelalter Turnierhof des Grafen von Holland war, entwickelte sich im 16. Jh. zum Zentrum der blühenden Kaufmannsstadt.

Der Grote Markt liegt im Zentrum der Altstadt, die für den Autoverkehr gesperrt ist.

Auffallendstes Gebäude ist die 140 m lange Grote Kerk, deren Baugeschichte bis ins 14. Jh. zurückreicht. Immer wieder investierte die Stadt in die Erweiterung der spätgotischen Kirche, die ein Lieblingsmotiv der niederländischen Maler war. Im hinteren Teil der Grote Kerk befindet sich die 1735–38 von Christian Müller erbaute Orgel, die von einem beeindruckenden Orgelprospekt des Holzschnitzers und Bildhauers Jan van Logteren geschmückt wird. Wegen der reichen Ausgestaltung und der guten Akustik (die Orgel mit drei Manualen hat 68 Register und 5000 Pfeifen) gehört die Orgel zu den bedeutendsten der Welt. An der gegenüberliegenden Seite des Platzes steht das Stadhuis (Rathaus), das mehrere Gebäudeteile aus verschiedenen Epochen umfaßt. An der Südseite begrenzen die Hoofdwacht (Hauptwache) und die Vleeshal (Fleischhalle) den Platz. ▶

Daten *19 km westlich von Amsterdam; Anfahrt über N 5 und A 5; VVV Touristen-Information: Stationsplein; Grote Kerk: Geöffnet tägl. außer So, 10–16 h*

CITY GUIDE PLAN

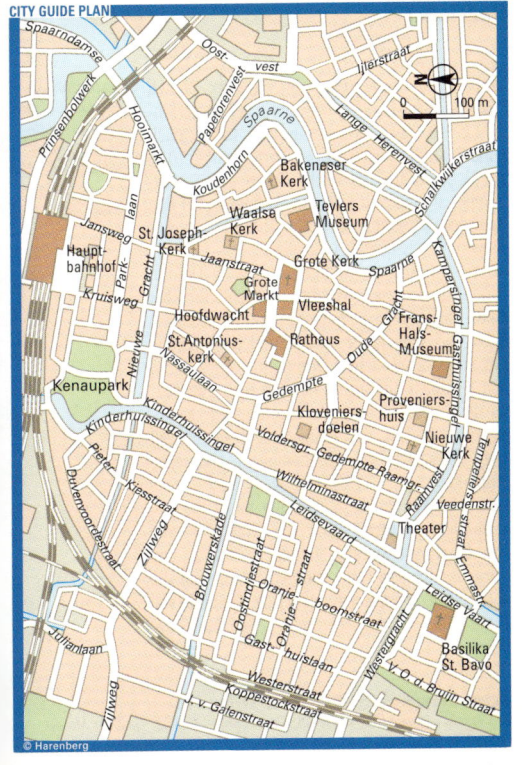

Haarlem (2)

Östlich der Grote Kerk, am Ufer der Binnen Spaarne, liegt das älteste Museum der Niederlande (1778), das Teylers Museum. Es ist nach seinem Stifter, Pieter Teyler van Hulst (1702–1778), benannt. Der reiche Tuch- und Seidenhändler stiftete sein gesamtes Vermögen für den Bau des Museums, das die Entwicklung von Kunst und Wissenschaft aufzeigt.

Das prachtvolle Gebäude, in dem das Frans-Hals-Museum untergebracht ist, entwarf Lieven de Key 1608.

Als viertes Museum in Europa – nach Oxford, London und Paris – verfügte es nicht nur über eine umfangreiche Kunstsammlung, sondern auch über eine große naturkundliche Abteilung mit einer beachtlichen Sammlung von Mineralien, Fossilien und physikalischen Instrumenten. Zu den bedeutendsten niederländischen Gemäldegalerien zählt das Frans-Hals-Museum. Seit 1913 befindet es sich im ehemaligen Männeraltenheim.

Den Schwerpunkt der Sammlung bildet die niederländische Malerei des 17. Jh. Neben Werken von Carel van Mander, Hendrick Goltzius und Cornelis Cornelisz. van Haarlem, Vertretern der sog. Haarlemer Akademie, sind die Gemälde von Frans Hals in der Abteilung „Alte Kunst" zu sehen. ▶

Daten *Teylers Museum, Spaarne 16: Geöffnet Di–Sa 10–17 h, So 13–17 h, Mo geschl.; Frans-Hals-Museum, Groot Heiligland 62: Geöffnet Mo–Sa 11–17 h, So 13–17 h*

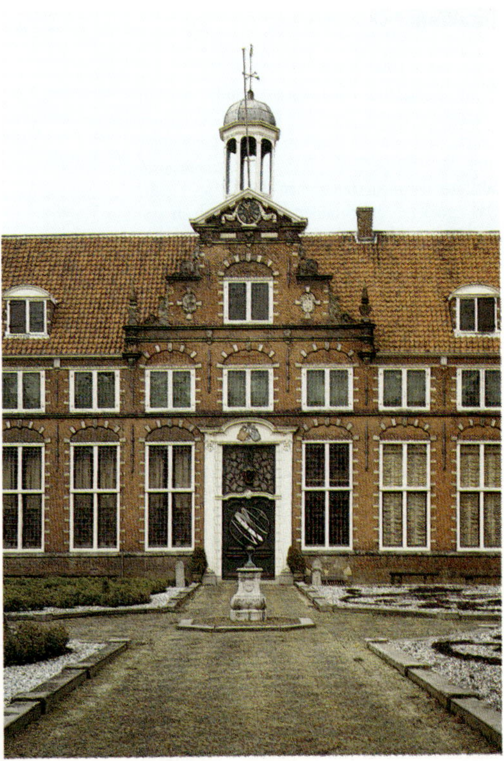

Haarlem (3)

Frans Hals (um 1580–1666), wurde zwar in Flandern geboren, war aber Wahl-Holländer mit festem Wohnsitz in Haarlem. Neben Rembrandt und Jan Vermeer ist Hals der bedeutendste Vertreter der niederländischen Malerei des 17. Jh. Das „goldene" Jahrhundert spiegelt sich in seinen Bildern oftmals in fröhlichen Szenen wider: Ungehemmt wird gelacht und getrunken, die Porträts der Junker und Offiziere, der Fischer und der „Amme mit Kind" beeindrucken durch ihre lebensnahe Darstellung.

„Festmahl der St.-Adrian-Schützengilde" (1627) von Frans Hals.

Zu den acht Arbeiten, die der Maler im Auftrag der Haarlemer Schützengilden und Regenten schuf, gehört das „Festmahl der St.-Adrian-Schützengilde" (1627): Eine festliche Männergesellschaft, die ihr gemeinsames Gelage sichtlich genießt. Gläser sind erhoben, der Raum scheint von erhitzten Gesprächen erfüllt zu sein. Den steifen Halskrausen zum Trotz verstehen die Offiziere der Adriansgilde zu feiern. Ihre strengen schwarzen Roben verleihen den farbenprächtigen Schärpen und der Fahne im Hintergrund zusätzliche Intensität.

Die Museumsräume sind um einen fast quadratischen Innenhof herum gruppiert.

In die ausgelassene Stimmung dieser in den Niederlanden so beliebten „Gezelligheid" (Gemütlichkeit) wird der Betrachter des Bildes miteinbezogen. Wie zufällig blicken ihn manche Augenpaare an: Freundlich, einladend, als könne sich der Außenstehende der Gruppe jederzeit anschließen.

CITY GUIDE PLAN

1. Moderne Kunst
2. 15. / 16. Jh.: Mostaert u.a.
3. 16. Jh.: J. van Scorel, M. van Heemskerck, C. van Haarlem u.a.
4. Akademiesaal: Goltzius, M. van Heemskerck
5. 17. Jh.: Vroom, Claesz, van Dijk, D. Hals, Molenaer, Verspronck, van Goyen, van Ostadt
6. 18. Jh.: Regentenzimmer
7. Kapelle: Haarlemmer Silber des 17. Jh.s
8. Schützenstücke von Frans Hals u.a.
9. Renaissancesaal (einstiger Speisesaal)
10. Goldledersaal mit Puppenhaus
11. Regentenbilder: Frans Hals, Verspronck
12. Verspronck, Heda, Rujsdael u.a.
13. De Braj, Jan Steen
14. Regentenbilder Frans Hals
15. Zimmer 18. Jh.
16. Zimmer 19. Jh.
17. Miniaturen-Kabinett
18. Alte Apotheke
19. Gläserkabinett
A Café
B Verkauf

Keukenhof (1)

Die „Perestroika" hat einen festen Platz im Keukenhof, dem größten Blumengarten seiner Art, erobert: Zart Lila mit gelben Tupfen, vertritt diese Züchtung eine Spielart der langstieligen Tulpen, deren Musterexemplare bis zu 60 cm hoch werden.

Der Keukenhof ist im Frühjahr eines der meistbesuchten Ausflugsziele in der Nähe Amsterdams.

Ob Tulpen, Hyazinthen, Narzissen oder Krokusse – der 1949 eröffnete Keukenhof setzt neue Maßstäbe bei der Blumenzucht. Allein 6 Mio Blumenzwiebeln werden jährlich angepflanzt. Zwischen März und Mai lädt die weitläufige Parklandschaft zu einem einzigartigen Spaziergang durch den Frühling ein: Auf dem ca. 28 ha großen Areal blühen die erstaunlichsten Variationen von Frühlingsblumen, deren Namen den ausgefallenen Blütenformen und -farben in nichts nachstehen: Eine zarte Narzisse wurde auf den Namen „Prof. Einstein" getauft, eine orangerote Tulpe trägt den Namen „Tschaikowsky". Majestätisch schlichte Tulpen sind nach den Mitgliedern des niederländischen Königshauses benannt.

Die Blumenrabatten sind farblich aufeinander abgestimmt: „Prinzessin Irene" und Hunnenkönig „Attila" passen ausgezeichnet zueinander. ▶

Daten *25 km südwestlich von Amsterdam; Anfahrt über N 5 und A 5 bis Haarlem, dann N 208 Richtung Lisse* **Öffnungszeiten** *Ende März bis Ende Mai, tägl. 8–20 h* **Eintritt** *13 hfl, Kinder von 4 bis 12 Jahren: 6,50 hfl*

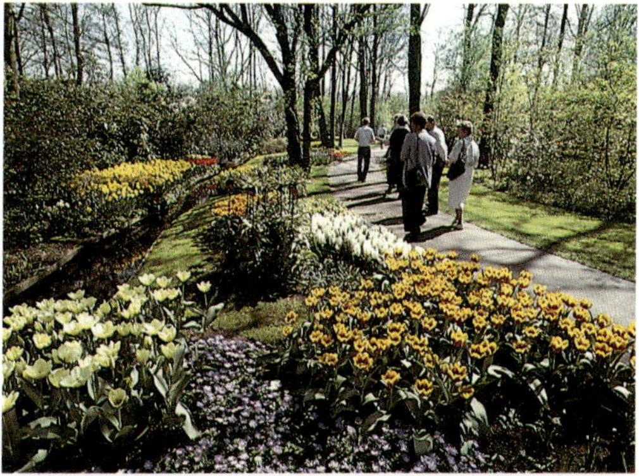

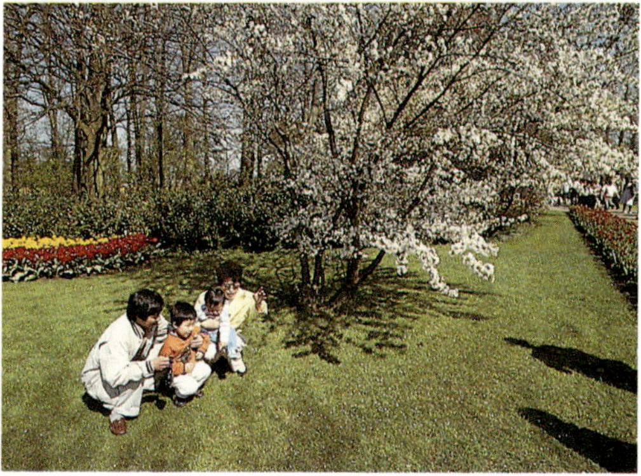

Keukenhof (2)

Auf einem kleinen Gelände des Keukenhofs, im Hortus Bulborum, werden die Vorfahren der heutigen Zuchttulpen gepflegt: Kleine, gedrungene Sorten mit so glanzvollen Namen wie „Duc von Tol" (1832) oder „Gloria Swanson" (1935). Die Geschichte der Tulpenzucht ist eng mit der Hauptstadt Amsterdam verbunden. Die vielbesungenen „Tulpen aus Amsterdam" sind Wahrzeichen der Stadt. Schon im 17. Jh. war Amsterdam ein wichtiger Umschlagplatz für die Blume, die ursprünglich aus der Türkei kam. Der Erwerb ihrer Zwiebeln blieb zunächst den höheren Ständen vorbehalten. Erst als die Züchtung gelang, fielen die Preise auf dem Blumenmarkt, und Tulpen waren für jeden erschwinglich.

Die Blumenanbaugebiete im Südwesten der Hauptstadt sind für Besucher nicht zugänglich. Doch die Blütenpracht läßt sich im Vorbeifahren genießen.

Rund um Haarlem wurden die ersten großflächigen Tulpenfelder angelegt. Riesige Anbaugebiete, auch für Narzissen und Hyazinthen, entstanden im Südwesten Amsterdams. Dort – in Aalsmeer (S. 462) – befindet sich der bedeutendste Blumenmarkt der Welt.

Entlang der Nationalstraße 208 zwischen Haarlem und dem Keukenhof verwandelt sich die Landschaft im Frühjahr in geometrische Farbflächen, die in allen erdenklichen Tönen leuchten.

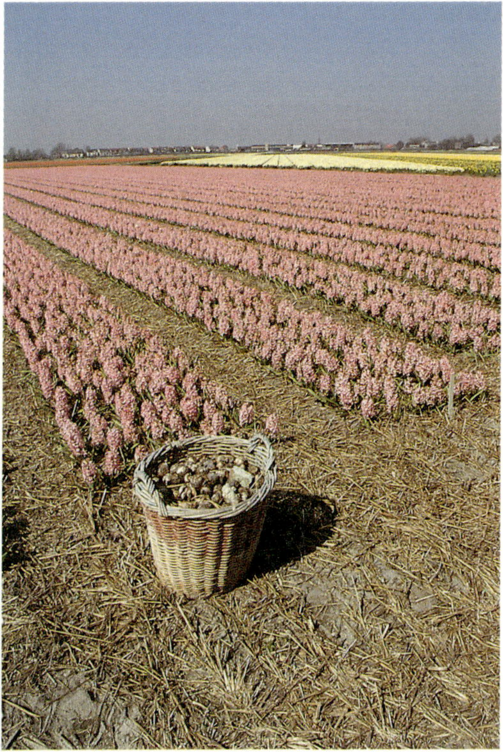

Leiden (1)

Am Zusammenfluß von Altem und Neuem Rhein ließen die Grafen von Holland im 11. Jh. auf einem aufgeschütteten Hügel eine Burg (De Burcht) errichten, um der Bevölkerung des Umkreises bei Sturmfluten Schutz zu bieten. Bald war die Burganlage Mittelpunkt einer aufblühenden Siedlung: 1266 bekam das mittelalterliche Leythen Stadtrechte verliehen. Im 14. und 15. Jh. entwickelte sich Leiden zum Zentrum der niederländischen Tuchweberei und konkurrierte mit den südlich gelegenen flämischen Tuchstädten.

Straßenzug im Zentrum von Leiden.

In die Annalen ging Leiden im 16. Jh. ein: Als die Spanier die Stadt belagerten (1573/74), ließ Prinz Willem I. die Deiche Süd-Hollands durchstechen und das Land überschwemmen. Der Überlieferung zufolge bot Willem von Oranien der Stadt in Anerkennung des heldenhaften Widerstandes an, entweder die Bewohner für mehrere Jahre von der Steuer zu befreien oder eine Hochschule einzurichten. Die Bevölkerung entschied sich für die Lehrstätte: 1575 wurde die erste Universität des Landes gegründet.

Wie ein Ring umschließen Grachten die Stadt.

Kunst- und Kulturbegeisterte finden in Leiden eine Vielzahl außergewöhnlicher Sammlungen (u. a. Städtisches Museum „De Lakenhal", Archäologisches Museum, Museum für Ethnologie). ▶

Daten *40 km südwestlich von Amsterdam; 108 000 Einwohner; Anfahrt über die A 4*

CITY GUIDE PLAN

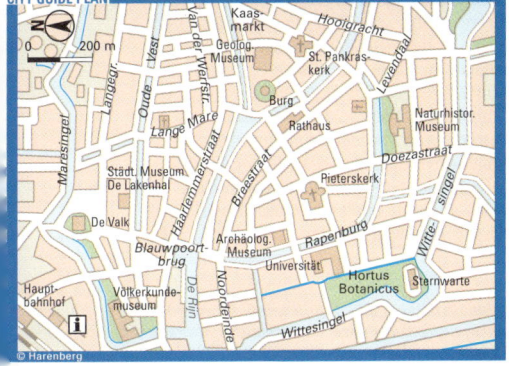

- Kaasmarkt
- Hoogracht
- Geolog. Museum
- St. Pankraskerk
- Van-der-Werfstr.
- Oude Vest
- Langegr.
- Levendaal
- Burg
- Lange Mare
- Rathaus
- Naturhistor. Museum
- Doezastraat
- Maresingel
- Haarlemmerstraat
- Breestraat
- Witte singel
- Städt. Museum De Lakenhal
- Pieterskerk
- De Valk
- Blauwpoortbrug
- Archäolog. Museum
- Rapenburg
- Universität
- Hauptbahnhof
- Völkerkundemuseum
- De Rijn
- Noordeinde
- Hortus Botanicus
- Sternwarte
- Wittesingel

© Harenberg

503

Leiden (2)

Die medizinische und die naturwissenschaftliche Fakultät der traditionsreichen Leidener Universität genießen seit Jahrhunderten Weltruf. Berühmte Wissenschaftler lehrten hier: Der Physiker und Mathematiker Christiaan Huygens, der im 17. Jh. die Wellenlehre des Lichts begründete, der Naturforscher Antonie van Leeuwenhoek, der mit Hilfe selbstkonstruierter Mikroskope Bakterien, Spermien und die roten Blutkörperchen entdeckte (17. Jh.), der Mediziner und Chemiker Hermannus Boerhaave (18. Jh), der als Pionier der neuzeitlichen Diagnostik gilt. Auch Hendrik Antoon Lorentz, der Begründer der Elektronentheorie und Wegbereiter für Einsteins Relativitätstheorie, hatte eine Professur in Leiden. 1902 erhielt er mit Pieter Zeeman den Nobelpreis für Physik. An diese Professoren-Persönlichkeiten wird im Akademisch-Historischen Museum der Universität erinnert, in dem Dokumente über die Geschichte der Hochschule informieren.

Unmittelbar hinter dem alten Universitätsgebäude erstreckt sich ein Botanischer Garten, der 1590 angelegt wurde; im südlichen Teil des Gartens liegt die alte Sternwarte. ▶

An der breiten Rapenburg-Gracht liegt das Hauptgebäude der Universität, an der heute rd. 15 000 Studenten immatrikuliert sind.

Öffnungszeiten *Academisch Historisch Museum: Mi–Fr 13–17 h; Sternwarte: Besichtigung nur nach telefonischer Absprache: (071) 275835*
Eintritt *Frei* **Adresse** *Rapenburg 73*

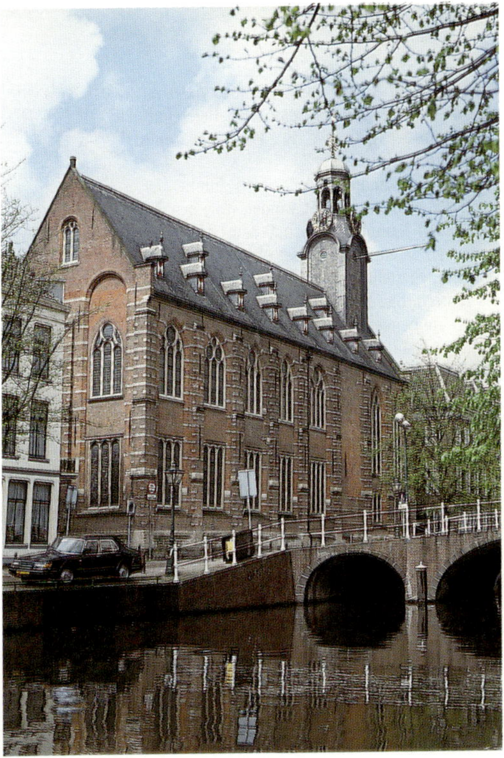

Leiden (3)

Jedes Jahr am 3. 10. findet zum Gedenken an die Befreiung Leidens von spanischer Herrschaft (1648) in der gotischen St. Pieterskerk eine Feierstunde statt.

Auf den Grundmauern der ersten Kirche der Stadt, die 1121 eingeweiht worden war, begann Rutger van Kampen 1294 mit dem Bau eines neuen, größeren Gotteshauses. Der Chor wurde 1339 fertiggestellt, im Laufe des 14. Jh. folgte das fünfschiffige Langhaus, das von einem hölzernen Tonnengewölbe in Spitzbogenform überdacht ist. Ein 110 m hoher Turm, der sich am Ende des Mittelschiffs befand, stürzte bei einem Wirbelsturm im Jahr 1512 ein und wurde nicht wieder aufgebaut.

Im Innern der Kreuzbasilika befindet sich das Grab des Leidener Malers Jan Steen (1625/26–1679) sowie in einer Seitenkapelle das Grab John Robinsons: 1611 hatte er in Leiden die erste Gemeinde der Independenten gegründet, einer Gruppe aus England vertriebener Puritaner. Im toleranten Leiden hatten die sog. Pilgerväter Zuflucht gefunden, bevor sie 1620 mit ihrem Schiff „Mayflower" nach Amerika auswanderten.

Die St. Pieterskerk, die von einer privaten Stiftung unterhalten wird, steht für öffentliche Veranstaltungen, Ausstellungen und Versammlungen zur Verfügung.

Öffnungszeiten *Tägl. 13.30–16 h; telefonische Anmeldung empfohlen: (070) 124319* **Eintritt** *Frei* **Adresse** *Pieterskerkhof*

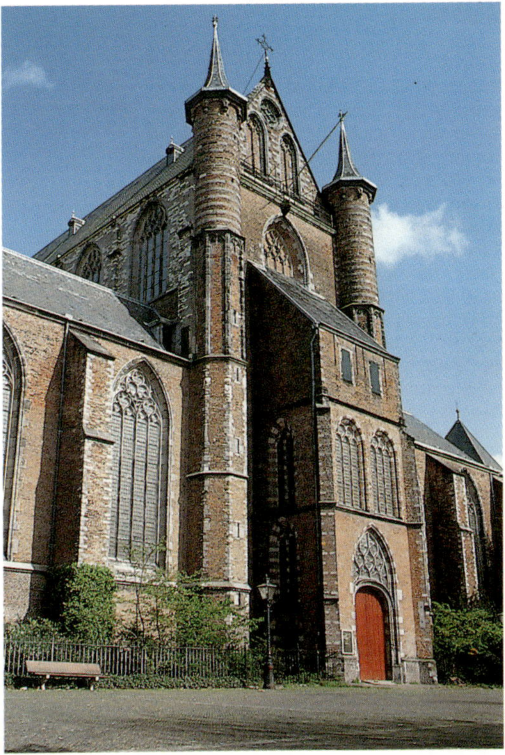

Marken (1)

Keine Gemeinde am heutigen Ijsselmeer hat eine so bewegte Geschichte wie Marken: Immer wieder mußte die ehemalige Insel ihre Gehöfte gegen die Fluten der Zuiderzee verteidigen und stand in sturmreichen Jahren oft unter Wasser. Erst nach dem Bau des Sperrdamms zwischen Nord-Holland und Friesland (1932) lag Marken im ruhigeren Gewässer des Ijsselmeeres. Obwohl seit 1957 ein 2 km langer Damm die kleine Insel mit dem Festland verbindet, bewahrte Marken seine streng calvinistischen Traditionen. Noch heute stehen die charakteristischen Holzhäuser, die in der früher üblichen Bauweise auf geteerten Pfählen errichtet wurden. Die Insel, die bereits im 19. Jh. viel besucht war, entwickelte sich in den letzten Jahren zum touristischen Anziehungspunkt: Beim Spaziergang durch das Dorf fühlt sich der Besucher in ein bewohntes Freilichtmuseum versetzt.

Manche der alten Holzhäuser können besichtigt werden.

Der malerische kleine Hafen von Marken.

Landgewinnungspläne der niederländischen Regierung bedrohten eine Zeitlang die idyllische Lage: Umweltschützer verhinderten jedoch die Trockenlegung der Markerwaard, so daß die Bewohner Markens weiterhin auf die Wellen des Ijsselmeers und nicht auf eine grüne Wiesenlandschaft blicken. ▶

Daten *16 km nordöstlich von Amsterdam; Anfahrt über N 247 bis Monnickendam, dann rechts ab Richtung Marken*

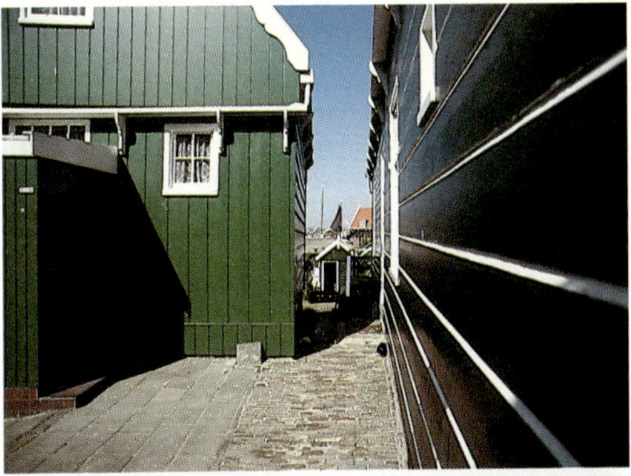

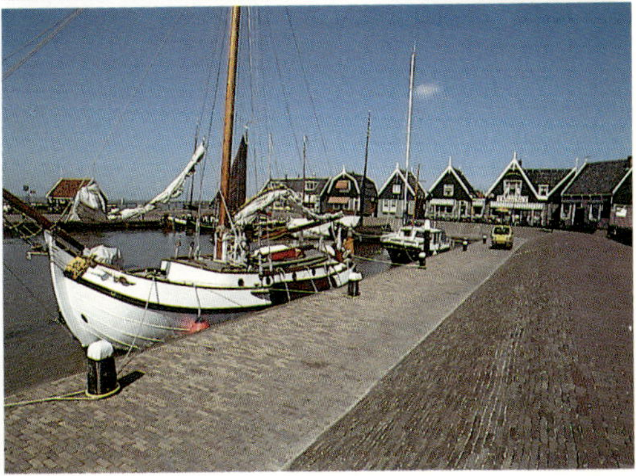

Marken (2)

Jahrhundertelang stritten sich verschiedene Küstenstädte um die Verwaltungshoheit der kleinen Insel, die durch die günstige Lage am Rande der Zuiderzee wirtschaftlich interessant war. Die Geschichte wechselnder Abhängigkeiten läßt sich bis ins 13. Jh. zurückverfolgen, als Marken von der friesischen Abtei Mariengaard verwaltet wurde. Erst während der französischen Besatzung erhielt die Insel 1811 die Selbständigkeit.

Als in den 80er Jahren eine Verwaltungsreform die Eingemeindung zu Monnickendam (S. 488) vorsah, organisierten die Bewohner einen medienwirksamen Protest: Auf dem Verbindungsdeich zum Festland errichteten sie eine Zollstation, die Markens Autonomie unterstreichen sollte. Die Aktion zeigte Wirkung: Die Insel blieb unabhängig.

Am schönsten ist Marken im Herbst, wenn der Seewind einem heftiger um die Nase weht und sich nur wenige Touristen hierher verirren. In strengen Wintern ist die Insel von einer dicken Eisschicht umgeben: In früheren Zeiten feierten die Bewohner dann Eishochzeiten.

Frühlingshafte Hinterhofidylle in Nähe des Hafens.

Öffnungszeiten *Marker Museum, Kerkbuurt 44-47: Ostern–Okt, Mo–Sa 10–16.30 h, So 12–16 h*

511

Monnickendam

Das Küstengebiet am Ijsselmeer wurde im 12. Jh. von Mönchen (monniken) erschlossen: Monnickendam war für eine der ersten Siedlungen und gehört zu den ältesten Städten der Niederlande. Die günstige Küstenlage förderte das schnelle Wachstum des Ortes, dessen Reichtum auch anderen nicht entging: 1297 wurde die Siedlung von den Friesen geplündert, 1570 von den Geusen überfallen und ausgeraubt.

1335 erhielt Monnickendam die Stadtrechte und damit wirtschaftliche Unabhängigkeit. Im 15. Jh. machte die Anlage des Hafens die Küstenstadt zum wichtigen Umschlagplatz für Waren aus aller Welt. Der Speeltoren (1591) mit einem Glockenspiel, das aus 18 Glocken besteht, und die Stadtwaage (1660) zeugen vom damaligen Reichtum. Das Rathaus, 1746 erbaut und mit goldenen Tapeten sowie einer Decke im Rokoko-Stil ausgestattet, sollte der letzte Repräsentationsbau bleiben.

Im 18. Jh. waren die früher guten Handelsbeziehungen weitgehend eingeschlafen. Die Fischerei wurde zur wichtigsten Einkommensquelle der Bewohner. Die Stadt entwickelte sich zu dem verschlafenen Hafenstädtchen, als das sie den heutigen Besucher empfängt.

Im Hintergrund sind das Tor der St. Nicolaaskerk sowie der reich verzierte Spiegelturm zu erkennen.

Zu den ältesten historischen Gebäuden der Stadt zählt die St. Nicolaaskerk aus dem 14. Jh.

Daten *16 km nördlich von Amsterdam; Anfahrt über N 247*

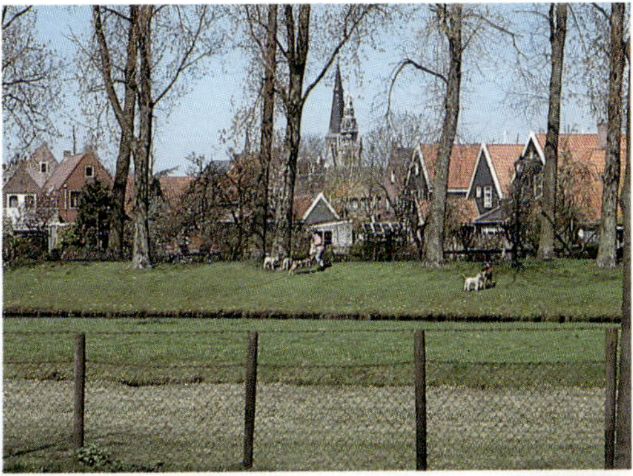

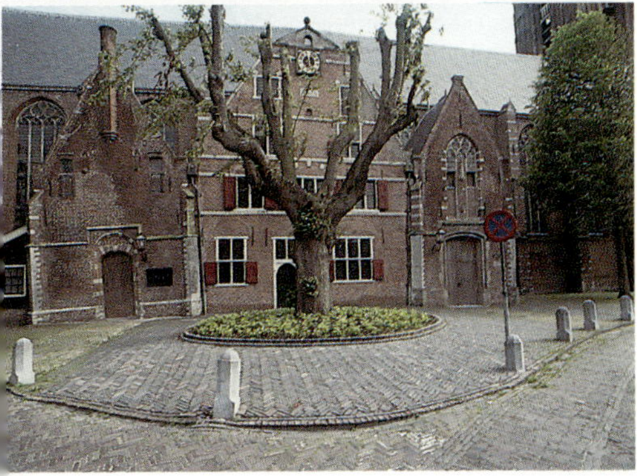

Muiderslot
Schloß Muiden

Ende des 13. Jh. hatten sich das lange unbewohnbare Amstelland und das Gooiland entlang des Flußlaufes der Vecht zu fruchtbaren Landschaften entwickelt. Floris V., Graf von Holland, ließ 1280 an der Mündung der Vecht ins Ijsselmeer ein Wasserschloß bauen. Der Standort des Muiderslot war in erster Linie von strategischen Überlegungen bestimmt: Floris V. wollte die Vecht gegen die eroberungsfreudigen Utrechter Bischöfe verteidigen.

Das Wasserschloß liegt in der Nähe der kleinen Stadt Muiden.

Nach dem Tod von Floris V. (1296) wurde das Schloß durch die Soldaten des Bischofs von Utrecht erstürmt und blieb als Ruine zurück. Auf den Trümmern entstand ein neues Schloß, das in den nächsten Jahrhunderten zahlreiche Vögte bewohnten.

Die Innenräume wurden im Stil des 17. Jh. renoviert.

Erst im 17. Jh. wurde das Muiderslot zum glanzvollen Mittelpunkt eines Kreises von Künstlern und Intellektuellen (Muiderkring), die sich um den niederländischen Renaissancedichter und Historiker Pieter Cornelisz. Hooft scharten.

Seit 1875 ist das restaurierte Schloß Reichsmuseum: Neben der sehenswerten Inneneinrichtung aus dem 17. und 18. Jh. finden sich hier auch Erinnerungsstücke an Hooft.

Daten *10 km südöstlich von Amsterdam; Anfahrt über A1*
Öffnungszeiten *Apr–Sept: Tägl. 10–17 h, So ab 13 h*

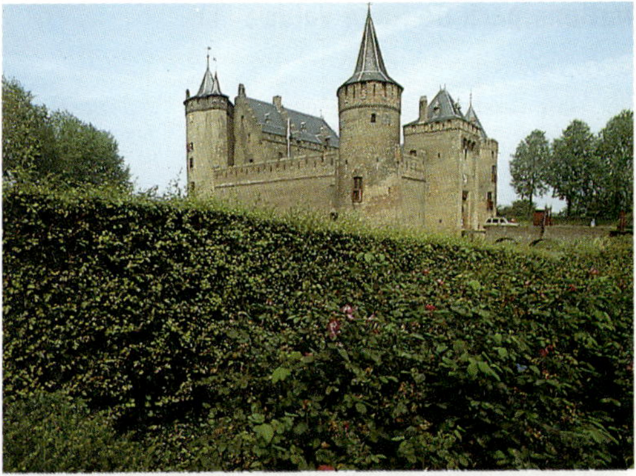

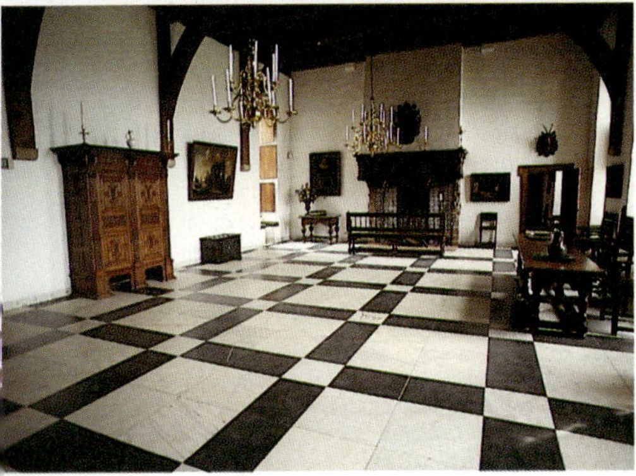

Nationalpark De Hoge Veluwe (1)

Mit einer Gesamtfläche von 5500 ha ist der Nationalpark De Hoge Veluwe das größte zusammenhängende Naturschutzgebiet der Niederlande. Im Norden des Parks befinden sich das Reichsmuseum Kröller-Müller (S. 520) sowie ein Skulpturenpark. Die Hohe Veluwe ist ein ausgedehntes Sandgebiet, das während der Eiszeit seine heutige Gestalt annahm. Im Süden und Osten wird die Dünenlandschaft von bis zu 100 m hohen Moränen unterbrochen.

Grundriß des Nationalparks De Hoge Veluwe.

Im Mittelalter wurden in die riesigen Waldgebiete Lichtungen geschlagen, um Raum für Bauernhöfe und Äcker zu schaffen. Der Sand auf diesen kahlen Stellen begann zu verwehen, Ödland entstand. Auf dem Deelense Veld bildeten sich in Bodenvertiefungen die heutigen Heideseen.

Um weitere Erosion zu verhindern, begann im 19. Jh. die Wiederaufforstung. Neben Nadelbäumen, unter denen die bizarr gewachsenen Kiefern auffallen, wachsen auch Eichen und Rhododendren. Beste Besuchszeit ist August, wenn im trockenen Oud-Reemster-Veld und im feuchten Deelense Veld das Heidekraut blüht. ▶

Daten *80 km östlich von Amsterdam, zwischen Arnheim und Apeldoorn; Anfahrt über A 2 (bis Utrecht), A12 (bis Veenendaal), dann N 304 Richtung Ede/Otterloo* **Öffnungszeiten** *Tägl. von 8.00 h bis Sonnenuntergang* **Eintritt** *7 hfl (inkl. Rijksmuseum Kröller-Müller), Kinder bis 12 Jahren: 3,50 hfl*

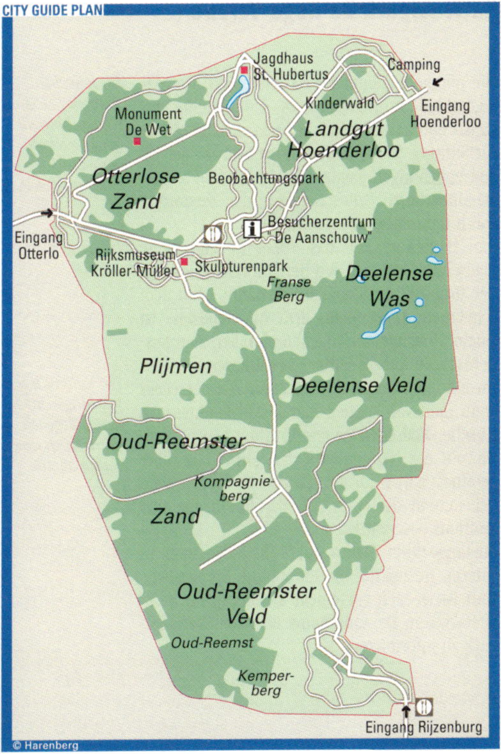

CITY GUIDE PLAN

- Jagdhaus St. Hubertus
- Camping
- Kinderwald
- Eingang Hoenderloo
- Monument De Wet
- Landgut Hoenderloo
- Otterlose Zand
- Beobachtungspark
- Eingang Otterlo
- Besucherzentrum "De Aanschouw"
- Rijksmuseum Kröller-Müller
- Skulpturenpark
- Franse Berg
- Deelense Was
- Plijmen
- Deelense Veld
- Oud-Reemster Zand
- Kompagnieberg
- Oud-Reemster Veld
- Oud-Reemst
- Kemperberg
- Eingang Rijzenburg

© Harenberg

Nationalpark De Hoge Veluwe (2)

Am nördlichen Rand des Nationalparks liegt das Jagdschloß St. Hubertus. 1935 vermachte das kunst- und naturliebende Ehepaar Kröller-Müller der Stiftung „Nationalpark Hoge Veluwe" Schloß und zugehörigen Jagdgrund. Damit wollten sie die unberührte Landschaft vor der Zerstörung durch Industrieanlagen schützen.

Die Baupläne für das 1914–20 errichtete Jagdschloß stammen von Hendrik Petrus Berlage. Der Grundriß des Gebäudes, benannt nach dem Schutzpatron der Jagd, dem hl. Hubertus, ist einem Hirschgeweih nachempfunden, der Aussichtssturm hat die Form eines Kreuzes.

Im mittleren und nordwestlichen Teil des Parks kann man von speziell markierten Punkten aus Hirsche, Wildschweine und Mufflons beobachten. Obwohl der Nationalpark das ganze Jahr über geöffnet ist, wird der Zutritt zu bestimmten Gebieten in der Brunftzeit der Rothirsche und Mufflons beschränkt.

Eingänge zum Nationalpark befinden sich in Otterlo, Hoenderlo und Rijzenburg. Empfehlenswert ist es, sich vor einem Rundgang im Besucherzentrum De Aanschouw über den Nationalpark zu informieren.

Am Besucherzentrum „De Aanschouw" besteht die Möglichkeit, kostenlos Fahrräder auszuleihen.

Ein weitläufiges, gut ausgeschildertes Wegenetz führt durch den Nationalpark.

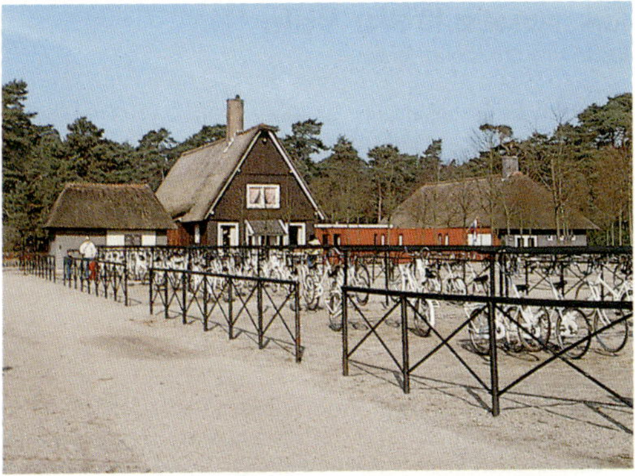

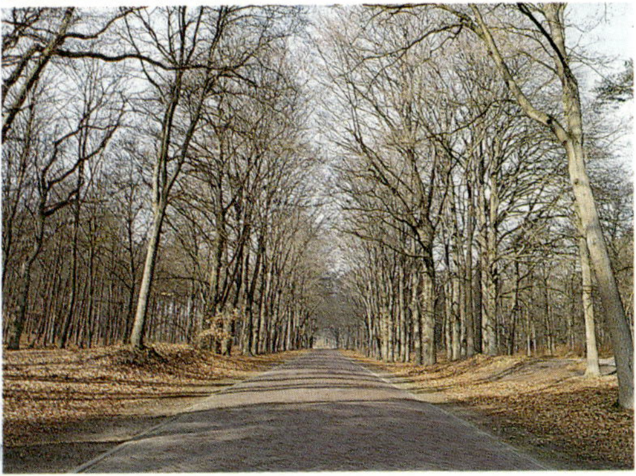

Rijksmuseum Kröller-Müller (1)
Reichsmuseum Kröller-Müller

Inmitten des Nationalparks De Hoge Veluwe (S. 492) liegt das Rijksmuseum Kröller-Müller. Die ursprüngliche Privatkollektion, von der Kaufmannsgattin Helene Kröller-Müller zusammengetragen, wurde 1928 in eine Stiftung umgewandelt und in einem eigens dafür erbauten Museum untergebracht.

Der belgische Architekt Henry van de Velde entwarf das hellbraune Backsteingebäude, dessen symmetrische Anlage mit zahlreichen Kabinetten an traditionelle Museumsbauten des 19. Jh. erinnert. Im Sinne der Bauherrin fügte es sich harmonisch in die Parklandschaft ein.

Auch bei dem Entwurf des Erweiterungsbaus, der 1977 fertiggestellt wurde, bezog Architekt W. G. Quist die vorhandene Bewachung in seine Pläne ein. Die Architektur des Neubaus, dessen Wände ganz aus Stein und Glas sind, folgt in ihrer strengen Schlichtheit den Ideen der De-Stijl-Gruppe und der Neuen Sachlichkeit.

1961 wurde neben dem Museum ein Skulpturenpark angelegt. Die gelungene Symbiose zwischen bildender Kunst, Architektur und Natur fand in den folgenden Jahren weltweit Nachahmung. ▶

"Jardin d'Email" (1972/73) von Jean Dubuffet.

"Sich zurücklehnende Figur II" (1960) von Henry Moore.

Öffnungszeiten *Apr–Okt: Tägl. außer Mo, 10–17 h, So ab 11 h; Nov–März: Tägl. außer Mo, 10–17 h, So ab 13 h* **Eintritt** *7 hfl, Kinder bis 12 Jahre: 3,50 hfl* **Adresse** *Rijksmuseum Kröller-Müller, Nationalpark De Hoge Veluwe, 6730 Otterlo*

521

Rijksmuseum Kröller-Müller (2)
Reichsmuseum Kröller-Müller

Helene Kröller-Müller (1869–1939) begann 1908 damit, eine der größten niederländischen Kunstsammlungen zusammenzutragen. Ihr Ziel war es nicht, einen kunsthistorischen Überblick zu bieten, sondern einen Eindruck von der Malerei und Plastik zu vermitteln, die – aus ihrer subjektiven Sicht – eine Bedeutung für künftige Entwicklungen der Kunst haben würde.

Die Bandbreite der Sammlung, die 1933 bereits einige hundert Gemälde, 4000 Zeichnungen und 275 Skulpturen umfaßte, reicht deshalb von Beispielen der Malerei des 15./16. Jh. (u. a. Cranach d. Ä., Baldung, Gerard David) über Symbolismus und Jugendstil, Expressionismus und Impressionismus (Manet, Cézanne, Monet, Renoir, Gauguin) bis zu Pointillismus (Seurat, Signac), Kubismus (Léger, Picasso, Braque, Gris) und De Stijl (Mondrian).

Im Erweiterungsbau ist vor allem die Zeit ab 1950 vertreten: Werke von Nevelson, Marini, Vasarély, Beuys, Soto und Caro finden sich hier. Weltberühmt wurde das Rijksmuseum Kröller-Müller mit seiner einzigartigen Kollektion von Gemälden und Zeichnungen Vincent van Goghs, darunter die „Brücke von Arles".

„Der Clown" (1868) von Auguste Renoir.

523

Schermerpolder

Nördlich von Amsterdam, zwischen dem Städtedreieck Alkmaar, Purmerend und Zaanstad, liegt eine der reizvollsten Landschaften der Niederlande – der Schermerpolder, ein beliebtes Naherholungsgebiet der Amsterdamer.

Einsame Gehöfte prägen das Poldergebiet bei Beemster.

Das ehemalige Sumpf- und Seengebiet wurde zu Beginn des 17. Jh. nach Plänen des Wasserbaumeisters Jan Adriaansz. Leeghwater trockengelegt. Bei dem größten Landgewinnungsprojekt der damaligen Zeit kamen 26 umgerüstete Windmühlen als Pumpmühlen zum Einsatz. Im Anschluß an die erfolgreiche Einpolderung rund um die Städte De Rijp (S. 466), Graft, Schermerhorn und Middenbeemster wurden weitere Seen und Sumpfgebiete in Nord-Holland eingedeicht.

Windmühlen in der Nähe von Schermerhorn.

Noch bis ins 19. Jh. prägten die Windmühlen, die zur Landgewinnung eingesetzt worden waren, die Wiesenlandschaft. Obwohl mit der Industrialisierung die meisten Mühlen verschwanden, blieb das historische Landschaftsbild des Schermerpolder weitgehend erhalten.

Einzelne Windmühlen stehen heute noch bei Oterleek, Stompetoren, zwischen Schermerhorn und Grootschermer sowie im Freilichtmuseum Zaanse Schans (S. 506).

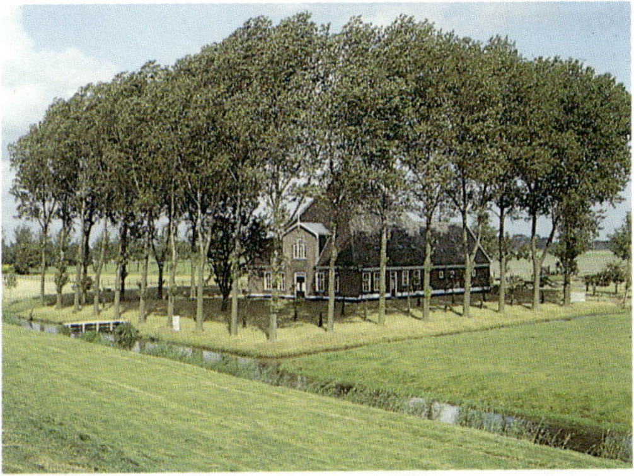

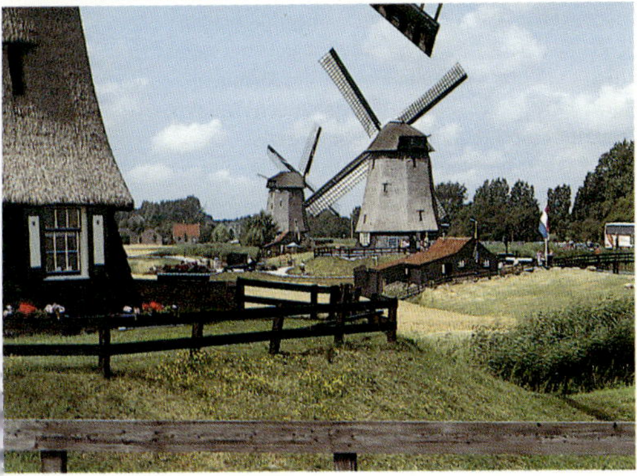

Utrecht (1)

Wegen seiner zentralen Lage wird Utrecht, Hauptstadt der gleichnamigen Provinz, oft als das Herz der Niederlande bezeichnet. Die Stadt entwickelte sich am ehemaligen Rheinarm, an der Stelle, wo einst die römische Siedlung Traiectum ad Rhenum lag.

Frankenkönig Dagobert I. stiftete 631 die erste Kirche im Gebiet der Friesen; 695 wählte der hl. Willibrord Utrecht zu seinem Bischofssitz. Durch die Förderung fränkischer Könige und deutscher Kaiser, die ihre Macht lieber Geistlichen als Grafen und Herzögen übertrugen, stieg das Bistum zwischen dem 12. und 15. Jh. zu einem bedeutenden geistlichen und wirtschaftlichen Zentrum auf. Als Sitz des katholischen und des altkatholischen Erzbischofs sowie des Ökumenischen Rates bildet Utrecht bis heute den Mittelpunkt des niederländischen Katholizismus.

Zweimal war die Stadt Schauplatz eines Ereignisses von historischer Tragweite: 1579 wurde unter dem Vorsitz von Graf Jan von Nassau die Utrechter Union geschlossen; sie regelte die Trennung der sieben protestantischen nördlichen Provinzen von den südlichen Niederlanden. 1713 besiegelte man hier den Utrechter Frieden, der den Spanischen Erbfolgekrieg beendete. ▶

Im Zentrum Utrechts liegen fünf Kirchen, die in der Form eines Kreuzes mit dem Dom als Mittelpunkt angeordnet sind.

Daten *38 km südöstlich von Amsterdam; 230000 Einwohner; Anfahrt über die A 2*

CITY GUIDE PLAN

Utrecht (2)

Zu den großartigsten gotischen Kirchenanlagen der Niederlande zählt der Utrechter Dom, der am Domplatz inmitten der Altstadt liegt. 1254–1517 erbaut, stehen heute nur noch der Chor, das Querschiff und zwei Seitenkapellen der Kirche. Das ursprünglich fünfschiffige Langhaus wurde 1674 bei einem Wirbelsturm zerstört. Der Domturm liegt deshalb getrennt von der Kirche auf der anderen Seite des Domplatzes; im Pflaster zeichnen schwarze Steine die Form des ehemaligen Kirchenschiffs nach.

Zwischen 1981 und 1988 wurde der Dom zum letzten Mal restauriert.

Im Innern des Domes sind noch heute die Spuren des Bildersturms (1580) zu sehen: Anhänger der calvinistischen Reformation beschädigten viele Grabmäler und Reliefs und entfernten die Statuen der zwölf Apostel von den Säulen.

Als Zeichen der bischöflichen Macht galt im 14. Jh. der Domturm, mit 112 m bis heute der höchste Kirchturm der Niederlande. Seine Architektur stand Modell für eine Anzahl weiterer gotischer Türme, u. a. in Amerongen, Amersfoort, Groningen und Maastricht. Nach einem beschwerlichen Aufstieg kann man von der Turmplattform in 100 m Höhe einen herrlichen Rundblick über die Stadt genießen.

Öffnungszeiten *1. 5.–30. 9.: Tägl. 10–17 h; 1. 10.–30. 4.: Tägl. 11–16 h*
Adresse *Domplein*

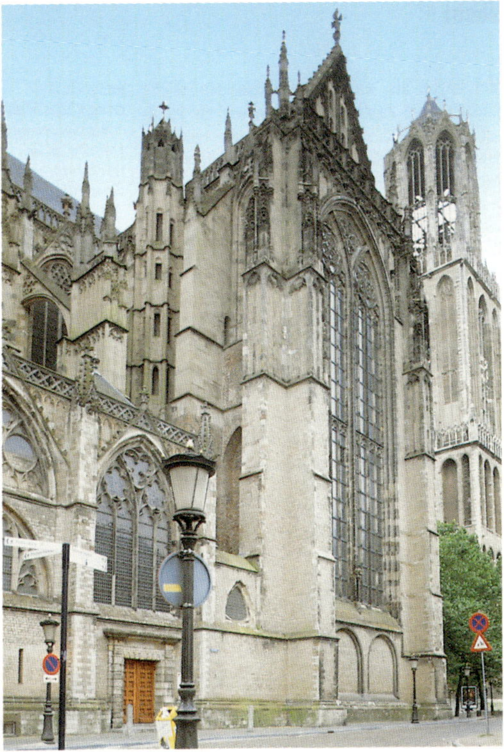

Vecht

Vor mehr als 300 Jahren entdeckten reiche Amsterdamer Kaufleute und Bankiers die Landschaft im Südosten der Stadt als reizvolles Ausflugs- und Wohngebiet: Das Gooiland, im Norden von den Städten Muiden (S. 490) und Naarden, im Süden von Utrecht begrenzt, wurde zum „Garten von Amsterdam".

Reetgedeckte Bauernhäuser bilden einen schönen Kontrast zu den repräsentativen alten Villen.

Die Wiesen- und Seenlandschaft ist geprägt von der Vecht, einem schmalen Fluß, der bei Muiden ins Ijsselmeer mündet. Als im 17. Jh. ländliche Sommerresidenzen in Mode kamen, entstanden entlang des Flußlaufs prachtvolle Villen.

Während der Grundstücksmangel in Amsterdam nur eine symbolische Prachtentfaltung in Form von reich geschmückten Fassaden und Giebeln zuließ, konnte an der Vecht großzügig gebaut werden. Ausladende Villen, repräsentative Gärten und mitunter sogar fernöstlich anmutende Teepavillons, die auf das koloniale Erbe des Landes verweisen, säumen die Flußufer.

Im Gooiland, das auch heute noch ein begehrtes und teures Wohngebiet ist, wechseln Heideflächen und ausgedehnte Waldgebiete einander ab. Im 1674 erbauten Paleis von Soestdijk, am Rande des Gooilandes, residieren die Eltern der niederländischen Königin Beatrix, Ex-Königin Juliana und Prinz Bernhard.

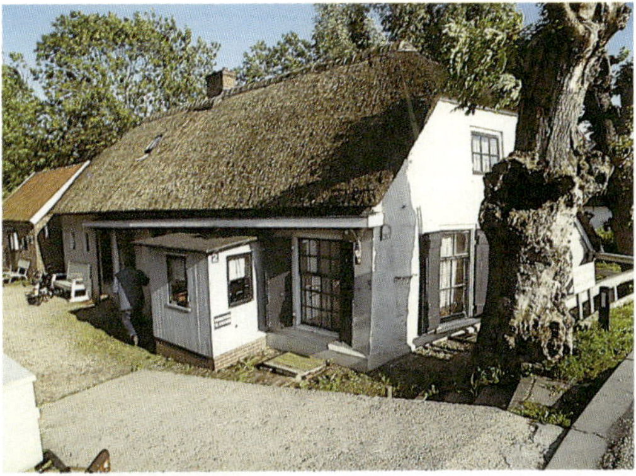

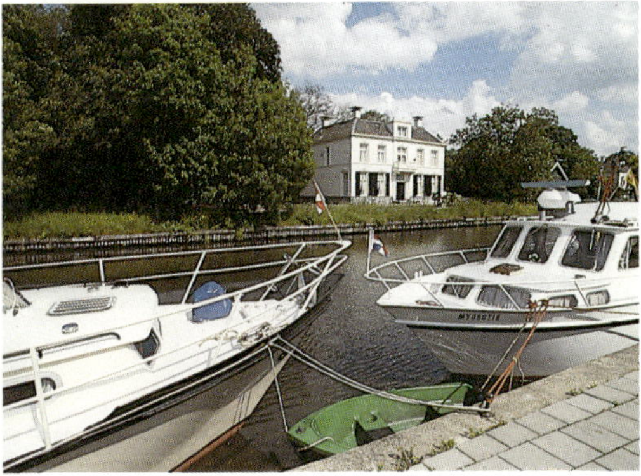

Volendam

Neben der Insel Marken (S. 484) ist das katholische Volendam eine der wenigen Gemeinden in Nord-Holland, in denen noch die traditionelle Volkstracht getragen wird – wenn auch vorwiegend von den älteren Bewohnern.

Der Hafen von Volendam ist Ausgangspunkt für Bootsausflüge nach Marken und Monnickendam.

Als Kleidung des holländischen Käse-Meisjes, Frau Antje genannt, ist die Volendamer Tracht mit dem weißen Spitzenhäubchen durch die Fernsehwerbung bekannt geworden. Das auffallende Häubchen tragen die Frauen jedoch nur zu festlichen Anlässen: An Wochentagen wird es durch eine einfache schwarze Nesselhaube ersetzt. Ein farbenfrohes Kleid, eine gestreifte Schürze, eine Korallenkette und die Holzschuhe vervollständigen das Ensemble. Die Männer tragen das traditionelle Schwarz der Fischer, das in vielen Ländern üblich ist. Nur ihre Holzschuhe sowie die gestreiften Kittel unter der wollenen Jacke sind typisch holländisch.

Mädchen in der traditionellen Volendamer Tracht.

Seit der Jahrhundertwende entwickelte sich Volendam zu einer internationalen Künstlerkolonie. Lohnend ist ein Besuch im Café des Hotel Spaander am Hafen, wo zahlreiche Gemälde alter Meister ausgestellt sind. Das kleine Museum des Ortes zeigt Trachten und Schiffsmodelle.

Daten *21 km nördlich von Amsterdam; Anfahrt über N 247* **Öffnungszeiten** *Volendam Museum, Klosterbuurt 5: Apr–Sept tägl. 10–17 h*

533

Zaanse Schans (1)
Freilichtmuseum Zaanse Schans

Jahrhundertelang prägten Windmühlen die niederländische Landschaft ebenso wie das Bild der Städte. Die Mühlen wurden nicht nur zur Trockenlegung des Landes, sondern auch bei der Produktion so unterschiedlicher Güter wie Getreide, Senf und Käse eingesetzt.

Zwei der vier Windmühlen, die im Museumsdorf wiederaufgebaut wurden.

Im Zaanstreek (Zaan-Landstrich), dem im Norden von Amsterdam gelegenen Gebiet rund um Zaandam, standen einmal Hunderte von Windmühlen. Mit der Industrialisierung verloren sie allmählich ihre Funktion und wurden größtenteils abgebrochen.

In den 50er Jahren entstand eine Initiative, die sich um die Rettung der vom Abriß bedrohten Mühlen und kleinen Handwerks- und Handelsbetriebe bemühte. Mitten in der zersiedelten Industrielandschaft des Zaanlandes entstand so die Zaanse Schans, ein großzügig angelegtes Freilichtmuseum.

Historischer Transportkarren vor der alten Molkerei.

Hauptattraktion sind vier alte Mühlen, die am Ufer der Zaan wiederaufgebaut wurden und besichtigt werden können: In der Senfmühle wird seit 1802 der Zaansche Mosterd (Senf) gemahlen, in der Okermühle werden Milchprodukte verarbeitet. ▶

Daten *15 km nördlich von Amsterdam; Anfahrt über A 8 und N 8*

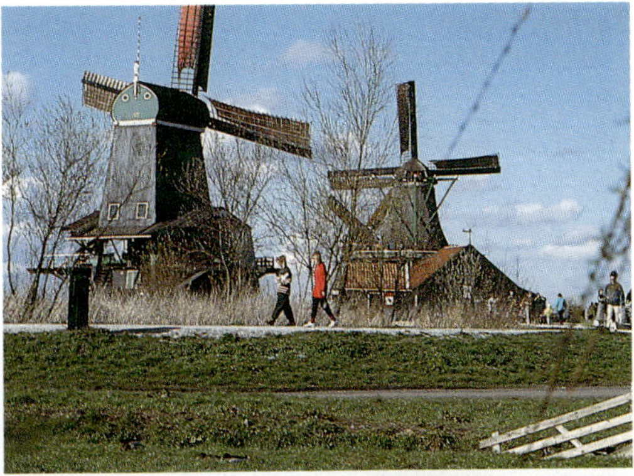

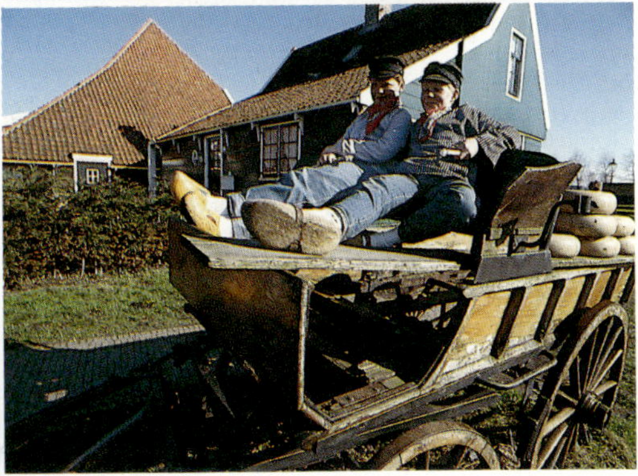

Zaanse Schans (2)
Freilichtmuseum Zaanse Schans

In dem Freilichtmuseum sind neben den Windmühlen auch eine Reihe von kleinen Handwerks- und Verarbeitungsbetrieben zu sehen. Die meisten dieser Werkstätten standen ursprünglich in der näheren Umgebung und wurden hierher versetzt.

Kleine Wassermühle am Ufer der kanalisierten Zaan.

Die Anfänge der wirtschaftlich erfolgreichen Käseproduktion lassen sich in der Käserei studieren: Der Käser führt die einzelnen Stufen der Käseherstellung noch mit der Hand aus. Anschließend können die Besucher das Ergebnis seiner Arbeit bei einer Kostprobe beurteilen.

Auch der Kolonialwarenladen am Kalveringdijk zeigt den Wandel der letzten 100 Jahre: Die Origineleinrichtung stammt aus dem ersten Albert-Heijn-Laden von 1887. Heute ist Albert Heijn die größte Supermarktkette des Landes mit mehr als 550 Geschäften. Obwohl auch in den Niederlanden die Zeiten der „Tante-Emma-Läden" längst vorbei sind, hält die Reklame des Großunternehmens weiterhin am Image der kleinen, überschaubaren Familienfirma fest.

Seinen besonderen Charakter erhält das Museumsdorf durch die noch heute bewohnten Holzhäuser.

Eine Reihe anderer traditioneller Handwerksbetriebe (Zinngießerei, Holzschuhmacherei), ein Antiquitätenladen, eine alte Post und zahlreiche Wohnhäuser mit gepflegten Vorgärten runden das Bild des musealen Dorfes ab.

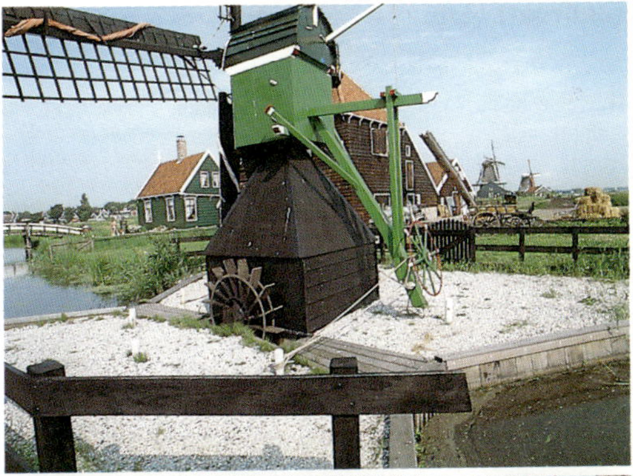

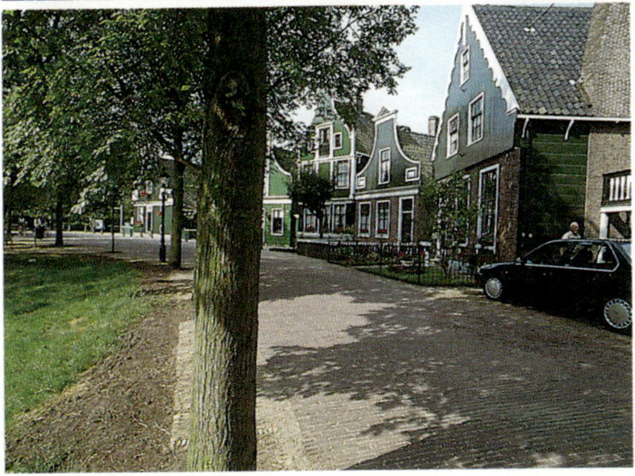

Zandvoort (1)

Nur eine halbe Zugstunde von der Hauptstadt entfernt gelegen, gilt Zandvoort als „größtes Freibad Amsterdams": Wenn die Stadt an sommerlichen Wochenenden ausgestorben zu sein scheint, haben sich die Bewohner zu einem „dagje Zandvoort" (einem Tag in Zandvoort) entschlossen. Ein regelmäßiger Zugverkehr in halbstündigem Rhythmus verbindet Amsterdam mit dem Bad an der Nordsee. Eine Autofahrt ist eine wenig empfehlenswerte Alternative, da auf der Strecke im Sommer Dauerstau herrscht.

Besonders für Kinder ist der breite Sandstrand von Zandvoort ein idealer Spielplatz.

Zandvoorts kilometerlanger weißer Sandstrand bietet für jeden etwas: Große Liegeflächen für die Familie, einen ausgedehnten Nacktbadestrand und sogar ruhige, fast verlassene Strandabschnitte, die nach längeren Wanderungen durch die Dünen zu erreichen sind.

Nur ein kleiner Teil der riesigen Dünenlandschaft (3600 ha) ist zugänglich, der überwiegende Teil steht unter Naturschutz und darf nicht betreten werden. Außerhalb der Saison kann man den Strand auf einsamen Spaziergängen erkunden und anschließend ein „kopje koffie" (Tasse Kaffee) im Café des 60 m hohen Aussichtsturmes genießen. ▶

Daten *25 km westlich von Amsterdam, Auskunft: VVV Zandvoort, Schoolplein 1, Mo–Fr 9–17 h*

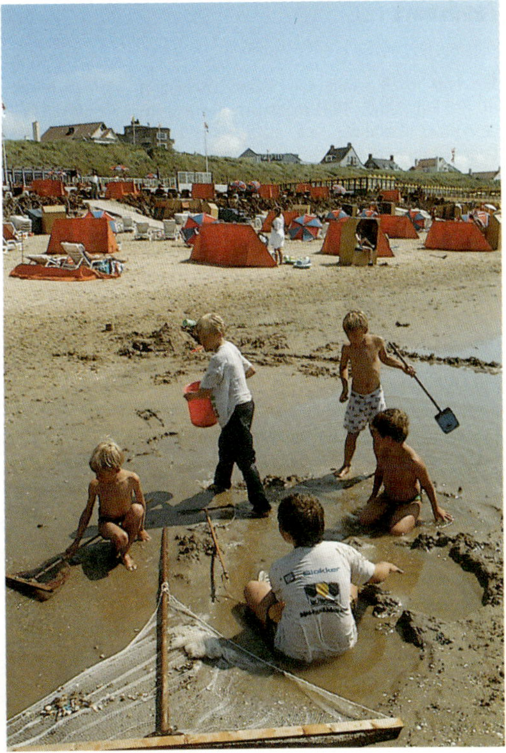

Zandvoort (2)

Im Jahr 1828 zählte das kleine Fischerdorf rd. 700 Einwohner. 1991 registrierte die Gemeinde 15800 Bewohner und mehr als 1,5 Mio Übernachtungsgäste.

Im Ortskern von Zandvoort sind nur noch wenige alte Fischerhäuser erhalten.

Der touristische Massenansturm hat Zandvoort zu einem der größten niederländischen Seebäder gemacht. Der Grund für diese Attraktivität mag die Nähe zur Hauptstadt sein, denn bezogen auf Wasserqualität, Strand und Dünenlandschaft unterscheidet sich der Ort kaum von anderen Nordseebädern.

Die Gemeinde hat sich den Zwängen des Massentourismus gebeugt: Nirgendwo – so behaupten böswillige Zungen – wurden so häßliche Apartmenthäuser, Hotels und Bungalows gebaut wie in Zandvoort. Vom Charakter eines ehemaligen Fischerdorfs blieb nur wenig erhalten.

Das Casino befindet sich in der 18. Etage eines Hotels.

Die 1948 eröffnete Rennstrecke für Autos und Motorräder machte Zandvoort auch über die Grenzen der Niederlande hinweg bekannt. Anfang Juli wird auf dem 4,2 km langen Rundkurs der Große Preis von Zandvoort für Formel-II-Rennwagen veranstaltet. Ende des Monats findet der Grand Prix der Formel I statt.

Daten *Casino Zandvoort, Badhuisplatz 7: Geöffnet Tägl. 14–2 h*

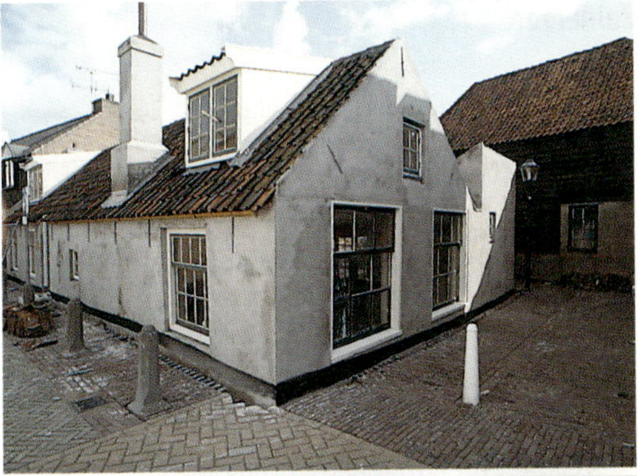

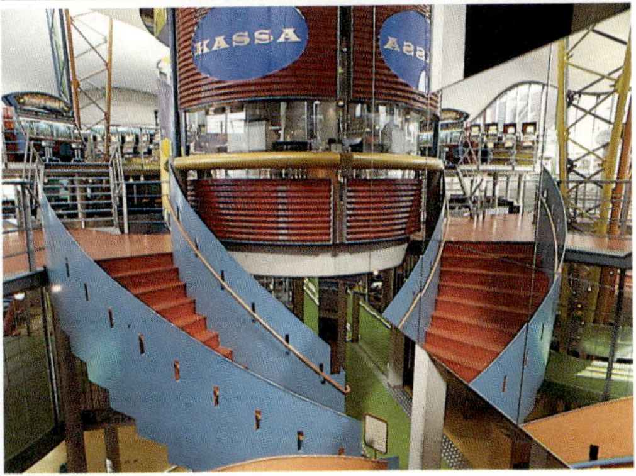
KASSA

Zuiderzee (1)

Die Polderlandschaften im Norden von Amsterdam, die neuen Städte Almere und Lelystad im Flevoland, das Ijsselmeer – sie alle sind Resultate gezielter Eingriffe in das jahrhundertelang von der Nordsee beherrschte „waterland".

Auch Amsterdam war durch seine Lage an der Zuiderzee, einer ausgedehnten Nordseebucht, weitgehend von den Launen des Meeres abhängig. Bis zum Bau der Oranje-Schleusen (1872) wechselte der Wasserstand in den Grachten mit den Gezeiten des Meeres. Die immer stärkere Versandung der Zuiderzee im 19. Jh. erschwerte die Schiffahrt. Erst der Nordseekanal zwischen Amsterdam und Ijmuiden sicherte der Hauptstadt 1876 wieder den Zugang zum Meer. Die Zuiderzee dagegen verlor ihre Bedeutung als wichtigster Schiffahrtsweg, die sie noch im 18. Jh. für die Flotte der Ostindischen Compagnie und die großen Reedereien gehabt hatte.

1932 wurde die Zuiderzee zum heutigen Ijsselmeer eingedeicht. Der Bau des Abschlußdamms zwischen Nord-Holland und Friesland machte aus der ehemaligen Salzwasserbucht einen riesigen Süßwassersee. Diese Maßnahme stellte aber nur den ersten Schritt der weltweit größten Landgewinnungsmaßnahme dar, mit der man die ehemalige Zuiderzee in eine Wiesenlandschaft verwandelte. ▶

Als ideales Revier haben Freizeitsegler und Surfer das eingedeichte Ijsselmeer entdeckt.

Schleusenanlage am Ijsselmeer.

543

Zuiderzee (2)

Eine erste Einpolderung rund um die Insel Wieringen vergrößerte die Niederlande um 20 000 ha Landfläche. Bereits zehn Jahre später (1942) kam der Nordostpolder mit rd. 47 000 ha hinzu. An dessen Südufer entstanden durch weitere Eindeichungen das heutige Ostflevoland (55 000 ha) und das Südflevoland (44 000 ha). Orte wie Almere und Lelystad expandierten in wenigen Jahren zu industriellen Ballungszentren und entlasteten so die nahegelegene Hauptstadt.

1980 sollte die letzte Einpolderung, die Markerwaard, fertiggestellt sein. Doch das Gebiet, das auf den meisten Landkarten bereits als Festland eingezeichnet ist, blieb nach heftigen Protesten von Umweltschützern und Küstenbewohnern, was es immer war: Meer.

Auch die Amsterdamer sind froh, daß die Einpolderung vor den Toren der Stadt nicht realisiert wurde: Die Hafenstadt wäre an allen Seiten vom Festland umschlossen gewesen.

Das Museum von Enkhuizen dokumentiert die Entstehungsgeschichte des Ijsselmeeres. Zum Museumskomplex gehört auch das sog. Buitenmuseum mit über 100 alten Häusern, die am Rande der ehemaligen Zuiderzee standen.

Im Freilichtmuseum Enkhuizen fühlt sich der Besucher in die Idylle der ehemaligen Fischerdörfer zurückversetzt.

Öffnungszeiten *Zuiderzee Museum Enkhuizen, Wierdijk 18 (Fährdienst vom Enkhuizer Bahnhof): 15.2.–1.12.: Tägl. 10–17 h, So ab 12 h; Freilichtmuseum: 15.4.–15.10.: Tägl. 10–17 h*

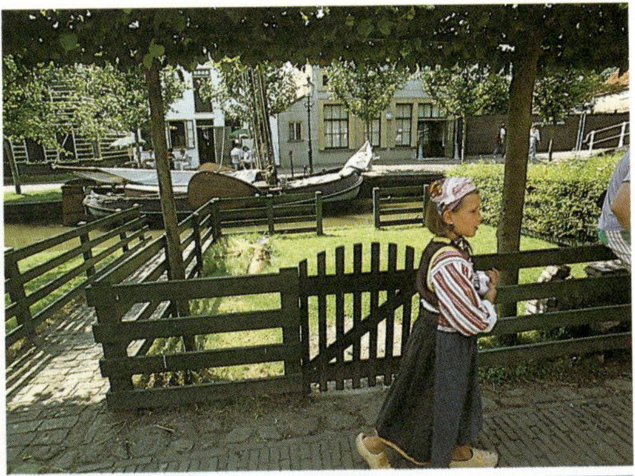

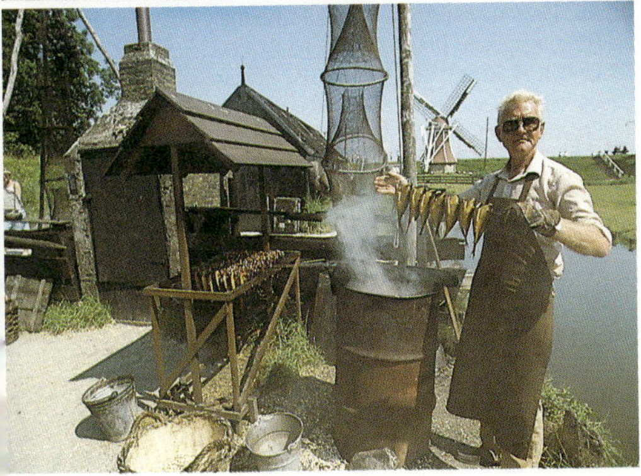

Adressen: Museen (1)

Neben den 30 öffentlichen Museen gibt es zahlreiche kleinere private Sammlungen und Museen in Amsterdam. Öffnungszeiten und Ausstellungstermine stehen in der monatlich erscheinenden Zeitschrift „Uitkrant", die kostenlos ausliegt. Ist der Besuch mehrerer Museen geplant, lohnt sich die Anschaffung der Museumskaart. Sie gilt ein Jahr lang, kostet 25 hfl und berechtigt zum Eintritt in alle öffentlichen und die meisten privaten Museen.

Agnietenkapel. Oudezijds Voorburgwal 231. Tel. 5253341. Öffnungszeiten Mo–Fr 10–17 h, Sa–So geschl. Eintritt frei. Früher katholische Geheimkirche, heute Festsaal der Universität Amsterdam und Universitätsmuseum. Die Sammlung schildert die Entwicklung der Amsterdamer Universität. U 51 (Nieuwmarkt).

Allard Pierson Museum. Oude Turfmarkt 127. Tel. 5252556. Öffnungszeiten Di–Fr 10–17 h, Sa–So 13–17 h, Mo geschl. Eintritt 3,50 hfl, für Kinder frei. Archäologisches Museum der Universität Amsterdam mit Objekten aus Ägypten, West-Asien, Zypern, Kreta, Griechenland und dem römischen Imperium. S 4, 9, 14 (Muntplein).

Amsterdamse Bosmuseum. Koenenkade 56. Tel. 6431414. Öffnungszeiten tägl. 10–17 h. Bus 170, 171, 172 (Van Nijenrodeweg).

Anne Frank Huis (**S. 102**). Prinsengracht 263. Tel. 6264533. Öffnungszeiten Mo–Sa 9–17 h, So 10–17 h; Juni–Aug: Mo–Sa 9–19 h, So 10–19 h. Eintritt 7 hfl, für Kinder frei. S 13, 14, 17 (Westermarkt).

Aviodome. Flughafen Schiphol. Tel. 6041521. Öffnungszeiten Di–Fr 10–17 h, Sa–So 13–17 h, Mo geschl. Eintritt 5,25 hfl, für Kinder frei. Glanzstück unter den 35 Flugzeugen, die im Museum der

Flug- und Raumfahrtgeschichte ausgestellt sind, ist das erste motorisierte Flugzeug der Welt, der „Wright Flyer". Zug nach Schiphol.

Bijbels Museum. Cromhouthuizen, Herengracht 366. Tel. 6247949. Öffnungszeiten Di–Sa 10–17 h, So 13–17 h, Mo und 1. 1. geschl. Eintritt 3 hfl. In fünf Ausstellungsräumen wird die Geschichte der Bibel erzählt, antike Bibeln und alte Stiche gehören zu den kostbarsten Stücken der Sammlung. S 1, 2, 5, 6, 7, 10 (Leidseplein).

Ferdinand Domela Nieuwenhuis Museum. Herengracht 226. Tel. 6225496. Öffnungszeiten Mo–Fr 10–16 h nach telefonischer Absprache. Eintritt frei. Erinnerungsstätte an den sozialistischen Arbeiterführer Ferdinand Domela Nieuwenhuis (1846–1919). S 1, 2, 5, 6, 7, 10 (Leidseplein).

Filmmuseum (**S. 168**). Vondelpark 3. Tel. 5891400. Öffnungszeiten Mo–Fr 10–17 h. Eintritt 2,50 hfl, Eintritt für Kino im Filmmuseum 8,50 hfl. S 1, 6 (Constantijn Huygensstraat).

Fodor Museum. Keizersgracht 609. Tel. 6249919. Öffnungszeiten tägl. 11–17 h. Eintritt 1 hfl. S 16, 24, 25 (Keizersgracht).

Gemeentearchief (Stadtarchiv). Amsteldijk 67. Tel. 6646916. Öffnungszeiten Mo–Fr 8.45–16.45 h, Sa 9–12 h, So geschl. Eintritt frei. Dokumente, Stiche und Archivmaterial über die Stadt Amsterdam. S 4 (Van Woustraat).

Historisch Museum (**S. 202**). Kalverstraat 92. Tel. 5231822. Öffnungszeiten tägl. 11–17 h. Eintritt 6 hfl, für Kinder frei. S 1, 2, 4, 5, 9, 14, 16, 24, 25 (Spui).

Hortus Botanicus (**S. 212**). Plantage Middenlaan 2. Tel. 6258411. Öffnungszeiten Mo–Fr 9–17 h, Sa–So 11–17 h, 1. 10.–1. 4. bis 16 h. Eintritt frei. S 7, 9 (Plantage Doklaan). ▶

Adressen: Museen (2)

Instituut voor Sociale Geschiedenis (IISG). Cruquiusweg 31. Tel. 6685866. Öffnungszeiten Mo–Fr 9.30–11.30 h, 12–14 h und 14.45–15.30 h, Sa und So geschl. Eintritt frei. Dokumente der deutschen Sozialdemokratie, Manuskripte von Marx und Engels, 800 Briefe von Trotzki aus den Jahren 1917–20 und viele andere Archive der Arbeiterbewegung haben das 1953 gegründete Institut zu einem bedeutenden wissenschaftlichen Institut gemacht. Bus 28 (Oostenburgergracht).

Joods Historisch Museum (**S. 222**). Jonas Daniël Meijerplein 2–4. Tel. 6269945. Öffnungszeiten tägl. 11–17 h. Eintritt 7 hfl, 10–17jährige 3,50 hfl, Kinder frei. Wechselnde Foto- und Kunstausstellungen. S 9, 14 (Mr. Visserplein).

Koninklijk Paleis op de Dam (S. 234). Dam 1. Tel. 6248698. Öffnungszeiten Juni–Aug tägl. 12.30–16 h, Sept–Mai Führungen tägl. 14 h. Eintritt 2,50 hfl. S 1, 2, 4, 5, 9, 13, 14, 16, 17, 24, 25 (Dam).

Madame Tussaud (**S. 252**). Peek en Cloppenburg, Dam. Öffnungszeiten tägl. 10–17 h. Eintritt 17 hfl, Kinder und Senioren 11 hfl. S 1, 2, 4, 5, 9, 13, 14, 16, 17, 24, 25 (Dam).

Museum Amstelkring. „Ons lieve heer op zolder", Oudezijds Voorburgwal 40. Tel. 6246604. Öffnungszeiten Mo–Sa 11–17 h, So 13–17 h. Eintritt 3,50 hfl. S 4, 9, 16, 24, 25 (Dam).

Museum Overholland. Museumplein 4. Di–Sa 11–17 h, So 13–17 h. Tel. 6766266. Öffnungszeiten Di–So 11–17 h, Mo geschl. Eintritt 7,50 hfl. Wechselausstellungen von Arbeiten auf Papier. S 16 (Museumplein).

Museum van Loon (**S. 270**). Keizersgracht 672. Tel. 6245255. Öffnungszeiten tägl. 10–17 h, So 13–17 h. Eintritt 5 hfl. S 16, 24, 25 (Keizersgracht).

Museum Willet-Holthuysen (**S. 272**). Herengracht 605. Tel. 5231870. Öffnungszeiten tägl. 11–17 h, 1. 1. geschl. Eintritt 2,50 hfl. S 4, 9, 14 (Rembrandtplein).

NINT (Industrieel en Technisch Instituut). Tolstraat 129. Tel. 5708170. Öffnungszeiten Mo–Fr 10–17 h, Sa–So 13–17 h, am 25. 12. und 1. 1. geschl. Eintritt 8 hfl. Museum der Technik. S 4 (Lutmastraat).

Planetarium. Eingang Artis, Plantage Kerklaan 38–40. Tel. 5233400. Öffnungszeiten Di–Fr, So 10–17 h, Sa und Mo geschl. Eintritt 16 hfl, Kinder 9 hfl. S 7, 9, 14 (Plantage Kerklaan).

Rembrandthuis (**S. 310**). Jodenbreestraat 4–6. Tel. 6249486. Öffnungszeiten Mo–Sa 10–17 h, So 13–17 h. Eintritt 5 hfl. S 9, 14 (Mr. Visserplein).

Rijksmuseum (**S. 316**). Stadhouderskade 42. Tel. 6732121. Öffnungszeiten Di–Sa 10–17 h, So 13–17 h, Mo geschl. Eintritt 10 hfl. S 6, 7, 10 (Spiegelgracht).

Scheepvaart Museum (**S. 336**) und VOC-Amsterdam (**S. 408**). Kattenburgerplein 1–7. Tel. 5232311. Öffnungszeiten Di–Sa 10–17 h, So 12–17 h, Mo geschl. Eintritt 10 hfl, Kinder 7,50 hfl. Bus 22, 28 (Kattenburgerplein).

Spaarpotten Museum. Raadhuisstraat 12. Tel. 5567425. Öffnungszeiten Mo–Fr 13–16 h, Sa und So geschl. Eintritt 1 hfl. Sammlung von rd. 12 000 Spardosen. S 1, 2, 13, 14 (Dam).

Stedelijk Museum (**S. 354**). Paulus Potterstraat 13. Tel. 5732737. Öffnungszeiten tägl. 11–17 h. Eintritt 7,50 hfl. S 2, 3, 5, 12 (Van Baerlestraat).

Theatermuseum. Herengracht 168. Tel. 6235104. Öffnungszeiten tägl. außer Mo, 11–17 h. Eintritt 5 hfl, Kinder 3 hfl. S 13, 14, 17 (Westermarkt). ▶

Adressen: Museen (3)

Tropenmuseum (**S. 380**). Linnaeusstraat 2. Tel. 5688215. Öffnungszeiten Mo–Fr 10–17 h, Sa–So 12–17 h. Eintritt 7,50 hfl. S 9, 14 (Mauritskade).

Van Gogh Museum (**S. 396**). Paulus Potterstraat 7. Tel. 6764881. Öffnungszeiten Mo–Sa 10–17 h, So 13–17 h. Eintritt 10 hfl, Kinder bis 5 Jahre frei. S 2, 3, 5, 12 (Van Baerlestraat).

Verzetsmuseum (**S. 404**). Lekstraat 63. Tel. 6449797. Öffnungszeiten Di–Fr 10–17 h, Sa–So 13–17 h, Mo geschl. Eintritt 3,50 hfl. S 12, 25 (Victorieplein).

Vlaams Cultureel Centrum. Nes 45. Tel. 6229014. Öffnungszeiten Di–Sa 10–18 h, So 12–17 h, Mo geschl. Eintritt frei. Kleine Ausstellungen über flämische Kunst. S 1, 2, 4, 5, 9, 13, 14, 16, 17, 24, 25 (Dam).

Werft t' Kromhout. Hoogte Kadijk 147. Tel. 6276777. Öffnungszeiten Mo–Fr 10–16 h, Sa und So geschl. Eintritt 2,50 hfl. Eine der ältesten Werften in Amsterdam, Dauerausstellung zur nautischen Geschichte der Stadt. Bus 22, 28 (Oostenburgergracht).

Zoologisches Museum. Eingang Artis, Plantage Kerklaan 38–40. Tel. 5233400. Öffnungszeiten Di–Fr, So 10–17 h, Mo und Sa geschl. Eintritt 16 hfl, Kinder 9 hfl. Zoomuseum. S 7, 9, 14 (Plantage Kerklaan).

Adressen: Theater (1)

Detaillierte Auskünfte über die vielfältigen Theateraufführungen in der niederländischen Hauptstadt gibt die Informationsbörse des AUB (Amsterdam Ut Buro, Leidseplein/Marnixstraat, Tel. 6211211).

Amphitheater. Pesthuislaan 85, Paviljoen 1 WG-terrein. Tel. 6168942. Programmbeginn 21 h. Eintritt 12,50 hfl. Theaterproduktionen kleinerer Gruppen. S 1, 2, 5, 6 (Constantijn Huygensstraat).

Badhuis Theater De Bochel. Andreas Bonnstraat 28. Tel. 6685102. Wechselnde Theaterproduktionen unabhängiger Theatergruppen. U 51 (Weesperplein).

Bellevue. Leidsekade 90. Tel. 6247248. Programmbeginn 20.30 h. Eintritt 17,50 hfl. Vorstellungen unabhängiger Theatergruppen und internationaler Kabarettgruppen, niederländisch oder englisch. S 1, 2, 5, 6, 7, 10 (Leidseplein).

Crea. Turfdraagsterpad 17. Tel. 6262412. Programmbeginn 20.30 h. Eintritt 10 hfl. Vortragsreihen, kleine Theaterproduktionen. S 4, 9, 14 (Spui).

De Balie. Kleine Gartmanplantsoen 10. Tel. 6232904. Programmbeginn 20.30 h. Eintritt 12,50 hfl. Theater am Leidseplein mit wechselndem Programm, Theatergruppen und Vorträgen. S 1, 2, 5, 6, 7, 10 (Leidseplein).

De Engelenbak. Nes 71. Tel. 6266866 (tagsüber), 6263644 (abends). Eintritt 12,50 hfl (Open Bak: 7,50 hfl). Moderner Ausdruckstanz, Theater. Kleinkunst- und Amateurfestivals. S 1, 2, 4, 5, 9, 13, 14, 16, 17, 24, 25 (Dam).

De Kleine Komedie. Amstel 56. Tel. 6240534. Programmbeginn 20.15 h. Eintritt je nach Vorstellung. Niederländische Kabarett-Gruppen und Konzerte. S 9, 14 (Waterlooplein). ▶

Adressen: Theater (2)

De Meervaart. Cultureel Centrum aan de Sloterplas, Osdorpplein 205. Tel. 6107393. Programmbeginn und Eintritt je nach Vorstellung. Theateraufführungen, moderner amerikanischer Tanz, wechselnde Ausstellungen. S 1, 17 (Osdorpplein).

De Moor. Bethaniënstraat 9–13. Tel. 6224988. Programmbeginn 21 h. Eintritt 10 hfl. Amateurtheater. U 51 (Nieuwmarkt).

Doelenzaal. Kloveniersburgwal 87. Tel. 6235359. Eintritt 10 hfl. Theaterschulen-Festival im Juni. Wechselnde Theaterproduktionen und moderner Tanz. U 51 (Nieuwmarkt).

Felix Meritis (**S. 166**). Keizersgracht 324. Tel. 6231311. Kassenzeiten Di–Sa 12–17.30 h. Programmbeginn 20.30 h. Eintritt 16,50 hfl. Moderner Tanz, Konzert, Theater, Film. Zu empfehlen: Die Tanzproduktionen von Truus Bronkhorst. S 16, 24, 25 (Keizersgracht).

t' Fijnhout Theater. Jacob van Lennepkade 334. Tel. 6184768. Musikworkshops, Choreographien von Amateurtanzgruppen, Theater. S 7, 17 (Kinkerstraat).

Frascati. Nes 63. Tel. 6266868. Kassenzeiten tägl. in de Brakke Grond 10–16 h, im Theater ab 19.30 h. Programmbeginn 21 h. Eintritt 10 hfl. Moderner Tanz. Produktionen der Amsterdamer Theaterschule. S 1, 2, 4, 5, 9, 13, 14, 16, 17, 24, 25 (Dam).

Jeugdtheater De Krakeling. Nieuwe Passeerdersstraat 1. Tel. 6245123. Programmbeginn 14 h, Fr auch 20 h. Eintritt 12,50 hfl (Erwachsene), 5 hfl (Kinder). Kinder- und Jugendtheater mit wechselnden Vorstellungen. S 7, 10 (Leidseplein).

Melkweg (**S. 256**). Lijnbaansgracht 243a. Tel. 6241777. Öffnungszeiten tägl. 19.30–1 h (am Wochenende länger). Eintritt: Großer Saal 7,50 hfl–25 hfl; Fontein-Saal 10 hfl. Multikulturelles Zentrum in der Tradition der 60er Jahre. Konzerte, Filmvorführungen, Disco. S 1, 2, 5, 6, 7, 10 (Leidseplein).

Nieuwe de la Mar Theater. Marnixstraat 404. Tel. 6233462. Kassenzeiten Di–Sa 11–17 h, So 14–17 h. Programmbeginn 20.15 h. Eintritt je nach Vorstellung. S 1, 2, 5, 6, 7, 10 (Leidseplein).

Perron 2. Centrum voor dans en beweging, Arie Biemondstraat 107b. Tel. 6124324. Programmbeginn 20.30 h. Eintritt 7,50 hfl. Zentrum für modernen Tanz und Ausdruckstanz. Vorstellungen von Amateurgruppen. S 1, 6 (Constantijn Huygensstraat).

Studio Rob van Rijn. Haarlemmerdijk 31. Tel. 6279988. Programmbeginn 20.15 h. Eintritt 17,50 hfl. Pantomimen- und Puppentheater. Bus 18, 22 (Haarlemmerplein).

Universiteitstheater. Nieuwe Doelenstraat 176. Tel. 6230127. Studententheater und Forum für erste Produktionen von Theaterschulen. S 4, 9, 14, 16, 24, 25 (Muntplein).

Van Ostadetheater. Van Ostadestraat 233d. Tel. 6795096. Programmbeginn 21 h. Eintritt 10 hfl. Aufführungen von unabhängigen Theatergruppen wie „Toneelgroep Eureka" und „Toneelgroep Rood". S 3, 12, 24 (Ceintuurbaan).

Vlaams Cultureel Centrum „De Brakke Grond". Nes 55. Tel. 6240394. Kassenzeiten 11–18 h. Programmbeginn 20.30 h. Das Veranstaltungsprogramm wird bestimmt von Gemeinsamkeiten und Unterschieden zwischen dem niederländischen und flämischen Kultur- und Sprachraum. Kleine Ausstellungen und Theaterproduktionen flämischer Autoren. S 1, 2, 4, 5, 9, 13, 14, 16, 17, 24, 25 (Dam).

Adressen: Oper und Operette

Der Spielplan im Concertgebouw und Muziektheater wird langfristig festgelegt, so daß man sich bereits einige Zeit vor einem Amsterdam-Besuch um Karten bemühen kann: Für spektakuläre Veranstaltungen bekommt man selten im letzten Moment Karten. Im Muziektheater spielen die Oper und das berühmte Nationalballett.
Musicals und Revuen werden neben (Pop)Konzerten im Theater Carré an der Amstel aufgeführt.

Koninklijk Theater Carré (**S. 374**). Amstel 115–125. Tel. 6225225. Kassenzeiten 10–19 h. Programmbeginn 20.12 h. Eintritt je nach Vorstellung. U 51 (Weesperplein).
Muziektheater Stopera (**S. 366**). Amstel 3. Tel. 6255455. Kassenzeiten 10–20.15 h. Programmbeginn: Oper 20 h, Ballett 20.15 h. Eintritt: Oper 17,50–80 hfl; Ballett 17,50–35 hfl. S 9, 14 (Waterlooplein).
Stadsschouwburg. Leidseplein 26. Tel. 6242311. Kassenzeiten 11–15 h. Programmbeginn 20.15 h. Eintritt 15 hfl. Altes Stadttheater am Leidseplein mit Opern- und Theateraufführungen. Programm auf Plakaten am Theatergebäude. S 1, 2, 5, 6, 7, 10 (Leidseplein).

Adressen: Konzerte (1)

Kostenlose Konzerte für klassische Musik und Popmusik finden im Sommer im Vondelpark statt. Das größte alljährliche Sommer-Ereignis ist das „Holland Festival" mit internationalen Opern-, Theater-, Musik- und Tanzaufführungen.

Klassik

Amstelhof. Amstel 51. Eingang Nieuwe Keizersgracht. Tel. 6225151. Programmbeginn 20 h. Eintritt frei. S 9, 14 (Waterlooplein).

Bachzaal. Bachstraat 5. Tel. 6647641. Programmbeginn 19.30 h. Eintritt frei. Konzertsaal des Amsterdamer Konservatoriums und der Bach-Vertretung. S 5, 24 (Noorder Amstel Kanaal).

Beurs van Berlage. Damrak 243. Tel. 6270466. Programmbeginn 20.15 h. Eintritt je nach Vorstellung. Regelmäßig Konzerte im Wang Zaal. S 4, 9, 16, 24, 25 (Dam).

Concertgebouw (**S. 138**). Concertgebouwplein 2–6. Tel. 6718345. Programmbeginn 20.15 h. Eintritt je nach Vorstellung. Tägl. Konzerte mittags und abends. S 3, 5, 12, 16 (Muntplein).

Museum Amstelkring. Oudezijds Voorburgwal 40. Tel. 6246604. Regelmäßig Kammermusik-Abende in der Dachkirche, hauptsächlich Barockmusik. S 4, 9, 16, 24, 25 (Dam).

Muziektheater. Amstel 3. Tel. 6255455. Jeden Di Lunchkonzerte im Boekmanzaal, Programmbeginn 12.30 h. Eintritt frei. S 9, 14 (Waterlooplein).

Oude Kerk (**S. 288**). Oudekerksplein 23. Eintritt je nach Vorstellung. Chöre, Orchester, Orgelkonzerte. S 4, 9, 16, 24, 25 (Dam).

Sonesta Koepelzaal. Ronde Lutherse Kerk, Kattengat 1. Tel. 6212223. So Kaffeekonzerte mit klassischer Musik, Programmbeginn 11 h. Abendkonzerte, Programmbeginn 20 h. Zu Fuß von der Centraal Station.

▶

Adressen: Konzerte (2)

Waalse Kerk. Oudezijds Achterburgwal 157. Tel. 6232074. Programmbeginn 20.15 h. Eintritt je nach Vorstellung. Regelmäßig Kammermusik-Abende. S 4, 9, 14, 16, 24, 25 (Rokin).

Westerkerk (**S. 430**). Prinsengracht 281. Tel. 6247766. Orgelkonzerte und Oratorienaufführungen, jeden ersten Mo im Monat „Sirenen"-Konzert. Beginn 12.30 h. S 13, 14, 17 (Westerkerk).

Pop, Rock, Jazz

Aktuelle Informationen über die Popszene finden sich in der englischsprachigen „Agenda". Das monatlich erscheinende Verzeichnis ist kostenlos im AUB-Ticket-Shop (Leidseplein, Ecke Marnixstraat) und beim Verkehrsverein VVV (Stationsplein 10, Leidsestraat 106, Utrechtseweg 2a) erhältlich.

BIM-huis. Oude Schans 73–77. Tel. 6231361. Programmbeginn 21 h. Eintritt 10–20 hfl. Jazz-Konzerte und Jam-Sessions Do–So ab 21 h. U 51 (Nieuwmarkt).

De Ijsbreker. Weesperzijde 23. Tel. 6681805. Eintritt 20.30 h, So auch 16.30 h. Kostenlose Lunchkonzerte (12.30 h) und Live-Musik. Musik der Gegenwart. U 51 (Weesperplein).

Felix Meritis (**S. 166**). Keizersgracht 324. Tel. 6231311. Programmbeginn 20.15 h. Eintritt 16,50 hfl. Experimentalmusik. S 16, 24 25 (Keizersgracht).

Koninklijk Theater Carré (**S. 374**). Amstel 115–125. Tel. 6225225. Programmbeginn 20.15 h. Eintritt je nach Vorstellung. Konzerte klassischer und moderner Musik während des Holland Festivals im Juni und Juli. U 51 (Weesperplein).

Meervart. Osdorpplein 67. Tel. 6107393. Eintritt je nach Vorstellung. Popmusik und klassische Konzerte. S 1 (Osdorpplein).

Melkweg (**S. 256**). Lijnbaansgracht 243a. Tel. 624 1777. Öffnungszeiten tägl. 19.30–1 h (am Wochenende länger). Eintritt: Großer Saal 7.50–25 hfl, Fonteinsaal 10 hfl. Internationale Rap-, Rai- und Rock-Konzerte. S 1, 2, 5, 6, 7, 10 (Leidseplein).
Paradiso (**S. 296**). Weteringschans 6–8. Tel. 626 4521. Programmbeginn ab 21 h. Regelmäßig Pop-, Rap-, Rai- und Rock-Konzerte. S 1, 2, 5, 6, 7, 10 (Leidseplein).
RAI Congrescentrum. Europaplein 12. Tel. 644 8651. Programmbeginn 20.15 h. Eintritt 38–43 hfl. S 4 (Europaplein).
Stedelijk Museum (**S. 354**). Paulus Potterstraat 12. Tel. 673 2737. Sa nachmittag Konzerte für Museumsbesucher. Programmbeginn 15 h. Zeitgenössische Musik, Kammermusik. S 2, 3, 5, 12 (Van Baerlestraat).
Vondelpark Openlucht Theater (**S. 410**). Vondelpark. Tel. 673 1499. Im Sommer täglich mittags und abends kostenlose Konzerte. Pop, Rock und Klassik. S 1, 6 (Constantijn Huygensstraat).

Adressen: Discotheken

Die Amsterdamer Diskotheken füllen sich – wie in anderen Großstädten auch – erst gegen 23 h. Am Wochenende wird der Eintrittspreis oft um 50 bis 100% erhöht.

Boston Club. Kattegat 1. Tel. 6245561. Öffnungszeiten tägl. 22–5 h. Gereifteres Publikum.

Bios. Leidseplein 12. Tel. 6276544. Öffnungszeiten tägl. ab 23 h. Eine der größten Amsterdamer Discos.

Cisca. Kuiperstraat 151. Öffnungszeiten jeden ersten Sa im Monat 20.30–1 h. Tanzen für lesbische und bisexuelle Frauen über 35 Jahre.

Club la Mer. Korte Leidsedwarsstraat 73. Tel. 6242910. Öffnungszeiten Mo–Fr 22–2 h, Sa–So 22–5 h.

COC Vrouwenwerk. Rozenstraat. Tel. 2268300. Öffnungszeiten Fr–Sa 22–2 h. Fr gemischtes Publikum, Sa nur für Frauen.

C-Ring. Warmoesstraat 96. Tel. 6239604. Öffnungszeiten Mo–Do 22–4 h, Fr–So 22–5 h. Gay-Disco, Lederszene.

Dansen bij Jansen. Handboogstraat 11. Tel. 6228822. Öffnungszeiten So–Mi 23–4 h, Do 23–5 h, Fr–Sa 23–5.30 h. Studentendisco. Oft überfüllt, junges Publikum.

Escape. Rembrandtplein 11–15. Tel. 6223524. Videoclips, Laser-Show, sehr junges Publikum. Die wöchentlichen Sky-Channel Top Ten werden von hier im Fernsehen ausgestrahlt.

Exit. Reguliersdwarsstraat 42. Tel. 6258788. Gay-Disco.

Havana. Reguliersdwarsstraat 17. Tel. 6206788. Öffnungszeiten Mo–Do 20–1 h, Fr–Sa 20–2 h, So 16–1 h.

It. Amstelstraat 24. Tel. 6250111. Größte Gay-Disco Europas. Live-Shows, Gogo-Dancers und Trendy-Publikum. Do und So auch Frauen.

Juliana's. Apollolaan 138–140. Tel. 6737313. Tanzbar der gehobenen Ansprüche, neben Casino und Hilton Hotel.

Mazzo. Rozengracht 114. Tel. 6267500. Öffnungszeiten So–Do 23–4 h, Fr–Sa 23–5 h. Gute Discjockeys, interessante Nachtschwärmer.

Melkweg (**S. 256**). Lijnbaansgracht 234a. Tel. 6241777. Öffnungszeiten Fr ab 23 h „Roots Rhythm Club", Sa ab 24 h „Dance Hall Night".

Odeon. Singel 465. Tel. 6200354. Öffnungszeiten Mi–Do 22–5 h, Fr–Sa 22–6 h, So 17–4 h, Mo und Di geschl. Ehemaliges Kino.

Roxy. Singel 465. Tel. 6200354. Öffnungszeiten Mi–Do 22–4 h, Fr–Sa 22–5 h, So 17–4 h, Mo und Di geschl. Ehemaliges Kino, Disco für einheimische und internationale Nightclubber.

36 Op de Schaal van Richter. Reguliersdwarsstraat 36. Tel. 6261573. Öffnungszeiten So–Do 23.30–4 h, Fr–Sa 23.30–5 h. Trendy-Disco.

Vivelavie. Amstelstraat 7. Tel. 6240114. Öffnungszeiten So–Do 12–1 h, Fr–Sa 12–2 h. Frauendisco.

Zorba de Buddha Rajneesh. Oudezijds Voorburgwal 216. Tel. 6259642. Öffnungszeiten So–Do 21–2 h, Fr–Sa 21–3 h. Bhagwan-Disco.

Adressen: Kinos

Wer Filme in ihren Originalfassungen sehen will, kommt in Amsterdam auf seine Kosten: Der Filmgenuß wird durch keine Synchronisation getrübt, die Originalstimmen der Schauspieler(innen) sind zu hören. Da die ausländischen Filme nicht synchronisiert, sondern nur mit niederländischen Untertiteln versehen werden, kann man viele Filme zudem früher als in bundesdeutschen Kinos sehen. Das Angebot der Kinos unterteilt sich in die kleinen, alternativen Häuser, die den deutschen Programmkinos vergleichbar sind, und kommerzielle Kinos. Zu den großen Kinos zählen das Alfa, das City, und das reizvolle Tuschinsky.
Anspruchsvollere Filme laufen in the Movies, De Uitkijk, im Kriteriontheater sowie im Desmet: Dieses schöne alte Kino nahe der Artis Plantage zeigt ausgesuchte Filme (Reprisen), die meist nur ein kleines, interessiertes Publikum ansprechen.
Für Filmliebhaber ein besonderer Tip ist der Besuch im Niederländischen Filmmuseum, wo man im hauseigenen Vorführsaal nicht nur ein ausgefallenes Programm genießen, sondern vor oder nach dem Film auch ein gemütliches Gespräch im Filmcafé „Vertigo" führen kann. Wie auch in Deutschland wechselt das Programm der Lichtspielhäuser jeweils am Donnerstag. Das aktuelle Kinoprogramm steht in den Tageszeitungen: Mittwochabend in Het Parool oder NRC Handelsblad, donnerstags in De Volkskraant sowie unter der Rubrik „films" im Monatsblatt „Uitkrant". Darüber hinaus informieren überall in der Stadt gelbe Plakate mit der „Uitlijst" über die wöchentlich aktuellen Film- und Theaterveranstaltungen.

Alfa. Kleine Gartmanplantsoen 4. Tel. 6278806.
Alhambra. Weteringschans 134. Tel. 6233192.
Bellevue Cinerama. Marnixstraat 400. Tel. 6234876.

Calypso. Marnixstraat 402. Tel. 6234876.
Centraal. Nieuwendijk 67. Tel. 6248933.
Cineac. Reguliersbreestraat 31. Tel. 6243639.
Cinecenter. Lijnbaansgracht 234–236. Tel. 6236615.
Cinema International. A. Allebéplein 4. Tel. 6151243.
City. Kleine Gartmanplantsoen 13–25. Tel. 6234579.
Desmet. Plantage Middenlaan 4 a. Tel. 6273434.
Kriterion. Roetersstraat 170. Tel. 6231709.
The Movies. Haarlemmerdijk 161. Tel. 6245790.
Parisien. Haarlemmerstraat 31–39. Tel. 6246540.
Rembrandtplein Theater. Rembrandtplein. Tel. 6223542.
Rialto Theater. Ceintuurbaan 338–340. Tel. 6623488.
Studio K. Roetersstraat 170. Tel. 6231708.
Tuschinsky. Reguliersbreestraat 26–28. Tel. 6262633.
De Uitkijk. Prinsengracht 452. Tel. 6237460.

Adressen: Hotels (1)

3,5 bis 4 Mio Übernachtungen werden jährlich in Amsterdam gezählt, Tendenz steigend. Besonders die Luxus-Hotels profitieren von der neuen Reiselust und haben ihre Bettenzahl um ein Drittel vergrößert. Die alten Grand-Hotels richten sich verstärkt auf die Bedürfnisse von Geschäftsleuten ein, das älteste Grand-Hotel der Stadt, das Amstel, entschloß sich zu einer gründlichen Renovierung und hat erst seit September 1992 seine Türen wieder geöffnet. Im Zentrum entstanden neue, großzügige Hotels. Billige Unterkünfte sind dagegen selten geworden, die Bettenzahl in diesem Bereich stagniert oder nimmt ab. Reservierungen sind generell zu empfehlen, während der Oster-, Pfingst- und Weihnachtstage ein absolutes Muß.

Aalborg ***. Sarphatipark 106–108. Tel. 676 03 10. 70 Betten, Dz ab 120 hfl. Umgebautes Hotel in Amsterdam-Süd, unmittelbar an einem kleinen Stadtpark gelegen.

Ambassade ***. Herengracht 341. Tel. 626 23 33, Fax 624 53 21. 109 Betten, Dz ab 265 hfl. Freundliche, ruhige Atmosphäre. Entstanden aus einer Reihe umgebauter Grachtenhäuser aus dem 17. und 18. Jh. Zahlreiche Antiquitäten und Gemälde, steile Wendeltreppen. Reservierung notwendig.

American **** (**S. 90**). Leidsekade 97. Tel. 624 53 22, Fax 625 32 36. 354 Betten, Dz ab 425 hfl. Das „Americain", wie Amsterdamer das Hotel am Leidseplein liebevoll nennen, war das erste moderne, asymmetrisch gebaute Grand-Hotel der Stadt (1900–1902); trotz zahlreicher Modernisierungen prägen Jugendstil und Art-déco noch immer die Atmosphäre. Die Zimmereinrichtung verstärkt den Jugendstilcharakter des Hauses. Night-Watch-Cocktailbar und Café Americain.

Amstel-Hotel ***** (**S. 94**). Prof. Tulpplein 1. Tel. 6226060, Fax 6225808. 85 Betten, Dz ab 650 hfl. Richard Burton und Elisabeth Taylor wohnten als Hotel an der Amstel, dessen Royal Suite auch königliches Blut beherbergt(e), für rd. 1000 hfl die Nacht. Nach der Renovierung 1991/92 erstrahlt das 1863–67 gebaute Grand-Hotel in neuem, altem Glanz. Effizienter Service, im Sommer herrliche Plätze auf der Terrasse. Erstklassige Küche im Restaurant La Rive. Hotel gehört zur InterContinental-Kette.

Amsterdam Apollo *****. Apollolaan 2. Tel. 6735922, Fax 5705744. 400 Betten, Dz 435–480 hfl. Modernes Luxushotel am Ufer der Amstel, 3 km südlich des Zentrums. Zwei Restaurants mit Terrasse. Hauseigene Brasserie, wo das Frühstücksbuffet angeboten wird.

Amsterdam Marriott *****. Stadhouderskade 19–21. Tel. 6075555, Fax 6075511. 485 Betten, Dz 395–475 hfl. Hotel der Marriott-Gruppe, in unmittelbarer Nähe des Leidseplein. Bar und zwei Restaurants, Health-Club (Sauna und Fitneß-Raum).

Apollofirst ****. Apollolaan 123. Tel. 6730333, Fax 6750348. 79 Betten, Dz 285–333 hfl. Kleines, exklusives Hotel im Familienbetrieb mit Restaurant und Spiegelsaal für Empfänge, Diners und Feierlichkeiten.

Arthur Frommer ***. Noorderstraat 46. Tel. 6220328, Fax 6203208. 190 Betten, Dz 150–255 hfl. Komfortables Hotel in ruhigem Viertel, zwischen Museen und Rembrandtplein. Gehört zur Mercure-Kette. Zimmer sind um einen ruhigen Innenhof herum gruppiert. Parkmöglichkeit.

Ascot ****. Damrak 95–98. Tel. 6260066, Fax 6270982. 220 Betten, Dz ab 325 hfl. Ultramodernes Hotel in der Nähe des königlichen Palastes im Stadtzentrum. Schweizer Führung. Schallisolierte Zimmer und Suiten. Französische Küche im Le Bistro. ▶

Adressen: Hotels (2)

Atlas ****. Van Eeghenstraat 64. Tel. 6766336, Fax 6717633. 48 Betten, Dz 170–195 hfl. Kleines Jugendstilhotel in ruhigem, grünem Wohnviertel. Nähe Vondelpark.

Barbizon Centre *****. Stadhouderskade 7–9. Tel. 6851351, Fax 6851611. 466 Betten, Dz 425–525 hfl. Der großzügige Neubau verfügt über Bars und Restaurants sowie einen eleganten Fitneß-Club.

Caransa Karena ****. Rembrandtplein 19. Tel. 6229455, Fax 6222773. 132 Betten, Dz 345–365 hfl. Aussicht auf den Rembrandtplein.

De l'Europe *****. Nieuwe Doelenstraat 2–8. Tel. 6234836, Fax 6242962. 186 Betten, Dz 555–770 hfl. Bis 1638 reicht die lange Geschichte des Hotel de l'Europe zurück: Damals schon waren die zentrale Lage und vor allem der einzigartige Blick auf die Amstel und das Rokin Garant für einen erfolgreichen Gasthof. Seit dem Neubau 1895 entwickelte sich das De l'Europe zu einem der erfolgreichsten Luxushotels.

Dikker & Thijs ****. Prinsengracht 444. Tel. 6267721, Fax 6258986. 53 Betten, Dz 315–365 hfl. Hotel mit Brasserie, Restaurant und eigenem Delikatessengeschäft. Alle Zimmer mit Minibar und TV.

Doelen Karena ****. Nieuwe Doelenstraat 24. Tel. 6220722, Fax 6221084. 160 Betten, Dz 345 hfl. Ein Jahr nach der feierlichen Eröffnung (1883) reservierte die Direktion 40 Zimmer für eine inkognito reisende Dame mit Gefolgschaft: Kaiserin Elisabeth von Österreich, besser bekannt als Sissy, kurierte im Doelen ihren Ischias mit eigens antransportiertem Meereswasser. Die ehemalige Beau-Monde Klientel hat heute Mitgliedern der Geschäftswelt Platz gemacht.

Eden ***. Amstel 144. Tel. 6266243, Fax 6233267. 409 Betten, Dz 240 hfl. In der Nähe des Rembrandtplein gelegen. Bar-Restaurant und Coffee-Shop.

Estheréa ****. Singel 303–309. Tel. 6245146, Fax 6239001. 153 Betten, Dz ab 209–340 hfl. Das Hotel ist in vier umgebauten Grachtenhäusern untergebracht. Zentral in der Nähe des Dam gelegen. Bar im Haus.

Garden Hotel *****. Dijsselhofplantsoen 7. Tel. 6642121. Fax 6799356. 196 Betten, Dz 465 hfl. Etwas außerhalb gelegenes Hotel in Amsterdam-Süd. Bar und hauseigenes Restaurant mit ausgezeichneter Küche.

Golden Tulip Barbizon Schiphol ****. Kruisweg 495, Schiphol. Tel. 6550550, Fax 6534999. 310 Betten, Dz 395 hfl. Luxushotel in unmittelbarer Nähe zum Flughafen.

Golden Tulip Barbizon Palace *****. Prins Hendrikkade 59–72. Tel. 5564564, Fax 6243353. 341 Betten, Dz 390–510 hfl. 19 alte Häuser wurden zu einem prächtigen Luxushotel umgebaut. Interieur ist eine Stilmischung aus niederländischen, französischen und postmodernen Elementen. Gesundheitsbad mit Sauna und Fitneßraum.

Grand Hotel Krasnapolsky *****. Dam 9. Tel. 5549111, Fax 6228607. 581 Betten, Dz 400–415 hfl. Der 1880 eingeweihte Wintergarten machte das traditionsreiche, zentral gelegene Hotel berühmt und hat auch heute nichts von seiner Anziehung verloren. Japanisches Restaurant im Haus.

Hilton *****. Apollolaan 138–140. Tel. 6780780, Fax 6626688. 374 Betten, Dz 465–630 hfl. Das hoteleigene Restaurant bietet regelmäßig kulinarische Wochen mit regionaler Küche an, etwa der friesischen oder limburgischen „Haute Cuisine". ▶

Adressen: Hotels (3)

Hilton International Schiphol *****. Herbergierstraat 1, Schiphol. Tel. 6034567, Fax 6480917. 383 Betten, Dz 460–600 hfl. Weiteres Hotel der renommierten Hotelkette, in unmittelbarer Nähe zum Flughafen. Bar und zwei Restaurants.

Holiday Inn Crowne Plaza *****. Nieuwezijds Voorburgwal 5. Tel. 6200500, Fax 6201173. 357 Betten, Dz 495–545 hfl. Hotel der Luxus-Kategorie. Bar, Coffee-Shop, Restaurant. Sauna und Swimming-pool.

Holland ***. P. C. Hooftstraat 162. Tel. 6764253, Fax 6765956. 133 Betten, Dz 244 hfl. Hotel in ruhiger Lage, nahe dem Concertgebouw und dem Vondelpark. Gehört zur AMS-Hotelkette und bietet deren bewährten Standard.

Jan Luyken Hotel & Residence ****. Jan Luykenstraat 54–58. Tel. 5730730, Fax 6763841. 114 Betten, Dz 290–350 hfl. Gebäude aus dem späten 19. Jh. Ruhige Zimmer. Bar mit angrenzendem Patio.

Jolly Hotel Carlton ****. Vijzelstraat 4. Tel. 6222266, Fax 6266183. 430 Betten, Dz 400–500 hfl. Modern restaurierter Gebäudekomplex am Blumenmarkt.

Lairesse ****. De Lairessestraat 7. Tel. 6719596, Fax 6711756. 75 Betten, Dz 220–280 hfl. Hotel mit dem bewährten Standard der AMS-Kette.

Lancaster ***. Plantage Middenlaan 48. Tel. 6266544, Fax 6226628. 200 Betten, Dz ab 120 hfl. Unmittelbar am Zoo. Bar, Restaurant. Rezeption 24 h besetzt.

Mercure Amsterdam Airport ****. Oude Haagseweg 20. Tel. 6179005, Fax 6159027. 151 Betten, Dz 175–310 hfl. Mit 32 Nichtraucherzimmern und kostenlosem Parkplatz. Am äußersten südwestlichen Stadtrand, direkt am Nieuwe Meer gelegen. Zehn Autominuten zum Flughafen Schiphol.

Museum ***. P. C. Hooftstraat 2. Tel. 6621402, Fax 6733918. 213 Betten, Dz 244 hfl. Lage am Beginn der teuren Einkaufsstraße. Rijksmuseum in unmittelbarer Nähe. Eigenes Restaurant, Café, Bar.

Novotel Amsterdam ****. Europaboulevard 10. Tel. 5411123, Fax 6462823. 1200 Betten, Dz 288 hfl.

Okura Amsterdam *****. Ferdinand Bolstraat 333. Tel. 6787111, Fax 6712344. 529 Betten, Dz 480–540 hfl. Der Blick über Amsterdam ist im Restaurant „Yamazoto" (23. Etage) kostenlos, die japanische Küche gehört zu den besten und teuersten der Stadt.

Owl ***. Roemer Visscherstraat 1. Tel. 6189484, Fax 6189441. 63 Betten, Dz 150–190 hfl. Kleine, aber hübsche Zimmer. Ruhige Lage am Vondelpark.

Parkhotel ****. Stadhouderskade 25. Tel. 6717474, Fax 6649455. 365 Betten, Dz 355 hfl. Hotel in der Nähe des Leidseplein. Bar, Restaurant. Freie Garagenbenutzung.

Prinsen ***. Vondelstraat 38. Tel. 6162323, Fax 6166112. 90 Betten, Dz 195–200 hfl. In einer ruhigen Straße in der Nähe des Leidseplein.

Pulitzer *****. Prinsengracht 315–331. Tel. 5235235, Fax 6276753. 350 Betten, Dz 455–525 hfl. In dem Komplex restaurierter Grachtenhäuser aus dem 17. und 18. Jh. gibt es Zimmer für jeden Geschmack. Die Räume sind mit Balken, Antiquitäten und wertvollen Möbeln ausgestattet. Blick auf Grachten und Gärten.

Rembrandt Karena ****. Herengracht 255. Tel. 6221727, Fax 6250630. 215 Betten, Dz 315 hfl. Vier ehemalige Grachtenhäuser wurden zum Hotel umgebaut. ▶

Adressen: Hotels (4)

Renaissance *****. Kattengat 1. Tel. 6212223, Fax 6275245. 555 Betten, Dz 335–485 hfl. Luxushotel in der Nähe des Bahnhofs. Fitneß-Club, Diskothek, holländisches Café. Sammlung moderner Kunst. Konferenz- und Konzerträume.

SAS Royal Hotel *****. Rusland 17. Tel. 6231231, Fax 5208200. 420 Betten, Dz 420–530 hfl. Großzügiger, neuer Hotelkomplex im Zentrum.

Schiller Karena ****. Rembrandtplein 26–36. Tel. 6231660, Fax 6240098. 160 Betten, Dz 315–340 hfl. Wie das „Krasnopolsky" wurde auch das „Schiller" von einem der zahlreichen deutschen Emigranten des 19. Jh. gegründet: George Schiller und sein Sohn Frits bauten das Hotel am Rembrandtplein zielstrebig zu einem der führenden Häuser aus. Vor der deutschen Besetzung war das „Schiller" Treffpunkt deutscher Emigranten.

Terdam ***. Tesselschadestraat 23. Tel. 6126876, Fax 6838313. 159 Betten, Dz 180–244 hfl. Gepflegtes Hotel der AMS-Kette. Nähe Leidseplein.

Trianon **. J. W. Brouwerstraat 3. Tel. 6732073, Fax 6738868. 102 Betten, Dz 224 hfl. Hotel der AMS-Kette mit komfortabler Standard-Ausstattung. Ruhige Straße hinter dem Concertgebouw.

Victoria Hotel Amsterdam ****. Damrak 1–6. Tel. 6234255, Fax 6252997. 622 Betten, Dz 395–425 hfl. Schon ein Jahr nach der feierlichen Einweihung des gegenüberliegenden Hauptbahnhofs (1889) öffnete das Victoria Hotel seine Pforten. Die verkehrsgünstige Lage brachte dem behutsam, aber stetig expandierenden Hotel den erhofften Erfolg.

Wiechmann **. Prinsengracht 328–330. Tel. 6263321, Fax 6268962. 77 Betten, Dz 150–250 hfl. Reizvolles Grachtenhotel. Aufenthaltsräume mit antiken Möbeln eingerichtet.

Adressen: Restaurants (1)

Während Niederländer mittags oft nur einen Snack essen (z. B. broodje oder uitsmijter), wird die Hauptmahlzeit abends eingenommen. Restaurants für jeden Geschmack und jeden Geldbeutel finden sich quer über die Stadt verteilt. Das Schild „Neerlands Dis" weist darauf hin, daß niederländische Spezialitäten serviert werden.
In den aufgeführten Preisen sind Mehrwertsteuer und Bedienungsgelder bereits enthalten.

Spitzenrestaurants

Bistro Klein Paardenburg. Amstelzijde 59, Ouderkerk aan de Amstel. Tel. 02963/1335. Öffnungszeiten Mo-Fr 12–14 h und 18–22 h, Sa 18–22 h, So geschl. Menü 87,50–100 hfl, Lunchmenü ab 60 hfl. Französische Küche. Das Restaurant von Ton Fagel gehört zu den Geheimtips für Gourmets, die die Ente „au porto" und die „St. Jacques Muscheln au Noilly Prat" empfehlen. Aufmerksamer Service. Trotz seiner Außenlage in Ouderkerk aan de Amstel ist Reservierung anzuraten.

Ciel Bleu. Ferdinand Bolstraat 333. Tel. 6787111. Öffnungszeiten tägl. 18.30–23 h. Das französische Restaurant in der 23. Etage des japanischen Okura-Hotels bietet nicht nur erstklassige Küche, sondern auch einen Panoramablick über die Stadt. Besonders empfehlenswert sind die flambierten Gerichte.

De Eettuin. 2e Tuindwarsstraat 10. Tel. 6237706. Öffnungszeiten tägl. 17.30–23.30 h. Menü 23–29 hfl. Internationale Küche. Spezialität: Salatbar bei allen Gerichten.

De Goudsbloem Patiorestaurant. Pulitzer Hotel, Reestraat 8. Tel. 6253288. Öffnungszeiten Mo-Fr 12–14.30 h und 18–23 h, Sa 12–14.30 h, So und 15.7.–15.8. geschl. Menü 75–120 hfl. Französische Küche. Spezialität: Menü der Jahreszeit. ▶

Adressen: Restaurants (2)

De Kersentuin. Dijsselhofplantsoen 7. Tel. 6642121. Öffnungszeiten Mo–Fr 12–15 h und 18–22 h, Sa 18–22 h, So geschl. Menü 70–200 hfl. Französische Küche: Auch Gourmets werden von der extravaganten Speisekarte überrascht sein.

De Trechter. Hobbemakade 63. Tel. 6711263. Öffnungszeiten Di–Sa 18–23 h, So und Mo sowie an Feiertagen, 15.7.–8.8. und 25.12.–6.1. geschl. Menü 67,50–95 hfl. Französische Küche. Spezialität: Seezunge mit Champignon-Lavendel-Vinaigrette. Die Pariser Atmosphäre und die seit Jahren mit einem Michelin-Stern ausgezeichnete Küche sorgen dafür, daß „de Trechter" immer gut besucht ist – am Wochenende von überwiegend jungem Schlemmerpublikum.

Dikker & Thijs. Prinsengracht 444. Tel. 6267721. Öffnungszeiten tägl. außer So, 18.30–22.30 h. Menü 75–110 hfl. Französische Küche. Spezialität: Lamm und Wild.

Entresol Tijl Uilenspiegel. Geldersekade 29. Tel. 6237912. Öffnungszeiten tägl. außer Mi, 12–1 h. Menü 38–85 hfl. Französische Küche. Spezialität: Lamm.

Excelsior. Hotel de l'Europe, Nieuwe Doelenstraat 2–8. Tel. 6234836. Öffnungszeiten tägl. 12–14.30 h und 19–21.30 h. Menü 60–150 hfl. Französische Küche. Die schmale und ruhig gelegene Restaurantterrasse an der Amstelmündung bietet einen schönen Blick auf den Munttoren und die Stopera. Die Küche wurde mit einem Michelin-Stern ausgezeichnet, der Weinkeller gehört zu den bestsortierten in den Niederlanden.

1e Klas. Gleis 2b Hauptbahnhof, Stationsplein 15. Tel. 6250131. Öffnungszeiten tägl. ab 11 h. Menü 25,50–37 hfl. Internationale Küche. Bahnhofsrestaurant des gehobenen Stils, auch für Nichtreisende.

Kyo. Jan Luykenstraat 2a. Tel. 6716916. Öffnungszeiten tägl. außer So 18–22 h. Menü 35,50–100 hfl. Japanische Küche. Spezialitäten: Ume menu, Take menu, Matsu menu.

L'Entrecôte. P. C. Hooftstraat 70. Tel. 6737776. Öffnungszeiten Di-Sa 12–14 h und 17.30–22 h, Mo und So sowie 1.7.–1.8. geschl. Menü 36–39,50 hfl. Französische Küche. Der Name hält, was er verspricht: Dem Entrecôte vom Rind mit der Walnuß- und Vinaigrette Sauce ist ebensowenig zu widerstehen wie dem Dessert-Angebot.

Les Quatre Canetons. Prinsengracht 1111. Tel. 6246307. Öffnungszeiten tägl. außer So, 12–14.30 h und 18–22.30 h. Menü 53–72,50 hfl. Französische Küche. Spezialitäten: Entenbrust, Wild, Hummer, Forelle.

Los Gauchos. Mehrere Filialen: Geelvincksteeg 6. Tel. 6265977. Korte Leidsedwarsstraat 45. Tel. 6238087. Korte Leidsedwarsstraat 109. Tel. 6270318. Damstraat 5. Tel. 6239632. Öffnungszeiten Mo–Sa 12–24 h, So 17–24 h. Menü 25–40 hfl. Argentinische Küche. Spezialität: Grand parrillada mixta, Bife de Lomo.

Mirafiori. Hobbemastraat 2. Tel. 6623013. Öffnungszeiten tägl. 12–15 h und 17–22 h, im Sommer zwei Wochen geschl. Menü 35–58 hfl, Lunchmenü 21–25 hfl. Norditalienische und lombardische Küche. Das in der Nähe des Concertgebouws gelegene „Mirafiori" ist seit mehr als 45 Jahren Treffpunkt der Prominenz aus dem Musik- und Theaterleben; zahlreiche Porträts an den Wänden bezeugen dies. Chefkoch Vincenzo Franciamore sorgt für das Wohl des Gourmets.

Sea Palace. Oosterdokskade 8. Tel. 6264777. Öffnungszeiten tägl. 12–23 h. Menü 35–150 hfl. Chinesische Küche. Spezialitäten: Peking-Ente, frischer Fisch aus dem Aquarium. ▶

Adressen: Restaurants (3)

Sluizer. Utrechtsestraat 43–45. Tel. 6263557. Öffnungszeiten Mo–Fr 12–24 h, Sa–So 17–24 h. Menü 26–46 hfl. Internationale Küche. Spezialität: Entrecôte Dijon, Fischspezialitäten. Als Fleisch- und Fischrestaurant bietet „Sluizer" ausgefallene Menüs zu angemessenen Preisen.

't Schwarte Schaep. Korte Leidsedwarsstraat 24 I. Tel. 6223021. Öffnungszeiten tägl. 12–23 h, 1.1., 5., 15., 26. und 31.12. geschl. Menü 65–125 hfl. Französische Küche. Spezialität: Saumon fumé à la minute, Salpicon de caille au pistou safrané et de l'anis, Agneau roti à la crème de romarin.

Thessaloniki. Lange Leidsedwarsstraat 94. Tel. 6267261. Öffnungszeiten ab 16.30 h. Menü 30–75 hfl. Live-Musik. Griechische Küche. Spezialität: Fisch.

Yoichi. Weteringschans 128. Tel. 6226829. Öffnungszeiten ab 18 h, Mi geschl. Ostern und Pfingsten geschl. Menü 60–95 hfl. Japanische Küche. Spezialität: Roher Thunfisch in Sojasauce. Die Inneneinrichtung stammt noch aus den 20er Jahren und verbindet Jugendstilelemente mit japanischer Ästhetik.

Ethnische Küche

Nach der Weltwirtschaftskrise (1929) ließen sich zahlreiche Chinesen in Amsterdam nieder, die als Matrosen nur noch schwer Arbeit bei den Reedereien fanden: Der Verkauf von chinesischem Gebäck und die Eröffnung kleiner Restaurants bedeuteten erste Schritte in eine gesicherte Existenz. Rund um den Zeedijk und den Nieuwmarkt (das chinesische Viertel von Amsterdam) entstanden preiswerte und gute Restaurants mit der unverfälschten Küche aus Hongkong. In den 60er Jahren etablierte sich die chinesische Küche dann in ganz Amsterdam, heute gibt es in allen

Vierteln preiswerte Eethuizen (Eßhäuser), die sich auf die schnelle Mahlzeit zum Mitnehmen spezialisiert haben, aber auch exklusive Restaurants.
Von argentinisch bis zu thailändisch finden sich in der Hauptstadt viele Angebote der ethnischen Küche. Die gastronomische Stärke liegt jedoch in der indonesischen Kochkunst, ein kulinarisches Erbe aus der Kolonialzeit.

Anna Purna. Torensteeg 4–6. Tel. 6220303. Öffnungszeiten tägl. 17–24 h. Menü 27,50–49,50 hfl. Indische Küche. Spezialität: Vegetarische Gerichte, gegrilltes Lammfleisch.

Bistro "109". Spuistraat 109. Tel. 6237705. Öffnungszeiten tägl. außer Do, 17.30–23 h. Menü 40–63 hfl. Französische Küche. Spezialität: Bouillabaisse.

Caramba. Lindengracht 342. Tel. 6271188. Öffnungszeiten 17.30–24 h. Menü 35 hfl. Mexikanische Küche. Spezialität: Menü der Woche.

Djokja. Ferdinand Bolstraat 13. Tel. 6716269. Öffnungszeiten tägl. außer Mo, 17–1 h. Menü 28–68 hfl. Indonesische Küche. Spezialitäten: Nasi Goedek, Goeleh Kambing, Oedang Taotjo. Kaum an westeuropäischen Geschmack angepaßte indonesische Küche, preiswert, hektisch.

Dynasty. Reguliersdwarsstraat 30. Tel. 6268400. Öffnungszeiten tägl. außer Di, 17.30–23 h. Menü 45–110 hfl. Chinesisch-asiatische Küche. Gerichte aus Thailand, Vietnam, den Philippinen, Burma und China.

La Cabaña. Warmoesstraat 27. Tel. 6253972. Öffnungszeiten tägl. 17–23 h. Menü 23–29,50 hfl. Peruanische Küche. Spezialität: Papa rellena, Churrasco. ▶

Adressen: Restaurants (4)

La Cacerola. Weteringstraat 41. Tel. 6265397. Öffnungszeiten tägl. außer So, 17.30–1 h. Menü 45–75 hfl. Spanische Küche. Spezialitäten: Medallones Rico, Gambas à la Plancha, Paella. Die katalanische Menükarte ist seit vielen Jahren unverändert.

Marrakech. Nieuwezijds Voorburgwal 134. Tel. 6235003. Öffnungszeiten Mo–Sa 17–23 h, So 14–23 h. Menü 25–36 hfl. Marokkanische Küche. Spezialität: Cous Cous, Tajines, Bestalla. Das einzige marokkanische Restaurant mit vielen Variationen des Nationalgerichts Cous Cous.

Rose's Cantina. Reguliersdwarsstraat 38. Tel. 6259797. Öffnungszeiten tägl. 17–1 h. Menü 27,50–46 hfl. Spezialität: Tacos, Enchillada, Buritto. Seit der Vergrößerung bekommt man in dem immer vollen Restaurant wieder einen Platz. Telefonische Reservierung nicht möglich.

Sultan Ahmet. Haarlemmerdijk 176. Tel. 6248358. Öffnungszeiten tägl. 17–24 h. Menü 28–46,50 hfl. Spezialität: Sultan Kebab. Im „Sultan Ahmet" gehören gelegentliche Bauchtanz-Auftritte zum kulinarischen Begleitprogramm.

Tempo Doeloe. Utrechtsestraat 75. Tel. 6256718. Öffnungszeiten tägl. 18–24 h. Menü 34,50–45 hfl. Indonesische Küche. Spezialität: Reistafel. Authentische indonesische Küche, preiswert.

Treasure. Nieuwezijds Voorburgwal 115. Tel. 6234061. Öffnungszeiten tägl. 12–15 h und 17–23 h. Menü 45–120 hfl. Chinesisch-asiatische Küche. Spezialität: Peking-Ente.

Turkiye. Nieuwezijds Voorburgwal 169. Tel. 6229919. Öffnungszeiten tägl. 12–14 h, 16–24 h. Menü 27,50–39,50 hfl. Türkische Küche. Spezialität: Gefüllte Auberginen mit Lammfleisch. Allabendliche Bauchtanz-Auftritte.

Regionale Küche

De Keuken van 1870. Spuistraat 4. Tel. 6248965. Öffnungszeiten Mo–Fr 11–20 h, Sa–So 14–20 h. Menü 11,50–20 hfl. Spezialität: Beefsteak. Nostalgische Gerichte der gutbürgerlichen, niederländischen Küche zu gleichfalls nostalgischen Preisen, ehemals Volksküche.

De Oesterbar. Leidseplein 10. Tel. 6263463. Öffnungszeiten tägl. 12–1 h. Menü 45–120 hfl. Fischrestaurant. Spezialitäten: Austern, frischer Lachs, frischer Steinbutt.

d'Vijff Vlieghen. Spuistraat 294–302. Tel. 6248369. Öffnungszeiten tägl. 17.30–24 h, 5., 25., 26. und 31.12. geschl. Menü 50–80 hfl. Spezialität: Menü der Woche. Die Geschichte des wahrscheinlich ältesten Restaurants von Amsterdam geht zurück bis ins 17. Jh.; 1627 gründete Jan Janszoon Vijff Flijghen hier eine Taverne. Die Küche benutzt ausschließlich niederländische Produkte. Beim Genever kann man aus 150 verschiedenen Sorten wählen.

Hemelse Modder. Oude Waal 9. Tel. 6243203. Öffnungszeiten Mi–So ab 18 h, Mo und Di geschl. Menü 19,50–32 hfl. Reservierung erwünscht. Das vegetarische Restaurant mit Fleisch- und Fischgerichten wurde durch seine eigenwillige Speisekarte bekannt. Frischgemüse und reichhaltige Salate gehören zum Standard. Ehemals alternatives, heute gemischtes Publikum.

Klaverkoning. Koningstraat 29. Tel. 6261085. Öffnungszeiten Mo–Fr 17.30–21 h, Sa und So geschl. Menü 16–35 hfl. Vegetarische Küche. Spezialität: Ausschließlich Verwendung biologisch angebauter Gemüsesorten; auch Fischgerichte.

Moeders Pot. Vinkenstraat 119. Tel. 6237643. Öffnungszeiten tägl. außer So, 17–22 h, an Feiertagen geschl. Menü 9,50–22,50 hfl. Niederländische Küche. Spezialität: Tagesgericht.

Adressen: Cafés (1)

Die Grenzen zwischen Cafés und Kneipen sind in Amsterdam seit langem fließend, in den neuen Grand Cafés oder den traditionsreichen Theatercafés verbinden sich guter Service und gediegenes Ambiente. Cafés sind zumeist durchgängig bis 1 h nachts geöffnet, am Wochenende bis 2 h. Die Amsterdamer Café-Kultur ist keine Jugendkultur, sondern Treffpunkt für alle Altersstufen.
In fast allen Cafés/Abendcafés umfaßt die Karte neben Kaffee und Kuchen ein differenziertes Angebot zum Lunch oder Souper: Variierend von Brötchen/Baguette, Suppen, Aufläufen, Quiches bis zu vollständigen Mahlzeiten. Das Tortenangebot ist dagegen generell begrenzt, da in den Niederlanden (bis auf die überall angebotene appeltaart, Apfeltorte) kaum Kuchen gegessen wird. Eine lokale Besonderheit sind die sog. Braunen Cafés, die ihren Namen den alten Holzmöbeln und der gedämpften Beleuchtung verdanken. Manche der Cafés bestehen seit dem 17. Jh. und haben ihr Interieur bis heute kaum verändert.

Aas van Bokalen. Keizersgracht 335. Tel. 6230917. Öffnungszeiten tägl. außer So, 12–1 h. Gemischtes Publikum.

Alto. Korte Leidsedwarsstraat 115. Tel. 6263249. Öffnungszeiten tägl. 22–2 h. Jazz-Konzerte ab 21.30 h.

Americain. American Hotel, Leidseplein 28. Tel. 6245322. Öffnungszeiten tägl. 9–24 h. Das Art-déco-Interieur machte das Lokal berühmt, Schriftsteller und Maler machten es einst zum Künstlertreff.

BIM-huis. Oude-Schans 73–77. Tel. 6231361. Öffnungszeiten Mo-Sa 20–24 h, So geschl. Jazz-Café beim BIM-Huis. Konzerte Do-Sa 21 h, Zutritt zum Café Do-Sa 20–24 h nur mit Eintrittskarte.

't Bruine Paard. Prinsengracht 44. Tel. 6228538. Öffnungszeiten So–Do 11–1 h, Fr–Sa 11–2 h. Frauencafé, auch für Männer zu besuchen.

Café Cox. Marnixstraat 427. Tel. 6207222. Öffnungszeiten So–Do 10–1 h, Fr–Sa 10–2 h, 1. 1. und 25. 12. geschl. Modernes Theatercafé beim Leidseplein.

Café Saarein. Elandstraat 119. Tel. 6234901. Öffnungszeiten Mo 20–1 h, Di–Do 15–1 h, Fr–Sa 15–2 h. Frauencafé.

Café Vandenberg. Lindengracht 95. Tel. 6222716. Öffnungszeiten So–Do 16–1 h, Fr–Sa 16–2 h. Frauencafé.

Chez Manfred. Halvemaansteg. Tel. 6264510. Braunes Café zum Mitschunkeln.

Coffeeshop Gallery Françoise. Kerkstraat 176. Tel. 6240145. Öffnungszeiten Mo–Sa 9–18 h, So geschl. Frauencafé.

De Balie. Kleine Gartmanplantsoen 10. Tel. 6243821. Öffnungszeiten So–Do 11–1 h, Fr–Sa 11–2 h. Theatercafé mit Seitenblick auf den Leidseplein.

De Brakke Grond. Nes 43. Tel. 6260044. Öffnungszeiten Mo–Do 10.30–1 h, Fr–Sa 10.30–2 h, So 12–1 h. Gehört zum flämischen Kulturzentrum und serviert diverse belgische Biersorten (Duvel, Wittekop oder Geuze Lambiek).

De Eland. Prinsengracht 296. Tel. 6237654. Öffnungszeiten So–Do 10–1 h, Fr–Sa, 10–2 h. Braunes Café.

De Engelbewaarder. Kloveniersburgwal 59. Tel. 6253772. Öffnungszeiten Mo–Do 12–1 h, Fr–Sa 12–2 h, So 14–1 h, 1. 1. geschl. Literaturcafé mit Lesungen und Musikabenden, So Jazz-Sessions.

De IJsbreker. Weesperzijde 23. Tel. 6653014. Öffnungszeiten So–Do 10–1 h, Fr–Sa 10–2 h, 25. 12.–1. 1. geschl. Ruhiges Café an der Amstel mit Terrasse. ▶

Adressen: Cafés (2)

De Jaren. Doelenstraat 20–22. Tel. 6255771. Öffnungszeiten Mo–Do 10–1 h, Fr–So 10–2 h. Großzügiges Caféhaus mit auffallendem Design, Terrasse zur Amstel.

De Kroon. Rembrandtplein 171, 2. Etage. Tel. 6252011. Öffnungszeiten tägl. 10–1 h. Eines der schönsten neuen Grand Cafés mit Aussicht auf den Rembrandtplein. Ausgefallene Innenausstattung.

De Leydse Poort. Leidseplein 11. Tel. 6243454. Öffnungszeiten Mo–Do 16–1 h, Fr–Sa 16–2 h, So geschl.

De Nieuwe Kroeg. Lijnbaansgracht 163. Tel. 6250177. Öffnungszeiten So 22–4 h, Fr–Sa 22–5 h. So ab 22.30 h Jazz.

De Prins. Prinsengracht 124. Tel. 6249382. Öffnungszeiten So–Do 10–1 h, Fr–Sa 10–2 h, 31. 12. geschl. Braunes Café.

De Smoeshaan. Leidsekade 90. Tel. 6250368. Öffnungszeiten Mo–Do 10–1 h, Fr 10–2 h, Sa 11–2 h, So 11–1 h, im Sommer tägl. ab 16 h. Legeres Theatercafé.

De Twee Prinsen. Prinsenstraat 27. Tel. 6249722. Öffnungszeiten tägl. 11–1 h. Braunes Café.

De Twee Zwaantjes. Prinsengracht 114. Tel. 6252729. Öffnungszeiten So–Do 15–1 h, Fr–Sa 15–2 h. Braunes Café mit Live-Musik am Wochenende.

Downtown Amsterdam. Reguliersdwarsstraat 31. Tel. 6229958. Öffnungszeiten tägl. 11–22 h. Beliebter Treffpunkt für Homosexuelle.

Frascati. Nes 59. Tel. 6241324. Öffnungszeiten So–Do 16–1 h, Fr 16–2 h, Sa 13.30–2 h. Theatercafé des gleichnamigen Theaters, intellektuelles Publikum.

Grand Café L'Opera. Rembrandtplein 27–29. Tel. 6275232. Öffnungszeiten Mo–Do 10–1 h, Fr–Sa 10–2 h, So 11–22 h. Beliebtes Café direkt am Rembrandtplein.

Het Hok. Lange Leidsedwarsstraat 134. Treffpunkt für Schachspieler, Backgammon- und Damefans.

Hoppe. Spui 20. Tel. 6240756. Öffnungszeiten So–Do 8–1 h, Fr–Sa 8–2 h, 1. 1. und 25. 12. geschl. Besteht seit 1670. Sehr gemischtes, internationales Publikum, aber auch bei Einheimischen sehr beliebt.

Het Land van Walem. Keizersgracht 449. Tel. 6253544. Öffnungszeiten So–Do 9–1 h, Fr–Sa 9–2 h. Zentrale Lage an der Keizersgracht, immer voll.

In de Wildeman. Kolksteeg 3–5. Tel. 6382348. Öffnungszeiten Mo–Do 12–1 h, Fr–Sa 12–2 h, So geschl. Probierstube in ehemaliger Genever-Brennerei.

Joop Heuvel. Prinsengracht 568. Traditionelles braunes Café in der Nähe des Rijksmuseums.

Karpershoek. Martelaarsgracht 2. Tel. 6247886. Öffnungszeiten Mo–Fr 7–1 h, Sa–So 8–1 h. Ältestes Café der Stadt.

Le Maxim. Leidsekruisstraat 35. Tel. 6241920. Öffnungszeiten tägl. ab 22 h. Pianobar.

Luxembourg. Spui 22. Tel. 6206264. Öffnungszeiten Mo–Do 10–1 h, Fr–So 10–2 h, 31. 12. geschl. Neues Café mit dem Flair der Metropole.

Maloe Melo. Lijnbaansgracht 160. Tel. 6250177. Öffnungszeiten tägl. ab 22 h. Spezialisiert auf Rhythm 'n Blues.

Melkweg (**S. 256**). Lijnbaansgracht 234a. Tel. 6241777. Öffnungszeiten tägl. ab 20 h. Rock, Blues und Folk-Konzerte.

Metz & Co. Keizersgracht 445 IV. Tel. 6248810. Öffnungszeiten Mo 11–17.30 h, Di–Fr 9.30–17.30 h, Sa 9.30–17 h. Das verglaste Café auf der 5. Etage des gleichnamigen Warenhauses bietet einen guten Blick aus der Vogelperspektive auf das Zentrum. ▶

Adressen: Cafés (3)

Morlang. Keizersgracht 451. Tel. 6252681. Öffnungszeiten Mo–Do 10–1 h, Fr–So 10–2 h. Ruhiges Café mit gemischtem Publikum aller Altersklassen und respektabler Sachertorte. Restaurant geöffnet bis 22 h.

Nol. Westerstraat 109. Tel. 6245380. Öffnungszeiten tägl. 8–3 h. Seit 1870 beliebter Treffpunkt für Jordaan-Publikum und alle, die Kitsch mögen.

Oblomow. Reguliersdwarsstraat 40. Modernes weißes Interieur. Bekannt gute Drinks, preiswerte Gerichte im eigenen Restaurant.

Rum Runners. Prinsengracht 277. Tel. 6274079. Öffnungszeiten Restaurant tägl. 12–15 h und 18–23 h, Bar tägl. 12–1 h.

Schiller. Rembrandtplein 26–36. Tel. 6249846. Öffnungszeiten tägl. 16–1 h. Hinter der wenig ansprechenden Fassade verbirgt sich eines der schönsten Art-déco-Cafés, beliebte Terrasse auf dem Rembrandtplein im Sommer.

The String. Nes 98. Tel. 6259015. Öffnungszeiten Di–So ab 21 h, Mo geschlossen. Folk und Blues.

Welling. J. W. Brouwerstraat 32. Tel. 6620155. Öffnungszeiten tägl. 12–1 h. Braunes Café mit Wohnzimmeratmosphäre.

Wijnand Focking. Pijlsteeg 31. Tel. 6248443. Öffnungszeiten Mo–Sa 11–21 h. So geschl. Café-Kneipe, in der man die einheimischen Spirituosen testen kann.

Wildschut. Roelof Hartplein 1. Tel. 6768220. Öffnungszeiten Mo–Fr 9–3 h, Sa–So 10.30–3 h. Authentisches Art-déco-Café in der Nähe des Concertgebouw.

Adressen: Bars und Nachtclubs

Eine Alternative zu den zahlreichen gemütlichen Cafés sind die Bars und Nachtclubs der Stadt. Bei einem exotischen Cocktail kann man in der Bar des Okura-Hotels im 23. Stock den Rundblick über die nächtliche Stadt genießen.

April. Reguliersdwarsstraat 37. Tel. 6259572. Öffnungszeiten tägl. 14–2 h. Gay-Bar mit internationalem Publikum.

Bananen Bar. Oudezijds Achterburgwal 37. Tel. 6224670. Männerstriptease von 20 bis 2 h.

Bass Pub. Doelen Crest Hotel. Nieuwe Doelenstraat 24. Tel. 6220722. Öffnungszeiten 12–1 h. Ruhige Hotelbar.

Ciel Bleu Bar. Okura Hotel, 23. Stock, Ferdinand Bolstraat 333. Tel. 6787111. Öffnungszeiten 18–1 h. Berühmt für ihre Cocktails.

Harry's American Bar. Spuistraat 285. Tel. 6244384. Öffnungszeiten Mo–Do 16–1 h, Fr–Sa 16–2 h, So 21–1 h. Cocktails.

Havana. Reguliersdwarsstraat 17. Tel. 6206788. Öffnungszeiten Mo–Do 16–1 h, Fr 16–2 h, Sa 14–2 h, So 14–1 h. Unten Bar, oben Disco. Gemischtes Publikum.

Joseph Lam Jazzclub. Van Diemenstraat 242. Tel. 6228086. Öffnungszeiten Sa 21–3 h, So 21–2 h Jam-Sessions.

Library Bar. Marriott Hotel, Stadhouderskade 19–21. Tel. 6075555. Öffnungszeiten 12–1 h. Die Library Bar verfügt über eine ausgedehnte Sammlung vor allem theologischer Literatur.

Madame. Thorbeckeplein 15–17. Tel. 6242499. Kabarett, Travestie.

Madame Arthur. Warmoesstraat 131. Tel. 6262579. Öffnungszeiten So ab 24 h. Travestie.

Pulitzer Bar. Keizersgracht 234. Tel. 6228333. Öffnungszeiten tägl. 11–1 h.

Adressen: Probierstuben

Die Produktion von Likören hat in Amsterdam Tradition. Von den ehemals zahlreichen Brennereien existiert im Stadtviertel Jordaan bis heute der Hersteller der Lokalmarke „De Olifant", A. van Wees & Zonen.
Proeflokaals (Probierstuben) sind eine Amsterdamer Besonderheit. Hier werden hauptsächlich Branntwein und Liköre ausgeschenkt. Traditionsgemäß wird der borrel – ein Glas voll Jonge Jenever (junger Gin) oder Oude Jenever (alter Gin) in einem Zug hintergekippt. Oft bieten die Probierstuben jedoch keinen Marken-Schnaps an, sondern eine nach hauseigener Rezeptur zusammengestellte Mischung. Die Qual der Wahl hat man auch bei den unzähligen Biersorten, die in den Cafés auf der Getränkekarte stehen. Neben dem traditionellen Pils oder Lagerbier, das von der holländischen Amstel- oder der Heineken-Brauerei kommt, gibt es noch „helle" und „dunkle" Faßbiere. Die „dunklen" oder „braunen" Biere sind meist aus Belgien importiert und stärker als das normale Pils.

Alt-Amsterdamer Probierstuben:
Bols Taverne. Rozengracht 106. Tel. 6245752.
De Drie Fleschjes. Gravenstraat 18. Tel. 6248443.
Hooghoudt. Reguliersgracht 11. Tel. 6255030.
Wijnand Focking. Pijlsteeg 31. Tel. 6243989.
Bierprobe:
In de Wildeman. Kolksteeg 3. Tel. 6382348.
Gollem. Raamsteeg 4.
Weinstuben:
Continental Bodega. Lijnbaansgracht 241.
Henri Bloems Vinotheek. Gravenstraat 8.
Henri Prouvin. Gravenstraat 26. Tel. 6239333.

Adressen: Shopping (1)

„Lekker winkelen in Amsterdam" (Herrlich einkaufen in Amsterdam) lautet ein Werbespruch, dem täglich viele Besucher – besonders aus dem Nachbarland Deutschland – folgen. Egal ob großes Kaufhaus, luxuriöse Boutique, Flohmarkt oder Spezialitätenladen – Amsterdam ist ein Eldorado für entdeckungshungrige Shopping-Liebhaber.
Bekannteste Adresse ist die Kalverstraat, eine autofreie Geschäftsstraße unmittelbar am Dam. Hier und am Damrak findet man auch die großen Warenhäuser Bijenkorf, Peek & Cloppenburg sowie C & A. Seit den 60er Jahren macht die P. C. Hooftstraat außerhalb des Zentrums der Kalverstraat als Einkaufsadresse Konkurrenz. Zahlreiche Modegeschäfte finden sich auch auf der Van Baerlestraat, während sich die Beethovenstraat mit ihren 90 Lebensmittelläden auf Kulinarisches spezialisiert hat.
Der Einkaufsweg von Kunst- und Antiquitätenfreunden sollte über den Rokin und die Keizersgracht zur Spiegelgracht führen.

Geschäfte und Kaufhäuser sind in der Regel Mo 13–18 h, Di–Fr 9–18 h und Sa 9–17 h geöffnet. Die meisten Geschäfte haben am Do bis 21 h geöffnet. Manchmal sind Geschäfte einen Tag pro Woche geschlossen. Für Kaufhäuser gelten dieselben Öffnungszeiten. In Amsterdam gibt es viele sog. Avondwinkel, in denen man auch in den Abendstunden noch einkaufen kann.

Avondmarkt. De Wittenkade 94. Öffnungszeiten Mo–Sa 18–1 Uhr, So und Feiertage 14–22 h. Komplettes Supermarkt-Angebot.
Sterk. Waterlooplein 241.
Joop's Avondverkoop. Prins Hendrikkade 92.
Delicate. Prinsenstraat 28.
Big Bananas. Leidsestraat 73 ▶

Adressen: Shopping (2)

Antiquitäten

Die Nieuwe Spiegelstraat zwischen dem Rijksmuseum und der Herengracht hat sich zum Zentrum des Antiquitätenhandels entwickelt. Von den fast 150 Kunst- und Antiquitätenläden Amsterdams liegt mehr als ein Drittel an dieser Straße und an der Spiegelgracht. In den Querstraßen (Kerkstraat, Lange Leidsedwarsstraat, Tweede Weteringdwarsstraat, Prinsengracht und Leidsegracht) finden sich weitere „Antiekwinkels" und Galerien.

Antiekmarkt De Looier. Elandsgracht 109. Tel. 6249038. Öffnungszeiten Mo–Do, Sa 11–17 h, Fr und So geschl.

van de Meer. P. C. Hooftstraat 112. Tel. 6621936. Alte Stiche.

Lyppens. Langebrugsteeg 8. Tel. 6270901. Schmuck, Gold- und Silberwaren.

Lyppens Jr. Rokin 48. Tel. 6201644. Schmuck, Gold- und Silberwaren.

Marcus. Nieuwezijds Voorburgwal 284. Tel. 6234544. Stiche und Ethnographica.

Kunstmarkt. Thorbeckeplein. Öffnungszeiten Apr–Mitte Okt: So 12–18 h.

Oppo Galerie. Spiegelgracht 30. Tel. 6241192. Jugendstil, Art-déco.

Premsela und Hamburger. Rokin 20. Tel. 6249688. Gold- und Silberwaren.

Schuman. Keizersgracht 448. Tel. 6247721. Münzen.

Emmering. Nieuwezijds Voorburgwal 304. Tel. 6231476. Ethnographica und Stiche.

Spaans Galjoen. 2e Weteringdwarsstraat 33b. Tel. 6259462. Antiquitäten-Shop mit breitem Angebot.

't Spiegeltje. Nieuwe Spiegelstraat 63. Tel. 6248703. Schmuck.

Buchhandlungen

International sortiert und immer auf der Höhe der Zeit ist der Athenaeum Buchhandel. Das benachbarte Athenaeum Nieuws Centrum bietet ausländische Presseerzeugnisse. Alte Bücher, Drucke, Karten und Notenblätter findet man bei den Raritätenhändlern in der Passage des Oudemanhuispoort.

Ako. Stationsplein 1. Tel. 6266747. Reguliersbreestraat 32. Tel. 6231104.

A La Carte. Utrechtsestraat 110–112. Tel. 6250679. Öffnungszeiten Di-Fr 9–18 h, Sa 9.30–17 h, So und Mo geschl. Spezialisiert auf Reiseliteratur und Karten.

Allert de Lange. Damrak 60–62. Tel. 6246744. Öffnungszeiten Mo 13–18 h, Di-Fr 9–18 h, Sa 9–17 h, So geschl. Seit 1886 spezialisiert auf europäische Literatur. 1989 Ausweitung auf Musik, Film, Theater und Reisen.

American Discount. Kalverstraat 185. Tel. 6255537. Öffnungszeiten Mo-Sa 10–22 h, So 11–19 h. Ausschließlich englischsprachige Belletristik und Sachliteratur.

Athenaeum Boekhandel. Spui 14–16. Tel. 6233933, 6226248. Öffnungszeiten Mo 13–18 h, Di, Mi, Fr 9–18 h, Do 9–21 h, Sa 9–17 h, So geschl. Auch ausländische Belletristik und Fachliteratur, schneller Bestellservice.

Athenaeum Nieuws Centrum. Spui 14–16. Tel. 6233933. Öffnungszeiten tägl. 8–22 h. Nahezu vollständiger Querschnitt der europäischen und amerikanischen Presse.

Die weiße Rose. Rozengracht 166. Tel. 6383959. Öffnungszeiten Di-Fr 10–18 h, Sa 11–17 h, So und Mo geschl. Deutsche Buchhandlung. ▶

Adressen: Shopping (3)

Intermale. Spuistraat 251. Tel. 6250009. Öffnungszeiten Mo–Fr 10–18 h, Do 10–21 h, Sa 12–17 h, So geschl. Gay-Buchhandlung.

Lambieck. Kerkstraat 78. Tel. 6267543. Öffnungszeiten Mo–Fr 11–18 h, Sa 11–17 h, So geschl. Comic-strip-Buchladen, auch amerikanische Comics.

Lankamp en Brinkman. Spiegelgracht 19. Tel. 6234512. Öffnungszeiten Mo 13–18 h, Di–Fr 9–18 h, Sa 10–17 h, So geschl. Kinderbücher und Kunstbücher.

Lorelei. Prinsengracht 495. Tel. 6234308. Öffnungszeiten Di–Fr 12–18 h Sa 12–17 h, So und Mo geschl. Antiquariat, Frauenbuchhandlung.

Robert Premsela. Van Baerlestraat 78. Tel. 6624266. Öffnungszeiten Di–Fr 9–18 h, Sa 9.30–17 h, So und Mo geschl. Kunstbuchhandlung beim Stedelijk Museum.

Scheltema Holkema Vermeulen. Koningsplein 20. Tel. 6267212. Öffnungszeiten Mo 13–17 h, Di, Mi, Fr 9–17 h, Do 9–21 h, Sa 10–17 h, So geschl. Die größte Buchhandlung mit sechs Etagen Verkaufsfläche.

Ten Have. Kalverstraat 108. Tel. 6249848. Öffnungszeiten Mo 13–18 h, Di–Fr 9–18 h, Sa 10–17 h, So geschl. Spanische und lateinamerikanische Literatur.

Vrolijk. Paleisstraat 135. Tel. 6235142. Öffnungszeiten Mo 11–18 h, Di, Mi, Fr 10–18 h, Do 10–21 h, Sa 10–17 h, So geschl. Homosexuelle und feministische Literatur.

W. H. Smith. Kalverstraat 152. Tel. 6383821. Öffnungszeiten Mo 13–18 h, Di, Mi, Fr 9–18 h, Do 9–21 h, Sa 10–17 h, So geschl. Die bestsortierte englischsprachige Buchhandlung mit Reiseliteratur über die ganze Welt.

Xanthippe. Prinsengracht 290. Tel. 6235854. Öffnungszeiten Mo 13–18 h, Di–Fr 10–18 h, Sa 10–17 h, So geschl. Frauenbuchhandlung.

Diamanten

Seit Anfang des 16. Jh. behauptete sich Amsterdam als Zentrum der Diamantenschleiferei und des Edelsteinhandels. Bis zur Weltwirtschaftskrise 1929 arbeiteten mehr als 10 000 Menschen in der Branche, die hohe Löhne garantierte. Während der deutschen Besetzung wurden alle jüdischen Schleifereien geplündert, mehr als 2000 jüdische Schleifer kamen in deutschen Konzentrationslagern um. Nach dem Krieg büßte Amsterdam seine Vormachtstellung an Antwerpen ein; heute arbeiten in Amsterdamer Schleifereien nur noch rd. 600 Menschen. Berühmte Diamanten wie der Koh-i-Noor und der 3106 Karat schwere Cullinan wurden in Amsterdam zerteilt und geschliffen. Zahlreiche Schleifereien bieten Besichtigungen an.

Amstel Diamonds. Amstel 208. Tel. 6231479.
Amsterdam Diamond Centrum. Rokin 1. Tel. 6245787.
A. S. Bonebakker en Zoon. Rokin 86–90. Tel. 6232294.
Bab Hendriksen Diamonds. Weteringschans 89. Tel. 6262798.
Coster Diamonds. P. Potterstraat. 2–4. Tel. 6762222.
Goldart. Spiegelgracht 4. Tel. 6252172.
H. C. D. Lyppens. Lange Brugsteeg 8. Tel. 6270901.
Herman Schipper. Heiligeweg 3. Tel. 6236572.
Reuter Diamonds. Kalverstraat 165. Tel. 6233500.
River Diamonds. Weteringschans 79. Tel. 6275255.
Rokin Diamonds. Rokin 12. Tel. 6247973.
Samuel Gassan Diamonds. Spiegelgracht 4. Tel. 6225333.

Adressen: Shopping (4)

The Mill Diamonds. Rokin 123. Tel. 6238504.
Van Moppes Diamonds. Albert Cuypstraat 2–6. Tel. 6761242.
Westra Diamonds. Utrechtsestraat 115. Tel. 6238968.
Willem van Pampus. Damrak 97. Tel. 6836006.

Galerien

Das Geschäft mit der Kunst hat in Amsterdam Tradition: Schon Rembrandt und van Gogh versuchten hier, ihre Werke zu verkaufen. Die ersten Läden für Kunst und Kuriosa lagen am Damrak und am Rokin, wo man noch heute bekannte Adressen findet.
Auch die internationalen Auktionshäuser Christie's und Sotheby's haben Niederlassungen in der Stadt.
Einen Führer durch den Kunst- und Antiquitätenhandel (Amsterdam Guide – Art and Antiques) erhält man beim VVV. Über Neuigkeiten auf dem Kunstmarkt informiert die Zeitschrift „Tableau", Verkaufsausstellungen werden im Monatsheft „Alert" angekündigt.
Der „Uitkrant" (monatlicher Stadtführer, liegt überall aus) bietet eine Übersicht über laufende Ausstellungen der rd. 200 Galerien.

Amazone. Singel 72. Tel. 6279000. Öffnungszeiten Di–Fr 10–16 h, Sa 13–16 h, So und Mo geschl. Frauenkunst.
Art Unlimited. Keizersgracht 510. Tel. 6244384. Öffnungszeiten Mo 11–18 h, Di, Mi, Fr 10–18 h, Do 10–21 h, Sa 10–17 h, So geschl. Berühmte Sammlung moderner Postkartenkunst.
Barbara Faber. Keizersgracht 265. Tel. 6276343. Öffnungszeiten Di–Sa 12–18 h, So und Mo geschl. Galerie mit Werken junger Künstler.
Canon Image Centre. Leidsestraat 79. Tel. 6254494. Öffnungszeiten Di–Fr 12–17.45 h, Sa 11–16.45 h, So, Mo geschl. Fotogalerie.

Espace. Keizersgracht 548. Tel. 6240802. Öffnungszeiten Di–Sa 12–17.30 h, So und Mo geschl. COBRA, Moderne.

K 61. Kerkstraat 61. Tel. 6161933. Öffnungszeiten Di–Sa 12–18 h, So und Mo geschl. Fotografie.

Montevideo. Singel 137. Tel. 6237101. Öffnungszeiten Di–Sa 13–18 h, So und Mo geschl. Videokunst.

The Living Room. Laurierstraat 70. Tel. 6258449. Öffnungszeiten Di–Sa 14–18 h, So und Mo geschl. Niederländische Kunst.

Van Wijngarden. Prinsengracht 510. Tel. 6386274. Öffnungszeiten Do–Sa 12–17 h, So 14–17 h. Zeitgenössische Kunst.

Wending. Prinsengracht 574. Tel. 6249996. Öffnungszeiten Mi–Sa 12–18 h. Niederländische Avantgarde 1945–1970.

Kaufhäuser

Das größte Warenhaus der Stadt ist „De Bijenkorf". Für Yuppies ist das Metz & Co die erste Adresse.

De Bijenkorf. Damrak 90a. Tel. 6218080. Öffnungszeiten Di–Fr 9–18 h, Sa 9–17 h, Mo 13–18 h, So geschl. Traditionsreiches Kaufhaus zwischen Centraal Station und Dam.

Hema. Nieuwendijk 174. Tel. 6234176. Öffnungszeiten Mo 11–18 h, Di–Fr 9.30–18 h, Sa 9.30–18 h, So geschl.

Metz & Co. Keizersgracht 455. Tel. 6248810. Öffnungszeiten Mo 11–18 h, Di–Fr 9.30–18 h, Sa 9.30–17 h, So geschl. Mit Aussichtscafé auf der 5. Etage, Luxusartikel aller Art und Möbel.

Reguliersbreestraat 10. Tel. 6246506. Öffnungszeiten Mo 11–18 h, Di–Fr 9.30–18 h, Sa 9.30–17 h, So geschl.

Vroom & Dreesmann. Kalverstraat 201. Tel. 6220171. Öffnungszeiten Mo 11–18 h, Di–Fr 9.30–18 h, Sa 9.30–17 h, So geschl. ▶

Adressen: Shopping (5)

Kuriosa

Art Unlimited. Keizersgracht 510. Tel. 6248419. Öffnungszeiten Mo 11–18 h, Di, Mi, Fr 10–18 h, Do 10–21 h, Sa 10–17 h, So geschl. Kunstpostkartengeschäft der Superlative, ausgedehnte Sammlung auch von Kunstpostern.

Belltree. Spiegelgracht 10. Tel. 6258830. Öffnungszeiten Mo 13–18 h, Di–Fr 9–18 h, Sa 9–17 h, So geschl. Der Laden für Kinder: Historisches Spielzeug, Puppen, Marionetten und Kinderbücher.

De Klompenboer. Nieuwezijds Voorburgwal 20. Tel. 6230632. Öffnungszeiten tägl. 10–18 h. Holzschuhgeschäft mit den berühmten niederländischen „Klompen".

Man-Talk. Reguliersdwarsstraat 39. Tel. 6272525. Öffnungszeiten Mo 13–18 h, Di, Mi, Fr 10–18 h, Do 10–21 h, Sa 10–17 h, So geschl. Herrenunterwäsche in allen Variationen für den modebewußten Mann.

Märkte

Antiquitäten
- Antiekmarkt, Nieuwmarkt. Öffnungszeiten März–Okt jeden So 10–16 h.
- Antiquarischer Buchmarkt. Oudemanhuispoort. Öffnungszeiten Mo–Do und Sa 13–16 h, Fr 10–18 h, So geschl. Seit hundert Jahren eine Fundgrube für alte Stiche, Karten, Bücher.

Blumen
- Blumenmarkt Singel (**S. 120**), Singel zwischen Koningsplein und Muntplein. Öffnungszeiten Mo–Sa 9.30–17 h. Riesiges Angebot an Topf- und Schnittblumen aller Art, nicht nur von den nahegelegenen Blumenfeldern bei Aalsmeer.

- Pflanzenmarkt, Amstelveld. Öffnungszeiten Mai–Okt. Mo–Sa 10–12 h, So geschl.

Flohmarkt
- Vlooienmarkt (**S. 406**), Waterlooplein. Öffnungszeiten Mo–Sa 8–17 h, So geschl. Der Amsterdamer Flohmarkt ist über die Landesgrenzen hinaus bekannt. Seit Ende 1988 wird er wieder auf dem Waterlooplein abgehalten.
- Noordermarkt. Öffnungszeiten Mo 9–13 h.

Kunstmarkt
- Thorbeckeplein. Öffnungszeiten Apr–Dez So 12–18 h.

Lebensmittel
- Albert Cuyp Markt (**S. 88**), Albert Cuypstraat. Öffnungszeiten Mo–Sa 9.30–17 h, So geschl. Reichhaltiges Angebot an frischen Waren für die exotische Küche.
- Dappermarkt, Dapperstraat. Öffnungszeiten Mo–Sa 10–16 h, So geschl.
- Lindenmarkt. Lindengracht. Öffnungszeiten Sa 10–16 h.
- Ten Kate Markt. Ten Katestraat. Öffnungszeiten Mo–Sa 10–16 h, So geschl.

Stoffe
- Noordermarkt/Westerstraat. Öffnungszeiten Mo 9–13 h. Riesige Auswahl an schönen Stoffen.

Vogelmarkt
- Noordermarkt. Öffnungszeiten Sa 10–13 h. Vögel und andere Tiere.

Praktische Hinweise (1)

Anreise

Auto:
Über die Europastraßen sind die Niederlande gut zu erreichen. Aus Norddeutschland über die A 1/E 22; aus Westdeutschland über die A 57/E 31 oder vom Oberhausener Kreuz über die A 3/E 35; aus Süddeutschland über die A 8/E 52. Aus der Schweiz: A 5/E 35; aus Österreich: A 12/E 45.
Bus:
Immer mehr Reiseveranstalter bieten Busreisen nach Amsterdam an, einige ermöglichen auch die Mitnahme von Fahrrädern.
Internationale Fernbuslinien nach Amsterdam verkehren ab Berlin, Bremen, Hamburg, Hannover, Osnabrück und Travemünde.
Eisenbahn:
Die Niederländischen Eisenbahnen sind an das europäische Schienennetz angeschlossen. Im Intercity- und im Eurocity-Verkehr bestehen gute Verbindungen von vielen Städten der Bundesrepublik aus: Von Norddeutschland aus über Rheine—Hengelo, von West- und Süddeutschland aus über Emmerich—Arnheim—Utrecht oder über Aachen—Maastricht.
Genaue Auskünfte über Fahrpläne, Ermäßigungen und günstige Wochenendrückfahrkarten sind an den Schaltern der Deutschen Bundesbahn erhältlich, bei den ADAC-Geschäftsstellen, bei den örtlichen Reisebüros und bei der Niederländischen Eisenbahn: Nederlandse Spoorwegen. Generalvertretung der Niederländischen Eisenbahnen. Schildergasse 84. 5000 Köln 1. Tel (02 21) 21 62 94.
Flugzeug:
Die niederländische KLM Royal Dutch Airlines fliegt u. a. nonstop von Berlin, Dresden, Düsseldorf, Frankfurt/M., Hamburg, Leipzig und München den Flughafen Amsterdam-Schiphol an. Zusätzlich

existieren Linienflugverbindungen mit der Luftfahrtgesellschaft NLM ab Bremen, Düsseldorf, Hannover und Stuttgart sowie mit Nether-Lines von Nürnberg nach Amsterdam.
Schiff:
Für Privatboote ist Amsterdam am besten zu erreichen von der Ringvaart van der Haarlemmermeerpolder aus über das Nieuwe Meer oder vom Amsterdam-Rhein-Kanal aus durch das Nieuwe Diep mit mehreren Bootshäfen. Auskunft: Amsterdamer Hafenamt. Tel. 6 94 45 44.
Die Köln-Düsseldorfer Deutsche Rheinschiffahrt (KD) veranstaltet mit mehreren komfortablen Kabinenschiffen Reisen auf dem Rhein. Auskunft: Köln-Düsseldorfer Deutsche Rheinschiffahrt. Frankenwerft 15, 5000 Köln 1. Tel. (0221) 2 08 80.

Apotheken

Öffnungszeiten: Mo–Sa 8–17.30 h, So geschl. In jeder Apotheke sind Informationen über den Notdienst erhältlich. An der Tür einer geschlossenen Apotheke gibt ein Plan die Adresse der nächstgelegenen geöffneten Apotheke an. Bei Rezepten wird vielfach der Nachweis des Versicherungsschutzes, z. B. der Anspruchsausweis der deutschen Krankenkasse (E 111), verlangt.

Ärztlicher Notdienst

Die meisten Hotels verfügen über medizinischen Service und können über den Bereitschaftsdienst einen Arzt rufen. Der Bereitschaftsdienst ist Tag und Nacht zu erreichen. Tel. 6 64 21 11. In Notfällen sollte man sich an die ambulante Hilfe bei Unfällen (GG & GD) wenden, Tel. 5 55 55 55, bzw. die Erste Hilfe des nächsten Krankenhauses.

Praktische Hinweise (2)

Academisch Medisch Centrum. Bullewijk. Melbergdreef 9. Tel. 5 66 91 11.
Academisch Ziekenhuis V. U. Krankenhaus der „Vrije Universiteit". Buitenveldert. De Boelelaan 1117. Tel. 5 48 91 11.
Onze lieve Vrouwegasthuis. Eerste Oosterparkstraat 179. Tel. 5 99 91 11.

Autovermietung
PKW können bei folgenden Firmen gemietet werden:
Avis.
  – Nassaukade 380. Tel. 6 83 60 61.
  – Filiale im Flughafen Schiphol. Tel. 6 04 13 01.
  – Reservierungen in der Bundesrepublik Deutschland zum Ortstarif. Tel. 0130-77 33.
Budget.
  – Overtoom 121. Tel. 6 12 60 66.
  – Flughafen Schiphol. Tel. 6 17 53 88.
  – Reservierungen in der Bundesrepublik Deutschland zum Ortstarif. Tel. 0130-33 66.
Europcar/InterRent.
  – Overtoom 51–53. Tel. 6 83 21 23.
  – Flughafen Schiphol. Tel. 6 04 15 66.
  – Reservierungen in der Bundesrepublik Deutschland zum Ortstarif. Tel. 0130-22 11.
Hertz.
  – Overtoom 333. Tel. 6 12 24 41.
  – Flughafen Schiphol. Tel. 6 17 08 66.
  – Reservierungen in der Bundesrepublik Deutschland zum Ortstarif. Tel. 0130-21 21.

Bahnhöfe

Der zentral gelegene Hauptbahnhof (Centraal Station, S. 134) bietet einen übersichtlichen Service. Beim internationalen Kartenverkauf ist im Sommer mit längeren Wartezeiten zu rechnen. Zuginformation: Mo–Fr 8–22 h, Sa, So 9–22 h. Tel. 6 20 22 66.

Weitere Bahnhöfe:
Amsterdam RAI. Europaboulevard.
Amsterdam Zuid. World Trade Center.
Muiderport-Station. Julianaplein.

Banken und Wechselstuben

Der holländische Gulden (hfl) zu je 100 Cents ist die Währungseinheit. Es gibt Banknoten zu 5, 10, 25, 50, 100, 250 und 1000 hfl und Münzen zu 5 cent (stuiver), 10 cent (dubbeltje), 25 cent (kwartje), 100 cent (Gulden), 2,5 Gulden (Rijksdaaler) und 5 Gulden. 1 hfl sind etwa 0,90 DM.

DM	hfl	sfr	hfl	öS	hfl
1	1,10	1	1,33	1	0,15
5	5,51	5	6,65	5	0,79
10	11,03	10	13,33	10	1,59
100	110,31	100	133,30	100	15,92

hfl	DM	hfl	sfr	hfl	öS
1	0,90	1	0,75	1	6,28
5	4,53	5	3,77	5	31,40
10	9,06	10	7,55	10	62,80
100	90,60	100	75,50	100	628,00	▶

Praktische Hinweise (3)

Die Ein- und Ausfuhr in- und ausländischer Zahlungsmittel unterliegt keinen Beschränkungen.
Die Bezahlung mit Kreditkarten und EC-Schecks ist üblich.
Die Banken sind Mo–Fr von 9 bis 16 h geöffnet. Außerhalb dieser Zeiten ist Geldumtausch bei mehreren Wechselstuben möglich: Hauptbahnhof (Öffnungszeiten Mo–Sa 7–22.45 h, So 8–22.45 h), im KLM-Haus am Leidseplein (Öffnungszeiten Mo–Fr 8.30–17.30 h, Sa 10–14 h, So geschl.) und am Bahnhof Amstel (Öffnungszeiten Mo–Sa 8–20 h, So 10–14 h). Die zahlreichen „Change-Express"-Schalter im Zentrum fordern zumeist eine stattliche Gebühr, sind dafür aber auch abends geöffnet.

Behinderte

Unter dem Titel „Holland for the Handicapped" hat das Niederländische Fremdenverkehrsbüro eine Broschüre herausgegeben, in der behindertengerechte Hotels, Restaurants und Museen aufgelistet sind. Speziell für Amsterdam wurde auf Initiative des Amsterdamer Uit Buro und der Stiftung „Het Nationaal Reumafonds" ein Ratgeber für Behinderte zusammengestellt: Die Broschüre (kostenlos erhältlich beim AUB-Ticketshop am Leidseplein sowie in den VVV-Büros) mit dem sprechenden Titel „Waar kun je in als je uitgaat" (Wo kommst du rein, wenn du ausgehst?) gibt Auskünfte über die Zugangsmöglichkeiten zu den wichtigsten Gebäuden.
Auch wenn die meisten Museen, Theater etc. über einen Zugang für Rollstuhlfahrer verfügen (Ausnahmen: Anne Frank Huis, Niederländisches Theaterinstitut, Filmmuseum im Vondelpark, Museum Amstelkring), ist die Stadt aufgrund ihrer engen, kopfsteingepflasterten Straßen und der zahlreichen steilen und engen Treppenhäuser für Rollstuhlfahrer ohne Begleitung nur schwer zugänglich.

Bibliotheken und Archive

Biblioteca Philosophica Hermetica. Bloemgracht 15–19. Tel. 6 25 80 97. Geöffnet Mo und Di 9.30–17 h, nach vorheriger Anmeldung. Privatbibliothek des niederländischen Geschäftsmanns Jost Ritman, spezialisiert auf esoterische Literatur.

Internationales Informationszentrum und Archiv der Frauenbewegung. Keizersgracht 10. Tel. 6 24 21 43. Geöffnet Mo–Fr 10–16 h, Di bis 20.45 h, Sa und So geschl.

Drogen

Der Handel und die Einnahme von Rauschgift sind gesetzlich verboten. Die niederländische Polizei toleriert jedoch den Verkauf und Konsum von Hasch. Zahlreiche Koffieshops bieten – polizeilich kontrolliert – Marihuana an. Drogenabhängigkeit und -kriminalität im Zusammenhang mit harten Drogen gehört seit langem zu einem konstanten Problembereich der Amsterdamer Sozialbehörden und Polizei. 8000–10 000 Heroinsüchtige, darunter viele Deutsche, leben in der Stadt.

Allgemeine Auskünfte über Hilfsorganisationen erteilt die Federatie van Instellingen voor Alcohol en Drugs. Zentrale. Tel. 030-78 07 24. Ebenfalls Hilfe bieten an:

Consultatieburo voor Alcohol en Drugs. Keizersgracht 812. Tel. 6 23 78 65. Öffnungszeiten Mo–Fr 13–18 h, Sa und So geschl. Telefondienst Mo–Fr 10–13 h.

Jongeren Advies Centrum (JAC). Amstel 30. Tel. 6 24 29 49. Öffnungszeiten Mo, Di, Do 10–12 h, Mi, Sa, So 19–22 h, Fr geschl. Das JAC erteilt anonym und gratis Rechtsbeistand und hilft bei medizinischen und psychischen Fragestellungen von jungen Leuten mit Drogenproblemen.

Praktische Hinweise (4)

Einreisebestimmungen

Reisende aus Ländern der Europäischen Gemeinschaft, aus Österreich und der Schweiz, den USA, Kanada, Australien, Neuseeland sowie aus den meisten anderen europäischen Ländern und Mitgliedsstaaten des Commonwealth benötigen für die Einreise in die Niederlande nur einen gültigen Personalausweis oder Reisepaß.
EG-Bürger müssen keine Impfungen oder Gesundheitszeugnisse vorweisen. Eine polizeiliche Anmeldung ist für Staatsangehörige der Bundesrepublik Deutschland nicht erforderlich.

Essen

Frühstück (ontbijt) wird in den Hotels und Restaurants bis etwa 10 h serviert. Der Gast erhält ein kontinentales Frühstück mit Brot, Brötchen, Marmelade, Wurst und Ei. Zwischen 12 und 14 h wird das Mittagessen eingenommen, das oft nur aus einem kleinen Snack (uitsmijter – Strammer Max) oder der sog. Koffietafel besteht (Kaffeegedeck mit Suppe oder Kroketten). Tee oder Kaffee wird zwischen 15 und 17 h getrunken. Dazu ißt man Plätzchen (koekje), den typisch holländischen Apfelkuchen (appelgebak) oder Knabbereien. Die Hauptmahlzeit ist das warme Abendessen. Da in der Regel spätestens gegen 22 h Küchenschluß ist, müssen Hungrige nach dieser Uhrzeit auf die wenigen Nachtrestaurants oder in die Bars und Kneipen ausweichen, wo sie zumindest noch kleine Mahlzeiten erhalten.
Eine besondere niederländische Spezialität ist der Hering, den es nicht nur in Fischgeschäften, sondern auch an vielen kleinen Ständen überall in der Stadt zu kaufen gibt. Ob mit oder ohne Zwiebeln – ein besonderer Genuß ist der fangfrische Hering, der von Mai bis Juni unter dem Namen „Nieuwe Haring" angeboten wird.

Berühmt sind auch die niederländischen Pfannkuchen (pannekoeken), die es süß oder herzhaft in zahlreichen Variationen gibt. Die pfannkuchenähnlichen Poffertjes werden in Öl ausgebacken, mit Puderzucker bestreut und mit einem Stück Butter serviert.

Fahrräder

Als fahrradfreundlichste Stadt Europas verfügt Amsterdam über unzählige Radwege. Es bietet sich deshalb an, die Stadt mit dem (Leih-)Fahrrad zu entdecken. Kosten pro Tag ca. 7,50 hfl, allerdings muß eine größere Summe in bar als Sicherheit hinterlegt werden.

Fahrradverleiher:
Amstelstation. Julianaplein 1. Tel. 6 92 35 84.
Damstraat Rent-a-bike. Pieter Jacobsz. Dwarsstraat 11. Tel. 6 25 50 29.
Fiets-o-Fiets. Amstelveenseweg 880. Tel. 6 44 54 73.
Heja. Bestevaerstraat 39. Tel. 6 12 92 11.
Koenders. Utrechtsedwarsstraat 105. Tel. 6 23 46 57.
Koenders Rent-a-bike. Stationsplein 33. Tel. 6 24 83 91.
MacBike. Nieuwe Vilenburgerstraat 116. Tel. 6 20 09 85.
Stalling W. T. C. Strawinskylaan 75. Tel. 6 73 15 13.
't Mannetje. Frans Halsstraat 35. Tel. 6 79 31 29.
't Poortje. Entrepotdok 47. Tel. 6 27 62 96.
Zijwind. Ferdinand Bolstraat 168. Tel. 6 73 70 26.
Wenn man sein eigenes Fahrrad von zu Hause mitbringen möchte, muß die technische Ausstattung den niederländischen Anforderungen entsprechen: Einwandfreie Lenkung, hörbare Klingel, funktionierende Bremsen und Beleuchtung, weiß oder gelb reflektierendes Heck, reflektierende Pedale, Reifen und Speichen. ▶

Praktische Hinweise (5)

Um das Fahrrad in den Niederlanden mit dem Zug zu befördern, kauft man zusätzlich zur Fahrkarte eine Fahrradkarte (fietskaart); für das Ein-, Um- und Ausladen ist der Fahrradbesitzer selbst zuständig.
Fahrradwege sind durch ein rundes blaues Schild mit einem weißen Fahrrad gekennzeichnet. Radfahrer und Mopedfahrer sind verpflichtet, diese Wege zu benutzen. Ein längliches schwarzes Schild mit der Aufschrift „fietspad" oder „rijwielpad" weist darauf hin, daß der Weg für Radfahrer empfohlen, für Mopedfahrer jedoch verboten ist. Ob eigenes Fahrrad oder Leihfahrrad: Das Fahrrad immer gut abschließen. Insbesondere in Amsterdam ist die Gefahr recht groß, den fahrbaren Untersatz nach der Rückkehr nicht mehr vorzufinden. Am sichersten ist es deshalb, das fiets an einem der folgenden bewachten Fahrradparkplätze (fietsenstallingen) abzustellen:

Actief. Van Speykstraat 90. Tel. 6 12 57 98.
Aros. Maasstraat 81. Tel. 6 64 08 80.
van den Berg. Gerard Doustraat 63. Tel. 6 73 89 48.
Berrevoets. Molenbeekstraat 16. Tel. 6 64 09 65.
De Borg. Borgerstraat 219. Tel. 6 85 01 47.
Camphuizen. Bennebroekstraat 14. Tel. 6 15 55 32.
Centraal Station. Stationsplein. Tel. 6 24 83 91.
Damveld. Damrak 62A. Tel. 6 22 32 07.
De Fietsenrij. Buiksloterweerplein 2A. Tel. 6 34 00 42.
Eyssens. Potgieterstraat 39. Tel. 6 12 84 82.
Groen. 1e. Helmersstraat 58–60. Tel. 6 18 89 74.
Kloostermann. J. den Haenstraat 2. Tel. 6 82 44 77.
Koenders. Stationsplein 33. Tel. 6 25 38 45.
Kröger. Laurierstraat 69–71. Tel. 6 23 99 80.

Krooneman. Van Rensselaerstraat 33. Tel. 6 12 14 88.
Kroonenberg. Van Hillegaertstraat 13. Tel. 6 79 94 90.
Meijer. Vrolikstraat 151–153. Tel. 6 65 73 80.
Out. Raphaelstraat 29. Tel. 6 62 92 81.
Station Amstel. Julianaplein. Tel. 6 92 35 84.
Station Sloterdijk. Molenweg 8. Tel. 6 86 74 61.
Sterk. Pythagorasstraat 42. Tel. 6 62 02 20.
Twijnstra. Uiterwaardenstraat 169. Tel. 6 42 47 22.
van de Molen. Bennebroekstraat 31. Tel. 6 15 53 13.
van Wijk. Sluisstraat 14. Tel. 6 62 15 08.
Veerhuis. Lijnbaansgracht 118. Tel. 6 23 54 15.
Vlimmeren. Bloemgracht 68–70. Tel. 6 25 13 90.
Vrouwenfietsenmakerij. Gorontalostraat 30. Tel. 6 65 32 18.

Feiertage und Gedenktage

Die meisten Geschäfte sowie die Banken bleiben an folgenden Tagen geschlossen (* Angaben für 1995):

Datum	Feiertag	Anlaß
1.1.	Nieuwjaar	Neujahr
14.4.*	Goede Vrijdag	Karfreitag
16./17.4.*	Pasen	Ostern
30.4.	Koninginnedag	Geburtstag der Königin
5.5.	Bevrijdingsdag	Befreiungstag
25.5.*	Hemelvaartsdag	Christi Himmelfahrt
4./5.6.*	Pinksteren	Pfingsten
25./26.12.	Kerstmis	Weihnachten ▶

Praktische Hinweise (6)

Fundbüros
Polizeibüro. Elandsgracht 117. Tel. 5 59 91 11. Öffnungszeiten Mo 13–16 h, Di–Fr 11–16 h, Sa und So geschl.
Für Fahrräder: Mastenbroek. Leidsegracht 76. Tel. 6 23 23 12.

Grachtenbusse (Kanalbusse)
Abfahrt beim Smits Koffiehuis gegenüber dem Hauptbahnhof. Ein „Kanalbus" verkehrt alle 20 min zwischen dem Hauptbahnhof und dem Rijksmuseum.
Das „Museumsboot" verbindet auf einer 75 min langen Tour alle wichtigen Museen: Die Fahrt lohnt sich, wenn man in kurzer Zeit viel ansehen will. Fahrkarten: VVV. Stationsplein oder Bootsstation Lovers. Prins Hendrikkade gegenüber Nr. 76. Tel. 6 26 64 44.

Grachtenrundfahrten
Von verschiedenen Haltepunkten im Zentrum kann man in modernen, glasüberdachten Grachtenrundfahrtbooten auf originelle Weise die schönsten Seiten der Stadt kennenlernen.
Holland International. Am Hauptbahnhof. Tel. 6 22 77 88.
Reederei Kooij. Rokin (Spui). Tel. 6 23 38 10, 6 23 41 86.
Reederei Lovers B.V. Prins Hendrikkade 25–27. Tel. 6 22 21 81.
Reederei Nord-Zuid. Stadhouderskade 25. Tel. 6 79 13 70.
Reederei Plas. Damrak. Tel. 6 24 54 06, 6 22 60 96.

Informationen für Touristen
Der niederländische Verkehrsverein VVV bietet einen breiten Service an: Hotelreservierungen für die gesamten Niederlande, Veranstaltungshinweise, Kartenvorbestellung für Theater und Konzert, Buchung von Grachtenfahrten, Ausflügen oder Mietwagen.

VVV Auskunftsbüro. Postbus 3901, 1001 AS Amsterdam. Tel. 6 26 64 44. Auch zentraler Übernachtungsservice mit Reservierungsmöglichkeit.

VVV Nordhollands Koffiehuis. Stationsplein 10 (gegenüber dem Hauptbahnhof). Tel. 6 26 64 44. Öffnungszeiten 1. 6.–1. 9. Mo–Sa 9–23 h, So 9–20 h; 1. 7.–1. 8. tägl. 9–23 h; 1. 10.–Ostern Mo–Sa 9–17 h, So 10–13 und 14–17 h. Hier ist auch der zentrale VVV-Übernachtungsservice. Vor dem Eingang wird häufig für angeblich preisgünstige Hotels geworben, von denen der VVV jedoch abrät.

VVV Leidsestraat 106. Öffnungszeiten Ostern–1. 10. tägl. 9–22.30 h; 1. 10.–Ostern Mo–Fr 10.30–18.30 h, Sa 10.30–20.30 h, So 10.30–17.30 h.

VVV Auskunftsbüro. Utrechtseweg 2A. Öffnungszeiten Ostern–1. 9. Mo–Sa 10.30–14 h und 14.30–18 h, So geschl.

Zuiderkerk. Zuiderkerkhof 72. Tel. 6 22 29 62. Öffnungszeiten Di–Fr 12.30–16.30 h, Do auch 18–21 h. Eintritt frei. Informationszentrum über die Stadtentwicklung von Amsterdam mit Dauerausstellung und wechselnden Ausstellungen zu architektonischen und verkehrstechnischen Themen.

Kfz-Hilfsdienste

Die niederländische Entsprechung des ADAC ist der ANWB. Die Wegenwacht (Straßenwacht) bietet jedem Ausländer kostenlos Pannenhilfe, wenn ein internationaler Schutz- und Kreditbrief vorliegt. Wer nicht Mitglied des ADAC ist und keinen Schutzbrief hat, kann bei Pannenhilfe für 75 hfl Mitglied des ANWB werden. Der deutsche ADAC verrechnet den Betrag bei vorliegender Quittung als Anzahlung auf den Mitgliedsbeitrag. ▶

Praktische Hinweise (7)

ANWB-Büro Amsterdam. Museumsplein 5. Tel. 6 73 08 44. Öffnungszeiten Mo–Fr 8.45–16.45 h, Sa 8.45–12 h.
Pannenhilfe in Amsterdam rund um die Uhr: Tel. 06 08 88.

Konsulate

Belgien. Drentestraat 11. Tel. 6 42 97 63.
Bundesrepublik Deutschland. De Lairessestraat 172. Tel. 6 73 62 45.
 Öffnungszeiten Mo–Fr 10–12 h und 14.30–15.30 h, Sa und So geschl.
Dänemark. De Ruyterkade 139. Tel. 23 41 45.
Finnland. Herengracht 462. Tel. 24 90 90.
Frankreich. Vijzelgracht 2. Tel. 6 24 83 46.
Großbritannien. Koningslaan 44. Tel. 6 76 43 43.
Italien. Herengracht 609. Tel. 6 24 00 43.
Japan. Keizersgracht 634. Tel. 6 24 35 81.
Norwegen. De Ruyterkade 107. Tel. 24 23 31.
Österreich. Weteringschans 106. Tel. 6 26 80 33.
Schweden. De Ruyterkade 107. Tel. 6 24 26 99.
Schweiz. Johannes Vermeerstraat 16. Tel. 6 64 42 31.
Spanien. Jacob Obrechtstraat 51. Tel. 79 65 91
USA. Museumplein 19. Tel. 6 64 56 61.

Notrufe

Allgemeine Alarmnummer. Tel. 06 11.
Apotheken. Tel. 6 64 21 11.
Ärzte. Tel. 6 64 21 11.
Feuer. Tel. 6 21 21 21.
Überfall. Tel. 6 22 22 22.
Unfall. Tel. 5 55 55 55.

Parkplätze

Parkplätze in Amsterdam sind Mangelware, die Zahl der polizeilich abgeschleppten Autos steigt kontinuierlich, im Jahr 1991 waren es fast 35 000. Beinahe die gleiche Anzahl Autos wurde aufgebrochen und leergeraubt. Für die Innenstadt empfiehlt sich das Umsteigen auf öffentliche Verkehrsmittel, zumal die Verkehrssituation in der Stadt mehr als unübersichtlich ist.

Wer trotzdem nicht auf sein Auto verzichten möchte, sollte es in einem bewachten Parkhaus abstellen:

Bijenkorf. Dam.
Europarking. Marnixstraat 250.
Krasnapolsky. St. Jansstraat.
Muziektheater. Waterlooplein.
RAI. Europa Boulevard.

Post

Die Hauptpost am Singel ist von Mo bis Fr zwischen 9 und 18 h geöffnet, Sa von 9 bis 12 h. Die übrigen Postämter haben nur Mo–Fr 9–17 h geöffnet.

Die meisten Postämter sind mit einem Fax-Service ausgestattet.

Briefe innerhalb der EG: 75 Cent.
Karten innerhalb der EG: 55 Cent.

Rundflüge

Wer sich verschiedene niederländische Städte aus der Vogelperspektive ansehen möchte, kann bei der Fluggesellschaft NLM City Hopper Sight-seeing-Flüge buchen. Auch Rundflüge über Amsterdam werden von der gleichen Fluggesellschaft angeboten.

Auskunft: Tel. 6 49 32 52.

▶

Praktische Hinweise (8)

Sicherheit
Es gelten die für Großstädte üblichen Vorsichtsmaßregeln: Keine Wertsachen im Auto hinterlassen, Geld geschützt tragen, Wertgegenstände und Taschen nicht unbeaufsichtigt lassen. Bahnhöfe, Warenhäuser, öffentliche Verkehrsmittel und Cafés sind beliebte Treffpunkte von Taschendieben.
Bei vernünftigem Verhalten ist Amsterdam entgegen seinem Ruf keine unsichere Stadt. Nach Anbruch der Dunkelheit sollte man auf Spaziergänge im Vondelpark verzichten und nachts den Dam, die Damstraat und kleine menschenleere Stege meiden.

Sport
Wer sich während seines Aufenthaltes in Amsterdam sportlich betätigen will, findet dazu zahlreiche Angebote.

Bowling
- Knyn Bowling Centrum. Scheldeplein 1–3. Tel. 6 64 22 11. Öffnungszeiten 10–1 h.

Fitneß und Bodybuilding
- Barbizon Health Spa. Stadhouderskade 7. Tel. 6 85 13 51. Öffnungszeiten Mo, Mi, Do 10–22 h, Di, Fr 7–22 h, Sa, So 12–18 h.
- Splash Palace. Prins Hendrikkade 59–72. Tel. 5 56 48 99. Öffnungszeiten Mo, Mi, Fr 7.30–2 h, Di, Do 10–22 h, Sa, So 12–18 h.
- Splash Sonesta, Kattengat 1. Tel. 6 27 10 44. Öffnungszeiten Mo, Mi, Fr 7.30–22 h, Di, Do 10–22 h, Sa, So 12–18 h.
- Sporting Club Leidseplein. Korte Leidsedwarsstraat 18. Tel. 6 20 66 31. Öffnungszeiten tägl. 9–24 h.

Golf
- Amsterdamse Golf Club. Zwarte Laantje 4, Duivendrecht. Tel. 6 94 46 50.

Joggen
Alle Parks, aber vor allem im Vondelpark und dem Amsterdamse Bos.

Motorboot
- Jachthaven Berlage. Amsteldijk 132a. Tel. 6 71 38 36.

Reiten
- Amsterdamse Manege. Hoornslot, Amstelveen, Zufahrt über Kalfjeslaan. Tel. 6 43 14 42.
- Hollandse Manege. Vondelstraat 140. Tel. 6 18 09 42.

Rudern
- Amsterdamse Bos. Grote Speelweide. Tel. 6 45 78 31. 2 km lange Ruderbahn inmitten des Parks.

Saunen
- Deco. Herengracht 115. Tel. 6 23 82 15. Art-déco-Sauna.
- De Kosmos. Prins Hendrikkade 142. Tel. 6 23 06 86. Alternatives Zentrum.
- Fitness Centrum Spa Fit. Leidsegracht 84. Tel. 6 24 25 12.
- Suomi. Kerkstraat 404. Tel. 6 26 37 28.
- Viking. Nicolaas Maesstraat 100. Tel. 6 79 77 46.

Schlittschuhlaufen
- Jaap Edenbaan. Radioweg 64. Tel. 6 94 98 94. Öffnungszeiten 1. 11.–30. 3.

Schwimmen
Die Öffnungszeiten ändern sich häufig, da die Freibäder und Hallenbäder vielfach für Gruppenaktivitäten genutzt werden. Informationen an der Kasse oder über Telefon.

Praktische Hinweise (9)

Freibäder
 – Bredius. Spaarndammerdijk 306. Tel. 6 82 91 16.
 – Flevorparkbad. Zeeburgerdijk 630. Tel. 6 92 50 30.
 – Jan van Galenbad. Jan van Galenstraat 315. Tel. 6 12 80 01.
 – Mirandabad. De Mirandalaan 9. 6 44 66 37.
 – Sloterparkbad. Slotermeerlaan 2. Tel. 6 13 37 00.

Hallenbäder
 – De Mirandabad. De Mirandalaan 9. Tel. 6 44 66 37.
 – Marnixbad. Marnixstraat 5–9. Tel. 6 25 48 43.
 – Sloterparkbad. Slotermeerlaan 2. Tel. 6 13 37 00.
 – Zuiderbad. Hobbemastraat 26. Tel. 6 79 22 17.

Segeln
 – Jachthaven Materlust. Boeierspad, Amsterdamse Bos. Tel. 6 44 51 82.

Squash
 – Frans Otten Stadion. Stadionstraat 10. Tel. 6 62 87 67.
 – Sportcentrum Borgland. Holterbergweg 8–12, Duivendrecht. Tel. 6 96 14 41.
 – Squash City. Ketelmakerstraat 6. Tel. 6 26 78 83.

Tennis
 – Tennispark Frans Otten Stadion. Stadionstraat 10. Tel. 6 62 87 67.

Tischtennis
 – Tafeltennis Instituut Amsterdam. Keizersgracht 209. Tel. 6 24 57 80. Tägl. geöffnet.

Tretboote (Grachtenfahrrad)
 – Roëll. Mauritskade 1, beim Amstelhotel. Tel. 6 92 91 24. Öffnungszeiten 15. 4.–15. 10. 9.30–23 h. Auch Motorboote können hier gemietet werden.

Tretboot-Anlegestege
– Leidsekade, zwischen Marriott und American Hotel; Stadthouderskade, zwischen Rijksmuseum und Heineken Brouwerij; Keizersgracht, Ecke Leidsestraat; Prinsengracht, Ecke Westerkerk.

Sprache

Nicht alle Niederländer können oder wollen Deutsch sprechen, schon gar nicht, wenn sie unhöflich sofort in Deutsch angesprochen werden, als wäre dies die Landessprache. Eine vorsichtige Frage, ob man Deutsch spricht, bewirkt Wunder.

Auch wenn man sich in Deutsch verständigen kann, sind grundlegende Kenntnisse der niederländischen Sprache hilfreich.

Die Betonung der niederländischen Wörter ist weitgehend der deutschen ähnlich: Die erste Hauptsilbe trägt in der Regel den Hauptton.

Buchstabe	Aussprache
a, e, i, o	kurz gesprochen (wie im Deutschen), auch wenn der Schlußkonsonant nicht verdoppelt ist
aa, ee, ie, oo	lang gesprochen (wie im Deutschen)
u, uu	ü wie in Tüte
oe	u wie in Mut
ij, ei	äi
au, ou	au wie in Haut
eu	ö wie in Öl
ui	Mischlaut zwischen eu und au
sch	getrennt gesprochen: s-ch; am Wortende wie s
s	s, stimmlos wie in Hast
z	s, stimmhaft wie in Sommer ▶

Praktische Hinweise (10)

Die beiden einzigen Artikel im Niederländischen sind „de" und „het", die jedoch keine Entsprechung im Deutschen haben.
Als Anrede benutzt man stets U (sprich ü; eigentlich Uwe Edele – Eure Herrlichkeit), zusätzlich mijnheer (Herr) bzw. mevrouw (Dame) oder juffrouw (Fräulein).

Wichtige Worte und Redewendungen:
Maandag – Montag
Dinsdag – Dienstag
Woensdag – Mittwoch
Donderdag – Donnerstag
Vrijdag – Freitag
Zaterdag – Samstag
Zondag – Sonntag
Feestdag, rustdag – Feiertag
Ja – Ja
Neen – Nein
Alstublieft – Bitte
Dank u – Danke
Pardon – Entschuldigung
Goedemorgen – Guten Morgen
Goedendag – Guten Tag
Goedenavond – Guten Abend
Goedenacht – Gute Nacht
Tot Ziens – Auf Wiedersehen
Spreekt u duits? – Sprechen Sie Deutsch?
Ik versta nit – Ich verstehe nicht
De ... straat – Die ... Straße
De ... plaats, het plein – Der ... Platz

Een reisbureau – Ein Reisebüro
De kerk – Die Kirche
Het museum – Das Museum
Het stadhuis – Das Rathaus
Het postkantoor – Die Post
Een bank – Eine Bank
De arts, de dokter – Der Arzt
Het station – Der Bahnhof
Rekening – Rechnung
Betalen – Bezahlen
Ontbijt – Frühstück
Middagmaal – Mittagessen
Avondeten – Abendessen
Spijskaart – Speisekarte

Stadtführungen

Auf Initiative zweier Amsterdamer Tageszeitungen werden unter dem Motto „Auf nach Mokum" (Mokum ist der jüdische Begriff für „Ort" und bezeichnete Amsterdam) geführte Stadtspaziergänge angeboten. Die Leitung haben ältere Amsterdamer Bürger, die den Teilnehmern während des Rundgangs Geschichten über ihre Stadt erzählen. Man kann unter drei Rundgängen wählen, die von verschiedenen Führern geleitet werden. Zur Auswahl stehen die Innenstadt, der Jordaan und ein Gang durch das Zentrum zur Artis Plantage. Die Spaziergänge dauern etwa zwei Stunden und werden in Gruppen von maximal acht Personen durchgeführt. Treffpunkt ist der Eingang des Historischen Museums. Kalverstraat 92.

Mee in Mokum. Tel. 6 25 13 90, 6 25 36 85. Di, Fr, So 11 h. Anmeldung am Vortag 13–16 h. Preis 3 hfl. ▶

Praktische Hinweise (11)

Straßenbahn
Die Tram ist das angenehmste Verkehrsmittel in Amsterdam. Bezahlt wird beim Fahrer. Günstiger ist die Strippenkarte, die beim Fahrer, am VVV-Schalter am Hauptbahnhof und in allen Postämtern erhältlich ist. Die Karte wird in der Straßenbahn abgestempelt, im Zentrum genügen zwei Strippen für eine Fahrt (einen Streifen freilassen, den anderen abstempeln). Bei Fahrten außerhalb des Zentrums gelten sog. Zonen, die an einer Schautafel in der Straßenbahn angegeben sind. Die Strippenkarte ist auch für den öffentlichen Busverkehr gültig. Sowohl Busse als auch Straßenbahnen fahren bis 24 h, danach werden sog. Nachtbusse eingesetzt.

Strom
Die Netzspannung beträgt 220 V Wechselstrom. Adapter für Steckdosen sind nicht erforderlich.

Tageszeitungen
Die wichtigsten niederländischen Tageszeitungen sind „De Volkskrant", ein eher linksgerichtetes Blatt, sowie „De Telegraaf", die dem rechten Flügel zugeordnet wird. Viel gelesen wird wegen des guten Feuilletonteils auch das liberale „NRC-Handelsblad".
De Volkskrant. Wibautstraat 150. Tel. 5 62 92 22.
Het Parool. Wibautstraat 131. Tel. 5 62 93 33.
NRC-Handelsblad. Paleisstraat 1. Tel. 6 26 69 66.
Telegraaf/Nieuws van de Dag. Basisweg 30. Tel. 5 85 91 11.
Deutsche Tageszeitungen sind fast an jedem Kiosk erhältlich.
Ein nahezu vollständiges Angebot der europäischen und amerikanischen Presse bietet:
Atheneum Nieuwscentrum, Spui 14–16. Tel. 6 23 39 33, 6 22 62 48.

Taxi

Der Fahrpreis setzt sich aus Grundgebühr und Kilometergebühr zusammen. Auch in Amsterdam gilt der übliche Tages- und Nachttarif. Das Trinkgeld rundet zumeist den Fahrpreis mit einem kleinen Betrag nach oben ab.

Taxibestellungen. Tel. 6 77 77 77.

Einzelne Taxistände:

Dam. Tel. 5 70 42 01.
Frederiksplein. Tel. 5 70 42 10.
Hauptbahnhof. Tel. 5 70 42 00.
Leidseplein. Tel. 5 70 42 03.
Museumplein. Tel. 5 70 43 03.
Nieuwmarkt. Tel. 5 70 42 05.
Rembrandtplein. Tel. 5 70 42 06.
Spui. Tel. 5 70 42 13.
Westermarkt. Tel. 5 70 42 08.

Neben den normalen Taxis stehen in Amsterdam auch sog. Wassertaxis zur Verfügung. Wegen der beengten Verkehrssituation auf den Straßen der Innenstadt stellen sie eine echte Alternative zum Auto dar. Beim Einsteigen werden 4,50 hfl berechnet, jede Minute Fahrzeit kostet zusätzlich 1,50 hfl.

Watertaxi Centrale. Stationsplein 8. Tel. 6 75 09 09.

Telefon

Münzfernsprecher arbeiten in der Post am zuverlässigsten, dort sind auch Telefonkarten erhältlich. Öffentliche Fernsprechzellen sind in Amsterdam oft defekt. 25-Cent- und 1-Gulden-Stücke bereithalten. Ferngespräche führt man am besten von einer der Telefonkabinen im Telehuis aus, wo man hinterher bezahlt. ▶

Praktische Hinweise (12)

Für Telefonate im Hotel werden oft doppelte oder dreifache Gebühren verlangt.

Vorwahl für Amsterdam von der BRD, Österreich und der Schweiz aus: 0031 20.
Internationale Vorwahlen von Amsterdam aus:
Deutschland   09 49
Frankreich   09 33
Großbritannien   09 44
Österreich   09 43
Schweiz   09 41
Gebühren pro Minute: Deutschland und Schweiz 1,10 hfl, Österreich 1,45 hfl.

Internationale Auskunft. Tel. 06–045 18.
Internationale Telefongespräche und Telegrammannahme. Telehuis. Raadhuisstraat 46–50. Tel. 6 74 36 54.

Veranstaltungen
Januar
  – Antiquariatsmesse. Für Bibliophile, Bibliothekare und andere im Hotel Krasnapolsky.
  – Horecava. Hotel- und Restaurantfachmesse in den RAI-Hallen.
  – Fahrradmesse. Zweiradmesse in den RAI-Hallen.
Februar
  – Gedächtnisfeier zur Erinnerung an den Februarstreik 1941 (25. 2.: Protest der niederländischen Arbeiter gegen die Deportation jüdischer Landsleute). Kranzniederlegung um 17 h auf dem Jonas Daniël Meijerplein.

März
- HISWA. Internationale Wassersportausstellung in den RAI-Hallen.
- Kunst- und Antiquitätenausstellung an der Nieuwe Kerk (bis Mai).

April
- NWR Bouw. Bau- und Wohnungsmesse in den RAI-Hallen, Außenausstellung in Almere.
- Stadtbeleuchtung. Bis Ende September werden zahlreiche Grachtenhäuser in der Innenstadt beleuchtet.
- Nationaal Museumsweekend. Am nationalen Museumswochenende können auch in Amsterdam die meisten Museen billiger oder gratis besucht werden.
- Jahrmarkt auf dem Dam (bis zum 1. 5.).
- Koninginnedag (30. 4.). Geburtstag der Königin. Festliche Atmosphäre in der ganzen Stadt mit Musik und Trödelmärkten, wo jeder (auch Kinder) alles an den Mann/die Frau zu bringen versucht. Mehr als 1,5 Mio Menschen bevölkern die Straßen, es wird getanzt und gesungen. Der 30. 4. ist der Geburtstag von Ex-Königin Juliana, ihre Tochter hat diesen traditionellen Feiertag übernommen.
- Haushaltsmesse in den RAI-Hallen.
- World-Press-Foto-Ausstellung in der Nieuwe Kerk. Höhepunkt der jährlichen Veranstaltungen in der Kirche am Dam.

Mai
- Gedenktag an die Toten des 2. Weltkriegs (4. 5.; 20 h zwei Gedenkminuten im ganzen Land). Am Nationaal Monument auf dem Dam legen die Königin und zahlreiche Organisationen Kränze nieder. ▶

Praktische Hinweise (13)

- Befreiungstag (5. 5.). Obwohl Amsterdam erst am 8. 5. von kanadischen Truppen befreit wurde, feiert die Stadt am 5. 5. das offizielle Ende der deutschen Besetzung der Niederlande. In der ganzen Stadt finden Flohmärkte statt. Volksfeste in verschiedenen Stadtteilen.
- Luilak (Faulenzertag am Samstag vor Pfingsten). Kinder klingeln an der Tür und machen Lärm, um Faulenzer und Langschläfer zu wecken.
- Pasar Malem. Indischer Markt in den RAI-Hallen.
- Kunst- und Buchmarkt Waterlooplein. Bis Oktober jeden So antiquarischer Kunst- und Buchmarkt auf dem Waterlooplein.
- Holland Festival. Die Veranstaltung, die jedes Jahr vom 1. 5. bis 30. 6. stattfindet, gehört zu den tonangebenden kulturellen Festivals in Europa. Das internationale Programm aus den Bereichen Theater, Musik, Tanz und Oper wird an verschiedenen Festspielorten in der Stadt aufgeführt. Programm bei den VVV-Büros.

Juni
- Avondvierdaagse. An vier Abenden findet die traditionelle „Avondvierdaagse" statt, bei der die Teilnehmer 10 km durch die Stadt laufen. Informationen Tel. 6 13 56 36.
- Kunst-Rai. Internationale Kunstmesse im RAI-Zentrum.
- Vondelpark Openluchttheater. Theaterauftritte im Vondelpark: Kindertheater, Musik und Tanz vorwiegend an Wochenenden. Das Programm wird im Vondelpark ausgehängt und dauert bis in den September.
- World Roots Festival. Tanz, Theater und Workshops aus allen Teilen der Welt. Veranstaltungsort ist das Kulturzentrum „De Melkweg".

- Christopher Street Festival. Am Homomonument bei der Westerkerk werden Blumen niedergelegt.
- Sommerabendkonzerte im Concertgebouw. Zahlreiche Veranstaltungen bis August.
- Orgelkonzerte. In der Innenstadt, Oude Kerk, Nieuwe Kerk und Westerkerk.

Juli
- Ballettfestival des Nationalen Balletts. Veranstaltungsort ist das Muziektheater an der Amstel.
- Zomerfestijn & Circuit du Theatre. Sommerfestival des alternativen Theaters. Aufführungen in Amsterdams kleineren Theatern. Information Tel. 6 25 74 44.

August
- SAIL. Alle fünf Jahre heißt es „Sail Amsterdam" mit Teilnehmern aus der ganzen Welt (nächste Termine: 1995, 2000). Die historischen Schiffe sind dabei die größte Attraktion im überfüllten Ij-Hafenbecken. An der Uferpromenade Stände und Informationen.
- Prinsengracht-Concert. Open-Air-Konzert beim Pulitzer-Hotel am letzten Fr im Monat.
- Uitmarkt. Vorstellung kultureller Attraktionen der kommenden Saison. Theater- und Musikdarbietungen in einem jeweils wechselnden Stadtteil am letzten Wochenende im Monat.

September
- Blumenkorso von Aalsmeer nach Amsterdam. Erster oder dritter Sa im Monat.
- Straßenfest im Jordaanviertel. Jahrmarkt auf der Palmgracht.
- HISWA. Bootsmesse. Boote und Jachten im Oosterdok sowie in den RAI-Hallen. ▶

Praktische Hinweise (14)

- Afrika Roots Festival. Afrikanische Musik sowoi traditioneller und moderner Tanz im Melkweg, Lijnbaansgracht 243 a, Tel. 6 24 17 77.
- Tag der Baudenkmäler. Viele historische Gebäude, die normalerweise der Öffentlichkeit nicht zugänglich sind, öffnen für einen Tag ihre Tore. Die Veranstaltung findet jährlich in einem jeweils anderen Stadtteil statt.
- Dam-tot-Dam loop. Marathonlauf von Amsterdam in das benachbarte Zaandam.

Oktober
- Jahrmarkt auf dem Dam. Zwei Wochen lang drehen sich die Karussells.

November
- Einzug des hl. Nikolaus (Sinterklaas). Am dritten Sa trifft Nicolaas mit seinem Gefolge per Schiff aus Spanien ein und zieht auf seinem Schimmel durch die Stadt zur St. Nicolaas Kerk.
- Europort. Maritime Messe für Bootsbesitzer und Bootsliebhaber in den RAI-Hallen.
- Katzenausstellung. Eine der größten Katzenmessen, die in Europa veranstaltet werden.
- Caravan und Camping. Internationale Campingmesse in den RAI-Hallen.

Dezember
- St. Nicolaas (Nikolaustag; 5. 12.). Nationaler Festtag, an dem man sich gegenseitig beschenkt – vergleichbar mit Weihnachten.
- Silvester (31. 12.). Um Mitternacht Feuerwerk in der ganzen Stadt, Straßenfeste.

Veranstaltungshinweise

Die Stadtzeitung „Uitkrant" erscheint monatlich und liegt in Theatern, Buchhandlungen, Bibliotheken und anderen zentralen Stellen kostenlos aus. Neben Berichten und Informationen zur Kunst- und Kulturszene enthält sie einen ausführlichen kalendarischen Plan über die aktuellen Veranstaltungen, mit Preisen, Reservierungsmöglichkeiten und Anfangszeiten.

Ein ähnliches Magazin in englischer Sprache, „What's on in Amsterdam", erscheint im Zwei-Wochen-Rhythmus und enthält neben einem touristischen „day-by-day"-Kalender diverse Ausgehtips und eine Übersicht interessanter Restaurants und Geschäfte. Im Verkehrsamt und in den großen Hotels liegt auch der englischsprachige Führer „Amsterdam this week" aus.

Eine Broschüre über Feste und Veranstaltungen, Kongresse und Messen in den Niederlanden wird einmal jährlich vom Niederländischen Büro für Tourismus (NBT) veröffentlicht und ist kostenlos erhältlich.

NBT Vlietweg 15, 2266 KA Leidschendam. Tel. 07 93/70 57 05.
NBT Laurenzplatz 1–3, 5000 Köln 1. Tel. 02 21/23 62 62.

Verkehrsregeln

Die Höchstgeschwindigkeit beträgt innerorts in der Regel 50 km/h, auf Landstraßen 80 km/h, auf Kraftfahrstraßen (blaues Schild mit weißem Auto) 100 km/h, auf Autobahnen 120 km/h. In verkehrsberuhigten Zonen darf nur im Schrittempo gefahren werden.

Die Höchstgrenze für den Blutalkoholgehalt liegt in den Niederlanden bei 0,5 Promille. Wie in vielen anderen Großstädten ist der Verkehr in Amsterdam durch Straßenbahn, Fahrradverkehr und freie Auslegung der Verkehrsregeln unübersichtlich. ▶

Praktische Hinweise (15)

Vermietung von Wohnung und Zimmern
Dutch Housing Center. Valeriusstraat 174. Tel. 6 62 23 22.
Gis Appartments. Keizersgracht 33. Tel. 6 25 00 71.
Homestead Rentals. Gerrit van der Veenstraat 145. Tel. 6 79 50 13.
Horst Housing Service. Elandsgracht 86. Tel. 6 27 63 90.

Vorverkauf
Im Ticketshop des Amsterdam Uitburo werden alle Veranstaltungen registriert und vermittelt; Informationen und Prospektmaterial gibt es am Informationsschalter. Der Vorverkauf umfaßt alle Theatervorstellungen, Konzerte (Klassik und Pop) sowie Kinovorstellungen. Für Leute unter 27 Jahre gibt es den „CJP-Kulturpaß", mit dem man in ganz Holland verbilligte Eintrittskarten erhält.
AUB-Ticketshop. Amsterdam Uitburo Leidseplein, Ecke Marnixstraat.
   Tel. 6 21 12 11. Öffnungszeiten Mo–Mi, Fr–Sa 10–18 h, Do 10–21 h, So geschl.
VVV-Theaterinformation. Tel. 6 20 41 11.

Wetter
In den Niederlanden herrscht ein ozeanisches Klima: Die Winter sind mild, die Sommer kühl und feucht. Auch wenn es im Sommer durchaus warm werden kann, muß man jederzeit auf Regen gefaßt sein. Die trockenste Jahreszeit ist der Frühling, der sich überdies als Reisezeit empfiehlt, da Parks und Blumenfelder in voller Blüte stehen. Die Zahlen in der ersten Zeile der Tabelle geben die monatliche Durchschnittstemperatur in °C an. Die folgenden Werte beziehen sich auf die durchschnittliche Sonnenscheindauer pro Tag eines jeden Monats bzw. auf die Anzahl der Niederschlagstage in jedem Monat.

	Jan	Feb	Mär	Apr	Mai	Juni	Juli	Aug	Sept	Okt	Nov	Dez
Temperatur	5	5	9	12	17	20	22	21	19	14	9	6
Sonnenstunden	2	2	4	5	7	7	6	6	5	3	2	1
Niederschlag	14	11	9	9	9	9	11	11	12	12	14	13

Zeit

In den Niederlanden gilt die mitteleuropäische Zeit (MEZ). Für die Sommermonate (Ende März bis Ende September) wurde die Sommerzeit (MEZ + 1 h) eingeführt.

	Amsterdam	Moskau	Singapur	Tokio	San Francisco	New York
h	12	14	19	20	3	6
±	±0	+2	+7	+8	−9	−6

Flughafen und Fluggesellschaften (1)

Schiphol

Der Flughafen Schiphol, 14 km südwestlich der Stadt, ist mit 196 Städten in 90 Ländern verbunden. Aufgrund seiner Leistungsfähigkeit und der guten Verkehrsverbindung zum Amsterdamer Zentrum gehört er zu den beliebtesten internationalen Flughäfen.

Die Ankunftshalle befindet sich im Erdgeschoß, im ersten Stock sind die Abflughalle sowie die Schalter der meisten Fluggesellschaften untergebracht.

Anreise:
- Auto: Bei Anfahrt mit dem PKW empfiehlt es sich, den Langzeitparkplatz (P 3) zu benutzen. Von hier gibt es eine ständige kostenlose Busverbindung zum Terminal.
- Zug: Eine Schnellzugverbindung, die Schiphollijn, verbindet den Flughafen mit dem Hauptbahnhof, dem World Trade Center und dem RAI-Kongreßgebäude in Amsterdam sowie mit dem Hauptbahnhof in Den Haag und Rotterdam. Der Bahnhof Schiphol liegt dem Terminal unmittelbar gegenüber. Durch einen Fußgängertunnel sind die Ankunfts- und Abflughalle bequem zu erreichen.
- Bus: Von der KLM Wegvervoer wurde ein Busliniendienst eingerichtet. Zwischen dem Flughafen und verschiedenen Amsterdamer Hotels verkehren täglich Busse (KLM Hotel Shuttle, Orange Line und Yellow Line).

Zahlreiche behindertengerechte Einrichtungen und Dienste machen den Flughafen Schiphol auch für behinderte Fluggäste gut zugänglich: Das Terminal ist völlig ohne Stufen gebaut, alle Stockwerke sind mit Aufzügen erreichbar, und es gibt automatische Schiebetüren. Der IHD Schiphol bietet neben Hilfestellung auf dem Flughafen auch zusätzliche Dienstleistungen für Behinderte an, wie z. B. einen Park- und Abholservice sowie eine Beförderung von Tür zu Tür. ▶

CITY GUIDE PLAN

- A
- B
- C
- Bahnhof
- D
- E
- P (Langzeit)
- P (Kurzzeit)
- Ankunft
- Abflug
- P (Kurzzeit)
- Ausfahrt
- Zufahrt
- (Kurzzeit) P
- Museum Avidome
- Luftfracht
- A4
- Amsterdam
- Rotterdam / Den Haag

Utrecht • Amstelveen • A10 • Amsterdam • Uithoorn • Aalsmeer • Den Helder • Schiphol • A4 • Haarlem • Hoofddorp • Rotterdam

© Harenberg

Flughafen und Fluggesellschaften (2)

Wichtige Rufnummern:
Aero Groundservices: 6 03 22 22.
Amsterdam International Airport: 6 01 09 66.
Behindertentransport: 6 01 43 72/6 01 42 07.
Bundespolizei: 6 03 81 11.
IHD Schiphol Service: 6 48 00 93.
KLM Wegvervoer: 6 49 56 51.
Zoll: 6 03 77 77.

Fluggesellschaften
Die Lufthansa und KLM fliegen Schiphol von München, Frankfurt, Berlin und Düsseldorf drei- bis sechsmal täglich an. Ähnliches gilt für Linienflüge von Wien, Genf und Zürich aus.
Air France. Strawinskylaan 813. Reservierungen Tel. 5 73 15 11.
Austrian Airlines. Kerkstraat 44. Reservierungen Tel. 6 23 49 80.
British Airways. Stadhouderskade 2. Reservierungen Tel. 85 22 11.
KLM. Informationszentrum. Leidseplein 1. Reservierungen Tel. 6 74 77 47, Tag und Nacht. Öffnungszeiten Mo–Fr 8.30–17.30 h, Sa und So geschl.
– Amsterdam-Schiphol: Tel. 6 74 77 47.
– Deutschland: Tel. 0 69/29 04 01.
– Österreich: Tel. 01/51 23 52 50.
– Schweiz: Tel. 01/2 11 01 61 (Zürich).
Lufthansa. Wibautstraat 129. Reservierungen Tel. 6 68 58 51. Öffnungszeiten Mo–Fr 9–17 h, Sa und So geschl.
Swissair. World Trade Center. Strawinskylaan 701. Reservierungen Tel. 6 62 411 41.

Weitere Auskünfte Tel. 5 11 04 32.

Personenregister

Das Personenregister enthält die Namen aller Personen, die in diesem Band genannt werden und in der Stadtgeschichte Amsterdams eine Rolle gespielt haben.

A

Alba, Fernando (1507–1582), Herzog von A. 24, 260

Alberts, Ton, Architekt und Anthroposoph 210

Alewijn, C., Architekt 196

Amsberg, Claus von (* 1926), Prinz der Niederlande 35, 248, 430

Anthoniszoon, Cornelis, Maler 204

Arents, Cornelia († 1654), Oberin der Beginen 112

Arkel, G. V., Architekt 52

B

Beatrix (* 1938), Königin der Niederlande 35, 248, 430

Beeren, W. A. L., Museumsdirektor des Stedelijk Museums 354

Berlage, Hendrick Petrus (1856–1934), Architekt 51, 98, 124, 238, 294, 478

Bilhamer, Joost J. (1541–1590), Architekt 202

Boerhaave, Hermannus (1668–1738), Mediziner und Chemiker 504

Bonaparte, Louis (1778–1846), König von Holland 236, 320

Bonaparte, Napoleon (1769–1821), Kaiser von Frankreich 28, 472

Bosch, Th. J., Architekt 300

Bouwman, Elias, Architekt 224, 306

Brecht, Bertolt (1898–1956), Schriftsteller 32

Brinkman, J. A. (1902–1949), Architekt 52

Buijn, P. de, Architekt 138

C

Campen, Jakob van (1595–1657), Architekt 202, 234

COBRA, Künstlergruppe 358

Cohen, A., Architekt 224

Cuypers, Petrus Josephus Hubertus (1827–1921), Architekt 90, 134, 318

D

Daan, Karin, Künstlerin 208

Dagobert I. (605–639), König der Franken 526

Dam, Cees, Architekt 366

Dantzig, Rudi van (* 1933), Choreograph 370

Dekker, Eduard Douwes (1820–1887), Schriftsteller (Pseudonym: Multatuli) 266

625

Personenregister

Doesburg, Theo van (1883–1931), Maler, Kunsttheoretiker und Architekt 356

Dortsman, Adriaan, Architekt 178, 270

Dürer, Albrecht (1471–1528), dt. Maler und Grafiker 330

Duintjer, M. F., Architekt 57

Dyck, Anthonis van (1599–1641), flämischer Maler 476

E

Eesteren, Cornelis van, Architekt 57

Elzas, Abraham, Architekt 53

Epen, J. C. van, Architekt 52

Eyck, Aldo van (* 1918), Architekt 300

F

Floris V. (1254–1296), Graf von Holland 22, 92, 490

Frank, Anne (1929–1945) 102, 104

G

Gama, Vasco da (1468/69–1524), Seefahrer 26

Geef, J. de, Architekt 164

Geerts, K., Architekt 116

Gendt, Adolf Leonard van (1835–1901), Architekt 138

Gogh, Vincent van (1853–1890), Maler 394, 396, 398, 400, 496

Goyen, Jan van (1596–1656), Maler 328

Gratama, Jan, Architekt 114

Greiner, Daniel, Architekt 114

Greven, W., Architekt 114

Gropius, Walter (1883–1969), deutscher Architekt 59

H

Haffmanns, P., Architekt 372

Hals, Frans (1580/85–1666), Maler 328, 474, 476, 478

Hammer, P. J., Architekt 168

Hammer, W., Architekt 168

Haring, Keith (1958–1991), amerikanischer Künstler 360

Hart, Abraham von der (1747–1820), Architekt 250

Hein, Piet, Kapitän zur See 432

Hemony, François, Glockengießer 276, 430, 450

Holbein, Hans d. J. (1497/98–1543), Maler 476

Holzbauer, Wilhelm (* 1930), Architekt 366

Hooft, Pieter Cornelis (1581–1647), Dichter und Historiker 276, 490

Husly, Hans Jacob (1735–1795), Architekt 176

Huygens, Christiaan (1629–1695), niederl. Physiker, Mathematiker und Astronom 504

I

Israel, Jacob de, Schriftsteller 208

J

Jansen, H. G., Architekt 90
Jordaens, Jacob (1593–1678), Maler 476

K

Kempen, Paul van (1893–1955), Dirigent 140
Key, Lieven de (1560–1627), Stadtbaumeister 474
Keyser, Hendrick de (1565–1621), Architekt 108, 126, 162, 260, 268, 286, 304, 402, 428, 448, 466
Keyser, Pieter de (1595–1664), Architekt 108, 202, 214, 390, 426, 466
Klerk, Michel de (1884–1923), Architekt 53, 146, 350, 352
Klijn, C. W., Architekt 196
Klijn, M., Architekt 164
Kolumbus, Christoph (1451–1506), Seefahrer 26
Koolhaas, Rem (* 1944), Architekt 60, 128
Kramer, Pieter (1881–1961), Architekt 124, 146
Kromhout, W., Architekt 90
Kuyper, Eric de, Regisseur 168

L

Le Corbusier (1887–1965), Architekt, Städteplaner und Maler 59
Leeuwenhoek, Antonie van (1632–1723), Naturforscher 504
Leyden, Gerard van, Maler 474
Loghem, Johannes Bernardus van, Architekt 114
Lorentz, Hendrik Antoon (1853–1928), niederl. Physiker 504

M

Malewitsch, Kasimir (1878–1935), Maler 356
Manen, Hans van (1932), Choreograph 370
Mann, Klaus (1906–1943), Schriftsteller 32
Marot, Daniel (1663–1752), Baumeister 272
Maybaum, Gerard Frederik († 1768), Architekt 224
Mekeren-Bontekoning, Johanna van 158
Memling, Hans (1433/40–1494), Maler 476
Mengelberg, Willem (1871–1915), Dirigent 140
Mesdag, Hendrik Willem, Maler 482
Mies van der Rohe, Ludwig (1886–1969), Architekt 59
Moele, G., Architekt 164
Mondrian, Piet (1872–1944), niederl. Maler 356

Personenregister

Mulisch, Harry (* 1927), Schriftsteller 130
Multatuli, niederl. Schriftsteller (s. Dekker) 266

N

Neck, Jacob van, Kapitän 26
Newman, Barnett (1905–1970), Maler 358
Nieuwkerken, J., Architekt 380
Nieuwkerken, M. A., Architekt 380
Nifterik, Gustav van, Architekt 50

O

Oetgens, Frans 188
Ottenhol, F., Architekt 116
Outshoorn, Cornelius (1810–1875), Architekt 94

P

Petersom, Hans, Architekt 156
Philipp II. (1527–1598), spanischer König 24

R

Rembrandt (van Rijn) (1606–1669), Maler 308, 310, 312, 314, 322, 346, 418
Rietveld, Gerrit Thomas (1888–1964), Architekt und Möbel-Designer 356, 362, 396
Rijnbourt, K., Architekt 116
Robinson, John (um 1575–1625), Gründer der Pilgrim-Fathers 506
Rossum, J. P. van, Architekt 374
Ruijssenaars, Hans, Architekt 130
Ruisdael, Jacob van (1628/29–1682), Maler 328
Ruytenbruch, Willem van, Leutnant der Schützengilde 422

S

Sandberg, Willem, Museumsdirektor des Stedelijk M. 354
Sarphati, Samuel, Arzt und Unternehmer 52
Seyß-Inquart, Arthur (1892–1946), österr. Politiker und Reichskommissar der besetzten Niederlande 33
Spanjers, Kees, Architekt 132
Spinoza, Baruch de (1632–1677), niederl. Philosoph 264, 392
Straaten, Johannes van (1781–1858), Architekt 264
Staal, Jan Frederik, Architekt 53
Staets, Hendrik Jakob, Stadtzimmermeister 188, 278
Stalpaert, Daniel (1615–1676), Architekt 214, 336
Steinigeweg, C. A. A., Architekt 90
Steen, Jan (1625/26–1679), Maler 328, 506
Stigt, Joop van, Architekt 164
Stuyvesant, Peter (1592–1672), niederl. Gouverneur in Nordamerika 434

Suys, Tieleman Franciscus (1783–1861), Architekt 264

T

Thijn, Ed van, Bürgermeister von Amsterdam 38, 154

Trip, Hendrik, Kaufmann 232, 378

Trip, Lodewijk, Kaufmann 232

Trip, S., Mitglied der Amsterdamer Schützengilde 158

V

Vermeer, Johannes (1632–1675), Maler 328, 476

Vingboons, Philips (1607/08–1678), Architekt 144, 178, 438

Vlugt, Leendert Cornelis van der (1894–1936), Architekt 52

Vondel, Joost van den (1587–1679), deutschstämmiger niederl. Dichter 276, 412

Vonk, Premsela, Architekt 224

Vuyk, W. J., Architekt 374

W

Weismann, A. W., Architekt 354

Weyden, Rogier van der (1399/1400–1464), Maler 476

Westerman, Arend Jan, Architekt 52

Wibaut, F. M., sozialistischer Stadtabgeordneter in Amsterdam 148

Wijdeveld, H. Th., niederl. Architekt 56

Wilhelmina (1880–1962), Königin der Niederlande 466

Willem I., der Schweiger (1533–84), Graf von Nassau, Prinz von Oranien 25, 466, 468, 502

Willem I. (1772–1843), König von Oranien-Nassau 236, 472, 476

Willem II. (1792–1849), König von Oranien-Nassau, 320, 474

Willem II. (1227–1256), Graf von Holland, Römischer König 472

Willibrord, hl. (658–739) angelsächs. Missionar, Erzbischof 526

Z

Zeeman, Pieter (1865–1943), niederl. Physiker 504

Sachregister

Die Sehenswürdigkeiten, die einen eigenen Eintrag im Textteil haben, sind mit deutschem und niederländischem Namen in das Register aufgenommen worden (halbfette Seitenangaben). Erstrecken sich die Beschreibungen der Sehenswürdigkeiten über mehrere Seiten, ist jeweils nur die erste Seite angegeben.

A

Academisch Historisch Museum (Leiden) 504
Achterhuis 102
Agnietenkapelle 390
Albert Cuyp Markt **88**
Alkmaar **458**
Allert-de-Lange-Verlag 32
American Hotel **84**, 90
Amstel Hotel 78, **94**
Amstel 22, 78, **92**
Amstelbrug 78
Amsteldijk 92
Amstelhof 78, 156
Amstelpark 63
Amsterdamer Modell 36
Amsterdamer Schule 98, 124, 146, 148, 334, 350
Amsterdamer Universität 74
Amsterdammertje **92**
Amsterdam-Rhein-Kanal 32, 40
Amsterdamse Bos 32, **100**
Amsterdamse Bosmuseum 100
Amsterdamse School 30, 98, 124, 146, 148, 334, 350
Amsterdam-Zuid **98**
Anne Frank Huis 74, **102**
Anne-Frank-Stiftung 104
Anne-Frank-Haus 74, **102**
Anreise 592
Antiquitäten 584
Apotheken 593
Arbeitersiedlung 114
Artis Plantage 80, **106**
Ärztlicher Notdienst 593
Athenaeum Illustre 392

B

Backsteinbauweise 98
Bahnhöfe 595
Banken und Wechselstuben 595
Bars und Nachtclubs 581
Bartolotti Huis 72, **108**
Beginhof **84**, **110**, 202
Behinderte 596
Beletage 194
Besatzung, deutsche 32
Besatzung, französische 28
Betondorp **114**
Bevölkerung **20**
Bibelmuseum 144
Bibliotheken und Archive 597
Bijlmermeer 55, **116**
Bilderstum 24, 528
Binnenhof (Den Haag) 474
Blauwbrug 78, **118**
Bloemenmarkt Aalsmeer **462**
Bloemenmarkt Singel 84, **120**
Bloemgracht 70
Blumenmarkt Aalsmeer **462**

630

Bosbaan 100
Botanischer Garten 80, **212**
Börse 26, 74 **238**
Broek in Waterland **464**
Brouwersgracht 70
Bruggen **122**
Brückenturm 124
Buchhandlungen 585
Buren 28
Burgerweeshuis 202
Bürgermeister 38, 154
Bus- en Tuighuis 84, **126**
Byzantium und Casino **128**

C

Café Americain 90
Café Bulldog 244
Café De Kroon 316
Café Melkweg 256
Café Ritz 316
Café Vertigo 170
Café Ijsbreker 78
Cafés 576
Calvinisten 24, 34
Casino 84, **128**
Casino Zandvoort 512
Centraal Station 30, **134**
Cinema Parisien 170

COBRA 358
Concertgebouw 82, **138**
Coningh van Denemarken 72, **142**
Corvershofje 158
Cromhouthuizen 72, **144**
Curaçao 28

D

Dageraad woningbouw **146**
Dam und Nationaal Monument **152**
Damrak **150**
Dappermarkt 80
De Balie 84
De Blom 258
De Gooyer 258
Delft **466**
Den Haag **472**
De Rijp **466**
De-Stijl-Gruppe 114, 356
Deutzhuis 72, **154**
De Waag 76
Diaconie Oude Mannen en Vrouwenhuis **156**
Diamanten 587
Diamantenhandel 294
Discotheken 558

Dokwerker Monument 76, **160**
Drie Hendriken 70, **162**
Drogen 597
Durgerdam **468**

E

Edam **470**
Eethuisjes 88
Egelantiersgracht 70
Einreisebestimmungen 598
Eislaufen 332
Englische Kirche 110, 112
Entrepotdok 68, **164**
Essen 598

F

Fahrräder 599
Fayence-Herstellung 470
Februarstreik 32, 160
Feiertage und Gedenktage 601
Felix Meritis 166
Festungskanal 182
Filmmuseum 86, **168**, 414
Filmtheater Desmet 80
Finanzministerium 72
Fischmarkt 88

Sachregister

Flohmarkt 76, **406**
Flughafen und Fluggesellschaften 622
Fluweelenburgwal 216
Fodor Museum 82
Frans-Hals-Museum (Haarlem) 476
Freiheitskampf 24
Freiluftmuseum Zaanse Schans **506**
Friedenspalast (Den Haag) **480**
Fundbüros 602

G

Galerien 588
Gartenstädte 61, 62
Geheimkapelle 112
Gemeentemuseum (Den Haag) **478**
Geographie **18**
Geschäftsgalerie Utrecht **436**
Geschichte **22**
Gevels **172**
Giebel **172**
Giebelsteine 162
Glockengiebel 174
Goldener Bogen **176**
Gooiland 502
Gouden Bocht 72, **176**
Grachten **182**

Grachtenbusse 602
Grachtengordel 82, **188**
Grachtengürtel 82, **188**
Grachtenhuizen **192**
Grachtenrundfahrten 602
Grand Museé Royal 320
Grimburgwal 182
Grote Kerk (Haarlem) 474
Grote Markt (Delft) 466
Gruppenporträt 322

H

Haarlem **474**
Haarlemmerpoort/Willemspoort **196**
Hafen 40, **198**
Halsgiebel 174
Handelsflotte 286
Handelsmetropole 26
Hauptbahnhof **134**
Hauptgebäude NMB 210
Haus an den drei Grachten **216**
Haus mit den Köpfen **214**
Häuserkampf 240

Haven 40, **198**
Heineken Brouwerij **200**
Herengracht 72, 188
Het Witte Huis 72
Hinterhaus 102
Historisch Museum 84, **202**
Historische Börse 74, **238**
Historisches Museum 84, **202**
Hofjes **206**
Hollandse Schouwburg 76
Holländische Renaissance 142, 162, 214, 402
Holländisch-Jüdische Gemeinde 222
Homomonument 74, **208**
Hoofdkantor NMB **210**
Hoofdpostkantoor 74
Hortus Botanicus 80, **212**
Hotels 562
Houten Huis 112
Höfe **206**
Huis met de hoofden **214**
Huis op de drie grachten **216**

I

Ij **218**
Ij-Oever 48, 56, **220**
Ij-Ufer 48, 56, **220**
Industrielles Bauen 59, 114
Informationen für Touristen 602

J

Jagdschloß St. Hubertus 494
John-Adams-Institute 432
Joodenbuurt 76, 118, 264, 368, 406
Joods Historisch Museum 76, **222**
Jordaan 70, 184, **226**
Judenviertel 76, 118, 264, 368, 406
Jüdisches Theater 262
Jüdisch-Historisches Museum 76, **222**

K

Kaffeehandel 266
Kalverstraat 74, 84, **228**
Kalvinisten 274
Kanalisation 43
Kattenboot 72, **230**
Katzenboot 72, **230**
Kaufhäuser 589
Käsemarkt 458
Käsemuseum (Alkmaar) 460
Keizersgracht 188
Keukenhof **480**
Kfz-Hilfsdienste 603
Kinos 560
Klein Trippenhuis 76, **232**
Kleine Komedie 78
Kleiner Saal (Concertgebouw) 138
Kloveniersburgwal 184, 292
Kolonialismus 26, 338
Koninklijk Paleis 74, **234**
Konsulate 604
Konzerte 555
Konzerthaus **138**
Koopmansbeurs 74, **238**
Königlicher Palast 74, **234**
Kraakpand **240**
Krakers 34, 54, 248
Krul **242**
Kupferstichkabinett 330
Kuriosa 590

L

Lagerhäuser Westindische Compagnie **426**
Laurierstraat 226
Leidsestraat **246**
Leidseplein und Stadsschouwburg **244**
Leistengiebel 174, 178
Lieverdje **248**
Louis-XIV-Stil 176
Luftverschmutzung 43

M

Maagdenhuis 84, **250**, 390
Madame Tussaud 74, **252**
Mager Brücke 78, **254**
Magere Brug 78, **254**
Marken **484**
Marker Museum (Marken) 486
Mauritshuis (Den Haag) **476**
Märkte 590
Meeresbiologisches Museum (Scheveningen) 482
Melkweg **256**
Metz & Co 84
Minderheiten **20**
Moderne Kunst 354
Molens **258**

Sachregister

Monnickendam **488**
Montelbaanstoren 68, **260**
Monument für das jüdische Kinderheim 76
Monument für den jüdischen Widerstand 76, 368
Monument für die Frauen von Ravensbrück 82
Monument Hollandse Schouwburg **262**
Monumentenzorg 192, 452
Morgenrot-Siedlung **146**
Mozes- en Aaronkerk 76, **264**
Muiderpoort 80
Muiderslot **490**
Multatuli Monument 74, **266**
Munttoren 78, 84, **268**
Museen 546
Museum Amstelkring 74, 282
Museum t' Houten Huis (De Rijp) 466
Museum t' Kromhout 68, 342
Museum Van Loon 82, **270**
Museum Willet Holthuysen 72, **272**
Museumswerft t' Kromhout 342
Musikpavillon 86
Mühle de Gooyer 80

N

Nachtwache 322, 324
Nationaal Monument 74
National-Ballett 244, 370
Nationalkirche 274
Nationalpark De Hoge Veluwe **492**
Natura Artis Magistra **106**
Neu-Amsterdam 434
Neumarkt **416**
Niederländische Akademie der Wissenschaften 378
Niederländisch-Indien 26, 340
Nieuwe Kerk 74, **274**
Nieuwe Kerk (Delft) 466
Nieuwe Spiegelstraat 82
Nieuwe Synagoge 224
Nieuwezijds Achterburgwal 182

Nieuwezijds Voorburgwal 182
Nieuwmarkt **416**, 364
Nikolaus 364
Noorderkerk 70, **278**
Noordermarkt 278
Nordseekanal 30
Normaal Amsterdams Peil 18, 78, **280**
Notrufe 604

O

Ökologie **43**
Olympiapleinbrug 124
Ons lieve heer op zolder 74, **282**
Oosterkerk 68
Oostindisch Huis **286**
Oper und Operette 554
Opstanding Kerk 57
Oranje-Schleusen 18, 514
Orgelkonzerte 288
Ostindienexpedition 26, 204
Oude Kerk 74, **288**
Oude Lutherse Kerk 84, 390
Oudekerktoren 288
Oudemanhuis **292**, 390
Oudemanhuispoortjes 292

Oudezijds Achterburwal 182, 422
Oudezijds Voorburgwal 182, 422
Oudezijdskapel 444

P

Parkplätze 605
P. C. Hoofthuis 390
P. C. Hooftstraat 86, **298**
Paleis aan de Laan 80, **294**
Paleis voor Volksvlijt 52
Paradiso 84, **296**
Parlament 474
Pentagon 76, **300**
Pintohuis 76, **302**
Plan der drei Grachten 188
Plantagenviertel 80
Politik **38**
Port Rasphuis 84, **304**
Portugees Israëlitische Synagoge 76, **306**
Portugiesisch-Israelitische Gemeinde 224
Portugiesisch-Israelitische Synagoge 76, **306**
Post 605
Pothuis 194
Prinsengracht 188
Prinsenhof (Delft) 468
Probierstuben 582
Provo-Bewegung 34

Q

Querido-Verlag 32

R

RAI-Messehallen 53
Rathaus 234, **366**
Reformation 24, 528
Rembrandthuis **308**
Rembrandtpark 58
Rembrandtplein 82, **316**
Republik der Niederlande 24
Restaurants 568
Rijksmuseum 82, **318**
Rijksmuseum Kröller-Müller **496**
Rijksmuseum Lambert van Meerten (Delft) 468
Rittersaal (Den Haag) 476
Ronde Lutherse Kerk 72
Rotlichtbezirk 422
Ruderrennstrecke 100
Rundflüge 605
Rundgänge **66**

S

Sail Amsterdam 342
Sarphatipark 52
Schaatsen **332**
Scheepvaarthuis 68, **334**
Scheepvaartmuseum 68, **336**
Schepen **340**
Schermerpolder **500**
Scheveningen (Den Haag) **482**
Schiffahrtshaus 68, **334**
Schiffahrtsmuseum 68, **336**
Schiffe **340**
Schiphol, Flughafen 30, 40
Schloß Muiden **490**
Schlupfkirche 282
Schmalstes Haus 72
Schreierstoren 68, **344**
Schuttersgalerij 202
Schützengalerie 202
Shopping 583
Sicherheit 606
Singelkerk 84
Sint Andrieshofje 70, 206
Six Collection 82, **346**
Sklavenhandel 28
Skulpturengarten (Stedelijk) 360

Sachregister

Skulpturenpark (Rijksmuseum Kröller-Müller) 520
Sloterdijk Station 48, **348**
Soeterijn-Theater 384
Sonesta-Kuppel 72
Sozialer Wohnungsbau 146
Spaarndammerbuurt 146
Spaarndammerplantsoen **350**
Speicherhäuser 164
Speicherkirche 284
Spinhuis 304
Spitzgiebel 172
Sport 606
Sprache 609
Spui 248
St. Antoniespoort 416
St. Josef-Kerk 57
St. Nicolaas Kerk **364**
St. Pieterskerk (Leiden) 506
Stadsschouwburg 84, 244
Stadswaterkantor 260
Stadterweiterung 188
Stadtführungen 611
Stadtgeschichte 202

Stadtmuseum Edam 472
Stadttheater 84, 244
Stadtwaage/Neumarkt **416**
Stadtwald **100**
Stadttore 122
Städtebaupolitik 116
Städtisches Wasseramt 92, 260
Stedelijk Museum 86, **354**
Stoffenmarkt 70
Stopera 76, **366**
Straßenbahn 612
Strom 612
Surinam 28, 434
Synagoge **404**

T

t' Lieverdje 84
Tagebuch der Anne Frank 104
Tageszeitung 612
Taibah Moskee **372**
Taibah-Moschee **372**
Takelhaken 192
Taxi 613
Telefon 613
Teleport 48
Teylers Museum (Haarlem) 476
Theater 551

Theater Carré 78, **374**
Theatermuseum 108, 438
Thorbeckeplein 82
Töpfehaus 194
Torensluis-Brug 74, 266
Torensluis-Brücke 74, 266
Tram **376**
Treppengiebel 172
Trippenhuis 76, **378**
Tropenmuseum 80, **386**
Tuinsteden 61, 62
Tuschinski **386**

U

Umwelt **43**
Universität Leiden 502
Universitätsbibliothek 126
Universiteit van Amsterdam **390**
Utrecht **526**
Utrechter Dom 528
Utrechter Frieden 526
Utrechter Union 526

V

Van Gogh Museum 86, **394**
Vecht **502**

Venetiahofje 70, 206
Veranstaltungen 614
Veranstaltungshinweise 619
Vereinigte Niederlande 26
Vereinigte Ostindische Compagnie 26, 68, 286, 408
Vergnügungsviertel 422
Vergoldeter Delphin **402**
Vergulde Dolphijn **402**
Verkehr **42**
Verkehrsregeln 619
Vermietung von Wohnung und Zimmern 620
Verzetsmuseum (Synagoge) **404**
Vlooienmarkt Waterlooplein 76, **406**
VOC-Schiff Amsterdam 68, **408**
Vogelmarkt 278
Volendam **504**
Volendam Museum 504
Volutengiebel 172
Vondelkerk 86
Vondelpark 86, **410**

Vondelpark-Festival 414
Vondelpark-Pavillon 168
Vorverkauf 620
Vredespalais (Den Haag) **480**
Vrije Universiteit (VU) 390

W

Waag **416**
Wachsfigurenkabinett 252
Wachtturm 344
Waffenhandel 126
Waisenhaus 202
Walletjes **422**
Warenhuizen Westindische Compagnie 68, **426**
Wasserstand 186
Watergrafsmeer 114
Wälle 422
Weißenhofsiedlung 114
Weißes Haus 438
Wertheimpark 80
Westerkerk 74, **428**
Westertoren 430
Westfälischer Friede 24
Westindisch Huis **432**

Westindische Compagnie 28, 426, 434
Wetter 620
Widerstandsmuseum 404
Winkelgalerij Utrecht 72, **436**
Wirtschaft **40**
Witte Huis **438**
Wohnungsnot 114
Woonboot **440**
World-Press-Photo-Ausstellung 274

Z

Zaanse Schans **506**
Zandvoort **510**
Zeedijk 68, **444**
Zeit 621
Zeven Bruggen 82, 122
Zollfreiheit 22
Zoo **106**
Zugbrücken 122
Zuiderkerk 76, **448**
Zuiderkerktoren 450
Zuiderzee Museum Enkhuizen 516
Zuiderzee 18, **514**
Zwanenburgwal 76, **452**

Bildquellenverzeichnis

Die Fotos dieser Ausgabe stammen von Dolf Toussaint.
Weitere Abbildungen stellten zur Verfügung:

Archiv Gerstenberg, Wietze (1);
Archiv für Kunst und Geschichte, Berlin (5);
Bavaria Bildagentur, München (8);
CESA Diaarchiv, Marburg (1);
Deutsche Presse-Agentur, Frankfurt a. M. (4);
Frans-Hals-Museum, Haarlem/NL (2);
Gemeentearchief Amsterdam/NL (7);
Historia-Photo, Hamburg (3);
Historisches Museum, Amsterdam/NL (1);
Keystone Pressedienst, Hamburg (2);
laenderpress, Düsseldorf (1);
Motiv-Bildagentur, Kassel (15);
Museum „het Rembrandt-huis", Amsterdam/NL (4);
Werner Neumeister, München (3);
Rijksmuseum-Stichting, Amsterdam/NL (5);
Rijksmuseum Kröller-Müller, Otterlo/NL (3);
Achim Sperber, Hamburg (2);
Stedelijk-Museum, Amsterdam/NL (4);
Stichting de Oude Kerk te Amsterdam, Amsterdam/NL (1);